N. 569.
4 A. 3.

9. conserver

HISTOIRE

DE LA CONQUÊTE

DE L'ANGLETERRE

PAR LES NORMANDS.

« Les gens de Normandie habitent encore parmi nous, et
« y demeureront à jamais. Des Normands descendent les hauts
« personnages de ce pays, et les hommes de basse condition
« sont fils des Saxons. »

Chronique de Robert de Glocester.

IMPRIMERIE DE FIRMIN DIDOT,
RUE JACOB, N° 24.

HISTOIRE

DE LA CONQUÊTE

DE L'ANGLETERRE

PAR LES NORMANDS,

DE SES CAUSES, ET DE SES SUITES JUSQU'A NOS JOURS,
EN ANGLETERRE, EN ÉCOSSE, EN IRLANDE ET SUR LE CONTINENT.

PAR AUGUSTIN THIERRY.

> . . . . . The folk of Normandie
> Among us woneth yet, and shalleth evermore.
> Of Normans beth these high men thath beth in this land,
> And the lowmen of Saxons. . . . . .
>
> ROBERT OF GLOCESTER'S CHRONICLE.

TOME III.

PARIS,
FIRMIN DIDOT, PÈRE ET FILS,
LIBRAIRES, RUE JACOB, N° 24.

M DCCC XXV.

HISTOIRE

DE LA CONQUÊTE

DE L'ANGLETERRE

PAR LES NORMANDS.

LIVRE X.

DEPUIS L'INVASION DE L'IRLANDE PAR LES NORMANDS ÉTABLIS EN ANGLETERRE, JUSQU'A LA MORT DE HENRI II.

1171 — 1189.

Il faut que le lecteur quitte la Bretagne et la Gaule, où jusqu'ici l'a retenu cette histoire, et que, pour quelques moments, il se transporte dans l'île occidentale, que ses habitants appelaient Erin, et les Anglais Irlande [1]. Le peuple de cette île, frère des montagnards d'Ecosse, formant, avec ceux-ci, le dernier reste d'une grande population qui, dans les temps antiques,

1. Dans les langues anciennes *Ierne*, *Iernia*, *Iuvernia*, *Ouernia*, *Ibernia*. Les Saxons orthographiaient *Jraland*.

avait couvert la Bretagne, la Gaule, et peut-être une partie de la péninsule espagnole, offrait plusieurs des caractères physiques et moraux qui distinguent les races originaires du midi. La majeure partie des Irlandais étaient des hommes à cheveux noirs, à passions vives, aimant et haïssant avec véhemence, prompts à s'irriter et pourtant d'une humeur sociable. Enthousiastes en beaucoup de choses et surtout en religion, ils mêlaient le christianisme à leur poésie et à leur littérature, la plus cultivée peut-être de toute l'Europe occidentale. Leur île comptait une foule de saints et de savants vénérés en Angleterre et en Gaule; car aucun pays n'avait fourni plus de missionnaires pour le christianisme, sans autre mobile que le pur zèle de communiquer aux nations étrangères les opinions et la foi de leur patrie [1]. Les Irlandais étaient grands voyageurs, et se faisaient toujours aimer des hommes qu'ils visitaient, par l'extrême aisance avec laquelle ils se conformaient à leurs usages et à leur manière de vivre [2]?

1. Voyez livre Ier, tom. Ier:

Exemplo patrum, commotus amore legendi,
Ivit ad Hibernos sophiâ mirabili claros.
(Collectanea de rebus Hibernicis, tome I, page 111.)

2. Quid Hiberniam memorem, contempto pelagi discrimine, penè totam cum grege philosophorum ad nostra littora

Cette facilité de mœurs s'alliait en eux à un amour extrême de leur indépendance nationale. Envahis à plusieurs reprises, par différentes nations soit du midi, soit du nord, ils n'avaient jamais admis de prescription pour la conquête, ni fait de paix volontaire avec les fils de l'étranger; leurs vieilles annales contenaient des récits de vengeances terribles, exercées souvent après plus d'un siècle, par les indigènes sur leurs vainqueurs[1]. Les débris des anciennes races conquérantes, ou les petites bandes d'aventuriers qui étaient venues dans un temps ou dans l'autre chercher des terres en Irlande, évitèrent les effets de cette intolérance patriotique en s'incorporant dans les tribus irlandaises, en se soumettant à l'ancien ordre social établi par les indigènes, et en apprenant leur langue. C'est ce que firent assez promptement les pirates danois et norwégiens qui, dans le cours du VIIIe et du IXe siècle, fondèrent, sur la côte de l'est, plusieurs colonies où, renonçant à leurs anciens brigandages, ils bâtirent des villes et devinrent commerçants.

Dès qne l'église romaine eut établi sa domination en Bretagne par la conversion des Anglo-saxons, elle fit des efforts continuels pour étendre

migrantem, quorum ut quisque peritior est ultrò sibi indicit exilium.... (Script. rer. fr., tom. VII, p. 563.)

1. Collectanea de rebus Hibernicis, tom. III, p. 385.

600 à 1066. sur les habitants de l'île d'Erin l'empire qu'elle prétendait exercer sur tous les adorateurs de Jésus-Christ[1]. Comme il n'y avait point sur le sol irlandais de conquérant payen à convertir, et qu'ainsi les papes ne pouvaient espérer d'y créer une armée active, exécutant militairement leurs ordres comme faisaient alors les Franks et les Saxons, ils se bornèrent à négocier, par lettres et par messages, pour tâcher d'amener les Irlandais à établir, dans leur île, une hiérarchie ecclésiastique semblable à celle du continent, et capable de servir, comme celle-ci, de marchepied au trône pontifical. Les hommes d'Erin, de même que les Bretons de la Cambrie et ceux de la Gaule, ayant organisé spontanément le christianisme dans leur pays, sans se conformer, en aucune manière, à l'organisation officielle décrétée par les empereurs romains, ne connaissaient point de siéges épiscopaux fixes, et leurs évêques n'étaient que de simples prêtres auxquels on avait confié, par élection, la charge, purement honorifique, de surveillants ou de visiteurs des églises[2]. Ils ne formaient point un corps supérieur au reste du clergé, et entre eux il n'y avait point différents degrés d'hiérar-

1. Voyez livre Ier, pag. 85.

2. Campion's Chronicle, ancient Irish histories, p. 52.

chie; en un mot, l'église d'Irlande n'avait pas un seul archevêque, et pas un de ses membres n'avait besoin d'aller à Rome pour solliciter ou acheter le *pallium* pontifical. Jouissant ainsi d'une pleine indépendance à l'égard des églises étrangères, et administrée comme toute société libre par des dignitaires électifs et révocables, cette église fut de bonne heure traitée de schismatique par le conclave de Saint-Jean de Latran; un long système d'attaque fut dirigé contre elle avec la persévérance innée dans les successeurs de ce vieux sénat, qui, à force de vouloir la même chose, avait subjugué l'univers.

600 à 1066.

La nouvelle Rome n'avait point comme celle du dieu Mars des légions sortant de ses murs pour aller à la conquête des peuples; toute sa force était dans l'adresse et dans son habileté à faire alliance avec les puissants de l'Europe, alliance inégale qui, sous le nom d'amis, les rendait vassaux et sujets [1]. Les victoires des conquérants étrangers, et surtout des barbares et des payens, sur les nations rebelles aux prétentions des papes furent, comme on a pu l'observer plus d'une fois dans cette histoire, la cause la plus fréquente d'agrandissement poli-

1. Fœdus inæquale.

600 à 1066. tique pour la cour pontificale : elle épiait soigneusement la première pensée d'ambition des rois envahisseurs pour entrer avec eux en société de gain et non de perte ; et, à défaut d'étrangers, elle aimait et encourageait les despotes nationaux ; le pouvoir héréditaire, entre les mains d'un seul homme, était le régime qui lui plaisait le plus, parce qu'il suffisait de s'emparer de l'esprit de cet homme pour acquérir sur son royaume une autorité absolue.

Si un semblable régime eût existé en Irlande, il est probable que de très-bonne heure l'indépendance religieuse de ce pays aurait été anéantie par accord mutuel entre les papes et les rois dont ils auraient flatté comme ailleurs l'ambition et la vanité ; mais quoique les irlandais eussent des chefs auxquels le titre latin de *reges* pouvait, à la rigueur, s'appliquer et s'appliquait en effet dans les actes publics rédigés en cette langue, le grand nombre de ces rois, leur dépendance perpétuelle des diverses tribus qui les avaient choisis, et dont le simple nom leur servait de titre [1], cette absence d'unité offrait peu de prise à la politique romaine, qui, n'ayant point pour objet de conquérir matériellement,

1. Chaque tribu ou clan irlandais avait un nom de famille commun à tous ses membres.

trouvait peu de chances de succès dans la division. Il y avait à la vérité, dans l'île d'Érin, un chef supérieur à tous les autres, qu'on appelait le grand roi ou le roi du pays, et qui était choisi par une assemblée générale des chefs des différentes provinces [1]. Mais ce président électif, de la confédération nationale, prêtait à la nation entière le même serment que les chefs des tribus prêtaient à leurs tribus respectives, celui d'observer inviolablement les anciennes lois et les coutumes héréditaires : d'ailleurs la part du grand roi était plutôt l'expédition que la décision des affaires générales ; car tout se décidait dans des conseils grands ou petits, tenus en plein air sur des collines entourées d'un large fossé [2] ; là se faisaient les lois du pays, et se débattaient, d'une manière souvent tumultueuse, les contestations de province à province, de ville à ville, et quelquefois d'homme à homme [3].

600 à 1066.

On conçoit qu'un pareil ordre social, dont la base était dans le peuple lui-même, et où l'impulsion partait toujours de la masse mobile et pas-

1. Rex Hiberniæ, maximus rex. En irlandais *ard-riagh*. (Campion's Chronicle, ancient Irish histories, p. 77.)

2. Montana colloquia. (Voyez Harris's Hibernica.)

3. Ibid. — Spenser's state of Ireland.

600 à 1066. sionnée, devait être peu favorable aux projets de la cour de Rome, qui avait pour habitude de recueillir partout de l'argent, mais de n'en répandre nulle part. Aussi, malgré tous leurs efforts auprès des rois d'Irlande, durant les quatre siècles et demi qui s'écoulèrent entre la conversion des Anglo-saxons et la descente des Normands en Angleterre, les papes n'obtinrent pas le moindre changement dans les pratiques religieuses et l'organisation du clergé de l'île d'Érin, ni le plus petit impôt à lever sur les habitants

1066 à 1074. de cette île[1]. Après la conquête de l'Angleterre, les intrigues du primat Lanfranc, homme dévoué à l'agrandissement simultané de la domination papale et de la domination normande, se dirigeant d'une manière active sur l'Irlande, commencèrent à faire un peu fléchir l'esprit de liberté nationale des prêtres de cette île. Lanfranc joignait à son crédit, comme homme de science et d'éloquence, d'autres moyens efficaces pour persuader et séduire; car il avait accumulé de grandes richesses, d'abord en recueillant sa part du pillage fait sur les Anglo-saxons, et ensuite en vendant aux évêques de race normande le par-

1. Il n'y avait pas même de dîmes; le clergé irlandais vivait d'offrandes et de dons volontaires. (Gordon, histoire d'Irlande.)

don de leurs tyrannies, de leurs vols et de leurs débauches [1]. 1074.

En l'année 1074, un Irlandais nommé Patrice, après avoir été élu évêque par le clergé et le peuple et confirmé par le roi de sa province et par le roi de toute l'Irlande, alla se faire consacrer à Canterbury, au lieu de se contenter, suivant l'ancienne coutume, de la bénédiction de ses collègues [2]. Ce fut un premier acte d'obéissance aux lois de l'Église romaine qui voulaient que tout évêque reçût la consécration d'un archevêque décoré du pallium; et ces nouvelles semences de servitude ecclésiastique ne tardèrent pas à fructifier. Depuis lors, plusieurs évêques irlandais acceptèrent successivement le titre de légats pontificaux en Hibernie [3]; et enfin, vers le temps où cette histoire est parvenue, Chrétien, évêque de Lismore, et vicaire du pape en Irlande, conjointement avec Papirius, cardinal romain, entreprit de réorganiser l'église de son pays d'une manière conforme aux vues et à l'intérêt de la

1. ... Pecunias glomerantis... accipiebat quandoque pecunias quò magis parceret delictis subditorum... (Will. Malmesb., Vitæ pontificum. — Th. Stubbs, Ibid.) — Voyez livre V, tome II.

2. Campion apud ancient Irish histories, p. 77. Dr Hanmer's chronicle, p. 191, Ibid.

3. Hanmer's chronicle, p. 212, apud ancient Irish histories.

1074 à 1148. cour de Rome. Il réussit après quatre ans d'efforts, et, dans un concile où assistèrent les évêques, les abbés, les rois, les chefs et les autres

1148. magistrats de toute l'Hibernie, du consentement de tous les hommes présents, disent les vieux actes, et par l'autorité apostolique, furent institués quatre archevêques, à qui furent assignés, comme siéges fixes, les villes d'Armagh, de Dublin, de Cashel et de Tuam [1]. Mais, malgré l'apparence d'assentiment national donné à ces mesures, l'ancien esprit d'indépendance prévalut encore, le clergé d'Irlande montra peu de docilité dans sa soumission au nouvel ordre hiérarchique, et le peuple eut de la répugnance pour les pratiques étrangères, et surtout pour les tributs d'argent qu'on essaya de lever sous divers noms au profit de l'église ultramontaine. La cour de Rome, toujours mécontente des Irlandais, en dépit de leurs concessions, continua de les qualifier de mauvais chrétiens, de chrétiens froids et rebelles à la discipline apostolique; elle épia, aussi attentivement que jamais, l'occasion d'obtenir plus de prise sur eux, en associant son ambition à quelque ambition temporelle [2]; et cette occasion ne tarda guère à s'offrir.

1. Hanmer's Chronicle, p. 212.
2. Campion's Chronicle, p. 80.

Lorsque Henri, fils de Geoffroi Plante-genest, et de Mathilde l'impératrice, fut devenu roi d'Angleterre, il lui vint à l'esprit de signaler son avénement, comme premier roi de la race angevine, par une conquête presque aussi importante que celle du Normand Guillaume, son bisaïeul maternel. Il résolut de s'emparer de l'Irlande, et, à l'exemple du conquérant de l'Angleterre, son premier soin fut d'envoyer vers le pape pour lui proposer d'entrer en partage dans cette nouvelle entreprise, comme son prédécesseur, Alexandre II, avait eu part à la première [1]. Le pape alors régnant était Adrien, quatrième du nom, homme de naissance anglaise, qui, en s'expatriant fort jeune, avait échappé à la servitude dont les Normands accablaient sa nation. Trop fier pour travailler aux champs ou pour mendier en Angleterre, dit un ancien historien, il prit une résolution hardie, inspirée par la nécessité [2]; il alla en France, puis en Provence, puis en Italie, entra dans une riche abbaye en qualité de secrétaire, devint abbé, ensuite évêque, et enfin pape; car l'église romaine avait au 1156.

1. Voyez livre III, tom. Ier. — Math. Paris., p. 95.

2. Ingenuè erubescens in Angliâ vel fodere vel mendicare... forti necessitate aliquid audere coactus... (Guil. Neubrid. ap. script. rer. fr., tom. XIII, p. 102.)

1156. moins cela de libéral, qu'elle faisait la fortune de tous ceux qui se dévouaient à la servir, sans distinction de race ni d'origine.

De pauvre fils d'un esclave, devenu l'un des potentats du monde chrétien, l'Anglais, naturalisé Romain, entra dans la ligue des grands contre les faibles et les pauvres [1]. Plein de respect pour la maxime que toute puissance vient de Dieu, maxime qui, du temps d'Attila, déterminait les évêques à venir au-devant du chef des Huns, et à lui ouvrir les portes de leurs villes [2], Adrien se lia d'amitié avec les successeurs du conquérant de son pays, et les oppresseurs de ses frères. Il reçut gracieusement le message de Henri l'Angevin, et ayant considéré, d'après l'avis de son conclave, que les habitants de l'île d'Érin, quoique professant la foi du Christ, se laissaient aller à une liberté d'esprit désordonnée, répondit à la proposition du roi par la bulle suivante [3]:

« Adrien, évêque, serviteur des serviteurs de « Dieu, à son très-cher fils en Jésus-Christ, l'il-

1. Tanquàm de pulvere elevatus ut sederet in medio principum... (Guil. Neub. ap. script. rer. fr., t. XIII, p. 102.)

2. Ego sum Attila flagellum Dei... veneratus in eo (episcopus) divinam majestatem, reseratis ecclesiæ foribus.... (Anglia sacra, p. 209.)

3. Campien's, chron. p. 80. — Hanmer's chron.. p. 215.

« lustre roi d'Angleterre, salut et bénédiction 1156.
« apostolique[1].

« Tu nous a fait savoir, très-cher fils en Jésus-« Christ, que tu voulais entrer dans l'île d'Hi-« bernie pour soumettre ce pays au joug des « lois, en extirper les semences du vice, et aussi « pour y faire payer au bienheureux apôtre « Pierre, la pension annuelle d'un denier pour « chaque maison[2]. Accordant à ce louable et « pieux désir la faveur qu'il mérite, nous te-« nons pour agréable, qu'afin d'agrandir les li-« mites de la Sainte Église, de propager la reli-« gion chrétienne, de corriger les mœurs et « d'enraciner la vertu, tu fasses ton entrée dans « cette île, et y exécutes, selon ta prudence, tout « ce que tu jugeras à propos pour l'honneur de « Dieu et le salut du pays[3]. Que le peuple de « cette contrée te reçoive et t'honore comme « son seigneur et maître, sauf le droit des églises « qui doit rester intact, et aussi la pension an-

1. Math. Paris., pag. 95.

2. Significasti nobis... ad subdendum illum populum legibus et vitiorum plantaria indè extirpanda... et de singulis domibus... (Ibid.)

3. Nos pium et laudabile desiderium tuum favore congruo persequentes acceptum habemus ut... et... quæ ad honorem Dei et ad salutem illius terræ spectaverint, exequaris... (Ibid.)

1156. « nuelle d'un denier due au bienheureux Pierre « par chaque maison [1]; car il est hors de doute « (et ta noblesse elle-même l'a reconnu), que « toutes les îles sur lesquelles a lui le Christ, « soleil de justice, et qui ont reçu les enseigne- « ments de la foi, appartiennent de droit légi- « time à saint Pierre, et à la très-sainte et sacrée « Église de Rome [2].

« Si donc tu juges à propos de mettre à exé- « cution ce que tu as conçu dans ta pensée, « emploie tes soins à former ce peuple aux bonnes « mœurs, et que, tant par tes efforts que par « ceux d'hommes reconnus suffisants de foi, de « paroles et de vie, l'église soit, dans ce pays, « décorée d'un nouveau lustre [3], que la vraie « religion du Christ y soit plantée et y croisse; « qu'en un mot toute chose concernant l'honneur « de Dieu et le salut des ames soit, par ta pru- « dence, ordonnée de telle manière que tu de- « viennes digne d'obtenir aux cieux la récompense

1. Et salvâ beato Petro annuâ pensione... (Math. Paris., pag. 95.)

2. Omnes insulas quibus sol justitiæ Christus illuxit... ad jus sancti Petri et sacrosanctæ Romanæ Ecclesiæ pertinere... (Ibid.)

3. Si ergò quod mente concepisti... ut decoretur ibi ecclesia... (Ibid.)

« éternelle, et sur la terre un nom illustre et glo- 1156.
« rieux dans tous les siècles[1]. »

Ce flux d'éloquence mystique servait, comme on peut le voir, d'une sorte d'enveloppe décente à un pacte politique absolument semblable à celui de Guillaume-le-Bâtard avec le pape Alexandre II, pour l'invasion de l'Angleterre. Henri II se serait probablement hâté d'accomplir, comme Guillaume, son étrange mission religieuse, et d'aller remettre, à coups de lance, la nation irlandaise dans la voie du salut éternel, si sa lance n'eût trouvé presque aussitôt de l'emploi en Anjou contre son propre frère Geoffroy, auquel il fit la guerre pour lui enlever sa portion de l'héritage paternel[2]. Ensuite il guerroya contre les Bretons et les Poitevins qui, mal avisés pour leur salut, préféraient leur indépendance nationale au joug d'un ami de l'église. Enfin la rivalité du roi de France, qui ne cessait jamais de s'exercer, soit ouvertement, soit en secret, et surtout la longue dispute où Henri s'engagea contre son ancien favori, Thomas Becket, dispute qui absorba durant huit années tout ce qu'il avait d'attention, l'empêchèrent d'aller conquérir en

1. Ut et à Deo sempiternæ mercedis cumulum, et in terris gloriosum nomen in sæculis... (Math. Paris., p. 95.)

2. Ibid., pag. 301.

1156 à 1166. Irlande la royauté temporelle pour lui-même, et pour le pape la royauté spirituelle, jointe à la rente d'un denier par maison. Lorsqu'Adrien IV mourut, sa bulle dormait encore, attendant de l'emploi au fond du trésor des chartes royales d'Angleterre, et elle y eût peut-être vieilli durant toute la vie du roi, si des événements imprévus n'avaient amené l'occasion de la faire paraître au grand jour.

On a vu plus haut comment des aventuriers normands et flamands de naissance avaient conquis le territoire de Pembroke et une portion des côtes occidentales du pays de Galles[1]. En s'établissant sur les domaines nouvellement usurpés par eux, ces hommes n'avaient point quitté leurs anciennes mœurs d'oisiveté et de dissipation pour des habitudes d'ordre et de repos; ils consommaient au jeu ou en débauche tout le revenu de leurs terres, et les épuisaient au lieu de les améliorer, comptant sur de nouvelles expéditions plutôt que sur l'économie domestique pour réparer un jour leur fortune. En un mot, dans l'état de grands propriétaires ruraux, de riches seigneurs terriens, pour parler le langage de l'époque, ils avaient conservé l'esprit de leur première profession, et le caractère de soldats d'aventure toujours

1. Voyez livre VIII, pag. 356.

disposés à tenter les chances de la guerre au- 1156
dehors, soit pour leur propre compte, soit aux à
gages d'autrui. C'est sous cet aspect qu'ils se 1166.
firent remarquer des habitants de l'île d'Erin, qui souvent venaient visiter, pour des affaires de négoce, les côtes du pays de Galles. Pour la première fois alors il se trouvait dans le voisinage de l'Irlande une colonie d'hommes exercés à porter l'armure complète de cavalerie que, dans ce siècle, on appelait l'armure gauloise[1]; la vue des cottes de mailles et des grands chevaux flamands des compagnons de Richard Strongboghe, chose nouvelle pour les Irlandais, qui ne connaissaient que les armes légères, leur causa une grande surprise[2]. Les voyageurs et les marchands, à leur retour, firent des récits merveilleux sur la force et l'adresse guerrière des nouveaux habitants de l'ouest de la Bretagne. Dans ce même temps, le chef d'une des provinces orientales de l'Irlande se trouvait en querelle et en guerre avec l'un des chefs ses voisins. Frappé de ce qu'il entendait raconter des conquérants du pays de Pembroke, il s'avisa d'adresser à quelques-uns d'entre eux la demande

1. Armatura gallic. (Giraldi Cambrensis Hibernia expugnata.)

2. Inermes corpore pugnant (Ibid.) — Jo. Brompton, pag. 107.

1166 à 1169. de s'enrôler à son service pour une forte paie, et de l'aider à ruiner son ennemi, dont il poursuivait la perte avec l'acharnement passionné que les Irlandais portaient malheureusement dans leurs guerres civiles et domestiques[1].

1169. Les Normands et les Flamands du pays de Galles, quoique ornés depuis leur conquête des titres d'honneur qui désignaient l'homme riche et puissant dans la langue française du moyen âge, ne trouvèrent rien d'étrange dans la proposition de l'Irlandais Dermot, fils de Morrogh[2], chef ou roi du territoire de Lagheniagh, autrement nommé Leinster; ils convinrent avec lui du taux de la solde[3] et de la durée du service, et s'embarquèrent au nombre de quatre cents chevaliers, écuyers et archers sous la conduite de Robert, fils d'Étienne, Maurice, fils de Girauld, Hervé de Mont-marais et David Barry[4]. Ils naviguèrent en droite ligne de la pointe la plus occidentale du pays de Galles, à la pointe la plus orientale de l'Irlande, et abordèrent près de Wexford, ville fondée par les Danois durant

1. Ancient Irish histories. — Girald. Camb. Hibernia expugnata. — Chron. Walt. Hemingford. p. 498.

2. Mac-Morrogh.

3. Spe lucri profusioris. (Walt. Hermingford., p. 498.)

4. Robertus filius Stephani... Hervæus de Monte-Marisco. (Hanmer's Chron., p. 225.) — Girald. Cambr.

leurs courses de piraterie et de commerce. Cette 1169 à 1170.
ville, qui faisait partie du territoire de Dermot-mac-Morrogh, lui avait été enlevée par les manœuvres de son adversaire et la défection des habitants [1]. Ceux qui la gardaient sortirent à la rencontre de l'armée ennemie et de ses auxiliaires; mais quand ils virent les machines de guerre, les chevaux bardés de fer, les harnais de mailles et tout l'attirail, nouveau pour eux, des cavaliers venus du pays de Galles, une sorte de terreur panique les saisit; quoique beaucoup plus nombreux, ils n'osèrent engager le combat en rase campagne, et, brûlant dans leur retraite tous les villages voisins avec les provisions qu'ils ne purent emporter, s'enfermèrent dans les murs de Wexford [2].

Dermot et les Normands en firent le siége et livrèrent trois assauts consécutifs, avec peu de succès, parce que les grands chevaux, les lances de huit coudées, l'arbalète et les cuirasses de mailles n'avaient de grands avantages qu'en plaine; mais les intrigues de l'évêque de Wexford, qui eut le crédit de réconcilier les habitants avec leur roi, firent ouvrir les portes à l'allié des étrangers qui, entré

1. Ibid.

2. Hanmer's Chron. p. 225.

1169 à 1170. dans la ville sans coup férir, marcha aussitôt, dans la direction du nord-ouest, à la poursuite de ses adversaires, et à la délivrance de son royaume, déja en grande partie envahi par eux [1]. Dans cette expédition, la tactique militaire et l'armure complète de ses alliés lui furent d'un secours efficace. L'arme la plus redoutable des habitants d'Erin consistait en des javelots longs et minces et des flèches courtes et très-aiguës [2]; les Normands, que leur vêtement de fer préservait de l'atteinte de cette espèce d'armes, abordaient de près les indigènes, et, pendant que le choc de leurs grands *dextriers* culbutait les petits chevaux des Irlandais, ils attaquaient avec leurs fortes lances ou leurs larges épées, perçant et tranchant à-la-fois l'homme qui n'avait pour armure défensive qu'un bouclier de bois léger, et de longues tresses de cheveux serrées en nattes et pendantes des deux côtés de la tête [3]. Tout le pays de Leinster fut reconquis par le fils de Morrogh, qui, ravi du secours prodigieux que lui avaient prêté les Normands, après leur avoir payé leur solde avec fidélité, les invita à demeurer près de lui, et leur of-

1. Campion's Chron., p. 83.

2. Girald, Cambrensis topographia Hiberniæ.

3. Ibid. — Spenser's state of Ireland. — Ces tresses se nommaient *glibs* en langue irlandaise.

frit, pour les retenir, plus de terres qu'ils n'en possédaient ailleurs [1]. Dans l'effusion de sa reconnaissance, il donna à Robert, fils d'Étienne, et à Maurice, fils de Girauld, le gouvernement et tout le revenu de la ville de Wexford et de sa banlieue; à Hervé de Mont-marais deux districts sur la côte entre Wexford et Waterford, et à tous les autres des possessions proportionnées à leur grade et à leur talent militaire [2]. 1169 à 1170.

Cet appel des étrangers dans les querelles intérieures du pays, et surtout l'établissement de ces étrangers en colonies permanentes dans les villes et sur le territoire du roi de Leinster, alarma toutes les provinces voisines, et l'inimitié particulière contre Dermot se transforma en hostilité nationale [3]. Il fut mis, comme ennemi public, au ban de la confédération irlandaise, et, au lieu d'un seul roi, presque tous lui déclarèrent la guerre. Les nouveaux colons, voyant leur cause intimement liée à la sienne, résolurent de faire tous leurs efforts pour le soutenir en se défendant eux-mêmes, et au premier bruit de

1. Nec suos adjutores abire passus est... (Walt. Hemingf., pag. 498.)

2. Hanmer's Chron., p. 227.)

3. Totius Hiberniæ populi indignari et tumultuari cœperunt, eò quòd gentem anglicam Hiberniæ immisisset...... (Walt. Hemingf. p. 498.)

1169 à 1170. l'orage qui s'amassait, ils envoyèrent quelqu'un des leurs en Angleterre, recruter en tous lieux les vagabonds, les aventuriers, les mendiants, Normands, Français, et même Anglais de race [1]. On leur promettait une solde et des terres; il en vint un grand nombre que le roi Dermot accueillit comme les premiers, et auxquels il fit, dès le débarquement, une fortune toute différente de leur fortune antérieure, dont le mauvais état se trahissait par les surnoms mêmes de quelques-uns d'entre-eux, comme Raymond-le-Pauvre qui, sans changer de sobriquet, devint haut et puissant baron sur la côte orientale de l'Irlande [2].

La colonie étrangère, graduellement accrue sous les auspices du chef de Leinster, qui voyait désormais en elle son unique sauvegarde, avait, malgré ses engagements, une tendance à séparer sa cause de celle du roi irlandais, et à former, par elle-même, une société indépendante. Bientôt les aventuriers dédaignèrent de marcher au combat sous la conduite de celui dont ils rece-

[1]. Illi metuentes paucitati suæ accitis ex Angliâ viris inopiâ laborantibus et lucri cupidis..... (Walt. Hemingf., p. 498)

[2]. Le *Poure*, selon la vieille orthographe française. Poer ou Pawer est encore aujourd'hui le nom d'une famille noble d'Irlande.

vaient la solde, d'un homme ignorant la tactique 1169
ou, comme on s'exprimait alors, les *faits d'armes* à 1170.
de la chevalerie; ils voulurent avoir un capitaine d'une grande réputation en guerre, et ils invitèrent, à venir les commander, le vieux Richard, fils de Gilbert Strong-boghe, comte de Pembroke et de deux autres provinces conquises dans le pays de Galles [1]. Cet homme, célèbre entre les descendants des conquérants de l'Angleterre, comme l'un de ceux qui possédait le plus de domaines acquis par la lance et l'épée, se trouvait alors tellement appauvri par ses dépenses excessives, et si fort inquiété par ses créanciers, que, pour fuir leurs poursuites et réparer sa fortune, il n'hésita pas à se rendre à l'appel des Normands d'Irlande [2].

Sa réputation et son rang lui firent trouver de
nombreux compagnons. Il aborda avec plu- 1170.
sieurs vaisseaux, des soldats et des munitions de guerre, au même lieu où les alliés de Dermot avaient débarqué deux ans auparavant, et fut reçu avec de grands honneurs par ses compatriotes et par le roi de Leinster, forcé d'accueillir

1. Et quia nondùm habebant proprium principem nec pro voto pastorem... (Chron. Walt. Hemingf., p. 498.)

2. Qui cùm esset in expensarum profusione prodigus, amplissimisque reditibus extenuatus et creditoribus obnoxius... (Ibid.)

1170. avec joie ce nouvel ami qui pouvait devenir un jour redoutable pour lui-même [1]. Richard joignit son armée à la colonie normande, et, prenant le commandement de toutes ces forces, attaqua Waterford, ville du royaume de Mumham ou de Munster, la plus voisine du territoire occupé par les Normands. Cette ville, fondée par les corsaires septentrionaux, comme l'atteste son nom teutonique, fut alors prise d'assaut et une partie des habitants fut massacrée [2]. Les Normands y laissèrent une garnison; et se dirigeant vers le nord, ils allèrent attaquer Dyvlin ou Dublin, autre ville fondée par les Danois, la plus grande et la plus riche de toute la côte orientale [3]. Soutenus de toutes les troupes du roi Dermot, qui était devenu leur auxiliaire plutôt qu'ils n'étaient les siens, ils prirent Dublin comme Waterford, et se mirent ensuite à faire des excursions en divers sens sur le plat pays, s'emparèrent de plusieurs cantons, s'en assurèrent d'autres par capitulation avec les habitants [4], et jetèrent les fondements de

1. Præstolantes socios optato lætificavit adventu. Chron. Walt. Hemingf., p. 498. — Hanmer's Chron., p. 248.

2. Ibid.

3. Irruit super Dyvelinum... (Chron. Walt. Hemingf., pag. 498.)

4. Plurimos metu territos in fœdus venire coegit... (Ibid.)

plusieurs châteaux-forts, édifices plus rares encore en Irlande qu'ils ne l'avaient été en Angleterre avant la conquête, et qui devaient donner aux envahisseurs, Normands ou Français, dans le premier de ces deux pays, la même supériorité de forces qu'ils leur avaient procurée dans l'autre [1]. 1170 à 1171.

Les Irlandais, vivement frappés de ce progrès rapide des étrangers, l'attribuèrent à la colère divine; et mêlant un sentiment de philanthropie à leurs craintes superstitieuses, ils crurent conjurer le fléau qui leur venait d'Angleterre en affranchissant tous les hommes de race anglaise qui se trouvaient esclaves en Irlande, après avoir été enlevés par des pirates ou achetés à prix d'argent [2]. Cette résolution généreuse, décrétée dans un grand conseil des chefs et des prêtres du pays, ne fit point tomber l'épée des mains de Richard, fils de Gilbert. Maître du royaume de Leinster, sous le nom de l'Irlandais Dermot, dont il épousa la fille, et qui devint le protégé et le vassal de ses anciens soldats à gages, le Normand menaçait de conquérir tout le pays, à l'aide de nouvelles recrues d'aventuriers qu'il appelait à lui d'Angleterre, et des

1. Et locis optimis munitiones construens... (Ibid.)

2. Hanmer's Chron. p. 251.

1170 à 1171. Irlandais de l'est, que le pouvoir de leur chef national retenait de force dans l'alliance de l'étranger[1].

Mais le bruit de l'accroissement prodigieux de cette nouvelle puissance parvenant aux oreilles du roi Henri II, dans ses provinces d'outre-mer, lui inspira une grande jalousie[2]. Jusqu'alors il avait vu sans peine, et même avec satisfaction, l'établissement des hommes d'armes de Pembroke sur les côtes de l'Irlande, et leur liaison avec l'un des rois du pays, qui se trouvait, de cette manière, engagé contre ses compatriotes dans une hostilité favorable aux desseins du roi d'Angleterre, si jamais il réalisait son plan de conquête et de partage avec le siége apostolique. Mais la possession d'une grande partie de l'île par un homme de race normande, qui chaque jour augmentait ses forces en pratiquant le grand secret politique du conquérant de l'Angleterre, en ouvrant un asyle aux aventuriers, et qui pouvait déja, s'il le voulait, payer au pape la rente d'un denier par maison, alarma fortement l'ambition du roi

1. Fœderati regis filiam uxorem accepit. (Chron. Walt. Hemingf., p. 498.)

2. Cujus tam fausti successus cùm regi innotuissent Angliæ, motus est rex... (Ibid.)

Henri[1]. Il fit publier en grande hâte une pro- 1170 à 1171.
clamation menaçante pour ordonner à tous ceux de ses hommes-liges qui séjournaient présentement en Irlande, d'être de retour en Angleterre à la prochaine fête de Pâques, sous peine de forfaiture de tous leurs biens, et de bannissement perpétuel[2]. Il défendit en outre qu'aucun vaisseau, parti de ses domaines d'Angleterre ou du continent, abordât en Irlande sous quelque prétexte que ce fût[3]. Cette prohibition arrêta les progrès de Richard Strong-boghe, qui se trouva privé subitement de tout nouveau renfort d'hommes, de provisions et d'armes[4].

Faute de hardiesse personnelle, ou de moyens réels pour se maintenir avec ses propres forces, Richard essaya de négocier un accommodement
avec le roi, et députa vers lui, en Aquitaine, 1171.
Raimond le Gros, l'un de ses lieutenants[5]. Celui-ci, fut mal reçu du roi qui ne voulut répondre à aucune de ses propositions, ou plutôt y répondit d'une manière assez expressive en con-

1. Quod eo inconsulto rem tantam fuisset aggressus.... (Ibid.)

2. Hanmer's Chronicle, p. 252.

3. Commeatus navium penitùs interdixit. (Chron. Walt. Hemingf., p. 498.)

4. Ne quid ex Angliâ subsidium inferretur. (Ibid.)

5. Hanmer's Chron., p. 252.

1171. fisquant tous les domaines de Richard en Angleterre et dans le pays de Galles [1]. Dans le même temps la colonie normande du pays de Leinster essuya une attaque violente de la part des hommes de race danoise établis sur la côte nord-est de l'Irlande, réunis aux Irlandais de race indigène, et soutenus en outre par Godred, roi de l'île de Man, Scandinave de nom et d'origine, et chef d'un peuple mélangé de Galls et de Teutons [2]. Ils tentèrent de reprendre Dublin; les Normands résistèrent, mais craignant les effets de cette nouvelle ligue formée contre eux, dans le dénuement où ils se trouvaient de tout secours extérieur, par suite des ordonnances royales, ils crurent ne pouvoir mieux faire que de se reconcilier avec le roi à quelque prix que ce fût [3]. Henri II exigea des conditions fort dures; mais le comte de Pembroke et ses compagnons s'y soumirent. Ils donnèrent au roi la cité de Dublin avec les meilleures des villes qu'ils avaient conquises [4], et, pour prix de cet abandon, le roi rendit à Richard, fils de Gilbert,

1. Fisco jussit applicari... (Walt. Hemingf., p. 498.)

2. Hanmer's Chron., p. 256, 257.

3. In suam gratiam redire compulit. (Walt. Hemingf., pag. 498.)

4. Extorsit civitatem Dyvelinum et cætera quæ potiora videbantur. (Ibid.)

ses domaines confisqués, et confirma aux Normands d'Irlande leurs possessions territoriales dans ce pays, pour les tenir de lui en fief, sous condition de foi et d'hommage[1]. Richard Strongboghe, de chef souverain qu'il était, devint senéchal du roi en Irlande; et le roi lui-même se mit promptement en route pour aller visiter les nouvelles possessions qu'il venait d'acquérir sans peine et sans combat, en vertu d'un seul édit. 1171 à 1172.

Le lieu de rendez-vous assigné à l'armée royale fut la côte occidentale du comté de Pembroke. Avant de monter sur son vaisseau, Henri II fit 1172. ses dévotions dans l'église de Saint-David, et recommanda au ciel le voyage et l'expédition qu'il entreprenait, disait-il, pour l'accroissement de la sainte église[2]. Il prit terre à Waterford où les chefs normands du royaume de Leinster et Dermot, fils de Morrogh, encore roi de nom, mais dont la royauté titulaire expirait nécessairement à l'entrée du roi étranger, le reçurent comme dans ce siècle les vassaux recevaient un seigneur suzerain[3]. Leurs troupes se joignirent à son armée, qui marcha vers l'ouest, et parvint sans résistance jusqu'à la ville de Cashell. Les

1. Hanmer's Chron., p. 257.
2. Gordon, hist. d'Irlande, tom. I, p. 158.
3. Hanmer's Chron., p. 166.

1172. habitants de tout le pays voisin, désespérant de tenir tête à de si grandes forces, émigrèrent en foule et se réfugièrent dans la contrée montagneuse qui est au-delà du grand fleuve de Shannon [1]. Les rois des provinces du sud, laissés par cette terreur panique à la merci de l'étranger, furent contraints de se rendre à ses sommations, de lui jurer fidélité, et de s'avouer ses tributaires [2]. Les Normands partagèrent entre eux les terres des Irlandais fugitifs, et quand ces derniers revinrent poussés par la détresse, les vainqueurs les reçurent à titre de serfs sur la glèbe de leurs propres champs [3]. Des garnisons normandes furent placées dans les villes, des officiers normands remplacèrent les anciens chefs nationaux, et entre autres, le royaume de Cork fut donné par le roi Henri à Robert fils d'Étienne, l'un des capitaines d'aventuriers qui lui avaient ouvert si aisément le chemin de l'Irlande [4].

Après avoir ainsi réussi dans le sud, le roi se transporta vers le nord, dans la grande ville de Dublin, et là s'intitulant seigneur de toute l'Hibernie par la donation de l'Église, il somma les rois irlandais, sans distinction, de venir à sa cour

1. Hanmer's Chron., p. 166. — Campion's., p. 88.
2. Ei fidelitatem juraverunt. (Math. Paris., p. 87.)
3. Spenser's state of Ireland, p. 21.
4. Hanmer's Chron., p. 266.

pour lui prêter le serment de foi et d'hommage-lige[1]. Les rois du midi s'y rendirent; mais celui de la grande province occidentale de Connaught, auquel appartenait alors la suprématie sur tous les autres et le titre national de roi du pays, répondit qu'il ne se rendrait à la cour de personne, puisque lui seul était chef de l'Irlande légalement et légitimement[2]. La hauteur des montagnes et l'étendue des marais de sa province lui permirent de faire impunément cet acte de fierté patriotique[3]. Ce fut aussi vainement que les sommations du roi étranger parvinrent dans le nord de l'île; pas un chef de la province de Thuall ou d'Ulster ne vint faire hommage à la cour normande de Dublin, et la souveraineté nominale de Henri II resta bornée par une ligne tirée du nord-est au sud-ouest, depuis l'embouchure de la Boyne jusqu'à celle du Shannon[4]. 1172.

On éleva à Dublin un palais de bois poli et peint suivant la mode de l'Irlande, et c'est là que passèrent les fêtes de Noël ceux des chefs qui avaient consenti à placer leurs mains

1. Ibid. p. 267.

2. Dicens se regem et dominum Hiberniæ esse... (Jo. Brompton, p. 1070.)

3. Quia regio quam habitabat inaccessibilis... (Math. Paris., pag. 87.)

4. Hanmer's Chron., p. 268.

1172. comme vassaux entre les mains du roi de race angevine [1]. Là furent étalées durant plusieurs jours toutes les pompes de la royauté normande, et le peuple irlandais, peuple doux et sociable, ami de la nouveauté et susceptible d'impressions vives, se plut, si l'on en croit les vieux auteurs, à considérer avec des regards curieux l'éclat dont s'entouraient ses maîtres, leurs chevaux, leurs harnois, leurs armes, et la dorure de leurs habits [2]. Les membres du clergé et surtout les archevêques, installés peu d'années auparavant par les légats pontificaux, jouèrent un grand rôle dans cette soumission au droit de la force [3]. Il est vrai que les prélats des contrées de l'ouest et du nord ne vinrent pas à Dublin, non plus que les chefs politiques de ces contrées; mais ceux du midi et de l'est, suivant les dogmes ecclésiastiques d'obéissance au pouvoir quel qu'il soit, jurèrent à l'Angevin fidélité envers et contre tous les hommes [4], en adressant au porteur de la bulle d'Adrien ce fameux verset souvent appliqué aux rois conquérants par les prêtres catholiques. « Béni

1. Palatium virgis levigatis ad modum patriæ illius constructum... (Rog. de Hoved., p. 528.)

2. Hanmer's Chron., p. 268.

3. Ibid.

4. Qui potestati resistit Dei ordinationi resistit... fidelitatibus ei contra... omnes homines juratis... (Jo. Brompton, p. 1070.)

« soit celui qui vient au nom du Seigneur [1] ! » 1172.
Henri II ne se contenta point de ces témoignages fugitifs de condescendance et de lâcheté, il en exigea de plus durables, et voulut que chacun des évêques irlandais lui remît des lettres signées et scellées en forme de charte authentique, par lesquelles tous déclarèrent avoir constitué de leur propre mouvement, « roi et seigneur de l'Irlande, le glorieux Henri, *fils de* « *l'emperesse*, et ses héritiers à tout jamais [2]. »

Le roi Henri se proposait d'envoyer ces lettres au pape régnant, Alexandre III, pour obtenir une confirmation positive de la bulle d'Adrien; et d'abord, afin de prouver d'une manière éclatante qu'il songeait à exécuter les clauses stipulées dans cette bulle pour l'avantage de l'église romaine, il assembla dans la ville de Cashell un synode d'évêques irlandais et de prêtres normands, chapelains, abbés ou simples clercs, pour commencer le grand œuvre de l'établissement de la domination papale en Hibernie [3]. Ce synode prescrivit strictement l'observation des canons prohibitifs du mariage jusqu'au

1. Benedictus qui venit in nomine Domini.

2. ... Ipsos eum et hæredes suos in reges et dominos in perpetuum constituisse... (Jo. Brompton, p. 1070.)

3. Hanmer's Chron., p. 271. — Ad regnum Hiberniæ sibi et hæredibus suis confirmandum. Jo. Brompton, p. 107.

1172. sixième degré de parenté, loi toute nouvelle pour l'Irlande et calculée dans le principe pour accroître les revenus de la cour de Rome par la vente des dispenses de mariage, et son influence par les arrêts de divorce [1]. On prit encore dans l'assemblée de Cashell d'autres résolutions ayant le même objet, et l'on décréta que le service des églises d'Irlande serait désormais modelé sur celui des églises d'Angleterre, « car, disaient les « actes de ce concile, l'Hibernie étant maintenant, « par la grâce et la providence divine, soumise « au roi d'Angleterre, il est de toute justice « qu'elle reçoive de ce pays l'ordre et les règles « capables de la réformer et d'y introduire une « meilleure façon de vivre [2]. »

Ces choses se passèrent près de deux années après le meurtre de Thomas Becket, dans un temps où le roi Henri se trouvait ramené par la nécessité politique à de grandes dispositions d'humilité envers le pape; tout son ancien orgueil vis-à-vis des cardinaux et des légats, et sa volonté de maintenir, contre le pouvoir épiscopal, ce qu'il appelait naguère les droits et la dignité de sa couronne, étaient alors évanouis [3]. Le besoin d'obtenir l'aide et l'appui

1. Campion's Chron., p. 89.

2. Hanmer's Chron., p. 27. — Ancient Irish histories.

3. Voyez livre IX, tome II. — Salvâ dignatate coronæ nostræ.

du pouvoir papal contre les subjugués de l'Irlande n'était pas la seule cause de ce changement, et la mort du primat de Canterbury y avait aussi contribué. Quelque désir qu'eût le roi d'être délivré de son antagoniste, quelque vivement qu'il eût exprimé ce désir, dans ses accès d'irritation, les circonstances de l'assassinat, commis en plein jour, au pied de l'autel, lui déplurent et l'inquiétèrent. « Il était fâché, dit un « auteur contemporain, de la manière dont le « martyre avait eu lieu, et craignait beaucoup « d'être noté d'infamie et appelé traître pour « avoir, à la vue de tout le monde, donné « pleine et entière paix au saint homme, et « l'avoir presque aussitôt envoyé à la mort en « Angleterre [1]. »

1172 à 1173.

Les ennemis politiques de Henri II avaient saisi avidement cette accusation de trahison et de parjure; ils la répandaient avec zèle, et même avaient donné le nom de *pré aux traîtres* à la prairie où s'était faite la réconciliation du primat et du roi d'Angleterre [2]. Le roi de France

1. Dolebat enim rex de modo martyrii, et famæ suæ plurimùm metuebat, ne proditoris elogio ubique terrarum notaretur utpote qui... (Gervas. Dorobern. ap., script. rer. fr., tom. XIII, pag. 135.)

2. Pratum proditorum. (Vita B. Thomæ quadripartita.) — Script. rer. fr., tom. XIV, p. 464.

1172 à 1173. s'épuisait en invectives et en messages pour exciter de toutes parts la haine contre son rival, et surtout pour renouveler le soulèvement des provinces d'Aquitaine et de Bretagne qu'il avait déja trahies et vendues une fois après les avoir excitées à secouer le joug de l'Angevin [1]. A l'exemple de la population anglo-saxonne, mais par de tout autres motifs, le roi Louis n'attendit pas un décret de l'église romaine pour ériger en saint et en martyr celui qu'il avait tour-à-tour secouru, délaissé et secouru de nouveau au gré de son propre intérêt. L'impression d'horreur que le meurtre de l'archevêque avait produite sur le continent lui fournit un prétexte pour rompre la trève avec le roi Henri, et un moyen d'amener le pape à se déclarer son auxiliaire dans la guerre qu'il voulait recommencer. « Que « le glaive de saint Pierre, lui écrivait-il, soit « tiré du fourreau pour la vengeance du mar- « tyr de Canterbury. Car son sang crie au nom « de l'église universelle, et demande satisfac- « tion à l'église [2] » Thibaut, comte de Blois, homme-lige du roi de France, et qui désirait arrondir ses terres de Touraine aux dépens de

1. Voyez livre VIII, pag. 365.

2. Denudetur gladius Petri... quia sanguis ejus pro universali clamat ecclesiâ... (Script. rer. fr., t. XVI, p. 468

l'autre roi, fut encore plus violent dans les dé- 1172
pêches qu'il envoya au pape. « Le sang du juste, 1173.
« disait-il, a été versé, les chiens de cour, les « familiers, les domestiques du roi d'Angleterre « se sont faits les ministres de son crime [1]. Très- « saint père, le sang du juste crie vers vous; « que le Père tout-puissant vous inspire la vo- « lonté et vous communique le pouvoir de la ven- « geance [2]. »

Enfin l'archevêque de Sens, qui s'intitulait primat des Gaules, lança un arrêt d'interdit sur toutes les provinces continentales du roi d'Angleterre [3]. C'était le signal où devaient se réveiller, dans ces provinces, les mécontentements populaires, ou un moyen puissant de les faire fermenter; car l'exécution d'une sentence d'interdit était accompagnée d'un appareil lugubre qui frappait vivement les esprits : on dépouillait les autels, on renversait les crucifix, on tirait de leurs châsses les ossements des saints, et on les dispersait sur le pavé des églises; on enlevait les portes qu'on remplaçait par des amas de ronces et d'épines, et aucune cérémonie reli-

1. Canes aulici, familiares et domestici regis Angliæ. (Scr. rer. fr., tom. XVI, p. 488.)

2. Vobis insinuet vindictæ voluntatem et suggerat facultatem. (Ibid., p. 468.)

3. Ibid., pag. 467 — 475.

1172 à 1173. gieuse n'avait plus lieu, si ce n'est le baptême des enfants nouveau-nés et la confession des mourants [1].

Les prélats de Normandie, qui n'avaient aucune haine politique contre Henri II, n'exécutèrent point cette sentence; et l'archevêque de Rouen, qui s'érigeait en primat des provinces soumises au roi d'Angleterre, défendit, par des lettres pastorales, aux évêques d'Anjou, de Bretagne et d'Aquitaine d'obéir à l'interdit jusqu'à ce qu'il eût été ratifié par le pape [2]. Trois évêques et plusieurs clercs normands partirent en ambassade pour Rome, afin d'y justifier le roi Henri de l'accusation de meurtre et de parjure [3]. Aucun prêtre aquitain ne fut mêlé dans cette affaire, soit que le roi se défiât d'eux, soit qu'ils eussent manifesté des dispositions peu favorables pour sa cause. On peut juger de l'esprit qui les animait par la lettre suivante adressée à Henri II lui-même, par Guillaume de Trahinac, prieur de l'abbaye de Grandmont, près de Limoges, abbaye que le roi affectionnait beaucoup, et dont il faisait alors rebâtir l'église à ses frais. « Ah! seigneur roi, qu'est-ce

1. Præter baptisma parvulorum et pœnitentias morientium. (Script. rer. fr., tom. XVI.)

2. Ibid., pag. 475 — 477.

3. Ibid., p. 479.

« que j'apprends de vous? Je ne veux pas que 1172
« vous ignoriez que, depuis le jour où je sais à 1173
« que vous êtes tombé de chute mortelle, j'ai « renvoyé les ouvriers qui bâtissaient à vos « gages l'église de notre maison de Grandmont, « afin qu'il n'y ait plus rien de commun entre « vous et nous[1]. »

De même que le roi de France et les autres ennemis de Henri II lui imputaient directement le meurtre de l'archevêque de Canterbury, et s'efforçaient de présenter le crime des quatre Normands, Guillaume de Tracy, Hugues de Morville, Regnault, fils d'Ours, et Guillaume-le-Breton, comme l'effet d'une mission expresse; les amis du roi Henri essayaient d'accréditer une version toute contraire de cet événement, et de faire passer la mort violente de Thomas Becket pour un simple accident fortuit, où la haine du roi n'avait eu aucune espèce de part. Une prétendue narration des faits rédigée et signée par un évêque, fut envoyée au pape Alexandre III, au nom de tout le clergé de Normandie. Les prélats normands racontaient que, se trouvant un jour réunis auprès du roi pour traiter des affaires de l'église et de l'état,

1. Heu! domine mi rex, quid est quod audio de vobis? Nolo vos ignorare quòd... ne in ullo tecum participes essemus. (Script. rer. fr., tom. XVI, p. 471.)

1172 à 1173. ils avaient appris inopinément, de la bouche de certaines personnes, revenant d'Angleterre, que certains ennemis de l'archevêque, poussés à bout par ses provocations, s'étaient jetés sur lui et l'avaient tué [1]; qu'on avait caché quelque temps au roi cette fâcheuse nouvelle, mais qu'à la fin elle lui était parvenue, parce qu'on ne pouvait lui laisser ignorer un crime dont la punition lui appartenait par le droit de la puissance et du glaive [2]; qu'aux premiers mots du triste récit, il s'était répandu en gémissements, et abandonné à une douleur qui mettait à découvert l'ame de l'ami plutôt que celle du prince, paraissant tantôt comme stupéfait, et tantôt jétant des cris et sanglotant [3], qu'il avait passé trois jours entiers renfermé dans sa chambre, refusant toute nourriture et toute consolation, et paraissant avoir le projet de mettre fin à sa vie [4] : « Tellement, ajoutent les narrateurs, que nous,

1. .... Quòd quidam inimici ejus, crebris, ut aiebant, exacerbationibus provocati, temerè in eum irruptione factâ, personam ejus crudeliter trucidare perstiterunt. (Script. rer. fr., tom. XVI, p. 469.)

2. Jure potestatis et gladii... (Ibid., pag. 409.)

3. Stupens interdùm, et post stuporem ad gemitus et acutiores amaritudines revolutus... (Ibid.)

4. Voluntariam sibi perniciem indicere... (Ibid.)

« qui d'abord nous lamentions sur le sort du pri- 1172
« mat, nous commençâmes à désespérer du roi, à
« et à croire que la mort de l'un amènerait mal- 1173.
« heureusement celle de l'autre [1]. Enfin ses amis « intimes se hasardèrent à lui demander ce qui « l'affligeait à ce point, et l'empêchait de re- « venir à lui-même. — C'est que je crains, ré- « pondit-il, que les auteurs et les complices de ce « forfait abominable ne se soient promis l'impu- « nité, se fiant sur mon ancienne rancune, et « que ma réputation ne souffre des mauvais « propos de mes ennemis qui ne manqueront « pas de m'attribuer tout [2]; mais, par le Dieu « tout-puissant, je n'y ai coopéré en aucune fa- « çon, ni de volonté ni de conscience; à moins « que l'on ne regarde comme un délit de ma « part l'opinion, conservée encore par certains « hommes, que j'aimais peu l'archevêque [3]. »

Ce récit, dans lequel l'exagération des sentiments, l'appareil dramatique, l'affectation de présenter le roi comme l'ami le plus tendre du

1. Et in alterius nece miserabiliter utrumque credebamus interiisse.... (Ibid.)

2. Ne sceleris auctores et complices veteris rancoris confidentiâ, impunitatem sibi criminis promisissent... (Ibid., p. 469.)

3. ... Nisi fortè in hoc delictum sit quòd minùs diligere credebatur... (Ibid.)

1172 à 1173. primat, et comme beaucoup plus à plaindre que l'homme même que ses courtisans avaient assassiné, sont des signes de fausseté évidente, obtint peu de crédit à la cour de Rome comme dans le monde, et n'empêcha point de se propager la croyance également fausse, que Thomas avait été tué par l'ordre formel de Henri II. Pour affaiblir ces impressions, il résolut d'écrire lui-même au pape une relation du meurtre et de ses propres regrets plus rapprochée de la vérité que n'était celle des clercs de Normandie, sans cesser d'être encore inexacte. Dans cette lettre, le roi d'Angleterre se gardait bien d'avouer que les quatre assassins étaient partis de sa cour, après l'avoir entendu proférer une exclamation de fureur, qui pouvait passer pour un ordre, et il exagérait ses bons offices envers le primat, ainsi que les torts de ce dernier. « Je lui avais « rendu, disait-il, mon amitié et la pleine pos« session de ses biens; je lui avais permis de re« tourner en Angleterre avec un cortège hono« rable [1] : mais, à son entrée, au lieu des joies « de la paix, il a porté le glaive et l'incendie, il « a mis en question ma dignité royale; et ex« communié sans raison mes plus zélés servi-

1. ...Et cum honesto commeatu in Angliam transfretare concessi. (Script. rer. fr., tom. XVI, p. 470.)

« teurs [1]. Alors ceux qu'il avait excommuniés, « et d'autres encore *en Angleterre*, ne pouvant « supporter plus long-temps l'insolence de cet « homme, se sont jetés sur lui, et l'ont tué, ce « que je ne puis dire sans douleur [2]. » 1172 à 1173.

La cour de Rome, suivant son usage, fit d'abord grand bruit de l'attentat sacrilége commis contre l'oint du Seigneur; et quand les clercs normands envoyés auprès d'elle présentèrent leurs lettres de créance, et prononcèrent le nom de Henri par la grace de Dieu roi d'Angleterre, tout le conclave se leva d'un mouvement spontané, en criant: « Arrêtez! cela suffit [3]. » Mais quand, sortis de la salle d'audience, et chacun en particulier, les cardinaux eurent vu briller l'or du roi [4], ils devinrent beaucoup plus traitables, consentirent à ne point le regarder comme directement complice du meurtre de Thomas, à ne point l'excommunier comme tel, et à envoyer auprès de lui deux légats chargés de faire une

1. .... Ipse verò in ingressu suo, non pacis lætitiam sed ignem portavit et gladium. (Script. rer. fr., tom. XVI, pag. 470.)

2. Tantam igitur protervitatem hominis non ferentes, excommunicati et alii de Angliâ irruerunt in eum.. (Ibid.)

3. ... Acclamavit tota curia: Sustinete! sustinete! (Ibid., pag. 477.)

4. Interventu quorumdam cardinalium et magnæ pecuniæ. (Ibid., p. 479.)

1172 à 1173 enquête sur les circonstances du meurtre, de recevoir sa justification, et de l'absoudre s'il y avait lieu [1]. Les choses en étaient à ce point, et encore en suspens, lorsque Henri II partit pour l'Irlande, et, par cette facile conquête, fit diversion aux inquiétudes qui le tourmentaient; mais ce succès même plaça le roi dans une nouvelle relation de dépendance à l'égard du pouvoir papal. Au milieu de ses travaux militaires et politiques dans le pays qu'il venait de conquérir, il avait sans cesse les yeux fixés sur l'autre bord de la mer, attendant avec anxiété la venue des ambassadeurs de Rome. Lorsqu'enfin, dans le carême qui termina l'année 1172, il apprit que deux cardinaux, Albert et Théodine, étaient arrivés en Normandie, il quitta tout pour se rendre auprès d'eux, et partit, laissant ses conquêtes d'Irlande à la garde de Hugues de Lacy [2].

Déja la cour de Rome avait vendu au roi Henri sa radiation de la liste des personnes excommuniées pour le meurtre de Thomas, qui fut lue à haute voix, dans les églises, le vendredi-saint de l'année 1172; mais n'ayant point voulu accepter sa justification entière, elle persistait à

1. Radulphus de Diceto, ap. script. rer. fr., tom. VIII, pag. 189.

2. Rog. de Hoved., pag. 529. — Girald. Cambr. Hibernia expugn. apud script. rer. fr., tom. XIII, p. 213.)

le regarder comme coupable d'avoir donné occasion au meurtre, et c'était l'absolution de ce délit qui lui restait encore à vendre [1]. Dans le cas où le roi n'eût point consenti à y mettre le prix demandé, les légats étaient chargés de mettre en interdit l'Angleterre et les possessions du continent, ce qui infailliblement devait ouvrir au roi de France l'entrée de la Bretagne et du Poitou; mais, en revanche, si Henri II accédait aux conditions proposées, les légats devaient forcer le roi de France, par la menace d'une sentence toute pareille, à conclure aussitôt la paix avec l'autre roi [2]. 1173.

La première entrevue du roi d'Angleterre avec les deux cardinaux eut lieu dans un couvent près d'Avranches; et les demandes des Romains, qui sentaient la position fâcheuse où était le roi, furent tellement exorbitantes, que ce dernier, malgré sa résolution de faire beaucoup pour plaire à l'Église, refusa de se soumettre à ce qu'ils lui proposaient, et leur dit en les quittant: « Je « retourne en Irlande où j'ai beaucoup d'affaires; « quant à vous, allez en paix sur mes terres « partout où il vous plaira, et accomplissez votre « mission [3]. » Mais Henri II ne tarda pas à son-

1. Script. rer. fr., tom. XVI, p. 479.

2. Ibid., tom. XIII, pag. 749.

3. ... Vos autem ite per terram meam ubi vobis placuerit

1173. ger que le poids de ses affaires d'Irlande serait bientôt trop lourd pour lui, sans la faveur pontificale; et, de leur côté, les cardinaux devinrent un peu moins exigeants. On se réunit de nouveau à Avranches, et là, après des concessions mutuelles, la paix fut conclue entre la cour de Rome et le roi qui, selon la relation officielle envoyée par les légats, se montra plein d'humilité, de crainte de Dieu et d'obéissance à l'Église [1]. Les conditions imposées à Henri II furent un impôt en argent pour les frais de la guerre contre les Sarrasins, l'obligation de se rendre en personne à cette guerre, ou de prendre la croix, comme on disait alors, à la première requête du pape; enfin, l'abolition des statuts de Clarendon et de toutes les lois, soit anciennes, soit nouvelles, qui seraient condamnées par le pape [2].

En vertu d'un arrangement préalable, le roi se rendit en cérémonie dans la grande église d'Avranches, et, posant la main sur l'Évangile, jura devant tout le peuple, qu'il n'avait ni ordonné ni voulu la mort de l'archevêque de Canterbury,

et, agite legationem sicut vobis injunctum est... (Script. rer. fr., tom. XVI, p. 484.)

1. Cum tantâ humilitate obedientem Deo... (Ibid., p. 486.)

2. Quòd prava statuta de Clarendonio et omnes malas consuetudines penitùs dimitteret... juxta mandatum domini papæ... (Ibid., p. 484.)

et que, l'ayant apprise, il en avait ressenti plus 1173.
de chagrin que de joie [1]. On lui récita les articles de la paix et les promesses qu'il avait faites, et il fit serment de les exécuter toutes de bonne foi et sans *mal engin* [2]. Henri, son fils aîné et son collègue dans la royauté, le jura en même temps que lui; et, pour garantie de cette double promesse, on en dressa une charte au bas de laquelle fut apposé le sceau royal [3]. Ce roi, qu'on avait vu naguère si plein de fierté devant la puissance papale, croyant que son intérêt politique lui conseillait maintenant l'humilité, engageait les cardinaux à ne l'épargner en rien. « Seigneurs « légats, leur disait-il, voici mon corps, il est en « vos mains; et sachez pour sûr que quoique vous « ordonniez je suis prêt à obéir [4]. » Les légats se contentèrent de le faire agenouiller devant eux pour lui donner l'absolution de sa complicité indirecte, l'exemptant de l'obligation de recevoir sur son dos nu les coups de verges qu'on

1. In publicâ audientiâ tactis Evangeliis... et... plus indè doluit quàm lætatus est... (Script. rer. fr., t. XVI, p. 484.

2. Sine malo ingenio... (Ibid.)

3. Fecit etiam jurare Henricum filium suum... apponi sigillum suum... (Rog. de Hoved., pag, 529.)

4. Ecce, Domini mei legati, corpus meum in manu vestrâ est; scitote pro certo quòd, quidquid jusseritis.... (Script rer. fr., tom. XVI, p. 485.)

1173. administrait aux pénitents [1]. Le même jour, il expédia en Angleterre des lettres scellées de son grand sceau pour annoncer à tous les évêques qu'ils étaient dorénavant dispensés de leurs promesses sur l'observation des statuts de Clarendon [2], et annoncer à tout le peuple que la paix était rétablie à l'honneur de Dieu et de l'Église, du roi et du royaume [3]. Un décret pontifical qui déclarait l'archevêque Thomas saint et martyr, et dont les légats s'étaient munis comme d'une pièce diplomatique nécessaire à leur mission, fut aussi envoyé en Angleterre avec ordre de le promulguer dans les églises et sur les places publiques, dans tous les lieux où jusqu'à ce moment avaient été fouettés et piloriés ceux qui osaient qualifier de crime l'assassinat de l'*ennemi du roi* [4].

A l'arrivée de ces nouvelles et du bref de canonisation, il y eut grande rumeur parmi les hauts personnages d'Angleterre, laïcs et prêtres, car il s'agissait pour eux de changer subitement

1. Flexis genibus. (Script. rer. fr., tom. XVI, p. 485.) Omissâ virgarum disciplinâ...

2. Relaxavit episcopos de promissione quam ei fecerant... Ibid.)

3. Ad honorem Dei et ecclesiæ et meum et regni mei... (Ibid., pag. 487.)

4. Voyez livre IX, tome II. — Ibid.

de langage et d'opinion, et d'adopter comme un objet de culte public l'homme qu'ils avaient persécuté avec tant d'acharnement. Les comtes, les vicomtes et les barons qui avaient attendu Thomas Becket sur le rivage pour le tuer, les évêques qui l'avaient insulté dans son exil, qui avaient envenimé de tous leurs efforts la haine du roi contre lui, et en dernier lieu avaient porté en Normandie la dénonciation qui fut cause de sa mort, s'assemblèrent dans la grande salle de Westminster, pour entendre la lecture du bref papal conçu en ces termes [1] : 1173.

« Nous vous avertissons tous tant que vous « êtes, et vous enjoignons par notre autorité « apostolique, de célébrer solennellement la mé« moire de Thomas, le glorieux martyr de Can« terbury, chaque année, au jour de sa passion [2], « afin qu'en lui adressant vos prières et vos vœux, « vous obteniez le pardon de vos fautes, et que « celui qui vivant a subi l'exil, et mourant a « souffert le martyre pour la cause du Christ,

1. .... Westmonasterio recitatæ sunt domini Papæ litteræ in audientiâ Episcoporum et Baronum... (Math. Paris., pag. 126.)

2. Natalem Thomæ martyris gloriosi Cantuariensis, diem videlicet passionis ejus... (Math. Paris., p. 126.)

1173. « étant invoqué par les fidèles, intercède pour « nous tous auprès de Dieu [1]. »

A peine la lecture de cette lettre était-elle achevée que tous les Normands clercs et laïcs, saisis d'un enthousiasme hypocrite, élevèrent tous ensemble la voix, et s'écrièrent : *Te Deum laudamus* [2] ; pendant que quelques-uns des évêques continuaient de chanter les versets du cantique de réjouissance, les autres fondaient en larmes, et disaient d'un ton passionné : « Hélas ! malheureux que nous sommes, nous n'a-« vons point eu pour notre père le respect que « nous lui devions, ni dans son exil, ni quand il « revint d'exil, ni même après son retour [3]. Plu-« tôt que de le secourir dans ses traverses, nous « l'avons persécuté obstinément. Nous confessons « notre erreur et notre iniquité [4]... » Et comme s'il n'avait pas suffi de ces exclamations individuelles pour prouver au roi Henri II que ses fidèles évêques d'Angleterre savaient tourner à

1. Ut qui pro Christo in vitâ exilium, et in morte, virtutis constantiâ, martyrium pertulit... (Math. Paris., p. 126.)

2. Apicibus autem vix perlectis, elevaverunt vocem omnes in sublimè dicentes... (Ibid.)

3. Debitam patri reverentiam, aut exulanti aut ab exilio revertenti, aut reverso. (Ibid.)

4. Suum confiterentur errorem et iniquitatem. (Ibid.)

point nommé au vent de sa volonté royale, haïr quand il haïssait, et aimer quand il aimait; il se concertèrent pour que l'un d'entre eux, prenant publiquement la parole, prononçât, au nom de tous les autres, leur confession solennelle [1]. Gilbert Foliot, évêque de Londres, autrefois le plus ardent persécuteur du primat, l'homme le plus fortement inculpé auprès de la cour pontificale, et menacé par elle de la destitution, pour le rôle qu'il avait joué dans les persécutions du nouveau saint et dans la catastrophe qui les avait couronnées, jura publiquement qu'il n'avait participé à la mort de l'archevêque, ni en action, ni en écrit, ni en paroles [2]. Il était l'un de ceux qui, se rendant auprès du roi en Normandie, lui avaient fait le faux récit qui excita si violemment sa colère. Mais le serment effaça tout; l'Église romaine fut satisfaite, et Foliot garda son évêché [3]. 1173

Les avantages politiques qui devaient résulter de ce grand changement ne tardèrent pas à être obtenus par le roi d'Angleterre. D'abord, par l'en-

1. Ex ore unius episcopi omnium est expressa confessio... (Ibid.)

2. Neque facto, neque scripto, neque verbo, procuravit. (Script. rer. fr., tom. XIII, p. 190.—Math. Paris., p. 127.)

3. Suo itaque restitutus officio... (Radulphus de Diceto, apud script. rer. fr., tom. XIII, p. 190.)

1172. tremise des légats, il eut avec le roi de France une entrevue sur les frontières de Normandie, et y conclut la paix à des conditions aussi favorables qu'il pouvait l'espérer [1]. Ensuite, pour prix de l'abandon qu'il venait de faire de ses anciens projets de réforme ecclésiastique, il reçut du pape Alexandre III la bulle suivante, relative aux affaires d'Irlande.

« Alexandre, évêque, serviteur des serviteurs « de Dieu, à son très-cher et illustre fils Henri, « roi d'Angleterre, salut, grâce et bénédiction « apostolique [2].

« Attendu que les dons octroyés pour bonne « et valable cause par nos prédécesseurs doivent « être par nous ratifiés et confirmés, après avoir « mûrement pésé et considéré l'octroi et le pri- « vilége de possession de la terre d'Hibernie à nous « appartenant, délivré par notre prédécesseur « Adrien, nous ratifions, confirmons et accor- « dons semblablement ledit octroi et privilége, « à la réserve de la pension annuelle d'un de- « nier par chaque maison due à saint Pierre et à

1. Ad Marchiam cum Francorum rege Ludovico colloquium habiturus accessit. (Script. rer. fr., t. XIII, p, 212.) Cum rege Francorum reconciliatus est. (Ibid., tom. XVI, pag. 485.)

2. Anglia sacra, tom. II, pag 485.—Hanmer's Chron., pag. 281.

« l'église romaine aussi bien en Hibernie qu'en 1173.
« Angleterre, et pourvu toutefois que le peuple « d'Hibernie soit réformé dans sa vie et dans ses « mœurs abominables, qu'il devienne chrétien « de fait comme il l'est de nom, et que l'église « de ce pays, aussi désordonnée et grossière que « la nation elle-même, soit ramenée sous de « meilleures lois [1]. » Pour appuyer cette donation d'un peuple entier, corps et biens à un homme de race étrangère, une sentence d'excommunication et d'abandon au pouvoir du diable fut lancée contre tout homme qui oserait nier le droit de l'Angevin Henri, et de ses descendants à perpétuité sur l'Irlande [2].

Tout semblait donc s'arranger à souhait pour le petit-fils du conquérant de l'Angleterre. L'homme qui l'avait importuné pendant neuf ans n'était plus, et le pape, qui s'était servi de l'obstination de cet homme pour alarmer l'ambition du roi, le secondait amicalement dans ses projets de conquête. Pour que rien ne troublât son repos, il le dispensait, par l'absolution, de tout remords qui eût pu inquiéter sa conscience après un meurtre commis, sinon par son ordre, du moins pour lui complaire. Il le dispensait

1. Ibidem. — Jo. Brompton, p. 1071.

2. Hanmer's Chron., p. 281.

1173. même, implicitement, de l'obligation de punir ceux qui avaient commis ce meurtre par excès de zèle pour son intérêt[1]; et les quatre Normands Tracy, Morville, fils d'Ours, et le Breton demeurèrent en sûreté et en paix dans un château royal du nord, où nulle justice ne les poursuivit, excepté celle de l'opinion populaire qui répandait sur eux mille contes sinistres, par exemple, que les animaux même avaient horreur de leur présence, et que les chiens refusaient de toucher aux restes de leurs repas[2]. En gagnant l'appui du pape contre l'Irlande, Henri II se trouvait, par cet accroissement de puissance à l'extérieur, amplement dédommagé de la diminution de son influence sur les affaires ecclésiastiques de ses états; et rien ne prouve qu'il ne s'y soit pas résigné de bon cœur et sans nul regret. Le pur goût du bien n'était pas ce qui l'avait conduit dans ses réformes législatives, et l'on doit se souvenir qu'une fois déja il avait proposé au pape de lui abandonner les statuts de Clarendon, et plus encore, si de son côté il voulait consentir à sacrifier Thomas Becket[3]. Ces

1. Math. Paris., p. 125.

2. .... Soli manducabant et soli bibebant, et fragmenta cibariorum suorum canibus projiciebantur et cùm indè gustassent nolebant comedere... (Jo. Brompton, p. 1064.)

3. Livre IX, tom. II, pag.

statuts, d'ailleurs, étaient plus avantageux à la communauté des Normands qu'au roi lui-même qui, du vivant même de Becket, y aurait volontiers renoncé pour un faible avantage de satisfaction personnelle, comme après la mort de son ennemi il les vendit pour des avantages politiques. Ainsi, après de longues agitations, Henri II goûtait en paix la joie de l'ambition satisfaite ; mais ce calme ne dura guère ; et de nouvelles afflictions, où, par une destinée bizarre, le souvenir de Thomas Becket se trouva encore mêlé, vinrent bientôt troubler le roi. 1173.

Le lecteur se souvient que, durant la vie du primat, Henri II, désespérant de déterminer le pape à lui enlever son titre, avait résolu d'abolir la primatie elle-même, et d'abord de faire sacrer un nouveau roi d'Angleterre par l'archevêque d'York, au mépris de la coutume observée constamment depuis la conquête [1] ; que, dans cette vue, il s'était adjoint son fils aîné, du même nom que lui, comme collègue à la royauté. Cette démarche, qui paraissait n'avoir d'importance qu'en ce qu'elle attaquait par sa base la hiérarchie religieuse établie par Guillaume-le-Bâtard, eut des suites politiques que personne n'avait prévues. Comme

1. Livre IX, tom. II, pag.

1173. il y avait deux rois d'Angleterre, les flatteurs et les parasites, trouvant en quelque sorte un double emploi, se partagèrent entre le père et le fils; les plus jeunes et les plus actifs en intrigues se rangèrent du côté du dernier, dont l'avenir paraissait plus certain [1]. Une circonstance particulière lui attira surtout l'affection des Aquitains et des Poitevins, gens habiles, insinuants, persuasifs, avides de nouveautés par caractère, et, prompts à saisir tous les moyens d'affaiblir la puissance anglo-normande, à laquelle ils n'obéissaient qu'à regret. Il y avait déja longtemps que la bonne intelligence n'existait plus entre Éléonore de Guienne et son mari. Celui-ci, une fois en possession des honneurs et des titres que la fille du comte Guillaume lui avait apportés en dot, et pour lesquels seulement, au dire des vieux historiens, il l'avait aimée et épousée [2], s'était mis à entretenir des maîtresses de tout rang et de toute nation. La duchesse d'Aquitaine, passionnée et vindicative comme une femme du midi, s'efforça d'inspirer à ses fils de l'éloignement pour leur père, et les entoura de soins et de tendresse pour s'en faire un sou-

1. Credentes mox affore regnum ejus. (Math. Paris.)

2. Maximè dignitatum quæ eam contingebant cupiditate illectus. (Gerv. Dorob., apud script. rer. fr., tom. XIII, pag. 125.)

tien contre lui [1]. Du moment que l'aîné fut entré en partage de la dignité royale, elle lui donna des amis, des conseillers, des confidents intimes qui, durant les absences nombreuses de Henri II, excitèrent autant qu'ils purent l'ambition et l'orgueil du jeune homme [2]. Ils eurent peu de peine à lui persuader que son père, en le faisant couronner roi, avait pleinement abdiqué en sa faveur, que lui seul était roi d'Angleterre, et que nul autre ne devait prendre ce titre, ni exercer le souverain pouvoir [3]. 1173.

Le vieux roi, c'est le nom qu'on employait alors pour désigner Henri II [4], ne tarda pas à s'apercevoir des mauvaises dispositions où les confidents de son fils s'étudiaient à l'entretenir; plusieurs fois il le força de changer d'amis et de congédier ceux qu'il aimait le plus [5]. Mais ces mesures, auxquelles les occupa-

1. Ex consilio matris suæ. (Script. rer. fr., tom. XIV, pag. 749. — Math. Paris., pag. 126.)

2. Regis Henrici junioris animum cœperunt avertere a patre suo. (Ibid.)

3. Ibid. — Quasi eo coronato, regnum expirasset paternum. (Guil. Neubrig., pag. 216.)

4. Rex senior, sic enim vulgò dicebatur. (Script. rer. fr., tom. XIV, pag. 113.)

5. Removerat a consilio et famulatu filii sui Asculfum de Sancto-Hilario et alios equites juniores. (Ibid., tom. XVI, pag. 644.)

1173. tions continuelles de Henri II sur le continent et ensuite en Irlande ne lui permettaient pas de donner beaucoup de suite, aigrissaient le jeune homme sans le corriger, et lui donnaient une sorte de droit à se dire persécuté, et à se plaindre amèrement de son père [1]. Les choses en étaient à ce point lorsque la paix fut rétablie par l'entremise du pape, entre les rois de France et d'Angleterre. Une des causes de leur dernière brouillerie c'était que le roi Henri, en faisant couronner son fils par l'archevêque d'York, n'avait point fait participer à cette cérémonie son épouse, Marguerite, fille du roi de France, qui, dans ce temps, soutenait le parti de Becket [2]. Ce tort fut réparé à la paix, et Marguerite, couronnée reine, souhaita de visiter son père à Paris. Henri II, n'ayant aucune raison pour s'opposer à cette demande, laissa le jeune roi accompagner sa femme à la cour de France. Mais, au retour, il trouva son fils plus exigeant que jamais [3] : il se plaignait d'être roi sans terre et sans trésor, et de n'avoir pas une maison en

1. Undè ille iratus.... (Ibid.)

2. Benedict. Petroburgensis ap. script. rer. fr., tom. XIII, pag. 150.

3. Rog. de Hoved., pag. 531.

propre où il pût demeurer avec son épouse[1]: 1173.
il alla jusqu'à demander à son père de lui abandonner en toute souveraineté ou le royaume d'Angleterre, ou l'un des deux duchés de Normandie et d'Anjou[2]; et celui-ci, comme autrefois Guillaume-le-Bâtard, à Robert, son fils aîné, lui répondit d'avoir patience jusqu'au temps où la succession de tous ces états viendrait à lui écheoir. Le jeune homme s'irrita de cette réponse, et, depuis ce jour, disent les vieux historiens, il n'adressa plus une parole de paix à son père[3].

Henri II concevant des craintes sur sa conduite, et voulant l'observer de près, le fit voyager avec lui dans la province d'Aquitaine; ils tinrent leur cour à Limoges, où Raymond, comte de Toulouse, quittant l'alliance du roi de France, vint faire hommage au roi d'Angleterre, pour sa ville et son comté, suivant la politique flottante des hommes puissants de la Gaule méridionale, sans cesse ballottés, et passant alternativement

1. Ubi ipse cum reginâ suâ morari posset. (Benedict. Petroburg., apud script. rer. fr., tom. XIII, p. 150.)

2. Ibid. — Rog. de Hoved., p. 531.

3. Nihil cum eo pacificè loqui potuit... (Script. rer. fr., tom. XIII, p. 150.)

1173. de l'un à l'autre des rois leurs ennemis [1]. Le comte Raymond donna fictivement à son nouvel allié le territoire qu'il gouvernait, puis il le reçut fictivement en fief, et prêta le même serment que le vassal à qui un seigneur concédait réellement quelque terre [2]. Il jura de garder au roi Henri *féauté* et *honneur*, de lui donner aide et conseil en tout temps, envers et contre tous, de ne jamais trahir son secret, et de lui révéler le secret de ses ennenis [3]. Lorsque le comte de Toulouse en vint à cette dernière partie du serment d'hommage : « J'ai à vous avertir, dit-il au « roi, de mettre en sûreté vos châteaux de « Poitou et d'Aquitaine, et de vous défier de « votre femme et de vos fils [4]. » Henri ne laissa rien percer de cette confidence, qui semblait annoncer un complot où le comte de Toulouse avait été sollicité de se joindre, seulement il prit prétexte de plusieurs grandes parties de chasse, qu'il fit avec des gens dévoués, pour visiter les forteresses du pays, les mettre en état de défense

1. ...Pro urbe Tholosanâ hominium fecit... (Gaufredi Vosiensis Chron., ap. script. rer. fr., tom. XII pag. 443.)

2. Prædictamque civitatem ex beneficio recepit. (Ibid.)

3. Formulæ homagii et ligantiæ, apud Ducange Gloss.

4. Raymundus tunc patefecit regi qualiter... (Gaufredus Vosiensis, apud script. rer. fr., tom. XII, pag. 443.)

et s'assurer des hommes qui y commandaient[1]. 1173.

Au retour de leur voyage en Aquitaine, le roi et son fils s'arrêtèrent à Chinon pour y coucher, et dans la nuit même, le fils, sans avertir son père, le quitta, et s'avança seul jusqu'à Alençon. Le père se mit à le poursuivre, mais sans pouvoir l'atteindre; le jeune homme vint à Argenton, et de là passa de nuit sur les terres de France[2]. Dès que le vieux roi l'eut appris, il monta aussitôt à cheval, et parcourut avec la plus grande vîtesse possible toute la frontière de Normandie, dont il inspecta les places fortes qu'il mit à l'abri d'un coup de main[3]. Il envoya ensuite des dépêches à tous les châtelains d'Anjou, de Bretagne, d'Aquitaine et d'Angleterre pour leur ordonner de réparer au plus vîte et de garder avec soin leurs forts et leurs villes[4]. Des messagers se rendirent aussi près du roi de France, afin d'apprendre quels étaient

1. Quasi gratiâ venandi egressus, velociter urbes munivit et castra... (Ibid.)

2. Ab Argentonio noctu recedens... (Radulf. de Diceto. Ibid., tom. XIII, p. 191.)

3. ... Equum subitò ascendit, et transitum habens per marchiam suam et castellorum custodes præmuniens, equis sæpè mutatis... (Radulf. de Diceto., Imagines hist., apud script. rer. fr., tom. XIII, p. 191.)

4. Benedict. Petroburg. Ibid., pag. 150.

1173. ses desseins et de réclamer le fugitif au nom de l'autorité paternelle[1]. Le roi Louis reçut ces ambassadeurs dans sa cour plenière, ayant à sa droite le jeune Henri, revêtu d'ornements royaux. Lorsque les envoyés eurent présenté leurs dépêches, suivant le cérémonial du temps : « De la part de qui m'apportez-vous ce message, « leur demanda le roi de France[2] ? De la part de « Henri, roi d'Angleterre, duc de Normandie, « duc d'Aquitaine, comte des Angevins et des « Manceaux. — Cela n'est pas vrai, répondit le « roi, car voici à mes côtés Henri, roi d'Angle- « terre, qui n'a rien à me faire dire par vous[3] ; « mais si c'est le père de celui-ci, le ci-devant « roi d'Angleterre, à qui vous donnez ces titres, « sachez qu'il est mort depuis le jour où son fils « porte la couronne, et s'il se prétend encore roi, « après avoir à la face du monde résigné le royaume « entre les mains de son fils, c'est à quoi l'on por- « tera remède avant qu'il soit peu[4]. »

En effet, le jeune Henri fut reconnu comme seul roi d'Angleterre dans une assemblée géné-

1. Paterno jure... (Guil. Neubrig. Ibid., t. XVI, p. 528.)

2. Quis mihi talia mandat ? (Script. rer. fr., tom. XVI, pag. 628.)

3. Ecce adest, per vos nil mihi mandat. (Ibid.)

4. Scitote quia ille rex mortuus est... porrò quòd adhuc pro rege se gerit... maturè emendabitur... (Ibid.)

rale de tous les barons et évêques du royaume 1173.
de France [1]. Le roi Louis jura le premier, la main sur l'Évangile, et après lui tous les seigneurs, d'aider le fils selon leur pouvoir à conquérir les états de son père [2]. Le roi de France fit fabriquer un grand sceau semblable à celui du roi d'Angleterre, pour que Henri le jeune pût apposer ce signe de la légalité sur ses chartes et ses dépêches. Pour premiers actes de souveraineté celui-ci fit des donations de terres et d'honneurs en Angleterre et sur le continent aux principaux seigneurs de France, et aux autres ennemis de son père [3]. Il confirma au roi d'Écosse les conquêtes que son prédécesseur avait faites dans le Northumberland [4], et donna au comte de Flandres toute la province de Kent, et les châteaux de Douvres et de Rochester; au comte de Boulogne, un grand domaine près de Lincoln, avec le comté de Mortain en Normandie; enfin au comte de Blois, Amboise, Château-Regnault et 500 livres d'argent sur les revenus de l'Anjou [5]. D'autres donations furent faites à

1. Rog. de Hoved., pag. 533.

2. Quòd auxiliarentur ei modis omnibus ad patrem suum de regno ejiciendum... (Rog. de Hoved., p. 533.)

3. Cum sigillo novo quod rex Franciæ ei fieri fecit. (Ibid.)

4. Ibid.

5. Rog. de Hoved., pag. 533, 534.

1173. plusieurs barons normands qui avaient promis de se déclarer contre le vieux roi, soit en Normandie, soit en Angleterre; et Henri le jeune envoya des dépêches, scellées de son nouveau sceau royal, à tous ses amis, aux amis de sa mère, et même au pape, qu'il essaya d'attirer dans ses intérêts par l'offre de plus grands avantages politiques que la cour de Rome n'en retirait alors de son amitié avec Henri II. Cette dernière lettre devait être, en quelque sorte, le manifeste de l'insurrection; car c'était au pontife de Rome que se faisaient, au moyen âge, les adresses qui, de nos jours, se font à l'opinion publique.

Une particularité remarquable de ce manifeste, c'est que Henri-le-Jeune y prend tous les titres de son père, excepté celui de duc d'Aquitaine, sans doute pour se mieux concilier la faveur des hommes de ce pays, qui ne voulaient reconnaître de droit sur eux que dans la fille de leur dernier chef national [1]. Mais une chose plus remarquable encore, c'est l'origine que le jeune roi attribue à ses différends avec son père, et la manière dont il se justifie d'avoir violé le commandement de Dieu qui prescrit d'honorer père et mère. « Je passe sous silence, dit la

1. Henricus junior.

« lettre authentique [1], les injures qui me sont « personnelles, pour en venir à ce qui a le plus « fortement agi sur moi. Les insignes scélérats « qui ont massacré, dans le temple même, mon « père nourricier, le glorieux martyr du Christ, « saint Thomas de Canterbury, demeurent sains « et saufs; ils ont encore racine sur terre; au- « cun acte de la justice royale ne les a pour- « suivis après un attentat si affreux [2]. Je n'ai « pu souffrir cette négligence, et tel a été la « première et la plus forte cause de la discorde « actuelle. Le sang du martyr criait vers moi, je « n'ai pu l'exaucer, je n'ai pu lui rendre la ven- « geance et les honneurs qui lui étaient dus; « mais je lui ai du moins rendu mes respects en « visitant sa sépulture à la vue et au grand éton- « nement de tout le royaume [3]. Mon père en a « conçu beaucoup de colère contre moi, mais, « certes, je crains peu d'offenser un père quand « il s'agit de la dévotion au Christ, pour lequel « c'est un devoir que d'abandonner père et 1173.

1. Script. rer. fr., tom, XVI, p. 643.

2. Proficiunt adhuc et radicem mittunt in terrâ, et nulla post tam atrox et inauditum maleficium regiæ ultionis secuta est manus... (Ibid. p. 644.)

3. ... Sancti martyris visitando sepulturam, toto quidem regno vidente et obstupente... (Ibid.)

1173. « mère[1]. Voilà l'origine de nos dissentions ; « écoute-moi donc, très-saint père, et juge ma « cause, car elle sera vraiment juste, si elle est « justifiée par ton autorité apostolique[2]. »

Pour apprécier à leur juste valeur ces assertions, il suffit de se rappeler les ordonnances rendues par le jeune roi lui-même, lorsque Thomas Becket vint à Londres, car alors ce fut par son commandement exprès que le séjour de la capitale et de toutes les villes de l'Angleterre, hors celle de Canterbury, fut interdit à l'archevêque, et que tout homme qui lui avait présenté la main en signe de bien-venue fut traité comme ennemi public[3]. Le souvenir de ces faits notoires était encore tout récent dans l'esprit du peuple, et de là vint, sans doute, la surprise générale que causa la visite du persécuteur au tombeau du persécuté, si toutefois cette visite elle-même n'est pas une fable. A ce récit, orné de toutes les formules de style qui pouvaient flatter l'orgueil du pontife romain, le jeune roi joignit une espèce de plan du régime nouveau qu'il

1. ... Sed parùm certè veremur offensam patris, ubi Christi devotionis causâ est... (Script. rer. fr. tom XVI, pag. 644.)

2. Tunc quippè verè erit justa, si apostolàtûs vestri auctoritate justificata fuerit... (Ibid., p. 645.)

3. Voyez livre IX, tom. II.

se proposait d'instituer dans les états de son 1173.
père, si Dieu, avec l'aide du pape, lui faisait la grâce de les conquérir[1]. Il voulait premièrement que les élections ecclésiastiques fussent rétablies dans toute leur liberté, et que la puissance royale ne s'y entremît d'aucune manière; que les revenus des églises vacantes fussent réservés pour le titulaire futur, et non plus levés pour le fisc, « ne pouvant souffrir, disait-« il, que les biens de la croix, élaborés par le « sang du crucifié, devinssent l'aliment du faste « royal et du luxe séculier, sans lequel les rois « ne sauraient vivre[2] »; que les prêtres eussent plein pouvoir d'excommunier et d'interdire, de lier et de délier par tout le royaume, et que jamais aucun membre du clergé ne fût cité devant les juges laïcs, comme le Christ devant Pilate[3]. Henri-le-Jeune offrait encore de joindre à ces dispositions toutes celles qu'il plairait au pape d'y ajouter, et le priait enfin d'écrire officiellement à tout le clergé d'Angleterre, « que par l'inspira-« tion de Dieu et l'intercession du nouveau mar-

1. Script. rer. fr., tom. XVI, p. 648.

2. ... Res crucis, crucifixi elaboratas sanguine, in regios fastus seu luxus seculares converti, sine quibus reges esse non solent. (Script. rer. fr., XVI, p. 646.)

3. ... Christus ante Pilatum judicatus... (Ibid., p. 647.)

1173. « tyr, son roi venait de lui conférer des libertés « qui devaient le réjouir et exciter sa reconnaissance « naissance[1]. Une pareille déclaration eût été en effet d'un grand secours au jeune homme qui, regardant son père comme déja mort, s'intitulait Henri, troisième du nom. Mais le conclave romain, trop circonspect pour abandonner légèrement le certain pour l'incertain, ne s'empressa point de répondre à cette dépêche, et jusqu'à ce que la fortune se fût prononcée d'une manière plus décisive, préféra l'alliance du père à celle du fils[2].

Outre ce fils qu'on appelait communément le Roi Jeune, en langue normande, *li reys Josnes*, et *lo reis Joves* dans le dialecte du midi de la Gaule[3], le roi d'Angleterre en avait encore trois autres, Richard, que son père, malgré sa jeunesse, avait fait comte de Poitiers, et qu'on nommait Richard de Poitiers, Geoffroy devenu comte de Bretagne par son mariage avec la fille de Conan, dernier chef national des Bretons, et enfin Jean, qu'on surnommait *sans terre*[4], parce

1. ... Ut et ipsa lætetur de munere... (Ibid.)

2. Script. rer. fr., tom. XVI, p. 650.

3. Rex juvenis, junior rex. (Ibid., tom. XIII, p. 474.)

4. Ricardus Pictaviensis... Johannes qui *sine terrâ* nominatus est. (Ibid., pag. 565.)

que seul entre tous il n'avait ni gouvernement, ni province. Ce dernier était en trop bas âge pour prendre parti dans la querelle qui s'élevait entre son père et l'aîné de ses frères; mais les deux autres embrassèrent la cause de leur aîné, excités aussi par leur mère et sourdement poussés par leurs vassaux de Poitou et de Bretagne [1]. 1173.

Il en était de la vaste portion de la Gaule réunie alors sous le pouvoir de Henri II comme il en avait été de la Gaule entière au temps de l'empereur frank Lot-wig, appelé vulgairement Louis-le-Pieux ou le Débonnaire. Les populations qui habitaient au sud de la Loire ne voulaient pas plus être associées à celles qui vivaient au nord de ce fleuve, et aux habitants de l'Angleterre, que les Gaulois et les Italiens de l'empire de Charlemagne n'avaient voulu demeurer unis aux Germains sous le sceptre d'un roi germain [2]. La querelle domestique des enfants de Henri II avec leur père, coïncidant avec ces répugnances nationales, et s'y associant comme autrefois celle des enfants de Louis-le-Débonnaire, ne pouvait manquer de reproduire, quoique sur un théâtre moins vaste, les scènes graves qui signalèrent les discordes de la maison

1. Script. fr. rer., tom. XVI, p. 644.
2. Voyez livre II, tom. I.

1173. des Césars franks[1]. Une fois l'épée tirée entre le père et les fils, il ne devait plus être permis ni à l'un ni aux autres de la remettre à volonté dans le fourreau. Car entre les deux partis rivaux dans cette guerre domestique, il y avait des nations, des intérêts populaires incapables de fléchir au gré des retours de l'indulgence paternelle ou du repentir filial.

1174. Richard de Poitiers et Geoffroy de Bretagne partirent d'Aquitaine où ils étaient avec leur mère Éléonore, pour aller rejoindre leur aîné à la cour du roi de France; ils y arrivèrent tous les deux sains et saufs, mais leur mère qui se disposait à les suivre fut surprise voyageant en habit d'homme, et jetée dans une prison par l'ordre du roi d'Angleterre[2]. A l'arrivée des deux jeunes frères auprès du roi de France, ce roi leur fit jurer solennellement, comme à l'aîné, de ne jamais conclure ni paix ni trève avec leur père, sans l'entremise des barons de France; puis la guerre commença sur la frontière de Normandie[3]. Dès que le bruit de ces événements

1. Ibid.

2. Regina verò Alienor, cùm mutatâ veste muliebri recessisset, apprehensa est, et sub arctâ custodiâ reservata. (Gerv. Dorob., apud script. rer. fr., tom. XIII, p. 137.)

3. Ibid.

se fut répandu en Angleterre, tout le pays fut en grande rumeur. Beaucoup d'hommes de race normande, et surtout les jeunes gens, se déclarèrent pour le parti des fils [1]; la population saxonne resta en masse indifférente à cette dispute étrangère pour elle, et individuellement les serfs et les gens de service, Anglais de naissance, s'attachèrent au parti que suivait leur seigneur. Les bourgeois furent enrôlés de gré ou de force dans la cause des comtes ou des vicomtes qui gouvernaient leurs villes, et armés soit pour le père, soit pour les fils. 1174.

Henri II était alors en Normandie, et presque chaque jour s'enfuyait d'auprès de lui quelqu'un de ses courtisans les plus intimes, de ceux qu'il avait nourris à sa table, à qui il avait donné de ses mains le baudrier de chevalerie [2]. « C'était « pour lui, dit un contemporain, le comble de « la douleur et du désespoir de voir passer l'un « après l'autre, à ses ennemis, les gardes de sa « chambre et de son corps, ceux à qui il avait « confié le soin de sa sûreté et de sa vie; car pres- « que chaque nuit il en partait quelqu'un dont

1. Tam de Angliâ quàm Normanniâ viri potentes et nobiles... (Ibid., p. 749.)

2. .... Hi quos donaverat cingulo militari.... Adeò vix aliquem haberet ex omnibus caris suis... (Ibid., p. 138.)

1174. « on découvrait l'absence à l'appel du matin [1]. » Dans cet abandon, et au milieu des dangers qu'il présageait, le roi montrait une sorte de tranquillité apparente; il se livrait à la chasse plus vivement que de coutume [2]; il était gai et affable envers les compagnons qui lui restaient, et répondait avec douceur aux demandes de ceux qui, profitant de sa position critique, exigeaient pour leur fidélité des salaires exorbitants [3]. Son plus grand espoir était dans l'appui des étrangers. Il envoya au loin solliciter le secours des rois qui avaient des fils [4]. Il écrivit à Rome pour demander au pape l'excommunication de ses ennemis, et afin d'obtenir dans cette cour un crédit supérieur à celui de ses adversaires, il fit au siége apostolique cet aveu de vasselage que Guillaume-le-Bâtard avait jadis refusé avec tant de hauteur [5]. Sa lettre au pape Alexandre III renfermait les phrases suivantes :

« Vous que Dieu a élevé à la sublimité des

1. ... In manibus quorum vitam simul et mortem remiserat... (Ibid., p. 212.)... Mane requisiti non comparebant. (Ibid.)

2. Math. Paris., p. 128. Ibid., p. 192.

3. ... Et non sine magnâ mercede.... (Rog. de Hoved.)

4. ... Ne ipsi exaltent filios suos supra modum... (Ibid., apud script. rer. fr., tom. XIII, p. 151.)

5. Voyez livre VI, tome II.

« fonctions pastorales pour donner à son peuple 1174.
« la science du salut; quoique absent de corps, « présent d'esprit, je me jette à vos genoux [1]. « A votre juridiction appartient le royaume d'An- « gleterre, et moi je suis tenu et lié envers vous « par toutes les obligations que la loi impose aux « feudataires [2]; que l'Angleterre éprouve donc « ce que peut le pontife romain, et si vous n'em- « ployez les armes matérielles, défendez au moins « avec le glaive spirituel le patrimoine du bien- « heureux Pierre [3]. »

Le pape fit droit à cette demande en ratifiant les sentences que les évêques normands, fidèles au successeur naturel de leurs anciens chefs nationaux, avaient lancées contre les partisans des fils du roi [4]. Il envoya de plus un légat spécial chargé de rétablir la paix domestique, et d'avoir soin que cette paix, quelles qu'en fussent les conditions, produisît quelque nouvel avantage aux princes de l'église romaine.

1. ... Licet absens corpore, præsens tamen animo, me vestris advolvo genibus... (Script. rer. fr., t. XVI, p. 650.)

2. Vestræ jurisdictionis est regnum Angliæ, et quantùm ad feudatorii jüris obligationem vobis duntaxat teneor... (Ibid.)

3. Experiatur Anglia quid possit Romanus pontifex, et quia materialibus armis non utitur, patrimonium B. Petri spirituali gladio tueatur. (Ibid.)

4. Ibid., pag. 629.

1174. Cependant d'un côté le roi de France, et Henri-le-Jeune, de l'autre les comtes de Flandres et de Bretagne passèrent en armes la frontière de Normandie. Le second fils du roi d'Angleterre, Richard, s'était rendu en Poitou, et la plupart des hommes riches de ce pays se soulevèrent pour sa cause, plutôt par haine du père que par amour des fils [1]. Ceux qui en Bretagne, quelques années auparavant, avaient formé une ligue offensive et défensive pour l'indépendance nationale, renouèrent leur confédération et s'armèrent en apparence pour leur jeune comte Geoffroy, mais en réalité pour eux-mêmes [2]. Attaqué ainsi sur plusieurs points, le roi d'Angleterre n'avait de troupes dans lesquelles il eût pleine confiance, qu'un grand corps de ces mercenaires qu'on appelait alors *Brabançons*, *Coteraux* ou *Routiers*, bandits en temps de paix, soldats en temps de guerre, servant au hasard toutes les causes, aussi braves et mieux disciplinés que les autres milices du temps [3]. Avec une partie de cette armée, Henri II arrêta les

1. ... Potiùs odio patris quàm amore filii... (Script. rer. fr., tom. XII, p. 684.)

2. Ibid., Rog. de Hoved., p. 534.

3. 20,000 Brabancenorum in quibus plus cæteris confidebat... (Script. rer. fr., tom. XIII, pag. 155.) Loterelli rutarii; *route*, en vieux français, signifie bande.

progrès du roi de France, et il envoya l'autre 1174.
partie contre les Bretons insurgés; ceux-ci furent vaincus en bataille rangée par l'expérience militaire des Brabançons, et forcés de se renfermer dans leurs châteaux et dans la ville de Dol que le roi d'Angleterre vint assiéger en personne, et qui lui fut rendue après quelques jours de siège [1].

La défaite des Bretons diminua l'ardeur, non des fils de Henri II, et de leurs partisans normands, angevins ou aquitains, mais du roi de France qui désirait par-dessus tout conduire cette guerre et en tirer profit au moins de frais possible. Craignant déjà d'être obligé à de trop grandes dépenses d'hommes et d'argent, ou voulant essayer d'autres combinaisons politiques, il dit un jour aux fils révoltés qu'il serait bien fait à eux de se réconcilier avec leur père, et ceux-ci, contraints par la volonté de leur allié, à un soudain retour d'affection filiale, le suivirent au lieu qu'il assigna pour les conférences de paix [2]. C'était entre Gisors et Trie, dans une vaste plaine où se trouvait un grand orme dont les branches retombaient jusqu'à terre et près duquel avaient

1. Script. rer. fr., tom. XIII, p. 115.

2. ... Franci sumptibus tædiosis affecti,... filios regis Anglorum ad gratiam patris reducere smmmâ operâ studuerunt... (Radulf. de Diceto, apud script. rer. fr., tom. XIII, pag. 197.)

1174. eu lieu, de temps immémorial, les congrès tenus pour les trêves et les traités entre les ducs de Normandie et les rois de France[1]. Les deux rois y vinrent accompagnés des archevêques, évêques, comtes et barons de leurs terres. Les fils de Henri II firent leurs demandes et le père se montra disposé à leur accorder beaucoup. Il offrit à l'aîné la moitié des revenus royaux de l'Angleterre, et quatre bons châteaux forts dans ce pays s'il y voulait demeurer; ou, s'il l'aimait mieux, trois châteaux en Normandie, un dans le Maine, un dans l'Anjou, un dans la Touraine, avec tous les revenus de ses ayeux les comtes d'Anjou, et la moitié des rentes de Normandie[2]. Il offrit pareillement des terres et des revenus à Richard et à Geoffroy. Mais cette facilité de sa part et son vif désir de faire cesser à jamais tout motif de querelle entre ses enfants et lui, alarma de nouveau le roi de France[3]. Ce roi cessa de vouloir la paix, et laissa les partisans des fils de Henri II, qui la redoutaient beaucoup, susciter des difficultés et travailler de tous leurs

1. Ulmus erat visu gratissima, ramis ad terram redeuntibus... colloquia haberi solebant.. (Script. rer. fr., t. XVII, pag. 148.)

2. ... Quatuor idonea castella. (Script. rer. fr., t. XIII, pag. 146.)

3. Ibid.

efforts à rompre les négociations entamées [1]. 1174.
L'un de ces hommes, Robert de Beaumont, comte de Leicester, alla jusqu'à dire en face des injures au roi d'Angleterre, et porta la main à son épée [2]. Les autres assistants le retinrent, mais le tumulte qui suivit cette scène arrêta tout accommodement, et bientôt les hostilités recommencèrent entre le père et les fils. Henri-le-Jeune et Geoffroy demeurèrent dans l'armée du roi de France; Richard se rendit en Poitou, et Robert de Beaumont qui avait mis l'épée à la main contre le roi, se mit en chemin vers l'Angleterre pour s'y joindre à Hugues Bigot, l'un des plus riches normands du pays, et zélé partisan des fils de Henri II [3].

Avant que le comte Robert eût pu arriver dans sa ville de Leicester, elle fut attaquée par Richard de Lucy, grand justicier du roi. Les hommes d'armes du comte se défendirent vigoureusement et obligèrent les bourgeois saxons de combattre avec eux; mais une partie du rempart ayant été ruinée, les soldats normands firent

1. Sed non fuit de consilio regis Franciæ quòd filii regis hanc pacem cum patre suo facerent. (Script. rer. fr., tom. XIII, pag. 156.)

2. ... Et apposuit manum gladio ut percuteret regem... (Rog. de Hoved., pag. 536.)

3. Ibid. — Chron. Joh. Brompton. p. 1093.

1174. leur retraite dans le château de Leicester, abandonnant la ville à elle-même[1]. Les bourgeois continuèrent à résister ne voulant point se rendre à discrétion à ceux pour lesquels ce n'était que péché véniel de tuer un Anglais en révolte; à la fin, obligés de capituler, ils achetèrent, pour trois cents livres d'argent, la permission de quitter leurs maisons et de se disperser où ils voudraient[2]. Ils cherchèrent un refuge sur les terres des églises, beaucoup se rendirent au bourg de Saint-Alban, et un plus grand nombre à celui de Saint-Edmund, martyr de race anglaise, ancien roi d'Angleterre, toujours prêt selon l'opinion populaire, à protéger les hommes de sa nation contre la tyrannie des étrangers[3]. A leur départ, la ville fut démantelée par les troupes royales qui enlevèrent les portes et renversèrent les murs[4]. Pendant que les Anglais de Leicester étaient ainsi châtiés de ce que leur gouverneur normand n'était pas du parti du roi, l'un des lieutenants et des amis de ce gouverneur, appelé Anquetil Malory, ayant réuni un assez grand nombre de vassaux et de partisans du comte

1. Math. Parisiens., p. 128.

2. Ut haberent quò vellent licentiam abeundi... (Ibid.)

3. Quasi ad sinum protectionis. (Math. Paris., p. 128.)

4. Ibid.

Robert, attaqua la ville de Northampton dont 1174.
le vicomte tenait pour le roi [1]. Ce vicomte força les bourgeois de combattre pour son parti, comme ceux de Leicester avaient été forcés de combattre pour l'autre cause. Un grand nombre furent tués et blessés, et deux cents emmenés prisonniers [2]. Tel est le triste rôle que jouait la population de race anglaise dans la guerre civile et domestique des descendants de ses vainqueurs.

Les fils naturels du roi Henri avaient suivi le parti de leur père contre les fils légitimes, et l'un d'entre eux nommé Geoffroy, évêque de Lincoln, poussait vivement la guerre, assiégeant les châteaux et les forteresses des barons de l'autre parti [3]. Pendant ce temps, Richard fortifiait pour sa cause les villes et les châteaux du Poitou et de l'Angoumois, et ce fut contre lui que le roi marcha d'abord avec ses fidèles brabançons, laissant la Normandie où il avait le plus d'amis, se débattre contre le roi de France. Il mit le siège devant la ville de Saintes défendue alors par deux châteaux dont l'un portait le nom

1. Jo. Brompton, p. 1093.

2. Ibid. — Captis 200 burgensibus præter illos qui vulnerati interierunt...

3. Ibid. — Script. rer. fr., tom. XII, p. 484.

1174. de Capitole, reste des souvenirs de l'ancienne Rome, conservés dans beaucoup de cités de la Gaule méridionale[1]. Après la prise des forts de Saintes, Henri II attaqua avec ses machines de guerre les deux grosses tours de l'église épiscopale où les partisans de Richard s'étaient cantonnés[2]. Il s'en empara ainsi que du fort de Taillebourg et de plusieurs autres châteaux, et, dans son retour vers l'Anjou, il dévasta toute la frontière du pays des Poitevins, brûlant les maisons et déracinant les vignes et les arbres à fruit[3]. A peine arrivé en Normandie, il apprit que son fils aîné et le comte de Flandres, ayant rassemblé une grande armée navale, se préparaient à descendre en Angleterre[4]. Cette nouvelle le détermina à s'embarquer lui-même pour ce pays; il emmena prisonnières, sa femme Éléonore, et sa bru Marguerite, fille du roi de France[5].

De Southampton, lieu de son débarquement,

1. Capitolium præsidium majus... (Ibid., t. XIII, p. 194.)

2. ... Accessit ad majorem ecclesiam militibus multis et armatis refertam. (Ibid.)

3. ... Et vineas et arbores fructiferas extirpare fecit... (Ibid., pag. 158.)

4. Ibid., tom. XII, p. 484.

5. Et duxit secum utramque reginam et Brabancenos... (Ibid., tom. XIII, p. 159.)

le roi se dirigea vers Canterbury, et du plus 1174.
loin qu'il aperçut l'église métropolitaine, c'est-à-dire à trois mille de distance, il descendit de cheval, quitta ses habits de soie, dénoua sa chaussure et se mit à marcher nus pieds sur le pavé rocailleux et couvert de boue[1]. Arrivé dans l'église qui renfermait le tombeau de Thomas Becket, il s'y prosterna la face contre terre, pleurant et sanglotant en présence de tout le peuple de la ville, attiré par le son des cloches[2]. L'évêque de Londres, ce même Gilbert Foliot, qui avait poursuivi Thomas durant toute sa vie, et qui, après sa mort, avait voulu faire jeter son cadavre dans un bourbier, monta en chaire, et s'adressant à l'assistance : « Vous tous « ici présents, dit-il, sachez que Henri, roi d'An-« gleterre, invoquant, pour le salut de son ame, « Dieu et le saint martyr, proteste devant vous, « n'avoir ni ordonné, ni voulu, ni causé sciem-« ment, ni souhaité dans son cœur la mort du « martyr[3]. Mais, comme il serait possible que les

1. ... Et per vicos et plateas civitatis luteas, pedibus nudis incessit... (Vita quadripart., lib. IV, cap. 7.) — Math. Paris., pag. 130.

2. Script. rer. fr., tom. XIII, p. 318.

3. Per os episcopi Londoniensis sermonem ad populum habentis, rex... publicè protestatus est, quòd mortem marty-

1174. « meurtriers se fussent prévalus de quelques paroles prononcées par lui imprudemment, il « déclare implorer sa pénitence des évêques ici « rassemblés, et consentir à soumettre sa chair « nue à la discipline des verges [1]. »

En effet, le roi, accompagné d'un grand nombre d'évêques et d'abbés normands, et de tous les moines normands et saxons du chapitre de Canterbury, se rendit à l'église souterraine, où, deux ans auparavant, on avait été obligé d'enfermer, comme dans un fort, le cadavre de l'archevêque, pour le soustraire aux insultes des officiers et des soldats royaux [2]. Là, s'agenouillant sur la pierre de la tombe, et se dépouillant de tous ses vêtements, il se plaça le dos nu dans la posture où naguère ses justiciers avaient fait placer les Anglais publiquement flagellés pour avoir accueilli Thomas à son retour de l'exil, ou l'avoir honoré comme un saint [3]. Chacun des évêques, dont le rôle était arrangé d'avance, prit un de ces fouets à plu-

ris nec mandavit, nec voluit, nec perquisivit... (Math. Paris., pag. 130.)

1. ... Carnemque suam nudam virgarum disciplinæ supponens. (Math. Paris., p. 130.)

2. Ad tumbam martyris in cryptâ... (Script. rer. fr., tom. XIII, p. 138.)

3. Ibid., tom. XVI.

sieurs courroies qui servaient dans les monastères à infliger les corrections ecclésiastiques, et que pour cela on nommait *disciplines;* ils en déchargèrent chacun trois ou quatre coups sur les épaules du roi prosterné, en disant : « De même « que le Rédempteur a été flagellé pour les pé- « chés des hommes, de même sois-le pour ton « propre péché [1]. » De la main des évêques la discipline passa dans celles des moines, qui étaient en grand nombre, et la plupart Anglais de race [2]. Ces fils des serfs de la conquête imprimèrent les marques du fouet sur la chair du petit-fils du conquérant, et ce ne fut pas sans une joie secrète, qui se trahit dans les récits du temps par quelques plaisanteries amères [3]. 1174.

Mais ni cette joie ni ce triomphe d'un moment ne pouvaient être d'aucun fruit pour la population anglaise; au contraire, cette population était prise pour dupe dans l'ignoble scène d'hypocrisie

1. Ictus ternos vel quinos. (Math. Paris., pag. 130.) ... Ille propter peccata nostra, iste propter propria... (Script. rer. fr., tom. XIII, pag. 318.)

2. A singulis viris religiosis quorum multitudo magna convenerat... (Math. Paris., p. 130.)

3. En regias annonas...... En inauditas consuetudines etiam post illas quæ inter illum et martyrem fuerant dissentionis materia. (Vita B. Thomæ quadripart., lib. IV, cap. 7.)

1174. que jouait devant elle le roi de race angevine. Henri II, voyant se tourner contre lui presque tous ses sujets du continent, avait senti le besoin de l'appui des Anglo-saxons; il pensa que quelques coups de discipline seraient peu de chose s'ils pouvaient lui rendre auprès de ce peuple, méprisé de lui quand il était heureux, le même service que les promesses et les faux serments avaient rendu autrefois à son aïeul Henri Ier[1]. En effet, depuis le meurtre de Thomas Becket, l'amour pour ce prétendu martyr était devenu la passion, ou, pour mieux dire, la folie du peuple anglais. Le culte de l'archevêque avait remplacé celui des vieilles lois nationales, tant regrettées jusque-là; tous les souvenirs de l'ancienne liberté étaient effacés par l'impression plus fraîche des neuf années pendant lesquelles un primat de race saxonne avait été l'objet des espérances, des vœux et des entretiens de tout Saxon. Un témoignage éclatant de sympathie avec ce sentiment populaire était donc le meilleur appât que le roi pût offrir alors aux hommes de race anglaise pour les attirer dans sa cause, et les rendre, selon les paroles d'un vieil historien, maniables sous le

1. Voyez livre VII, tom. II.

frein et le harnais[1] : voilà la véritable cause du pélerinage de Henri II à la tombe de celui qu'il avait aimé d'abord comme son compagnon de débauche, et qu'ensuite il avait haï mortellement comme son ennemi politique. 1174.

« Après avoir été ainsi fustigé de son plein « gré, dit l'histoire contemporaine, il persévéra « dans ses oraisons auprès du saint martyr tout « le jour et toute la nuit, ne prit point de nour- « riture, ne sortit pour aucun besoin; mais tel « il était venu, tel il resta, et ne laissa mettre « sous ses genoux aucun tapis ni rien de sem- « blable[2]. Après matines, il fit le tour de l'église « supérieure, pria devant tous les autels et toutes « les reliques, puis revint au caveau du saint. « Le samedi, quand le soleil fut levé, il demanda « et entendit la messe, puis ayant bu de l'eau « benite du martyr et en ayant rempli un fla- « con, il s'éloigna joyeux de Canterbury[3]. »

Cette comédie eut un plein succès; et il y eut grande rumeur parmi les serfs anglo-saxons

1. En populo phaleras! (Henrici Huntingd. Epist. de contemptu mundi.)

2. ... Sed ut venit, ita permansit, non tapetem, non aliquid hujusmodi... (Gerv. Dorob. apud script. rer. fr., tom. XIII, p. 138.)

3. ... Sanctâ martyris aquâ potatus, et ampullâ insignitus... (Ibid.)

1174. des villes et de la campagne, le jour où l'on prêcha dans les églises que le roi Henri s'était réconcilié avec le bienheureux martyr par la pénitence et par les larmes [1]. Il arriva, par hasard, dans le même temps que Guillaume, roi d'Écosse, qui avait fait une incursion hostile sur le territoiree anglais, fut vaincu et fait prisonnier auprès d'Alnwick, dans le Northumberland [2]. La population saxonne, passionnée pour l'honneur de saint Thomas, crut voir dans cette victoire un signe évident de la bienveillance et de la protection du martyr, et dès ce jour elle inclina vers le parti du roi que le nouveau saint semblait favoriser. Par suite de cette impulsion superstitieuse, les Anglais s'enrôlerent en foule sous la bannière royale, et combattirent avec ardeur contre les complices de la révolte de Henri-le-Jeune et de ses deux frères. Tout pauvres et méprisés qu'ils étaient, ils formaient la grande masse des habitants, et rien ne résiste à une pareille force lorsqu'elle se trouve organisée. Les opposants normands furent défaits dans toutes les provinces, leurs châteaux pris d'assaut, et un grand nombre de

1. Nobili martyre Thomâ jam placato... (Girald. Cambr. apud script. rer. fr., tom. XIII, p. 212.)

2. Ibid., loco citato, et pag. 139.

comtes et de hauts barons emmenés prisonniers. 1174.
« On en prit tant, dit un contemporain, qu'on « avait peine à trouver assez de cordes pour « les lier, et assez de prisons pour les enfermer[1]. » Cette suite rapide de succès arrêta le projet de descente en Angleterre formée par Henri-le-Jeune et par le comte de Flandres[2].

Mais sur le continent où les populations sou- 1174
mises au roi d'Angleterre n'avaient point pour à 1175.
l'Anglais Thomas Becket d'affection nationale, les affaires de Henri II ne prospérèrent pas davantage après sa visite et sa flagellation au tombeau du martyr. Au contraire, les Poitevins et les Bretons se relevèrent alors de leur première défaite, et renouèrent plus étroitement leurs associations patriotiques. Eudes de Porrhoët, dont le roi d'Angleterre avait autrefois déshonoré la fille, et qu'ensuite il avait banni, revint d'exil et rallia de nouveau en Bretagne ceux que fatiguait la domination normande[3]; les mé-

1. Capti sunt tot proceres, ut vix vinctis vincula, vix captis carceres invenirentur... (Script. rer. fr., tom. XIII, pag. 218.)

2. Ibid., p. 484.)

3. Tunc repedavit Eudo de exilio et cœpit recuperare terram suam... (Ibid., tom. XII, p. 565.) —Voyez liv. VIII tom. II.

1174 contents firent plusieurs coups de main audacieux
à
1175. qui rendirent célèbre dans ce temps la témérité bretonne[1]. En Aquitaine, le parti de Richard reprenait aussi courage, et de nouvelles troupes d'insurgés se rassemblaient dans la contrée montueuse du Poitou et du Périgord sous les mêmes chefs qui, peu d'années auparavant, s'étaient soulevés à l'instigation du roi de France[2]. La haine du pouvoir étranger réunissait autour des seigneurs les habitants des bourgs, hommes libres de corps et de biens, car la servitude n'existait point au midi de la Loire comme au nord de ce fleuve[3]. Des barons, des châtelains, des fils de châtelains sans patrimoine, suivirent aussi le même parti, par un motif moins pur, dans l'espoir de faire fortune à la guerre[4]. Ils commencèrent la campagne en s'attaquant aux riches abbés et aux évêques du pays, dont la plupart, suivant l'esprit de leur ordre, soutenaient la cause du pouvoir établi; ils pillaient leurs domaines, ou les arrêtant sur les routes, les em-

1. Britonum temeritate... (Acheri spicilegium, tom. III, pag. 565.)

2. Script. rer. fr., tom. XII, p. 484.

3. Ibid., tom XVIII, p. 216.

4. Insurrexerunt multi viri inopes... (Ibid., tom. XII, pag. 418.)

prisonnaient pour les forcer à payer rançon [1]. 1174 à 1175.
Ils prirent entre autres l'archevêque de Bordeaux, qui, d'après les instructions papales, avait excommunié les ennemis de Henri le père en Aquitaine, comme l'archevêque de Rouen les excommuniait dans la Normandie, l'Anjou et la Bretagne [2].

A la tête des révoltés de la Guienne, figurait, moins par sa fortune et son rang que par son ardeur infatigable, Bertrand de Born, seigneur du château d'Hautefort, dans l'évêché de Périgueux, homme qui réunissait au plus haut degré toutes les qualites nécessaires pour jouer un grand rôle au moyen âge [3]. Il était guerrier et poète, avait un besoin excessif de mouvement et d'émotions; et tout ce qu'il sentait en lui d'activité, de talent et d'esprit, il l'employait aux affaires politiques. Mais cette agitation, en apparence vaine et turbulente, n'était pas sans objet réel, sans liaison avec le bien du pays où Bertrand de Born était né; cet homme extraordinaire semble avoir eu la conviction profonde que sa patrie, voisine des états des rois de France

1. Archiepiscopi, episcopi, monachi, clerici, ubi inventi sunt capiuntur... (Ibid., loco citato.)

2. Ibid.

3. Choix des poésies originales des troubadours, publié par M. Raynouard. — Biographie, tom. V, pag. 76.

1174 à 1175. et d'Angleterre, et placée, selon l'expression du temps, comme l'enclume entre deux marteaux, ne pouvait échapper aux coups qui la menaçaient perpétuellement d'une part ou de l'autre, que par le trouble et la guerre entre ses ennemis. Telle en effet paraît avoir été la pensée qui présida, durant toute la vie de Bertrand, à ses actions et à sa conduite. « En tout temps, « dit son biographe, il voulait que le roi de « France et le roi d'Angleterre eussent guerre « ensemble, et s'ils avaient paix ou trêve, alors « il se *peinait* et s'efforçait de défaire cette paix[1]. » « Par le même motif Bertrand de Born mit en usage tout ce qu'il avait d'art pour faire éclore et envenimer la querelle entre le roi d'Angleterre et ses fils; il fut l'un de ceux qui, s'emparant de l'esprit du jeune Henri, excitèrent son ambition pour le pousser à la révolte[2]. Il prit ensuite le même ascendant sur les autres fils et sur le père, toujours à leur détriment et au profit de l'Aquitaine. C'est le témoignage que rend de lui son vieux biographe, avec l'orgueil d'un homme du midi, étalant la supériorité morale d'un de ses compatriotes sur les rois et les princes

1. .... E s'il avian patz
Ni treva, ades se penava e spercassava de desfar patz...,
(Choix des Poésies des Troubadours, tom. V, pag. 76.)

2. Ibid.

du nord : « Il était maître, toutes fois qu'il vou- 1174
« lait, du roi Henri d'Angleterre et de ses fils, à
« et toujours voulait-il qu'ils eussent guerre en- 1175.
« semble, le père et les fils, et les frères l'un « avec l'autre [1]. »

Ses efforts, couronnés d'un plein succès, lui acquirent une célébrité funeste auprès de ceux qui ne voyaient en lui qu'un conseiller de discordes domestiques, qu'un homme cherchant malicieusement, pour parler le langage mystique du siècle, à soulever le sang contre la chair, à diviser le chef et les membres [2]. C'est pour cette raison que le poète italien, Dante Alighieri, lui fait subir, dans son Enfer, un châtiment analogue à l'expression figurée par laquelle on désignait sa faute. « Je vis, et il me « semble encore le voir, un tronc sans tête mar- « cher vers nous, et sa tête coupée il la tenait « d'une main par les cheveux, en guise de lan- « terne.... Sache que je suis Bertrand de Born, « celui qui donna au jeune roi de mauvais con-

1. Seingner era totas ves quan se volia, del rei Enric d'Englaterra et del fils de lui, mas totz temps volia que ill aguesson guerra enseme lo paire et lo fils e 'l fraire l'un ab l'autre. (Ibid.)

2. Caro desævit in sanguinem. (Script. rer. fr. tom. XIII, pag. 151.)

1174 à 1175. « seils [1]. » Mais Bertrand fit plus encore, il ne se contenta pas de donner au jeune Henri contre son père ces conseils que le poète appelle mauvais, il lui en donna de semblables contre son frère Richard, et quand le jeune roi fut mort, à Richard contre le vieux roi; puis enfin, quand ce dernier fut mort, à Richard contre le roi de France, et au roi de France contre Richard, ne souffrant pas qu'il y eût entre eux un instant de paix, et les animant l'un contre l'autre par des *sirventès* ou chants satiriques [2]?

Alors la poésie jouait un grand rôle dans les événements politiques des contrées situées au sud de la Loire. Il n'y avait pas une paix, une guerre, une révolte, une transaction diplomatique qui ne fût annoncée, proclamée, louée ou blâmée en vers. Ces pièces de vers, souvent composées par les hommes même qui avaient pris une part active aux affaires, étaient d'une énergie qu'on a peine à concevoir dans l'état de mol-

1. Sappi ch' io son Beltram dal Bornio quelli
Che diedi al re giovanne i mai conforti.
(Inferno Canto XXVIII.)

2. Toute pièce de poésie provençale qui traitait un sujet étranger à l'amour s'appelait *sirventès*, en vieux français *servantois*, comme étant d'un genre inférieur à la poésie amoureuse ou *chevaleresque*.

lesse où est tombée la langue romane du midi de la Gaule, depuis que le dialecte français l'a remplacée comme langue littéraire et politique[1]. Les chants des *trobadores*, ou poètes provençaux[2], circulant rapidement de château en château et de ville en ville, faisaient à peu près, au moyen âge, l'office de papiers publics, dans tout le pays situé entre la Loire, le Rhône et les deux mers : ils créaient ou ralliaient l'opinion nationale, produisant toujours une vive impression sur des esprits ardents et faciles à émouvoir. Il n'y avait point alors dans ce pays d'inquisition religieuse ni politique ; on y jugeait librement et ouvertement ce que dans le reste de la Gaule on osait à peine examiner : l'influence de l'opinion publique et des passions populaires se faisait sentir partout, dans les cloîtres des moines comme dans les châteaux des barons ; et, pour en revenir au sujet de cette histoire, la dispute de Henri II et de ses fils remua d'une manière si profonde les hommes de l'Aquitaine, qu'on trouve la trace de l'enthousiasme qu'elle excita

1174 à 1175.

1. Poésies des Troubadours, publiées par M. Raynouard, passim.

2. *Trobaïre*, dans les cas obliques *trobador*, *trouveur*, *inventeur*. La population d'outre-Loire, suivant son système de grammaire et de prononciation disait *trouvère* à tous les cas.

1174 à 1175. empreinte dans les écrits, ordinairement peu animés, des chroniqueurs latins de l'epoque. L'un d'eux, habitant ignoré d'un monastère obscur, ne peut s'empêcher d'interrompre subitement son récit pour entonner, en prose poétique, le chant de guerre des partisans de Richard [1] :

« Réjouis-toi, pays d'Aquitaine, réjouis-toi, « terre de Poitou, car le sceptre du roi du nord « s'éloigne. Grâce à l'orgueil de ce roi, la trève « est enfin rompue entre les royaumes de France « et d'Angleterre; l'Angleterre est désolée, et la « Normandie est en deuil [2]. Nous verrons venir « à nous le roi du sud avec sa grande armée, « avec ses arcs et ses flèches. Malheur au roi du « nord, qui a osé lever la lance contre le roi du « sud, son seigneur; car sa ruine approche, et « les étrangers vont dévorer sa terre [3]. »

Après cette effusion de joie et de haine patriotique, l'auteur s'adresse à Éléonore, la seule personne de la famille de Henri II qui fût vrai-

1. Chron. Ricardi Pictaviensis, apud script. rer. fr., tom. XII, p. 420.

2. Exulta Aquitania, jubila Pictavia, quia sceptrum regis aquilonis recedet à te... (Ibid.)

3. Rex verò austri cum multitudine gravi, cum arcu et sagittâ ingredietur. Væ regi aquilonis... (Ibid.)

ment chère aux Aquitains, parce qu'elle était née parmi eux. 1174 à 1175.

« Tu as été enlevée de ton pays et emmenée « dans la terre étrangère[1]. Élevée dans l'abon« dance et la délicatesse, tu jouissais d'une li« berté royale, tu vivais au sein des richesses ; « tu te délectais aux jeux de tes femmes, à leurs « chants, au son de la guitare et du tambour ; « et maintenant tu te lamentes, tu pleures et te « consumes de chagrin[2]. Reviens à tes villes, « pauvre prisonnière[3]...

« Où est ta cour ? où sont tes jeunes compa« gnes ? où sont tes conseillers ? Les uns traînés « loin de leur patrie ont subi une mort ignomi« nieuse, d'autres ont été privé de la vue, d'autres « bannis errent en différents lieux[4]. Toi, tu cries « et personne ne t'écoute, car le roi du nord te « tient resserrée comme une ville qu'on assiége ; « crie donc, ne te lasse point de crier ; élève « ta voix comme la trompette pour que tes fils « t'entendent ; car le jour approche où tes fils

1. Translata es de terrâ tuâ et deducta in terram quam ignorasti... (Ibid.)

2. Tu autem mollis et tenera regiâ libertate fruebaris.... (Ibid.)

3. Revertere, captiva, revertere ad civitates tuas... (Ibid.)

4. Ubi sunt familiæ tuæ? ubi sunt adolescentulæ tuæ? ubi sunt consiliarii tui? alii de terrâ suâ... (Ibid.)

1174 « te délivreront, où tu reverras ton pays natal [1]. »
à
1175. A ces sentiments de tendresse pour la fille des anciens chefs nationaux de l'Aquitaine, succède un cri de malédiction contre les villes qui, soit par choix, soit par nécessité, tenaient encore pour le parti du roi de race étrangère, et des exhortations d'encouragement à celles de l'autre parti, qui alors étaient menacées d'une attaque des troupes royales.

« Malheur aux traîtres qui sont en Aquitaine, « car le jour du châtiment est proche [2]. La Ro« chelle redoute ce jour, elle comble ses fossés, « elle se fait ceindre de tous côtés par la mer, « et le bruit de ce grand travail va jusqu'au« delà des monts [3]. Fuyez devant Richard, duc « d'Aquitaine, vous qui habitez ce rivage, car il « renversera les glorieux, il brisera les chars et « ceux qui les montent; il anéantira, depuis le « plus grand jusqu'au plus petit, tous ceux qui « lui refuseront l'entrée de la Saintonge [4]. Mal-

1. ... Obsidium posuit super te rex aquilonis... clama, ne cesses, quasi tuba exalta vocem tuam... (Script. rer. fr., tom. XII, p. 420.)

2. Væ perjuræ genti quæ terram Aquitaniæ inhabitat, festinat namque dies... (Ibid.)

3. Timebit ergo Rupella... (Ibid.)

4. O! fugite a facie Richardi Aquitanorum ducis... ipse enim subvertet gloriosos terræ, delebit currus et ascensores eorum... (Ibid.)

« heur à ceux qui vont au roi du nord pour lui 1174
« demander du secours; malheur à vous, riches à
« de la Rochelle, qui vous confiez dans vos ri- 1175.
« chesses; le jour viendra où il n'y aura pas de « fuite pour vous, où la fuite ne vous sauvera « pas, où la ronce, au lieu d'or, meublera vos « maisons, où l'ortie croîtra sur vos murailles [1].

« Et toi, citadelle maritime, dont les bastions « sont élevés et solides, les fils de l'étranger « viendront jusqu'à toi; mais bientôt ils s'enfui- « ront tous vers leur pays, en désordre et cou- « verts de honte [2]. Ne t'épouvante point de leurs « menaces, élève hardiment ton front contre le « nord, tiens-toi sur tes gardes, appuie le pied « sur tes retranchements, appèle tes voisins pour « qu'ils viennent en force à ton secours [3]; range « en cercle autour de tes flancs tous ceux qui « habitent dans ton sein et qui labourent ton « territoire, depuis la frontière du sud jusqu'au « golfe où retentit l'Océan [4]. »

1. Væ vobis qui opulenti estis in Rupellâ, qui confiditis in divitiis vestris... (Script. rer. fr., tom. XII, p. 421.)

2. ... Filii alieni venient usque ad te, sed pudoris ignominia cooperti singuli ad terram suam fugient. (Ibid.)

3. ... Erige faciem tuam contra facies aquilonis, sta super custodiam tuam, et pone gradum super munitionem tuam... (Ibid.)

4. Pone in gyrum circà latus tuum omnes domesticos tuos qui terram tuam incolunt. (Ibid.)

1174 à 1175. Les nouveaux succès de la cause royale en Angleterre permirent bientôt à Henri II de repasser le détroit avec ses fidèles Brabançons et un corps de Gallois mercenaires, moins disciplinés que les Brabançons, mais plus impétueux, et disposés, par la haine même qu'ils portaient au roi, à faire une guerre furieuse à ses fils [1]. Ces hommes, habiles dans l'art des embuscades militaires et de la guerre de parti dans les bois et dans les marais, guerre qu'ils soutenaient chaque jour dans leur pays contre les envahisseurs normands, furent employés en Normandie à intercepter les convois et les vivres de l'armée française, qui alors assiégeait Rouen [2]. Ils y réussirent si bien à force d'activité et d'adresse, que cette grande armée, craignant la famine, leva subitement le siége et se retira [3]. Sa retraite donna au roi Henri l'avantage de l'offensive. Il reprit pied à pied tout le territoire que ses ennemis avaient occupé dans son absence, et les Français, fatigués encore une fois des dépenses énormes qu'ils avaient faites inutilement déclarèrent de nouveau à Henri-le-Jeune et à son frère Geoffroy qu'on ne pouvait plus les aider, et

1. Rog, de Hoved., pag. 540.

2. Misit Wallenses suos ultra Sequanam ad Nemora exploranda... (Script. rer. fr., tom. XIII, p. 160.)

3. Ibid., et p. 484.

que s'ils désespéraient de soutenir seuls la guerre contre leur père, ils eussent à se reconcilier avec lui[1]. Henri-le-Jeune et Geoffroy, dont la force n'était rien sans le secours des étrangers, furent contraints de leur obéir. Ils se laissèrent conduire à une entrevue des deux rois, où on leur fit faire diplomatiquement des protestations de repentir et de tendresse filiale. 1174 à 1175.

L'on convint d'une trève qui devait donner au roi d'Angleterre le temps d'aller en Poitou obliger, par la force, son fils Richard à se soumettre comme les deux autres[2]. Le roi de France jura de ne plus fournir à Richard aucune espèce de secours, et imposa le même serment aux deux autres frères, Henri et Geoffroy[3]. Richard fut indigné en apprenant que ses frères et son allié venaient de faire une trève, et l'en avaient exclu, mais incapable de résister seul à toutes les forces du roi d'Angleterre, il retourna vers lui, implora son pardon, rendit les villes qu'il avait fortifiées, et quittant le Poitou, suivit son père 1175.

1. Script. rer. fr., tom. XIII, p. 160. — Ludovicus rex Francorum sumptibus tædiosis affectus quos pro rege Anglorum juvene impenderat... (Math. Paris., p. 131.)

2. Script. rer. fr., tom. XIII, p. 160.

3. Et ipsi juraverunt quòd nemo ex parte eorum auxilium faceret prædicto Richardo... (Ibid., pag. 161.)

1175. sur la frontière de l'Anjou et de la France où se tint un congrès général, ou un *parlement* pour la paix [1]. Là fut dressé, sous forme de traité politique, l'acte de réconciliation entre le roi d'Angleterre et ses trois fils. Plaçant leurs mains dans celles de leur père, ils lui prêtèrent le serment d'hommage-lige, forme ordinaire de tout pacte d'alliance entre deux hommes de puissance inégale, et tellement solennelle dans ce siècle, qu'elle établissait entre les contractants des liens réputés plus inviolables que ceux même du sang [2]. Les historiens de l'époque ont soin de faire remarquer que si les fils de Henri II s'avouèrent alors ses *hommes* et lui promirent *allégeance*, ce fut pour ôter de son esprit tout soupçon défavorable sur la sincérité de leur retour [3].

Cette réconciliation des princes angevins fut un événement funeste pour les diverses populations qui avaient pris part à leurs querelles. Les trois fils, au nom de qui elles s'étaient in-

1. Script. rer., fr., tom. XIII, p. 161.

2. Novâ contra ingratos et suspectos filios cautelâ prudenter exactâ, et solemniter præstito homineo... (Guil. Neubrig., ibid., pag. 118)

3. Ad omnem sinistram suspicionem penitùs amovendam homagium atque ligantiam patri suo facere modis omnibus instituerunt... (Script. rer. fr., tom. VIII, p. 198.)

surgées, tinrent leur serment d'hommage-lige 1175.
en livrant ces populations à la vengeance de leur père, qu'eux-mêmes se chargèrent d'accomplir[1]. Richard, surtout, plus dur et plus impérieux que ses frères, fit tout le mal qu'il put à ses anciens alliés du Poitou; ceux-ci, réduits au désespoir, maintinrent contre lui la ligue nationale à la tête de laquelle ils l'avaient autrefois placé, et le pressèrent tellement, que le roi fut obligé de lui envoyer de grandes forces, et d'aller en personne à son secours. L'effervescence des habitants de l'Aquitaine s'accrut avec le danger : d'un bout à l'autre de ce vaste pays 1176.
éclata une guerre bien plus véritablement patriotique que la première, parce qu'elle se faisait contre la famille toute entière des princes étrangers; mais, par cette raison même, le succès devait en être plus douteux, et les difficultés plus grandes[2]. Durant près de deux ans, les chefs de race angevine et le peuple aquitain se livrèrent bataille sur bataille, depuis Limoges

1. Ibid., p. 163. Et multa gravamina eis intulit. (Ibid., pag. 173.) — Castella verò multorum passim eversa sunt... (Math. Paris., p. 91.) — Ricardus castella Pictaviæ subversit, et Gaufridus castella Britanniæ, et multa mala intulit hominibus patriæ illius qui contra patrem suum tenuerunt tempore guerræ. (Script. rer. fr., tom. XIII, p. 163.)

2. Ibid., p. 164.

1076 à 1178. jusqu'aux pieds des Pyrénées; à Taillebourg, à Angoulême, à Agen, à Dax, à Bayonne; toutes les villes qui avaient suivi naguère le parti des fils du roi, furent reprises par Richard, et accablées d'exactions [1].

Soit par politique, soit par conscience, Henri-le-Jeune ne prit aucune part à cette guerre odieuse et déloyale; il conserva même quelques liaisons d'amitié avec plusieurs des hommes qui, autrefois, avaient suivi son parti et celui de ses frères. Ainsi il ne perdit point sa popularité dans les provinces du midi, et cette circonstance fut pour la famille de Henri II un nouveau germe de discorde, que l'habile et infatigable Bertrand de Born travailla de tous ses soins à faire éclore. Il s'attacha plus que jamais au jeune roi, sur lequel il reprit tout l'ascendant d'un homme à volonté ferme; de cette liaison résulta bientôt une seconde ligue formée contre Richard par les vicomtes de Ventadour, de Limoges, de Turenne, le comte de Périgord, les seigneurs de Montfort et de Gordon, et les bourgeois du pays sous les auspices de Henri-le-Jeune et du roi de France [2]. Suivant

1. Rog. de Hoved., p. 560 — 582. — Script. rer. fr., tom. XIII, p. 165 — 167.

2. E'l vescont de Ventadorn, e'l vescont de Comborn...

sa politique ordinaire, le roi de France ne prit 1176 que des engagements vagues envers les confé- à dérés; mais Henri-le-Jeune leur fit des promesses 1178. positives, et Bertrand de Born, l'ame de cette confédération, la proclama par une pièce de vers destinée, dit son biographe, à affermir ses amis dans leur résolution et dans le serment qu'ils avaient prêté [1].

En vertu de ce serment, la guerre recommença contre le comte Richard et le roi Henri II. Mais, dès les premières hostilités, Henri-le-Jeune, manquant à sa parole, ouvrit l'oreille à des propositions d'accommodement avec son frère, et, pour une somme d'argent et une pension annuelle, consentit à s'éloigner du pays et à délaisser les insurgés [2]. Sans plus s'inquié- 1179.
ter d'eux ni de leur sort, il alla dans les cours étrangères, en France, en Provence et en Lombardie dépenser le prix de sa trahison, et se faire partout, où il séjournait, un grand renom de magnificence et de chevalerie, brillant dans

se jureron ab lo comte de Peiregort et ab los borges d'aquellas encontradas.

(Poésies des Troubadours, tom. V, pag. 83.)

1. Per assegurar totas las gens d'aquella encontrada per lo sagramen que ill avían faich contra En. Richart.

(Poésies des Troubadours, tom. V, pag. 83.)

2. Ibid., Math. Paris., pag. 95.

1179 à 1182. les joûtes guerrières, dont la mode commençait à se répandre, *tournoyant, se soulassant et dormant*, comme dit un ancien historien[1].

Il passa ainsi plus de deux années, pendant lesquelles les hommes du Poitou, de l'Angoumois et du Périgord, qui s'étaient conjurés sous ses auspices, eurent à soutenir une rude guerre de la part du comte de Poitiers. Leurs bourgs et leurs châteaux furent assiégés et leurs terres dévastées par l'incendie[2]. Parmi les villes attaquées, Taillebourg se rendit la dernière, et lorsque tous les barons se furent soumis à Richard, Bertrand de Born résista encore seul, dans son château de Haute-Fort[3]. Au milieu de la fatigue et des peines que lui donnait cette résistance désespérée, il conservait assez de liberté d'esprit pour composer des vers sur sa propre situation, et des satires sur la lâcheté de l'homme qui passait en amusements les jours que ses anciens amis passaient en guerre et en souffrances :

« Puisque le seigneur Henri n'a plus de terre,

1. Si sojornava, torniava, e dormia, e solasava... (Poésies des Troubadours, tom. V, pag. 86.)

2. Poésies des Troubadours. tom. V, p. 87. — Math. Paris., p. 95. — Script. rer. fr., tom. XIII, p. 200 et suiv.

3. Ibid., et Script. rer. fr., tom. XIII, p. 201.

« puisqu'il n'en veut plus avoir, qu'il soit main- 1179 à 1182.
« tenant le roi des lâches.

« Car lâche est celui qui vit aux gages et sous « la livrée d'un autre. Roi couronné, qui prend « solde d'autrui, ressemble mal aux preux du « temps passé ; puisqu'il a trompé les Poitevins, « et leur a menti, qu'il ne compte plus être aimé « d'eux [1]. »

Henri-le-Jeune fut sensible à ces réprimandes, 1182.
lorsque, rassasié du plaisir d'être cité comme prodigue et *chevalereux*, il tourna de nouveau ses regards vers des avantages plus solides de pouvoir et de richesse territoriale. Il revint alors auprès de son père, et se mit à plaider la cause des habitants du Poitou, que Richard accablait, disait-il, de vexations injustes et d'une domination tyrannique [2]. Il alla jusqu'à reprocher au roi de ne point les protéger, comme il

1. Purs en Enrics terra non te ni manda
Sia rey dels Malvatz.
Que Malvatz fai quan aissi viu ā randa...
....
Purs en Peitau lor ment e lor truanda
Non y er mais tant amatz.
(Poésies des Troubadours, tom. IV, pag. 148.)

2. Pictaviensibus veniens in auxilium quos Ricardus indebitis vexationibus et violentâ dominatione premebat.. (Script. rer. fr., tom. XII, p. 538.)

1182. le devait, lui qui était leur défenseur naturel[1]. Il accompagna ces plaintes de réclamations personnelles, demandant de nouveau la Normandie, ou quelque autre terre où il pût séjourner d'une manière digne de lui, avec sa femme Marguerite, et qui lui servît à payer les gages de ses chevaliers et de ses sergents[2]. Henri II refusa d'abord cette demande avec fermeté, et contraignit même le jeune homme à jurer que dorénavant il ne réclamerait rien de plus que cent livres angevines par jour, pour sa dépense, et dix livres de la même monnaie, pour la dépense de son épouse[3]. Mais les choses ne restèrent pas long-temps à ce point. Hénri-le-Jeune renouvela ses doléances, et le roi, y cédant cette fois, ordonna à ses deux autres fils de prêter, à leur aîné, comme vassaux, le serment d'hommage-lige pour les comtés de Poitou et de Bretagne[4]. Geoffroy y consentit; mais Richard le refusa nettement, et, pour signe de sa volonté ferme de résister à un pareil ordre, mit en état de défense toutes ses villes et ses châteaux[5].

1. Ad quem tuitionem Aquitaniæ regionis spectare noverat. (Ibid.)

2. Et undè ipse militibus et servientibus suis servitia sua solvere posset... (Rog. de Hoved., p. 616.)

3. (Ibid.)

4. Rog. de Hoved., p. 618. — Math. Paris., pag. 141.

5. Ibid.

Henri-le-Jeune et Geoffroy, son vassal, marchèrent alors contre lui, de l'aveu de leur père; et à leur entrée en Aquitaine, le pays s'insurgea de nouveau contre Richard. Les confédérations des villes et des barons se renouèrent, et le roi de France se déclara l'allié du jeune roi et des Aquitains [1]. Henri II, alarmé de la tournure grave que prenait subitement cette querelle de famille, voulut rappeler ses deux fils; mais ils lui désobéirent, et persistèrent à guerroyer contre le troisième. Obligé alors de prendre un parti décisif, sous peine de voir triompher l'indépendance du Poitou et les prétentions ambitieuses du roi de France, il joignit ses forces à celles de Richard, et alla en personne mettre le siège devant Limoges, qui avait ouvert ses portes au jeune Henri et à Geoffroy [2]. Ainsi la guerre domestique recommença sous un nouvel aspect. Ce n'était plus les trois fils ligués ensemble contre le père, mais l'aîné et le plus jeune combattant contre l'autre fils uni au père. 1183.

Les historiens du midi, témoins oculaires de ces événements, paraissent avoir compris la part

1. ... Comites et barones Pictaviæ adhærentes ei multa damna fecerunt comiti Richardo... (Rog. de Hoved., p. 618.)

2. Venit et obsedit castellum de Limoges, quod paulò ante traditum fuerat regi filio suo... (Rog. de Hoved., pag. 618.)

1183. active qu'y prenaient les populations dont le pays en fut le théâtre, et quels intérêts nationaux étaient en jeu, dans ces rivalités toutes personnelles en apparence. Les historiens du nord, au contraire, n'y voient que la guerre contre nature du père avec les fils, et des frères entre eux, sous l'influence d'une mauvaise destinée qui pesait sur la race des Plante-Genest, en expiation de quelque grand crime. Plusieurs contes sinistres, sur l'origine de cette famille, passaient de bouche en bouche. On disait, par exemple, qu'Éléonore d'Aquitaine avait eu à la cour de France des liaisons d'amour avec Geoffroy d'Anjou, le père de son mari actuel, et que ce même Geoffroy avait épousé la fille de Henri I, du vivant de l'empereur, son mari; ce qui, dans les idées de l'époque, était une sorte de sacrilège [1]. Enfin, l'on racontait d'une ancienne comtesse d'Anjou, aïeule du père de Henri II, que son mari, ayant remarqué avec effroi qu'elle allait rarement à l'église, et qu'elle en sortait toujours à la secrète de la messe, s'avisa de l'y faire retenir de force par quatre écuyers; mais qu'à l'instant de la consécration, la comtesse,

1. Galfridus Elianoram cognoverat dum regis Franciæ senescalus esset... (Joh. Brompton apud script. rer. fr., tom. XIII, p. 215.)

jetant le manteau par lequel on la tenait, s'était 1183.
envolée par une fenêtre, et n'avait jamais reparu [1]. Richard de Poitiers, selon un contemporain, avait coutume de rapporter cette aventure, et de dire à ce propos : « Est-il étonnant que, « sortis d'une telle souche, nous vivions mal les « uns avec les autres ? Qui provient du diable « doit retourner au diable [2]. »

Un mois après le renouvellement des hostilités, Henri-le-Jeune, soit par appréhension des suites de la lutte inégale où il venait de s'engager contre son père et le plus puissant de ses frères, soit par un nouveau retour de tendresse filiale, abandonna encore une fois les Poitevins, se rendit au camp de Henri II, lui dénonça tous les secrets de la confédération formée contre Richard, et le pria de s'interposer comme médiateur entre son frère et lui [3]. La main posée sur l'Évangile, il jura solennellement que, durant toute sa vie, il ne se séparerait point de Henri, roi d'Angleterre, et lui garderait féauté,

1. Per fenestram ecclesiæ evolavit nec usquam apparuit... (Script. rer. fr., tom. XIII, p. 215.)

2. Istud Ricardus referre solebat, asserens non esse mirandum si de tali genere procedentes, sese mutuò infestent, tanquam de diabolo venientes et ad diabolum transeuntes... (Ibid.)

3. ... Rog. de Hoved., pag. 619.

1183. comme à son père et à son seigneur [1]. Ce soudain changement de conduite et de parti ne fut pas imité par Geoffroy qui, plus opiniâtre, ou plus loyal envers les Aquitains insurgés, demeura avec eux, et continua la guerre [2]. Des messagers vinrent alors le trouver de la part du vieux roi, et le sollicitèrent de mettre fin à un débat qui n'était avantageux qu'aux ennemis communs de sa famille. Entre autres envoyés, vint un clerc normand qui, tenant une croix à la main, supplia le comte Geoffroy d'épargner le sang des chrétiens, et de ne point imiter le crime d'Absalon. « Quoi! tu voudrais, lui répondit le jeune « homme, que je me désaisisse de mon droit de « naissance [3]? — A Dieu ne plaise, mon seigneur, « répliqua le prêtre, je ne veux rien à votre « détriment. — Tu ne comprends pas mes pa- « roles, dit alors le comte de Bretagne. Il est « dans la destinée de notre famille que nous ne « nous aimions pas entre nous. C'est là notre héri- « tage, et aucun de nous n'y renoncera jamais [4]. »

1. ...Henrico regi Angliæ sicut patri suo et domino fidelitatem servaturum... (Ibid.)

2. Ibid.

3. Nunquid venisti exhæredare me de meo jure nativo? (Jo. Brompton, ap. script. rer. fr., tom. XIII, p. 215.)

4. Non ignoras hoc nobis naturaliter fore proprium et ab atavis insertum ut nemo nostrum alterum diligat. (Ibid.)

Malgré ses trahisons réitérées envers les barons d'Aquitaine, Henri-le-Jeune, d'un esprit flottant et incapable d'une décision ferme, conservait encore des liaisons personnelles avec plusieurs des conjurés, et surtout avec Bertrand de Born. Il entreprit de jouer le rôle de médiateur entre eux et son frère Richard, se flattant de l'espoir chimérique d'arranger la querelle nationale, en même temps que la querelle de famille[1]. Dans cette vue, il fit plusieurs démarches auprès des chefs de la ligue du Poitou, mais ne reçut d'eux que des réponses fières et nullement pacifiques[2]. Pour dernière tentative, il leur proposa une conférence à Limoges, offrant de s'y rendre de son côté, avec son père, accompagné de peu de monde, pour écarter toute défiance[3]. La ville de Limoges était alors assiégée par le roi d'Angleterre; on ne sait si les confédérés consentirent formellement à laisser entrer leur ennemi dans leurs murs, ou si le jeune homme, empressé de se faire valoir, promit en leur nom plus qu'il ne devait; toutefois, lorsque Henri II arriva devant les portes de la ville, il les trouva fermées et reçut du 1183.

1. Rog. de Hoved., pag. 69.
2. Script. rer. fr., tom. XIII.
3. Cum par eis. (Rog. de Hoved., p. 619.)

1183. haut des remparts une volée de flèches, dont l'une perça son pourpoint et l'autre blessa un de ses chevaliers à côté de lui [1]. Cette aventure passa pour une méprise, et à la suite d'une nouvelle explication avec les chefs des insurgés, il fut convenu que le roi entrerait librement dans Limoges, pour y parlementer avec son fils Geoffroy. Ils se réunirent en effet sur la grande place du marché; mais, pendant l'entrevue, les Aquitains qui formaient la garnison du château, ne pouvant voir de sang-froid s'entamer des négociations qui devaient réunir contre eux les étrangers maintenant en discorde, tirèrent de loin sur le vieux roi, qu'ils reconnurent à ses vêtements et à la bannière qu'on portait près de lui [2]. Un des carreaux d'arbalète lancés du haut de la citadelle, traversa l'oreille de son cheval [3]. Les larmes lui vinrent aux yeux, il fit ramasser la flèche, et, la présentant à Geoffroy, « Parle, mon fils, lui dit-il, que t'a fait ton malheureux père, pour mériter que tu fasses de lui un but pour tes archers [4] ? »

1. In eum miserunt sagittas, et tunicale ejus perforaverunt, et quendam militem suum coràm oculis ejus vulneraverunt... (Rog. de Hoved., pag. 619.)

2. Castelli satellites sagittas direxerunt. (Ibid.)

3. Ibid. — Script. rer. fr., tom. XVIII, p. 704.)

4. ..... Ferrum sagittæ offerens cum singultu, plenus la-

Quels que fussent les torts de Geoffroy envers son père, il n'était point coupable, dans cette circonstance; car les archers qui avaient pris le roi d'Angleterre pour but n'étaient point soldats à gages, mais alliés volontaires de son fils. Les écrivains du Nord lui reprochent de ne les avoir point recherchés et punis [1]; mais il n'avait point un pareil droit sur eux, et, puisqu'il avait lié sa cause à leur inimitié nationale, il fallait que bon gré mal gré il en subit les conséquences. Henri-le-Jeune, piqué de voir tous ses efforts échouer contre l'opiniâtreté des Aquitains, déclara qu'ils étaient tous d'obstinés rebelles, et que de sa vie il n'aurait plus ni paix ni trêve avec eux, et serait fidèle à son père, en tout temps et en tout lieu, envers et contre tous les hommes [2]. Pour signe de cette soumission, il remit à la garde du roi son cheval et ses armes, et demeura plusieurs jours auprès de 1183

crymis ait : « O fili, si infelix ego pater unquam a te filio merui sagittari ediceto... (Script. rer. fr., tom. XVIII, pag. 704.)

1. Quod filii ejus Gaufridus et Henricus non vindicârunt... (Rog. de Hoved., pag. 619.)

2. Eos prorsùs inobedientes asseruit et rebelles, quare eis prorsùs relictis, ad patris servitium revertebatur... (Ibid.)

1183. lui, dans l'apparence de l'amitié la plus intime[1].

Mais, par une sorte de fatalité dans la vie du fils aîné de Henri II, c'était toujours au moment même où il faisait à un parti les plus grandes protestations de dévoûment, qu'il était le plus près de s'en séparer et de s'engager dans le parti contraire. Après avoir, selon les paroles d'un historien du temps, mangé à la même table que son père, et mis sa main au même plat[2], il le quitta subitement, se lia de nouveau à ses adversaires, et partit pour le Dorat, ville des marches de Poitou, où était le grand quartier des insurgés[3]. Il y mangea avec eux à la même table, comme il avait fait avec le roi, leur jura pareillement loyauté envers et contre tous, et peu de jours après, les abandonna pour retourner à l'autre camp[4]. Il y eut alors de nouvelles scènes de tendresse entre le père et le fils; le fils crut acquitter sa conscience en priant le

1. Et patri arma sua et equum tradidit conservanda, et sic cum patre aliquot diebus.... (Rog. de Hoved., p. 619.)

2. Verùm cùm in eâdem mensâ cum patre comedisset et in eodem catino manum intinxisset... (Ibid.)

3. Se iterum cum patris sui inimicis sacramento obligavit, et profectus est Doratum... (Ibid.)

4. Ibid.

père d'être miséricordieux pour les révoltés [1]. Il 1183.
promit témérairement, en leur nom, la reddition du château de Limoges, et annonça qu'il suffirait d'envoyer des parlementaires à la garnison, pour recevoir ses serments et des otages [2]. Mais il n'en fut pas ainsi, et ceux qui vinrent de la part du roi d'Angleterre furent presque tous tués par les Aquitains [3]. D'autres qu'on envoya en même temps aux quartiers de Geoffroy pour négocier avec lui, furent attaqués à coups d'épée, en sa présence et sous ses yeux; deux furent tués, le troisième blessé grièvement et le quatrième jeté dans l'eau, du haut d'un pont [4]. C'est ainsi que l'esprit national, sévèrement et cruellement inflexible, se jouait des espérances des princes et de leurs projets de réconciliation.

Très-peu de temps après ces événements, Henri II reçut un message qui lui annonçait que son fils aîné, tombé dangereusement malade à Château-Martel, près de Limoges, demandait à le voir [5]. Le roi, ayant l'esprit encore frappé de

1. Supplicavit ei ut misericorditer ageret... (Ibid.)
2. Ad accipiendos obsides... (Ibid.)
3. Qui fere omnes ab eis qui tradere debebant interfecti sunt... (Ibid.)
4. De ponte in aquam projectus ipso Gaufrido præsente. (Ibid., pag. 620.)
5. Ibid.

1183. ce qui venait d'arriver à ses gens, et de ce qui lui était arrivé à lui-même dans les deux conférences de Limoges, soupçonna quelque embûche de la part des insurgés : il craignit, dit un auteur du temps, la scélératesse de ces conspirateurs[1]; et, malgré les assurances du messager, n'alla point à Château-Martel. Mais bientôt un second envoyé vint lui apprendre que son fils Henri était mort, le onzième jour du mois de juin, dans sa vingt-septième année[2]. Le jeune homme, à ses derniers moments, avait, suivant l'usage du siècle, fait un grand étalage de contrition et de repentir. Il avait voulu être traîné avec une corde hors de son lit, et placé sur des sacs remplis de cendre[3]. Cette perte imprévue fit une grande impression sur l'esprit du roi et augmenta sa colère contre les Aquitains, sur la perfidie desquels il rejetait le sentiment de lâcheté qui l'avait retenu loin de son fils mourant[4]. Geoffroy lui-même, touché du deuil de son père, revint alors auprès de

1. Non esse sibi tutum nequissimis conspiratoribus se credere... (Guil. Neubrig. apud script. rer. fr., t. XVIII, p. 31.)

2. Rog. de Hoved., p. 628.

3. Trahite me a lecto per hunc funem, et imponite me lecto illi cinereo... (Ibid.)

4. Prævalente formidine... (Script. rer. fr., tom. XVIII, pag. 3.)

lui, et abandonna ses alliés, qui demeurèrent 1183.
seuls en face de la famille, dont les divisions avaient fait leur force[1]. Le lendemain des funérailles de Henri-le-Jeune, le roi d'Angleterre attaqua vivement d'assaut la ville et la forteresse de Limoges; il s'en empara, ainsi que des châteaux de plusieurs des confédérés, qu'il détruisit de fond en comble[2].

Il poursuivit Bertrand de Born avec plus d'a- 1183
charnement encore que tous les autres; « car à
« il croyait, dit un ancien récit, que toute la 1184.
« guerre que le jeune roi, son fils, lui avait faite, « Bertrand la lui avait fait faire, et pour cela il « vint devant Hautefort pour le prendre et le « ruiner[3]. »

Hautefort ne tint pas long-temps contre toutes les forces du roi d'Angleterre unies à celles de ses deux fils, Richard et Geoffroy de Bretagne. Forcé de se rendre à merci, Bertrand de Born fut mené à la tente de son ennemi qui, avant de prononcer l'arrêt du vainqueur contre le vaincu,

1. Ibid.

2. Non relinquens lapidem super lapidem... (Rog. de Hoved., p. 621.)

3. ... Car el crezia que tota la guerra quel reis joves, sos fillz l'avia faicha, qu'En Bertrans la agues faita far..... (Poésies des Troubadours, collection de Raynouard, t. V, pag. 86.)

1183 à 1184. voulut goûter quelque temps le plaisir de la vengeance, en traitant avec dérision l'homme qui s'était fait craindre de lui, et s'était vanté de ne pas le craindre. « Bertrand, lui dit-il, vous qui « prétendiez n'avoir en aucun temps besoin de la « moitié de votre sens, sachez que voici une oc- « casion où le tout ne vous ferait pas faute [1]. — « Seigneur, répondit l'homme du midi, avec l'as- « surance habituelle que lui donnait le sentiment « de sa supériorité d'esprit, il est vrai que j'ai dit « cela, et j'ai dit la vérité. — Et moi, je crois, dit « le roi, que votre sens vous a failli [2]. — Oui, « seigneur, répliqua Bertrand d'un ton grave, il « m'a failli le jour où le vaillant jeune roi, votre « fils, est mort; ce jour-là j'ai perdu le sens, « l'esprit et la connaissance [3]. » Au nom de son fils qu'il ne s'attendait nullement à entendre prononcer, le roi d'Angleterre fondit en larmes, et s'évanouit. Quand il revint à lui, il était tout changé; ses projets de vengeance avaient disparu, et il ne voyait plus dans l'homme qui était en son pouvoir, que l'ancien ami du fils

1. ... Mas sapchatz qu'ara vos besogna ben totz. (Poésies des Troubadours, tom. V, p. 87.)

2. ... Eu cre ben qu'el vos sia aras faillitz... (Ibid.)

3. .... Eu perdi lo sen, e'l saber et la connoissensa... (Ibid.)

qu'il regrettait. Au lieu de reproches amers, 1183
et de l'arrêt de mort ou de dépossession aux- a 1184.
quels Bertrand eût pu s'attendre : « Sire Ber-
« trand, sire Bertrand, lui dit-il, c'est à raison et
« bon droit que vous avez perdu le sens pour
« mon fils, car il vous voulait du bien plus qu'à
« homme qui fût au monde; et moi, pour l'a-
« mour de lui, je vous donne la vie, votre avoir,
« et votre château [1]. Je vous rends mon amitié
« et mes bonnes grâces, et vous octroye cinq
« cents marcs d'argent pour les dommages que
« vous avez reçus. »

Le coup qui venait de frapper la famille de 1184.
Henri II ne rapprocha pas seulement les fils et le père, il rapprocha le père et la mère; ce qui était plus difficile d'après le genre d'inimitié qui existait entre eux [2]. La tradition vulgaire accuse Éléonore d'avoir fait périr par le poison une des maîtresses de son mari, fille d'un Normand d'Angleterre, et nommée Rosamonde ou Rosemonde. Il y eut entre les deux époux un retour de bonne intelligence. Eléonore sortit de la prison où elle était retenue depuis près de dix ans.

1. En Bertrans, en Bertrans, vos avetz ben drech et es ben razos, si vos avetz perdut lo sen per mon fill qu'el vos volia meils que ad hom del mon... (Poésies des Troubadours, tom. V, p. 87.)

2. Script. rer. fr., tom. XIII, p. 749.

1184. En sa présence la paix de la famille fut solennellement jurée et confirmée par écrit et par serment, comme dit un historien du siècle, entre le roi Henri et ses fils Richard, Geoffroy et Jean, dont le dernier, jusqu'alors, s'était trouvé trop jeune pour jouer un rôle dans les intrigues de ses frères [1]. Les chagrins continuels que les révoltes des autres avaient causés au roi, l'avaient conduit à reporter sur Jean sa plus grande affection, et réciproquement la jalousie excitée par cette préférence n'avait pas peu contribué à aigrir les trois aînés, et à rendre courts les instants de
1185. concorde et de paix [2]. Après quelques mois de bonne intelligence, la paix fut de nouveau troublée par l'ambition de Geoffroy. Il demanda le comté d'Anjou, pour le joindre à son duché de Bretagne, et ayant essuyé un refus, il passa en France où, en attendant peut-être l'occasion de recommencer la guerre, il se livra aux amusements de la cour [3]. Renversé de cheval dans un tournoi, il fut foulé sous les pieds des chevaux des autres combattants, et mourut de

1. Rex firmavit pacem et finalem concordiam scripto et sacrameno inter Ricardum et Gaufridum et Johannem filios suos coràm Alienor matre eorum... (Rog. de Hoved., pag 623.)

2. Script. rer. fr., tom. XIII, pag. 150.

3. Ibid., tom. XVIII, pag. 3.

ses blessures [1]. Après sa mort, ce fut le tour de 1185.
Richard, comte de Poitiers, de renouer amitié avec le roi de France, contre la volonté de son père [2].

Le roi de France alors était Philippe, fils de 1186.
Louis, jeune homme qui affectait pour Richard encore plus d'amitié que son père n'en avait témoigné à Henri-le-Jeune. « Chaque jour, dit « un historien du temps, ils mangeaient à la « même table et au même plat, et la nuit cou- « chaient dans le même lit [3]. » Cette grande amitié déplaisait au roi d'Angleterre et l'inquiétait pour l'avenir. Il envoya en France de fréquents messages pour rappeler Richard auprès de lui. Richard répondait toujours qu'il allait venir, et ne se pressait point [4]. Enfin il se mit en route, comme pour se rendre à la cour de son père; mais, passant par Chinon, où était l'un des trésors royaux, il en enleva la plus grande partie, malgré la résistance des gardiens [5]. Avec

1. Ibid. — Rog. de Hoved., pag. 631.

2. Ricardus comes Pictaviæ remansit cum rege Franciæ contra voluntatem patris sui... (Ibid., p. 635.)

3. Singulis diebus in unâ mensâ ad unum catinum manducabant, et in noctibus non separabat eos lectus... (Ibid.)

4. Frequenter misit suos nuncios in Franciam... (Ibid.)

5. Maximam partem thesaurorum patris sui, invito custode, secum asportavit. (Ibid.)

1186 cet argent, il alla en Poitou, et se mit à fortifier
à 1187. et à garnir de munitions et d'hommes plusieurs châteaux du pays [1]. Les derniers événements avaient fait succéder l'apathie à l'ancienne effervescence des Aquitains, et les haines que Richard avait excitées par son despotisme, étaient encore trop vives pour que les hommes mécontents du gouvernement angevin eussent confiance en lui, et s'engageassent sur sa parole dans un nouvelle insurrection. Il resta seul; et ne pouvant rien entreprendre sans l'appui des habitants, il prit le parti de revenir à son père, et de lui demander grâce, plutôt par nécessité que de
1187. bon cœur [2]. Le vieux roi, qui avait épuisé en vain toutes les formes solennelles de réconciliation entre lui et ses fils, essaya cette fois de lier Richard par un serment sur l'Évangile, qu'il lui fit prêter en présence d'une grande assemblée de clercs, et de laïcs [3].

La nouvelle tentative ambitieuse de Richard demeurant sans effet, n'entraîna point la rupture de la paix entre les rois de France et d'An-

1. Castella sua Pictaviæ indè munivit... (Rog. de Hoved., pag. 635.)

2. Ibid.

3. Coram multis tam clericis quàm laicis, super sancta Evangelia juravit ei fidelitatem contra omnes homines... (Ibid.)

gleterre. Ces deux rois étaient convenus de- 1187.
puis long-temps d'avoir une entrevue, où ils régleraient d'une manière définitive les points d'intérêt qui pouvaient renouveler et entretenir leurs mésintelligences. Ils se rendirent, dans le mois de Janvier 1187, entre Trie et Gisors, près du grand Orme, au lieu ordinaire des conférences politiques. Les conquérants chrétiens de la Syrie éprouvaient alors de grands revers; Jérusalem venait de retomber au pouvoir des Arabes, et le bois même de la vraie croix, ou celui qui passait pour tel, avait été repris par Salah-Eddin, vulgairement nommé Saladin [1]. La perte de cette grande relique excita de nouveau l'enthousiasme refroidi depuis un demi-siècle. Le pape accablait de messages les potentats de la chrétienté, pour les inviter à faire paix entre eux, et guerre aux infidèles; des prédicateurs et des missionnaires se rendaient à toutes les cours, à toutes les assemblées des grands et des riches; et il en vint plusieurs à l'entrevue des rois de France et d'Angleterre, entre autres, Guillaume, archevêque de Tyr, l'un des hommes les plus célèbres du temps par son savoir et son éloquence [2].

1. Rog. de Hoved., pag. 635 — 640.
2. Ibid., pag. 641.

1187. Cet homme eut le talent de déterminer les deux rois, qui ne pouvaient s'entendre sur aucune de leurs affaires politiques, à s'accorder pour faire la guerre aux Sarrasins, en ajournant leurs propres différends[1]. Tous deux se conjurèrent, comme frères d'armes, pour ce qu'on appelait la cause de Dieu, et en signe de leur engagement, reçurent des mains de l'archevêque une croix d'étoffe, qu'ils attachèrent sur leurs habits; celle du roi de France était rouge, et celle du roi d'Angleterre était blanche[2]. En les prenant, ils se signèrent au front, à la bouche, et à la poitrine, et firent serment de ne point quitter la croix du Seigneur ni sur terre ni sur mer, ni en champs ni en villes, jusqu'à leur retour du *grand passage*[3]. Beaucoup de vassaux des deux rois firent le même voeu, entraînés par leur exemple, par le désir d'obtenir rémission de tous leurs péchés, par les discours populaires, qui roulaient tous alors sur ce sujet, et même

1. Et qui priùs hostes erant, illo prædicante, facti sunt amici. (Rog. de Hoved., pag. 641.)

2. Rex Franciæ et gens sua susceperunt cruces rubeas, et rex Angliæ et gens sua susceperunt cruces albas... (Ibid.)

3. Signantes se in fronte, in ore, in pectore et in corde... nec crucem Domini derelicturos neque in terrâ neque in mari, neque in urbe, donec reversi fuerint in domos suas si Deus det... (Script. rer. fr. tom. XII, pag 556.)

par des chansons en langue vulgaire ou en langue latine, qui circulaient alors [1]. Une de ces dernières, composée par un clerc d'Orléans, et répandue jusqu'en Angleterre, y excita, dit un contemporain, un grand nombre d'hommes à prendre la croix [2]; bien qu'écrite dans la langue savante, cette pièce de poésie porte une assez forte empreinte des idées et du style de l'époque, pour mériter d'être traduite. 1187.

« Le bois de la croix est la bannière de notre « chef, celle que suit notre armée [3].

« Nous allons à Tyr, c'est le rendez-vous des « braves; c'est là que doivent aller ceux qui « font tant d'efforts pour acquérir sans nul fruit « le renom de chevalerie [4].

« Le bois de la croix, etc.

« Mais, pour cette guerre, il faut des combat- « tants robustes et non des hommes amollis; ceux

1. Plures catervatim ruebant ad susceptionem crucis... (Ibid.)

2. Ad crucem accipiendam multorum animos excitavit. (Rog. de Hoved., pag. 639.)

3.
Lignum crucis
Signum ducis
Sequitur exercitus;
(Ibid.)

4.
Qui certant quotidie
Laudibus militiæ
Gratis insigniri.
(Ibid.)

1187. « qui soignent leurs corps à grands frais n'achè-
« tent point Dieu par leurs prières [1].

« Le bois de la croix, etc.

« Qui n'a point d'argent, s'il est fidèle, la foi « sincère lui suffira : c'est assez du corps du « Seigneur pour toute provision de voyage au « soldat qui défend la croix [2].

« Le bois de la croix, etc.

« Le Christ, en se livrant au supplice, a fait « un prêt au pécheur ; pécheur, si tu ne veux pas « mourir pour celui qui est mort pour toi, tu « ne rends pas ce que Dieu t'a prêté [3].

« Le bois de la croix, etc.

« Écoute donc mon conseil ; prends la croix, « et dis, en faisant ton vœu : Je me recom- « mande à celui qui est mort pour moi, qui a « donné pour moi son corps et sa vie [4].

1. Non enim qui pluribus
Cutem curant sumptibus
Emunt Deum precibus.
(Rog. de Hoved., pag. 641.)

2. Satis est dominicum
Corpus ad viaticum
Crucem defendenti.
(Ibid.)

3. Christus tradens se tortori,
Mutuavit peccatori.
. . . .
(Ibid.)

4. Crucem tollas, et vovendo
Dicas illi me commendo,
Qui.... (Ibid.)

« Le bois de la croix est la bannière de notre 1187.
« chef, celle que suit notre armée. »

Le roi d'Angleterre, portant la croix blanche sur l'épaule, se rendit au Mans, où il assembla son conseil pour délibérer sur les moyens de pourvoir aux frais de la guerre sainte à laquelle il venait de s'engager[1]. Il fut décidé que dans tous les pays soumis à la domination angevine, tout homme serait forcé de livrer la dixième partie de son revenu et de ses biens meubles, mais que de cette décimation universelle seraient exceptés les armes, les chevaux et les vêtements des chevaliers, les chevaux, les livres, les vêtements et tous les ornements des prêtres, ainsi que les joyaux et les pierres précieuses, tant des laïcs que des clercs[2]. Il fut établi, en outre, que les clercs, les chevaliers et les sergents d'armes, qui prendraient la croix, ne paieraient rien, mais que les bourgeois et les paysans qui se joindraient à l'armée, sans l'exprès consentement de leurs seigneurs, n'en paieraient pas moins leur dixième[3].

1. Ibid., p. 641. — Script. rer. fr., t. XVI, p. 163.)

2. Exceptis armis et equis et vestibus militum, et equis et libris et vestimentis et omni capellâ clericorum, et lapidibus pretiosis tam laicorum quàm clericorum... (Rog. de Hoved.. pag. 641.)

3. Burgenses verò et rustici, qui sine licentiâ dominorum

1187. Le subside décrété au Mans, pour la nouvelle croisade, fut levé sans beaucoup de violence dans l'Anjou, la Normandie et l'Aquitaine, et la seule mesure comminatoire employée dans ces divers pays, où la puissance de Henri II était modérée par des traditions d'administration nationale, fut un arrêt d'excommunication lancé par les archevêques et les évêques, contre quiconque ne remettrait pas fidèlement sa quote-part aux hommes chargés de recueillir l'impôt[1]. La collecte se fit dans chaque paroisse par une commission composée du prêtre desservant, d'un templier, d'un hospitalier, d'un officier royal, d'un clerc de la chapelle du roi, d'un officier et d'un chapelain du seigneur du lieu[2]. La composition de ce conseil, où des hommes de la localité avaient place, offrait aux habitants quelque garantie d'impartialité et de justice; et de plus, dans les cas de dissidence formelle entre le contribuable et les collecteurs sur la quotité de la somme exigée, on devait convoquer quatre ou six personnes notables de la paroisse pour déclarer, sous le serment, la valeur des biens meubles du contribuable, que

suorum crucem acceperint, nihilominùs decimas suas debent... (Rog. de Hoved., pag. 642.)

1. Ibid.

2. Ibid.

leur témoignage devait condamner ou absoudre[1]. Ces précautions usitées, même au moyen âge, dans les contrées où l'administration publique n'était pas proprement un gouvernement de conquête, furent probablement aussi pratiquées en Angleterre, à l'égard des comtes, des barons, des chevaliers, des évêques, des clercs, de tous les hommes de race normande; mais elles furent complètement omises à l'égard des bourgeois saxons; on les remplaça par une manière de procéder plus expéditive, toute différente, et qui mérite d'être remarquée[2]. 1187.

Le roi Henri passa la mer, et pendant que ses officiers, clercs et laïcs, recueillaient, aux termes de ses ordonnances, l'argent des possesseurs de terres, il fit dresser une liste des plus riches bourgeois de toutes les villes, et les fit sommer pesonnellement d'avoir à se présenter devant lui à un jour et dans un lieu qu'il fixait[3]. L'hon-

1. Eligantur de parochiâ quatuor vel sex viri legitimi, qui jurati dicant quantitatem illam quam ille debuisset dixisse... (Rog. de Hoved., pag. 641.)

2. Dominus rex misit servientes suos per singulos comitatus Angliæ ad decimas colligendas, sed de singulis urbibus... (Ibid., p. 642.)

3. ... De singulis urbibus totius Angliæ fecit eligi omnes ditiores, et fecit omnes sibi præsentari... (Ibid.)

1187. neur de comparaître en la présence du petit-fils du conquérant fut de cette manière octroyé à deux cents bourgeois de Londres, à cent d'York, et à un nombre proportionné d'habitants des autres villes et bourgs[1]. Les lettres de convocation n'admettaient ni excuse ni retard. Ces bourgeois ne vinrent pas tous le même jour, car le roi n'aimait pas plus que ses aïeux, les grands rassemblements d'Anglais[2]. On les admit par bandes à différents jours et dans différents lieux[3]. A mesure qu'ils comparaissaient, on leur signifiait, par truchement, la somme qu'on exigeait de chacun d'eux; « et ainsi, dit un contemporain, le roi leur prit à tous la dîme de leurs « propriétés, d'après l'estimation de gens de bien « qui connaissaient leurs revenus et leurs meu- « bles[4]. Ceux qu'il trouva rebelles il les fit aussitôt incarcérer et les retint dans ses prisons « jusqu'à ce qu'ils eussent payé le dernier sou[5]. « Semblablement fit-il pour les Juifs d'Angle- « terre, ce qui lui produisit des sommes d'argent

1. Rog. de Hoved, p. 642.

2. Ibid.

3. Diebus et locis statutis. (Ibid.)

4. Quibus cepit... secundum æstimationem virorum fidelium qui noverant... (Ibid.)

5. Si quos autem invenisset rebelles, statim fecit eos incarcerari... donec ultimum quadrantem persolverint. (Ibid.)

« incalculables [1]. » Cette assimilation des hommes 1187.
de race anglaise aux Juifs, peut donner la mesure de leur état politique au commencement du second siècle de la conquête, et l'on doit de plus observer que la convocation des habitants des villes par le roi, bien loin d'être un signe de liberté civile, fut, au contraire, dans cette circonstance, et dans beaucoup d'autres semblables, une marque de servitude, et un moyen de vexation appliqué spécialement aux hommes de condition inférieure.

Malgré le traité et le serment des deux rois, ce fut à toute autre chose qu'à reconquérir Jérusalem qu'on employa le taillage des Saxons et des Juifs d'Angleterre, les contributions des Normands de ce pays et celles des provinces du continent. L'antique ennemi ne dormait pas, disent les historiens du temps [2], et sa malice ralluma promptement la guerre entre ceux qui venaient de jurer de ne plus porter les armes contre des chrétiens jusqu'à leur retour de la Terre Sainte [2]. L'occasion de cette rupture fut une querelle d'intérêt entre Richard, comte de Poitiers et le comte de Toulouse, Raymond de

1. Similiter fecit de Judæis terræ suæ, undè inestimabilem sibi acquisivit pecuniam... (Ibid., p. 642.)

2. Antiqui hostis malitia non quievit. (Script. rer. fr., tom. XVIII, p. 14.)

1187. Saint-Gilles. Les Aquitains et les Poitevins, qui avaient repris des forces et de l'énergie depuis leur dernière défaite, profitèrent du trouble causé par cette querelle, pour faire de nouveaux complots et de nouvelles ligues contre la puissance anglo-normande. De son côté, le roi de France, suivant la politique de ses aïeux, ne put se défendre d'entrer dans le parti des adversaires des normands, et d'attaquer, dans le Berry, les châteaux forts qui relevaient du roi d'Angleterre [1]. Bientôt la guerre s'étendit sur toute la frontière des pays gouvernés par les deux rois. Il y eut de part et d'autre beaucoup de villes prises et reprises, de fermes incendiées, de vignobles arrachés, jusqu'à ce que les combattants, fatigués de faire des ravages sans profit, résolurent de traiter pour la paix [2]. Ils se donnèrent un rendez-vous sous le grand orme, entre Trie et Gisors, mais se quittèrent sans avoir pu s'accorder sur aucun point [3]. Le roi Philippe, irrité du peu de succès de la conférence, s'en prit à l'arbre sous lequel elle avait eu lieu, et le fit abattre, en jurant par les saints de France, que

1. Rog. de Hoved., pag. 644.

2. Ibid., p. 644 — 645.

3. Cùm inter illos de pace non potuisset convenire... (Ibid., pag. 645.)

jamais il ne se tiendrait plus de *parlement* sous 1188.
son ombre [1].

Durant le cours de la guerre, Richard, contre lequel, du moins en apparence, le roi Philippe l'avait commencée, manifesta subitement quelque tendance à se rapprocher de ce roi, ce qui alarma beaucoup son père. Il alla jusqu'à proposer de soumettre au jugement des barons de France le différend qui existait entre lui et Raymond de Saint-Gilles. Henri II n'y consentit point, et, se défiant de son fils, ne voulut traiter pour la paix que dans une entrevue personnelle avec Philippe [2]. Dans cette conférence, qui eut lieu près de Bonmoulins, en Normandie, le roi de France fit des propositions où l'intérêt de Richard se trouvait tellement lié au sien qu'elles semblaient le résultat de quelque pacte secret préalablement conclu entre eux.

Dans l'une des trèves que Henri II avait faites autrefois avec Louis, père de Philippe, il avait été convenu que Richard épouserait Alix ou Aliz, fille de Louis, laquelle recevrait pour dot le comté de Vexin, c'est-à-dire le pays situé entre

1. Rex Franciæ in iram commotus succidit ulmum... jurans quod de futuro nunquam ibi colloquia haberentur... (Rog. de Hoved., p. 645.) — Per sanctos Franciæ. (Script. rer. fr.)

2. Ibid. 646 — 649.

1188. les rivières d'Epte et d'Oise, territoire dont la possession était depuis longtemps débattue entre les rois de France et les ducs de Normandie[1]. Pour garantie de l'exécution fidèle de ce traité, Aliz, encore enfant, fut remise entre les mains du roi d'Angleterre, afin qu'il en eût la garde jusqu'à son âge nubile[2]. Mais la guerre ayant bientôt éclaté de nouveau, et les fils du roi d'Angleterre s'étant ligués avec le roi de France, le mariage fut différé, sans que cependant Henri II se désaisît de la jeune fille qui lui avait été confiée. Il paraissait vouloir la garder comme ôtage. Mais on croyait généralement que la raison politique n'était pas le seul motif qui la lui faisait retenir captive dans un château d'Angleterre, et qu'il avait conçu pour elle une passion violente, qu'il satisfit même, disent quelques historiens, après la mort de sa maîtresse Rosemonde[3]. Plusieurs racontent aussi, comme une chose certaine, que dans le temps de la guerre contre ses fils, il avait résolu de prendre Aliz pour épouse, et de répudier Éléonore,

1. Voyez livre VII, tom. II.

2. Filiam regis Franciæ in custodiâ suâ dudum receperat ut eam Ricardo filio suo copularet... (Script. rer. fr., tom. XIII, pag. 214.)

3. Quam post mortem Rosamundæ defloravit... (Ibid.)

afin d'obtenir pour lui-même l'appui que le roi 1188.
de France prêtait à ses adversaires [1]. Mais ce fut vainement qu'alors il sollicita son divorce auprès de la cour de Rome ; et que pour l'obtenir il combla de présents les légats pontificaux [2].

Dans les conférences qu'il avait eues précédemment avec le roi d'Angleterre, Philippe avait plusieurs fois réclamé la conclusion du mariage de sa sœur Aliz et du comte de Poitiers, et ce fut la première des conditions qu'il proposa au congrès de Bonmoulins; en outre, il demanda que Richard, son futur beau-frère, fût déclaré, par avance, héritier du royaume et de tous les états de Henri II, et reçût, en cette qualité, les serments de tous les hommes-liges d'Angleterre et des provinces du continent [3]. « Mais le roi « Henri, dit un historien du siècle, se souvenant « des peines que le jeune roi son fils lui avait « causées pour avoir été de la sorte élevé en di-« gnité, répondit qu'il n'en ferait rien [4]. » Ri-

1. Ut sic majori favore Francorum fretus, filios proprios exhæredaret... (Ibid.)

2. Hugolinum cardinalem ad divortiandum inter illum et reginam Elianoram invitarat. (Ibid.)

3. Et permisisset ipsi Ricardo hæredi suo, fieri homagia et fidelitates... (Rog. de Hoved., p. 549.)

4. Non immemor injuriarum quas rex filius suus ei fecerat pro simili exaltatione... (Ibid.)

1188. chard, irrité de ce refus, fit de nouveau ce qu'il avait fait tant de fois. En la présense même de son père, se tournant vers le roi de France, et joignant les deux mains entre les siennes, il se déclara son vassal, et lui fit hommage pour les duchés de Normandie, de Bretagne et d'Aquitaine, et pour les comtés de Poitou, d'Anjou et du Maine[1]. En retour de ce serment de foi et d'hommage, le roi de France lui donna les villes de Châteauroux et d'Issoudun[2].

Cette usurpation de tous les droits paternels sur le continent, était le coup le plus sensible que Richard eût encore porté à son père; c'était le commencement d'une nouvelle querelle domestique aussi violente que l'avait été la première de toutes, excitée, comme on l'a vu plus haut, par les tentatives d'usurpation de Henri-le-Jeune. Les populations mécontentes le sentirent, et furent agitées d'un mouvement soudain de révolte. Les barons qui, depuis plus de deux ans, se tenaient en repos, les Poitevins, naguère encore ennemis jurés de Richard, se déclarèrent pour sa cause, du moment qu'ils crurent le voir

1. Devenit homo ligius regis Franciæ de omnibus tenementis patris sui transmarinis, et fidelitatem juravit ei contrà omnes homines. (Ibid.)

2. Pro homagio suo... (Ibid.)

en inimitié mortelle avec le roi[1]. Henri II vint 1188.
à Saumur faire ses préparatifs de guerre pendant que ses barons et ses chevaliers le quittaient en foule pour suivre son fils, dont le parti, soutenu par le roi de France et toutes les provinces du midi, semblait devoir être le plus fort[2]. Le roi d'Angleterre avait pour lui la majorité des Normands, les Angevins et ceux qu'avaient effrayé les sentences d'excommunication dont le légat du pape voulut bien lui prêter l'appui. Mais pendant que les clercs de l'Anjou prononçaient dans leurs églises ces sentences ecclésiastiques, les Bretons, entrant à main armée, dévastaient le pays et attaquaient les lieux forts et les châteaux du roi[3]. Henri II, accablé sous la mauvaise fortune qui, depuis long-temps, le poursuivait presque sans relâche, tomba malade de chagrin, et ne prenant aucune mesure militaire, laissa au légat et aux archevêques tout le soin de sa défense. Ils redoublèrent leurs arrêts d'excommunication et d'interdit, et envoyè-

1. Habuit comes Ricardus Britones confederatos cum Pictaviensibus. (Math. Paris. p. 151.)

2. Plures de comitibus et baronibus suis, eo relicto, adhæserunt regi Franciæ et comiti contra eum. (Rog. de Hoved., pag. 652.)

3. Britones hostiliter intraverunt in terram regis Angliæ et devastaverunt eam. (Rog. de Hoved., p. 652.)

1188. rent messages sur mesages à Richard et au roi de France, leur faisant tour-à-tour des menaces et des caresses [1]. Ils eurent peu d'influence sur l'esprit de Richard, mais davantage sur celui de Philippe, toujours aussi disposé à la paix qu'à la guerre, pourvu qu'il espérât y gagner.

1189. Le roi de France consentit donc à tenir avec l'autre roi une conférence où Richard se rendit bon gré mal gré, et où vinrent Jean d'Anagni, cardinal légat du pape, et les archevêques de Reims, de Bourges, de Rouen et de Canterbury [2]. Philippe proposa au roi d'Angleterre à peu près les mêmes conditions qu'à l'entrevue de Bonmoulins, c'est-à-dire, le mariage d'Aliz avec Richard, et la désignation de ce dernier, comme héritier de tous les domaines de son père sous la garantie du serment d'hommage-lige de tous les feudataires d'Angleterre et du continent [3]. Mais Henri II, qui avait encore plus qu'à la conférence précédente sujet de se défier de Richard, n'y voulut point consentir, et proposa de marier Aliz avec Jean, son autre fils, qui, jusqu'à ce jour, s'était montré obéissant et bien affectionné envers lui [4].

1. Rog. de Hoved. p. 652.

2. Ibid.

3. Ibid.

4. Ibid.

Il dit que, si l'on approuvait ce mariage, il 1189.
n'aurait aucune répugnance à déclarer Jean son héritier, pour toutes les provinces du continent [1]. Cette proposition tendait à la ruine de Richard, et, soit par scrupule d'honneur, soit par défaut de confiance dans le plus jeune des fils de Henri II, le roi de France refusa d'y souscrire et d'abandonner son allié [2]. Le cardinal Jean prit alors la parole pour déclarer que, selon sa mission expresse, il allait mettre le royaume de France sous l'interdit [3]. « Seigneur légat, répondit le roi Philippe, rends « ton arrêt, s'il te plaît, car je ne le crains point [4]. « L'Église romaine n'a aucun droit de sévir contre « le royaume de France ni par interdit, ni autre- « ment, quand le roi juge à propos de s'armer « contre ses vassaux rebelles pour venger ses « propres injures et l'honneur de sa couronne [5]; « d'ailleurs, je vois à ton discours que tu as « déja flairé les *estrelins* du roi d'Angleterre [6]. » Richard, dont l'intérêt se trouvait bien plus

1. Rog. de Hoved., p. 652.
2. Ibid.
3. Totam terram suam sub interdicto poneret. (Ibid.)
4. Quòd sententiam suam non teneret. (Ibid.)
5. Ibid. — Math. Paris, p. 149.
6. Quòd cardinalis jam sterlingos regis Angliæ olfecerat. (Rog. de Hoved., p. p. 652.) — Math. Paris., p. 149.

1189. fortement compromis dans cette affaire, ne s'en tint pas à des railleries contre l'envoyé pontifical, il tira son épée, et se serait porté à quelque violence, si les assistants ne l'avaient retenu [1].

Le vieux roi, forcé de combattre, rassembla son armée; mais ses meilleurs soldats l'avaient abandonné pour aller se joindre à son fils; il perdit en peu de mois les villes du Mans et de Tours avec tout leur territoire. Et pendant que le roi de France l'attaquait en Anjou par la frontière du nord, les Bretons s'avançaient par l'ouest, et les Poitevins par le sud [2]. Sans moyens de défense et sans autorité, affaibli d'esprit et de corps, il prit le parti de solliciter la paix en offrant de se résigner à tout [3]. La conférence des deux rois (car il paraît que Richard n'y assista point, et qu'il attendit à l'écart l'issue des négociations), eut lieu dans une plaine entre Tours et Azay-sur-Cher. Les demandes de Philippe furent que le roi d'Angleterre s'avouât expressément son homme-lige, et se remît entre ses mains, à merci et à miséricorde [4]. Qu'Aliz fût

1. Math. Paris., p. 149.

2. Ex unâ parte Pictavi prætendebant regi Angliæ insidias, ex aliâ parte Britones. (Rog. de Hoved., p. 653.)

3. Rex verò in arcto positus. (Ibid.)

4. Se in misericordiâ ejus supposuit. (Girald. Camb.

donnée en garde à cinq personnes au choix de Richard, jusqu'à son retour de la croisade, où il devait se rendre avec le roi de France, à la mi-carême [1]; que le roi d'Angleterre renonçât à tout droit de suzeraineté sur les villes du Berry, qui anciennement relevaient des ducs d'Aquitaine et qu'il payât au roi de France vingt mille marcs d'argent pour la restitution de ses conquêtes [2]; que tous ceux qui s'étaient attachés au parti du fils contre le père demeurassent hommes de foi et vassaux du fils et non du père, à moins que de leur propre mouvement ils ne voulussent revenir à ce dernier [3]; qu'enfin, le roi reçût son fils Richard en grâce par le baiser de paix, et abjurât sincèrement et du fond du cœur toute rancune et toute animosité contre lui [4]. 1189.

Il n'y avait pour le vieux roi ni moyen ni espoir d'obtenir des conditions moins dures;

apud rer. fr. script., tom. XVII, pag. 155.) — Ex toto se posuit in voluntate regis Franciæ. (Rog. de Hoved., p. 654.)

1. Ibid.

2. Ibid.

3. Quòd omnes qui comiti Pictaviensi contrà patrem adhæserant, de tenementis suis omnibus et ligantiâ filio solùm intenderint et non patri, nisi ultroneâ voluntate ad ipsum fortè redire voluerint... (Script. rer. fr., t. XVIII, p. 155.)

4. Quòd filium suum comitem Pictaviensem in osculo recipere, eique iras omnes et indignationem ex corde remittere debuisset... (Script. rer. fr., tom. XVIII, p. 155.)

1189. il s'arma donc de patience autant qu'il put, et conversa avec le roi Philippe, écoutant ses paroles d'un air docile, et comme un homme qui reçoit la loi d'un autre. Tous deux étaient à cheval en plein champ; et, tandis qu'ils s'entretenaient bouche à bouche, dit un contemporain, il tonna subitement, quoique le ciel fût sans nuages, et la foudre tomba entre eux, sans leur faire aucun mal [1]. Ils se séparèrent aussitôt, extrêmement effrayés l'un et l'autre, et, aprés un petit intervalle, ils revinrent de nouveau; mais un second coup de tonnerre, plus fort que le premier, se fit eutendre presque au même moment [2]. Le roi d'Angleterre, que la nécessité où il se trouvait réduit, son chagrin et la faiblesse de sa santé rendaient plus facile à émouvoir, liant peut-être cet accident de la nature à sa propre destinée, en fut tellement troublé, qu'il abandonna les rênes de son cheval et chancela sur la selle, de manière qu'il serait tombé à terre, si ceux qui l'entouraient ne l'eussent soutenu [3]. La conférence fut interrom-

1. Dum reges ore ad os loquerentur.... (Rog. de Hoved., pag. 654.

2. Perterriti ab invicem separati sunt.. et iterum auditus est tonitrus major et terribilior priore.. (Ibid.)

3. In terram corruisset ex equo in quo sedebat, nisi manibus circumstantium sustentatus fuisset.. (Ibid.)

pue; et, comme Henri II se trouva trop malade 1189.
pour assister à une seconde entrevue, on lui porta, à son quartier, les conditions de la paix, rédigées par écrit, pour qu'il y donnât son consentement formel [1].

Ceux qui vinrent de la part du roi de France, le trouvèrent couché sur un lit, et lui lurent le traité de paix, article par article. Quand ils en vinrent à celui qui regardait les personnes engagées secrètement ou ostensiblement dans le parti de Richard, le roi demanda leurs noms, pour savoir combien il y avait d'hommes à la foi desquels on l'obligeait de renoncer [2]. Le premier qu'on lui nomma fut Jean son plus jeune fils; en entendant prononcer ce nom, saisi d'un mouvement presque convulsif, il se leva sur son séant, et promenant autour de lui des yeux pénétrants et hagards [3]. « Est-ce bien vrai, dit-il, « que Jean, mon cœur, mon fils de prédilection, « celui que j'ai chéri plus que tous les autres, « et pour l'amour duquel je me suis attiré tous

1. Formam pacis scripto comprehensam Anglorum regi legendam et audiendam attulerunt... (Script. rer. fr., tom. XVIII, pag. 155.)

2. Postulans ut nomina eorum omnium scripto commendarentur... (Rog. de Hoved., pag. 654.)

3. ... Strato quo recubabat statim in sessionem exurgens et acriter circumspiciens. (Script. rer. fr., t. XVIII, p. 155.)

1189. « mes malheurs, s'est aussi séparé de moi? [1]. » On lui répondit, qu'il en était ainsi; qu'il n'y avait rien de plus vrai. « Eh bien, dit-il, en re« tombant sur son lit, et en tournant son visage « contre le mur, que tout aille dorénavant comme « il pourra; je n'ai plus de souci ni de moi ni du « monde [2]. » Quelques moments après, Richard s'approcha du lit, et demanda à son père le baiser de paix en exécution du traité. Le roi le lui donna avec un air de calme apparent; mais au moment où Richard s'éloignait, il entendit son père murmurer à voix basse : « Si seulement « Dieu me faisait la grâce de ne point mourir « avant de m'être vengé de toi! [3] » À son arrivée au camp français, le comte de Poitiers redit ces paroles au roi Philippe et à ses courtisans, qui tous firent de grands éclats de rire, et plaisantèrent sur la bonne paix qui venait de se conclure entre le père et le fils [4].

1. Verum ne est inquit quòd Johannes cor meum... (Script. rer. fr., tom. XVIII, pag. 155.)

2. Iterùm se lecto reddens et faciem suam ad parietem vertens: Vadant, inquit, de cætero cuncta sicut poterunt, ego nihil de me ampliùs neque de mundo quicquam curo. (Ibid.)

3. Verbum a patre, quanquam demissâ voce, audivit: « nunquam me Dominus mori permittat, donec dignam de « te vindictam accepero. » (Girald. Camb., apud script. rer. fr., tom. XVIII, pag. 155.)

4. Modum concordiæ inter ipsum et patrem referens et

Le roi d'Angleterre, sentant son mal s'aggraver, se fit transporter à Chinon, où, en peu de jours, il tomba dans un état voisin de la mort. A ses derniers moments on l'entendait proférer des exclamations entrecoupées, qui faisaient allusion à ses malheurs et à la conduite de ses fils. « Honte, s'écriait-il, honte à un roi vaincu! « Maudit soit le jour où je suis né, et maudits « de Dieu soient les fils que je laisse [1]. » Les évêques, et les gens de religion qui l'entouraient, firent tous leurs efforts pour lui faire retracter cette malédiction contre ses enfants; mais il y persista jusqu'au dernier soupir [2]. 1189.

Quand il eut expiré, son cadavre fut traité par ses serviteurs, comme autrefois l'avait été celui de Guillaume-le-Conquérant; tous l'abandonnèrent, après l'avoir dépouillé de ses derniers vêtements, et avoir enlevé ce qu'il y avait de plus précieux dans la chambre et dans la maison [3]. Le roi Henri avait souhaité d'être enterré

verba, grandem Francorum regi et curiæ toti risum excitavit. (Ibid.)

1. Proh pudor de rege victo! proh pudor! (Script. rer. fr., tom. XVIII, pag. 155.) — Maledixit diei in quâ natus fuit, et maledictionem Dei et suam dedit filiis suis. (Rog. de Hoved, . pag. 654.)

2. Quam nunquàm relaxare voluit... (Ibid.)

3. Quo defuncto reliquerunt eum diripientes opes illius.

1189. à Fontevrault, célèbre abbaye de femmes, à quelques lieues au sud de Chinon; on eut peine à trouver des gens pour envelopper son corps d'un linceul, et une voiture et des chevaux pour le transporter[1]. Le cadavre se trouvait déja déposé dans la grande église de l'abbaye, en attendant le jour de la sépulture, lorsque le comte Richard apprit, par le bruit public, la mort de son père[2]; il vint à l'église, et trouva le roi gisant dans un cercueil, la face découverte et montrant encore, par la contraction de ses traits, le signe d'une violente agonie. Cette vue causa au comte de Poitiers un frémissement involontaire[3]. Il se mit à genoux, et pria devant l'autel, mais se leva après quelques moments, après l'intervalle d'un *pater noster*, disent les historiens du siècle, et sortit pour ne plus revenir[4]. Les contemporains assurent que, depuis

(Ibid.) — Corpus nudum sine amictu quo libet. (Script. rer. fr., tom. XVIII, pag. 157.)

1. Vix qui corpus sindone consueret, vix qui ad feretrum equos vel invenirent vel aptarent. (Ibid.) Voyez livre VII, tom. II.

2. ... Copore jam delato... fama comitem Pictaviensem advexit. (Script. rer. fr., tom. XVIII, p. 158.)

3. Facies patris sudario nudata... comes eâ inspectâ non absque fremitu... (Ibid.)

4. Modicum et tanquàm orationis dominicæ spatium vix remansit. (Ibid.)

l'instant où Richard entra dans l'église, jusqu'à 1189
celui où il s'éloigna, le sang ne cessa de couler en abondance des deux narines du mort[1]. Le lendemain de ce jour, eut lieu la cérémonie de la sépulture; on voulut décorer le cadavre de quelques-uns des insignes de la royauté; mais les gardiens du trésor de Chinon les refusèrent, et, après beaucoup de supplications, envoyèrent seulement un vieux sceptre et un anneau de vil prix[2]. Faute de couronne, on coiffa le roi d'un espèce de diadème, fait avec la frange d'or d'un vêtement de femme, et c'est dans cet attirail bizarre que Henri, fils de Geoffroy Plantegenest, roi d'Angleterre, duc de Normandie, d'Aquitaine et de Bretagne, comte de l'Anjou et du Maine, seigneur de Tours et d'Amboise, descendit à sa dernière demeure[3].

Un auteur contemporain croit voir dans les malheurs de Henri II un signe de vengeance di-

1. Regis utraque naris sanguine cœpit manare et quandiù filius in ecclesiâ fuerat non cessavit... (Ibid.) — Rog. de Hoved., p. 541.)

2. Vix ulla prorsùs insignia regia nisi per emendicata demùm suffragia, eâque minùs congruentia suppetiere... (Girald. Cambr. apud script. rer. fr., tom. XVIII, p. 158.)

3. Vix capiti corona sicut decuit, quia de aurifrigio quodam veteri inventa fuit. (Ibid.) — Facto sibi diademate de aurifrigio mulierum. (Anon. Angligena. Ibid., p. 707.)

1189. vine contre les Normands, tyrans de l'Angleterre envahie par eux[1]. Il rapproche cette mort misérable de celles de Guillaume-le-Roux, des fils de Henri Ier, des propres frères de Henri II, et de ses deux fils aînés, qui tous périrent de mort violente ou à la fleur de leur âge. « Voilà, dit-il, le châtiment de leur règne « illégitime[2]. » Mais, sans admettre cette opinion superstitieuse, il est au moins certain que, quant à Henri II, ses malheurs furent une suite directe du hasard qui avait réuni sous sa domination les provinces méridionales de la Gaule. Il s'était réjoui de cet accroissement de pouvoir comme d'un accroissement de fortune; il avait donné à ses fils la patrie d'autrui en apanage, s'énorgueillissant de voir sa famille régner sur plusieurs nations de race et de mœurs différentes, et rassembler sous le même joug politique ce qu'avait divisé la nature. Mais la nature ne perdit pas ses droits, et, au premier mouvement que firent les peuples pour recou-

1. Normannici tyranni... vindictam divinitùs inflictam non evaserunt. (Girald. Cambrensis, ibid., p. 157.)

2. Propter quod pauci eorum fine laudabili discesserunt... non dimidiantes dies suos miserabiliter interierunt... nec naturaliter nec legitimè, sed quasi per *hysteron proteron*, in insulâ occupatâ regnaverunt. (Girald. Cambr., apud script. rer. fr., tom. XVIII, p. 157.)

vrer leur indépendance, la division entra dans 1189.
la famille du roi étranger, qui vit ses enfants servir, à ses propres sujets, d'instrument contre lui-même, et qui, balotté jusqu'à sa dernière heure, par la guerre domestique, éprouva, en expirant, le sentiment le plus amer qu'un homme puisse emporter au tombeau, celui de mourir par un parricide.

LIVRE XI.

DEPUIS L'AVÉNEMENT DU ROI RICHARD Ier, JUSQU'A L'EXÉCUTION DU SAXON WILLIAM SURNOMMÉ LONGUE-BARBE.

1190 — 1196.

1173 à 1177. L'IMPOSSIBILITÉ de suivre long-temps, dans un même récit, l'histoire de plusieurs nations différentes, force le narrateur et le lecteur à rétrograder jusqu'à l'époque où Henri II reçut du pape Alexandre III une bulle qui l'instituait, moyennant un tribut annuel, roi et seigneur de toute l'Irlande [1]. Ayant reçu cette bulle, le roi fit partir pour l'Irlande les Normands Guillaume, fils d'Elme, et Nicolas, doyen de Wallingford, qui, à leur arrivée, convoquèrent un synode de tous les évêques et les clercs des provinces nouvellement conquises [2]. Le diplome d'Alexandre III et l'ancienne bulle

1. Voyez livre X.

2. Hanmer's chron. — Ancient Irish histor., p. 282.

d'Adrien IV furent lus solennellement dans cette assemblée, et ratifiés par les prêtres irlandais, tremblants devant l'étranger et engagés, par leur première soumission, à de nouveaux actes de faiblesse [1]. Cependant plusieurs ne tardérent pas à se repentir, et prirent part soit aux complots qui se tramèrent secrètement dans les lieux occupés par des garnisons normandes, soit à la résistance ouverte des provinces encore libres près des bords du Shannon et de la Boyne. L'archevêque de Dublin, Laurent, l'un des premiers qui avaient juré fidélité au vainqueur, entra dans plusieurs insurrections patriotiques, et, d'ami des étrangers qu'il était, devint l'objet de leur haine et de leurs persécutions [2]. A sa mort, ils lui donnèrent pour successeur un Normand appelé Jean Comine; et, cet homme, comprenant toute l'étendue de sa nouvelle mission, se conduisit de telle manière à l'égard des indigènes, que ses compatriotes lui donnaient, par plaisanterie, dans leur langue française, le surnom d'*écorche villain* [3].

1173 à 1177.

La conquête s'étendit graduellement jusqu'à la frontière orientale et méridionale des royaumes de Connaught et de Thuall, autrement

1. Campion's chronicle, p. 75. — Ancient Irish histories.
2. Hanmer's chronicle, p. 324. — Ibid.
3. Hanmer's chron., p. 320. — Campion's chron., p. 111.

1173 à 1177. Ulster. Une ligne de châteaux-forts et de redoutes palissadées, se prolongeant tout autour du territoire envahi, lui faisait donner le nom de *pàl*, en langue normande[1]. Chaque seigneur, chevalier ou écuyer d'outre-mer, cantonné dans l'enceinte du pal, avait pris grand soin de bien fortifier son domaine. Tous avaient des châteaux, grands ou petits, selon leur grade et leur richesse. La dernière classe de l'armée conquérante, et surtout les Anglais, soit soldats, soit travailleurs, soit marchands, habitaient en masse dans des camps rétranchés autour des châteaux de leurs chefs, ou dans les villes que les indigènes avaient en partie abandonnées. La langue anglaise était parlée dans les rues et les marchés de ces villes, et le français dans les donjons nouvellement bâtis par les barons de la conquête. Tous les noms de ces chefs, que l'histoire a conservés, sont français; comme Raymond de Caen, Guillaume Ferrand, Guillaume Maquerel, Robert Digarre, Henri Bluet, Jean de Courcy, Hugues le petit, les fils de Girauld, qu'on appelait aussi Girauldins, et une foule d'autres de même espèce[2]. Ainsi les Anglais de race, venus en Irlande à la suite des Normands,

1. *The pale*, en anglais moderne.

2. Hanmer's chron., pag. 276. — Harris's Hybernica, p. 212.

se trouvaient placés dans une condition moyenne 1173 à 1177.
entre ces derniers et les indigènes, et leur langue, la plus méprisée dans leur propre pays, tenait dans l'île d'Érin un rang intermédiaire entre celle du nouveau gouvernement et l'idiome gallique des vaincus.

Ce qui restait de population dans toute l'enceinte du *pal*, ou du territoire anglo-normand, fut bientôt confondu sous la même servitude, et il n'y eut plus de distinction entre l'Irlandais allié des étrangers et celui qui leur avait résisté; tout devint égal aux yeux des conquérants dès qu'ils n'eurent plus besoin de personne, et dans le royaume de Leinster, aussi bien qu'ailleurs, on ne laissa aux habitants, en terres et en propriétés, que ce qui ne valait pas la peine d'être pris. Ceux qui, avec leur roi Dermot Mac-Morrogh, avaient appelé les Normands et combattu pour eux, se repentirent et s'insurgèrent [1]; mais, manquant d'organisation, ils ne soutinrent pas leur révolte, et les étrangers, en leur faisant sentir plus durement l'oppression, les accusèrent de perfidie et d'inconstance. Ces reproches intéressés ont passé dans

1. Interfectis quibusdam Anglicis inter eos habitationem elegerunt, et quorum magna pars in eorum exercitu fuerat. (Chron. Walt., Hemengford., p. 502.)

1173 à 1177. l'histoire qui en charge, avec profusion, tous les hommes de race irlandaise [1].

Mais parmi les Irlandais, qui, après le départ de Henri II, se soulevèrent contre le pouvoir anglo-normand, un grand nombre n'avaient jamais fait aucun acte de soumission ni prêté aucun serment à ce pouvoir; tels étaient ceux du Connaught et de l'Ulster, qui, non contents de défendre l'entrée de leur propre pays, résolurent de tenter seuls l'affranchissement de tout le territoire envahi. Ils s'avancèrent jusqu'à Dublin, mais comme ils étaient peu habiles dans l'art des siéges, ils ne réussirent point à s'emparer de cette ville, nouvellement fortifiée, et furent ainsi arrêtés dans leur marche [2]. Alors les Normands, pour les obliger à la retraite par une diversion puissante, entrèrent pour la première fois en Ulster, sous la conduite de Jean de Courcy. Cette manœuvre contraignit le roi de Connaught à quitter la contrée du sud-est et à se porter vers le nord : beaucoup d'anciens chefs et même les évêques irlandais du territoire anglo-normand se réunirent à lui et suivirent son armée [2].

1. Constantes in levitate, fideles in perfidiâ suâ... (Girald. Cambr. Hibernia expugn.—Hanmer's chron., p. 279.)

2. Hanmer's chron., pag. 282.

3. Ibid., pag., 296.

Dans ce temps, un cardinal nommé Vivien, envoyé par le pape en Écosse pour y faire une quête d'argent, ayant réussi dans sa mission, débarqua au nord de l'Irlande, dans le pays où la guerre venait d'être nouvellement transportée. Malgré tout le mal que les prêtres romains avaient fait à l'Irlande, le légat Vivien fut accueilli avec de grands honneurs par les chefs de l'armée de Connaught et d'Ulster. Ils le prièrent, avec déférence, de les conseiller sur la couduite qu'ils devaient tenir, et de leur dire s'il n'était pas légitime pour eux de s'opposer, comme ils faisaient, de toutes leurs forces, à l'usurpation du roi d'Angleterre. Le Romain, soit par circonspection, soit par calcul d'intérêt, leur fit la réponse qu'ils souhaitaient, et les encouragea à combattre jusqu'à la mort pour la défense de leur pays [1]. Ces paroles excitèrent une joie universelle, et une vive amitié pour le cardinal, qui, ne perdant point de temps, commença aussitôt une quête pour l'Église et les saints apôtres. Dans leur contentement, les chefs et le peuple donnèrent tout ce qu'ils purent au légat qui, chargé d'or, prit sa route vers le territoire anglo-normand [2]. 1177.

1. Hanmer's chron., p. 296.

2. Ibid.

1177. Arrivé à Dublin, il se mit à vendre des pardons et à faire une collecte d'argent comme au camp des Irlandais; mais les Normands ayant appris l'espèce d'autorisation qu'il avait donnée à la résistance de leurs adversaires, le traitèrent mal, et lui firent signifier de partir aussitôt ou de se rétracter publiquement [1]. Le cardinal, sans hésiter, proclama le roi Henri II maître souverain et légitime de toute l'Irlande, et fulmina, au nom de l'Église, un arrêt d'excommunication et de damnation éternelle contre tout indigène qui ne le reconnaîtrait point, et résisterait à ses armées [2]. Cette sentence fut payée par les Normands comme l'avait été par les Irlandais le conseil de combattre pour la patrie, et le légat remplit à loisir ses coffres dans toute la partie conquise de l'île [3]. Ensuite il alla visiter l'armée normande qui attaquait alors la province d'Ulster. Cette armée souffrait beaucoup du défaut de vivres, parce que les habitants, à son approche, cachaient ou brûlaient leurs provisions, ou bien les entassaient dans les églises afin d'arrêter le pillage des étrangers

1. Hanmer's Chron., p. 296.

2. Ibid. — Campion's chron., pag. 95.

3. Ibid.

par la crainte du sacrilège[1]. Cette crainte, à la vérité, ne retenait pas entièrement les soldats anglo-normands, mais elle produisait en eux, par le pouvoir de la superstition, une certaine gêne morale qui, s'ajoutant aux privations physiques, retardait les progrès de la campagne. Le chef de l'expédition, Jean de Courcy, demanda au légat si ceux qui combattaient pour les droits du roi Henri ne pouvaient point, sans péché, forcer les portes des églises; et le Romain répondit que, dans ce cas, les seuls coupables de sacrilège, c'étaient les Irlandais qui, pour soutenir leur rebellion, osaient transformer la maison de Dieu en grenier et en magasin[2]. 1177.

L'invasion de l'Ulster réussit, quoique incomplètement; les villes maritimes et les plaines tombèrent au pouvoir des étrangers; mais la contrée montagneuse resta libre, et les indigènes s'y réfugièrent pour continuer la guerre en partisans[3]. A la suite de l'armée d'invasion, vinrent, comme autrefois à la conquête de l'Angleterre, des troupes de clercs et de moines normands et français, auxquels les chefs de l'expédition distribuèrent les terres des églises 1177 à 1185.

1. Campion's chron., p. 95.

2. Ibid.

3. Hanmer's, chron., pag. 305.

1177. à 1185. et les couvents du pays [1]. Ces prêtres et ces moines qui recueillaient sans fatigue une part des fruits de la victoire, loin de se regarder comme les obligés de l'armée, se vantaient d'être ses bienfaiteurs, et inscrivaient sur les portes des monastères où le général normand les avait gratuitement installés : « Jean de Courcy « a fondé cette abbaye, et à cause de cela il a été « vainqueur [2]. »

Vers le temps où la province d'Ulster fut ainsi conquise en partie, le Normand Mile, ou Milon, qui se faisait appeler Mile de Cogham, parce qu'il possédait en Angleterre un domaine de ce nom, passa le fleuve du Shannon, avec six cents hommes à pleine armure, et entra dans le royaume de Connaught, où aucun étranger n'avait encore pénétré [3]. Hugues de Lacy l'y suivit bientôt avec de plus grande forces. A leur approche, les habitants se retirèrent, chassant devant eux leur bétail dans les forêts et les lieux déserts, enlevant tout ce qu'ils pouvaient, et brûlant le reste ainsi que leurs propres maisons [4].

1. Monasticon anglican, (tom. I, p. 718.)

2. Cursy fundavit Yues... hostes hinc superavit (Monast. anglic., tom. I, pag. 718.)

3. Hanmer's chron., pag. 13.

4. Ibid.

Ce système de défense énergique eût réussi probablement, si le roi de Connaught, qui jusqu'alors s'était montré le plus brave de toute l'Irlande, n'eût demandé à capituler avec les envahisseurs, et consenti à s'avouer homme-lige et vassal du roi d'Angleterre [1]. Sa désertion énerva l'esprit de résistance des habitants du Connaught, et cependant la nature de ce territoire, entrecoupé de lacs et de marais, et le plus montagneux de toute l'île, empêcha les Normands d'en faire entièrement la conquête. Ils y prirent peu de terres, s'y établirent en petit nombre, et le plus grand lien de sujétion par lequel ils retinrent sous leur autorité cette partie de l'Irlande, fut le simple serment de vasselage du chef qui s'était fait leur ami. Hugues de Lacy épousa l'une des filles de ce chef, et ses compagnons de victoire, clairsémés en quelque sorte au milieu de la population indigène, se marièrent, comme lui, à des femmes du pays [2]. Soit par un penchant d'imitation naturel aux hommes, soit par politique, et pour exciter moins de haine, ils quittèrent peu-à-peu les modes et les manières normandes pour celles des Irlandais, ne donnant point de festin, sans qu'il y eût un joueur de

1177 à 1185.

1. Hanmer's chron., pag. 288.

2. Ibid., pag. 318.

1177 à 1185. harpe, et préférant la musique et la poésie aux tournois et aux jeux militaires [1]. Ce changement de mœurs était qualifié de dégénération par les Anglo-normands établis sur les cantons de l'est, dans le pays où les indigènes, réduits en servitude et méprisés de leurs seigneurs, ne pouvaient inspirer à ceux-ci aucune envie de les imiter. Les enfants nés du mariage d'un Normand avec une Irlandaise, furent pareillement regardés camme inférieurs en noblesse à ceux qui étaient issus de pure race normande : on se défiait d'eux; on craignait que le lien de parenté ne les attachât quelque jour à la cause du peuple vaincu; ce qui pourtant n'arriva que bien longtemps après la conquête.

D'un autre côté, le roi d'Angleterre redoutait la puissance de tous les chefs normands établis en Irlande, et s'alarmait de la pensée que l'un d'entre eux pourrait quelque jour entreprendre de fonder dans cette île un empire séparé du sien. Afin d'éviter ce danger, Henri II résolut d'envoyer l'un de ses fils pour le représenter sous le titre de roi d'Irlande, mais les trois aînés, seuls capables de bien remplir cette mission, lui inspiraient tant de défiance, qu'il choisit Jean, le plus jeune de tous, à peine âgé de quinze ans [1].

1. Hanmer's chron., pag. 321.

2. Ibid., p. 331. — Rog. de Hoved., p. 567.

Le jour où il reçut ses premières armes de chevalerie, son père lui fit prêter le serment de vasselage par tous les conquérants de l'île d'Érin. Hugues de Lacy et Mile de Cogham lui firent hommage pour le Connaught qu'ils ne possédaient réellement point, et Jean de Courcy pour l'Ulster dont la conquête était loin d'être achevée[1]. Toute la partie sud-ouest de l'île n'était pas encore conquise, et on l'offrit alors en fief à deux frères, Herbert et Josselin de la Pommeraye, sous la seule condition de s'en emparer; ils refusèrent ce don qui leur semblait trop onéreux[2]. Mais Philippe de Brause l'accepta, et en fit hommage au nouveau roi d'Irlande, déclarant tenir de lui, en fief, pour le service de soixante chevaliers, ce pays qu'aucun Normand n'habitait encore[3]. 1185.

Le quatrième fils de Henri II s'embarqua au mois d'avril de l'année 1185, et aborda à Waterford, accompagné de Robert-le-Pauvre, qu'il avait fait d'avance son lieutenant militaire, ou son maréchal, comme parlaient les Normands, et d'un grand nombre de jeunes gens élevés à

1. Ibid.

2. Regnum illud habere noluerunt eo quòd nundùm perquisitum erat. (Ibid.)

3. Ibid.

1185. la cour d'Angleterre, qui n'avaient jamais vu l'Irlande, et qui, aussi étrangers aux conquérants de ce pays qu'aux indigènes, suivaient le nouveau roi, dans l'espoir de faire une prompte fortune aux dépens des uns et des autres [1]. Du lieu de son débarquement, Jean se rendit à Dublin, où il fut reçu en grande pompe par l'archevêque et par tous les Anglo-normands de la contrée. Plusieurs des chefs irlandais, qui avaient juré fidélité au roi Henri et aux seigneurs étrangers, vinrent aussi pour saluer le jeune roi, suivant le cérémonial avec lequel ils abordaient leurs anciens rois nationaux [2].

Ce cérémonial était beaucoup moins raffiné que celui de la cour normande; il laissait chacun libre de donner, selon sa fantaisie, à l'homme revêtu du pouvoir, un témoignage d'affection quelconque, et tel que son premier mouvement ou ses habitudes le lui suggéraient. Les Irlandais ne se doutant pas qu'il y eût alors autre chose à faire, que de suivre leurs anciens usages, l'un s'inclina simplement devant le fils du roi Henri, l'autre lui prit la main, un troisième voulut l'embrasser, mais les Normands trouvèrent cette familiarité peu convenable, et, traitant les Irlan-

1. Campion's chron., pag. 98.

2. Hanmer's chron., p. 331. — Rog. de Hoved., p. 630.

dais d'insolents, commencèrent à se moquer d'eux et à les insulter [1]; ils les tiraient par leurs longues barbes, ou par les tresses de cheveux qui leur pendaient de chaque côté du visage, touchaient leurs habits d'un air méprisant, ou les poussaient vers la porte [2]. Le même jour, les chefs irlandais sortirent tous à la fois de Dublin, et un grand nombre d'habitants de la contrée voisine, prenant avec eux leurs femmes, leurs enfants et leurs meubles, les suivirent et se réfugièrent, les uns vers le sud, auprès du roi de Limerick, qui luttait encore contre la conquête, les autres auprès de celui de Connaught, qui se mit bientôt à la tête d'un nouveau soulèvement patriotique [3]. 1185.

Dans la guerre presque générale qui s'éleva alors entre les Irlandais et leurs vainqueurs, une circonstance favorable aux prêmiers fut l'esprit de jalousie des courtisans du jeune roi contre les anciens conquérants. N'ayant rien à perdre à cette guerre, ils la regardaient comme une occasion favorable pour supplanter les premiers colons dans leurs commandements et dans leurs 1185 à 1186.

1. Campion's chron., p. 98. — Hanmer's chron., p. 332.

2. Ibid.

3. Hanmer's chron., p. 333 — 335.

1185 à 1186 grades [1]. Ils les accusaient et les calomniaient de mille manières auprès du fils de Henri II, et celui-ci, léger, imprudent et dévoué à ses compagnons de plaisir, dépouillait pour eux les vrais fondateurs et les vrais soutiens du pouvoir normand en Irlande. Il dépensait en frivolités tout l'argent qu'il recevait d'Angleterre pour la solde de ses troupes; son armée, mal commandée et mécontente, obtint peu de succès contre les révoltés, et la cause des conquérants de l'Hibernie commença à être en péril [2]. Dès que ce péril se fit sentir, le jeune roi et ses gens de cour s'enfuirent et quittèrent l'île, après y avoir enlevé tout l'argent qu'ils purent, laissant se battre ensemble les deux populations vraiment intéressées à la guerre [3].

1186 à 1334. La lutte de ces deux races d'hommes continua long-temps, sous toutes les formes, en rase campagne, et au sein des villes, par la force et par la ruse, l'attaque ouverte et l'assassinat. Le même esprit d'indignation patriotique qui, en Angleterre, avait jonché de cadavres nor-

1. Ibid. Campion's chron., pag. 98.

2. Et quia ipse omnia proprio inclusit marsupio, nolens solidariis suis stipendia sua solvere... (Rog. de Hoved., pag. 630,)

3. Ibid.

mands les forêts de l'York-Shire et du Nor- 1186
thumberland, en remplit les lacs et les marais à
d'Érin. Mais un fait qui donne à la conquête 1334.
de ce dernier pays un caractère tout particulier, c'est que les conquérants de l'Irlande, placés au rang d'oppresseurs à l'égard du peuple indigène, furent abaissés à celui d'opprimés à l'égard de leurs compatriotes demeurés en Angleterre, et de leurs propres rois, qui conçurent d'eux presque autant d'ombrage que des Irlandais de race. Le mal que les fils des vainqueurs faisaient à la nation subjuguée, leur fut en partie rendu par les rois dont ils relevaient, et qui, séparés d'eux par la mer, les regardaient presque comme un peuple étranger. Mais, quelques vexations qu'aient essuyées, de la part du gouvernement d'Angleterre, les hommes d'origine normande ou anglaise établis en Irlande, il y eut loin de ces tyrannies à celles qu'eux-mêmes, durant une longue suite de siècles, firent souffrir aux indigènes. C'est seulement de nos jours que le temps a égalé les souffrances des uns et des autres, et leur a donné par là un droit égal à l'intérêt et à la pitié de l'histoire. Un document authentique, du XIVe siècle, pourra tenir ici lieu de beaucoup de détails à cet égard, et rendre plus claire, dans l'esprit du lecteur, l'idée d'une conquête au moyen âge.

1334 à 1340 « A Jean, pape, Donald O'Neyl, roi d'Ulster, « ainsi que les rois inférieurs de ce territoire, et « toute la population de race irlandaise[1].

« Très-saint père, nous vous transmettons « quelques renseignements exacts et sincères sur « l'état de notre nation et sur les injustices que « nous subissons et qu'ont subies nos ancêtres « de la part des rois d'Angleterre, de leurs agents « et des barons anglais nés en Irlande[2]. Après « nous avoir chassés par violence de nos habita- « tions, de nos champs, de nos héritages pater- « nels, nous avoir contraints, pour sauver notre « vie, de gagner les montagnes, les marais, les « bois et le creux des rochers, ils nous harcèlent « incessamment dans ces misérables refuges pour « nous en expulser et s'approprier notre pays « dans toute son étendue[3]. De là résulte entre « eux et nous une inimitié implacable, et c'est « un ancien pape qui nous a placés originaire-

1. Jean XXII... Donaldus O'Neyl rex Ultoniæ, nec non ejusdem terræ reguli et magnates et populus hibernianus... (Forduni Scotor. historia, Ed. Th. Hearne, tom. III, pag. 920.)

2. Et per barones Angliæ in Hiberniâ natos. (Ibid.)

3. Ejectis nobis violenter de spatiosis habitationibus nostris... montana, silvestria ac paludosa loca... et omnem locum nostræ habitationis sibi usurpare... (Ibid.)

« ment dans ce misérable état[1]. Ils avaient pro- 1334
« mis à ce pape de façonner le peuple d'Hibernie à
« aux bonnes mœurs et de lui donner de bonnes 1340.
« lois : bien loin de là, ils ont anéanti toutes les « lois écrites qui anciennement nous régissaient[2]; « ils nous ont laissé sans lois pour mieux accom- « plir notre ruine, ou en ont établi parmi nous « de détestables dont voici quelques exemples[3].

« Il est de règle, dans les cours de justice du « roi d'Angleterre en Irlande, que tout homme « qui n'est pas de race irlandaise puisse intenter « à un Irlandais toute espèce d'actions judiciaires, « et que cette faculté soit interdite aux Irlandais, « soit clercs soit laïcs[4] : si, comme il arrive trop « souvent, quelque Anglais assassine un Irlan- « dais, clerc ou laïc, l'assassin n'est ni puni cor- « porellement ni même condamné à l'amende; « au contraire, plus la personne assassinée était « considérable parmi nous, plus son meurtrier « est excusé, honoré, récompensé des siens,

1. Undè inter nos et illos implacabiles inimicitiæ.., miserabili in quo romanus pontifex nos posuit statu... (Ibid.)

2. Legibus scriptis privârunt... (Ibid.)

3. ... Pro gentis nostræ exterminatione leges pessimas statuentes... (Ibid.)

4. ... In curiâ regis Angliæ in Hiberniâ... (Ibid.)

1334 à 1340. « même des gens de religion et des évêques[1].
« Nul Irlandais ne peut disposer de ses biens au
« lit de la mort, et les Anglais se les approprient[2].
« Il est inderdit à tous les ordres religieux établis
« en Irlande, sur le territoire anglais, de rece-
« voir, dans leurs maisons, des hommes de na-
« tion irlandaise[3].

« Les Anglais qui habitent parmi nous depuis
« longues années, et qu'on appelle *gens de*
« *moyenne race*, ne sont pas pour cela moins
« cruels envers nous que les autres[4]. Quelque-
« fois ils invitent à leur table les premiers de
« notre nation et les tuent par trahison au mi-
« lieu du festin ou dans leur sommeil[5]. C'est
« ainsi que Thomas de Clare ayant attiré dans
« sa maison Brien-le-Roux de Thomond, son
« beau-frère, l'a mis à mort par surprise, après
« avoir communié avec lui de la même hostie

1. Tantò melior est occisus, et majorem inter suos obtinet locum, tanti plus occidens honoratur et præmiatur ab Anglicis... (Forduni Scot. hist., tom. III, p. 921.)

2. Appropriant sibi ipsis... (Ibid.)

3. Inhibetur omnibus religiosis... (Ibid.)

4. Anglici nostram inhabitantes terram qui se vocant mediæ nationis... (Ibid.)

5. Inter ipsas epulas vel dormitionis tempore. (Ibid.)

« consacrée et divisée en deux parts [1]. Ces crimes 1334 à 1340.
« leur paraissent à eux honorables et dignes de « louanges, et c'est la croyance de tous leurs « laïcs et de beaucoup de leurs hommes d'église, « qu'il n'y a pas plus de péché à tuer un Irlan- « dais qu'un chien [2]. Leurs moines disent, avec « assurance, qu'après avoir tué un homme de « notre nation (ce qui trop souvent leur arrive), « ils ne se croiraient nullement tenus à s'abste- « nir un seul jour de dire la messe [3]. Pour preuve « de cela, les religieux de l'ordre de Cîteaux, « établis à Granard, dans le diocèse d'Armagh, « et ceux du même ordre qui sont à Ynes, en « Ulster, attaquent journellement, en armes, « blessent et tuent des Irlandais, et n'en disent « pas moins leurs messes [4]. Frère Simon, de l'or- « dre des mineurs, parent de l'évêque de Co- « ventry, a prêché publiquement qu'il n'y a pas « le moindre mal à tuer ou à voler un Irlandais [5]. « Tous, en un mot, soutiennent qu'il est permis

1. ...De eâdem hostiâ consecratâ et in duas partes divisâ... (Forduni, Scot. hist., tom. III, p. 922.)

2. Non esse magis peccatum interficere hominem Hibernicum quàm canem... (Ibid.)

3. Ob hoc non desisterent a celebratione etiam uno die... (Ibib.)

4. ... Et nihilominùs celebrant suas missas.. (Ibid.)

5. Quòd non est peccatum... (Ibid.)

1314 à 1340. « de nous enlever tout ce qu'ils peuvent de nos « terres et de nos biens, et ne s'en font nul re- « proche de conscience, pas même à l'article de « la mort [1].

« Tous ces griefs, joints à la différence de lan- « gue et de mœurs qui existent entre nous, font « qu'il n'y a nul espoir que jamais nous ayons « paix ou trève avec eux en cette vie, si grande « de leur part est l'envie de dominer, si vif de « la nôtre est le désir légitime et naturel de « sortir d'une servitude insupportable, de re- « couvrer l'héritage de nos ancêtres [2]. Nous « gardons, au fond de nos cœurs, une haine « invétérée, produite par de longs souvenirs d'in- « justices, par le meurtre de nos pères, de nos « frères, de nos proches, et qui ne s'éteindra « ni de notre temps ni du temps de nos fils [3]. « Ainsi donc, sans regret ni remords, tant que « nous serons en vie, nous les combattrons « pour la défense de nos droits, et ne cesserons

1. Nullam super hoc, etiam in mortis articulo sibi conscientiam facientes... (Forduni, Scot. hist., pag. 922.)

2. Cùmque conditione et linguâ sint nobis dissimiles... tantusque excutiendi eorum importabile servitutis jugum, recuperandi hæreditatem nostram debitus et naturalis affectus. (Ibid.)

3. Nostro ac filiorum nostrorum ævo... (Ibid.)

« de les combattre et de leur nuire que le jour 1334
« où eux-mêmes, par défaut de puissance, au- à
« ront cessé de nous faire du mal, et où le juge 1340.
« suprême aura tiré vengeance de leurs crimes;
« ce qui arrivera tôt ou tard, nous en avons
« le ferme espoir [1]. Jusque là nous leur ferons
« guerre à mort pour recouvrer l'indépendance,
« qui est notre droit naturel, contraints que
« nous y sommes par la nécessité même, et
« aimant mieux affronter le péril, en hommes
« de cœur, que de languir au milieu des af-
« fronts. [2] »

Cette promesse de guerre à mort, faite il y a plus de quatre cents ans, n'est pas encore oubliée; et, chose triste, mais digne de remarque, le sang a coulé de nos jours en Irlande pour la vieille querelle de la conquête [3]. L'heure où cette querelle sera terminée est dans un avenir impossible à prévoir, et l'aversion pour l'Angleterre, son gouvernement, ses mœurs et son langage est encore la passion native de la

1. Ideòque omni absque conscientiæ remorsu, quandiu vita aderit, ipsos impugnabimus, pro nostri juris defensione... (Ibid.)

2. ... Mortalem guerram habere cogimur cum prædictis, præeligentes, necessitate coacti, discrimini bellico viriliter opponere, quàm... (Ibid.)

3. Voyez, ci-après, la conclusion de cette histoire.

1334 race irlandaise. Depuis le jour de l'invasion, cette
à race d'hommes a constamment voulu ce que ne
1340. voulaient pas ses maîtres, détesté ce qu'ils aimaient, et aimé ce qu'ils détestaient. Elle dont les longs malheurs furent en grande partie causés par l'ambition des papes, elle s'est précipitée dans le papisme, avec une sorte de fureur, aussitôt que l'Angleterre s'en est affranchie. Cette opiniâtreté indomptable, cette faculté de conserver, à travers des siècles de misères et de souffrances physiques, le souvenir de la liberté perdue, de ne jamais désespérer d'une cause toujours vaincue, et pour laquelle plusieurs générations ont inutilement péri dans les champs de bataille et les supplices, est peut-être le plus étrange et le plus grand exemple qu'un peuple ait jamais donné.

Quelque chose de la ténacité de mémoire qui caractérise la race irlandaise se retrouvait aussi
1100 dans la race celtique des habitants du pays de
à Galles : faibles comme ils l'étaient au XIIe siècle,
1154. ils espéraient encore leur affranchissement de toute domination étrangère, et même voir revenir le temps où ils possédaient en totalité l'île de Bretagne. Leur confiance imperturbable dans cet espoir chimérique faisait une telle impression sur ceux qui l'observaient, qu'en Angleterre, et en France, les Gallois passaient pour

avoir le don de prophétiser [1], et que les vers où d'anciens poètes cambriens avaient exprimé avec effusion d'âme leurs vœux et leur attente patriotique, étaient regardés comme des prédictions mystérieuses dont on cherchait à trouver le sens dans les grands événements du jour [2]. De là vint la célébrité bizarre dont Myrdhin, barde du VIIe siècle, jouit cinq cents ans après sa mort, sous le nom de l'Enchanteur Merlin. De là vint aussi le renom extraordinaire du roi Arthur, héros d'un petit peuple dont l'existence était presque ignorée sur le continent. Mais les livres de ce petit peuple étaient si remplis de poésie, ils avaient une si forte teinte d'enthousiasme et de conviction, qu'une fois traduits dans les autres langues, ils devinrent, pour les étrangers, la lecture la plus attachante, et le thème sur lequel les romanciers du moyen âge bâtirent le plus volontiers leurs fictions. C'est ainsi que le vieux chef de guerre des Cambriens contre les Saxons devint, sous la plume des Provençaux et des Français, l'idéal du chevalier accompli, et le plus grand roi qui eût porté couronne.

1100 à 1154.

L'opinion ne se contenta pas d'embellir ce

1. Joh. Sarisb. apud script. rer. fr., tom. XVI, p. 490.
2. Script. rer. fr., tom. XII, et seq. passim.

1100 à 1154. personnage de toutes les qualités héroïques et de toutes les grandeurs du siècle; beaucoup de gens crurent à son retour aussi fermement que les Gallois eux-mêmes, et cette croyance gagna jusqu'aux Normands envahisseurs du pays de Galles, à qui elle faisait peur, et qui ne pouvaient s'en défendre. Différents bruits, aussi bizarres les uns que les autres, nourrissaient cette persuasion. Tantôt l'on disait que des pélerins, venant de la Terre-Sainte, avaient rencontré Arthur endormi en Sicile, au pied du mont Etna[1]; tantôt qu'il avait paru dans un bois en Basse-Bretagne, ou bien que les forestiers du roi d'Angleterre, en faisant leur ronde au clair de la lune, entendaient souvent un grand bruit de cors, et rencontraient des troupes de chevaliers en équipage de chasse, qui disaient faire partie de la suite du roi Arthur[2]. De plus le tombeau d'Arthur n'avait jamais été découvert, et ce hasard semblait une confirmation de tous les bruits qui se répandaient[3].

1. Gervasius Tilburiensis de otiis imperialibus, apud scr. rer. Brunswic., pag. 721.

2. Narrantibus nemorum custodibus quos forestarios vulgus nominat... militum copiam venantium et canum et cornuum strepitum... (Ibid.)

3. Arthuri sepulcrum nusquam visitur, undè antiquitas

Les historiens contemporains du règne de 1154 à 1189.
Henri II avouent que toutes ces choses étaient, pour les Gallois, de grands motifs d'enthousiasme national et un encouragement dans leur résistance à la domination étrangère[1]. Les esprits les plus fermes parmi les Normands tournaient en ridicule ce qu'ils appelaient l'espérance bretonne; mais cette espérance si vive, qu'elle pénétrait par contagion chez les ennemis mêmes des Cambriens, portait ombrage aux politiques de la cour du roi d'Angleterre[2]. Pour lui donner un coup mortel, ils résolurent de faire la découverte du tombeau d'Arthur, et la firent en effet de la manière suivante. Vers l'année 1189, un neveu du roi, nommé Henri de Sully, gouvernait le couvent de Glastonbury, situé au lieu même où la tradition populaire racontait que le grand chef cambrien s'était retiré pour y attendre la guérison de ses blessures[3]. Cet abbé

næniarum adhuc eum venturum fabulatur... (Will. Malmesb.) — Aut. Eccl. britannicar., tom. II, p. 379.)

1... Plurimam rebellionis audaciam imprimere potest continua pristinæ nobilitatis memoria... (Girald. Cambr., apud Angliam sacram. pag. 455.)

2. Britonum ridenda fides et credulus error... veræ bruti Britones. (Guil. Neubrig., apud Ducange Gloss. tom. I, pag. 746.)

3. Voyez livre I.

1189. publia tout à coup qu'un barde du pays de Pembroke avait eu des révélations sur la sépulture d'Arthur, et l'on commença, avec grand appareil, des fouilles profondes dans l'intérieur du monastère; en ayant soin d'enclore le terrain où se faisaient les recherches, pour écarter les témoins suspects [1]. La découverte ne manqua pas, et l'on trouva, disent les contemporains, une inscription latine gravée sur une plaque de métal, et des ossements d'une grandeur démesurée [2]. On les enleva avec tout le respect et la pompe convenable, et Henri II les fit placer dans un cercueil magnifique, dont il ne plaignit pas la dépense, se croyant dédommagé par le tort que devait faire aux Gallois la ruine de leur rêve le plus cher, de la superstition qui animait leur courage et ébranlait celui de leurs conquérants [3].

Mais l'obstination patriotique des Cambriens n'avait pas pour seul appui la fable du retour d'Arthur, et cette fable était l'effet, non la cause, d'une disposition morale indestructible. Il leur

1. Girald. Cambrensis, Itinerar. Walliæ. — Cambro-briton., pag. 399.

2. Ibid.

3. Plurimam animositatis scintillam exprimere... (Girald. Cambr., Anglia sacra, pag. 475.) — Horæ britannicæ, tom. II, pag. 199.

restait toujours l'entêtement naturel aux hommes de race bretonne, d'un côté de l'Océan comme de l'autre, et la volonté de ne jamais se résigner de bonne grâce à une domination étrangère. Cette volonté inébranlable leur donnait une cofiance en eux-mêmes, tellement naïve, qu'elle semblait presque de la folie. Un jour que Henri II traversait le pays de Galles, avec la fleur de ses chevaliers, et regardait d'un œil méprisant le misérable équipage des indigènes, que la curiosité avait attirés, un homme s'approcha du roi et lui dit : « Tu vois ce pauvre peuple, « eh bien! tout ton pouvoir ne sera jamais suf- « fisant pour le détruire. Il n'y a que Dieu dans « sa colère qui puisse en venir à bout[1]. « Les historiens ne disent pas quelle réponse le roi Henri fit à ce discours; mais l'idée de la science prophétique des Gallois n'était pas sans influence sur lui-même; du moins ses flatteurs le crurent, car son nom se trouve inséré, par interpolation, dans plusieurs des vieux poëmes attribués au barde Myrdhin[2]. 1189.

Lorsque le même roi, revenant d'Irlande, passait par le comté de Pembroke, un homme du pays l'aborda pour lui faire une autre prédic-

1. ... Hæc gens ad plenum nisi ira Dei concurrerit, non delebitur... (Girald. Cambr., apud Angliam sacram, p. 455.)

2. Robert's Sketches on the Cymrys, pag. 147.

1189. tion, qui n'offrit rien de remarquable, si ce n'est une circonstance particulière dont elle fut accompagnée. Le Gallois, croyant qu'un roi d'Angleterre devait comprendre l'anglais, adressa à Henri II la parole en cette langue, et l'appela *Gode olde kynge*, bon vieux roi [1]. Le roi, n'entendant rien à ce salut, demanda en français à son écuyer : « Que veut dire cet homme? » Et l'écuyer, que sa situation moins élevée avait mis à même de converser avec des Saxons, servit d'interprète entre le roi et le Cambrien [2]. Ainsi le cinquième roi d'Angleterre, depuis la conquête, ne savait pas même ce que signifiait le mot de roi en langue anglaise; son fils et son successeur Richard, dans le règne duquel entre maintenant cette histoire, n'en savait probablement pas davantage. Du moins est-il certain qu'il ne pouvait tenir conversation en anglais, mais en revanche il parlait et écrivait bien les deux langages de la Gaule, celui du nord et celui du midi, la langue d'*oui* et la langue d'*oc*.

Le premier acte administratif de Richard, quand son père (comme on l'a vu ci-dessus) eût été enseveli dans l'église de Fontevrault, fut

1. Qui regem teutonicâ linguâ sic affatur... (Joh. Bromton, pag. 1099.)

2. Rex autem dixit gallicè militi qui frænum equi tenebat... (Ibid.)

de faire saisir Étienne de Tours, sénéchal de l'Anjou, et trésorier de Henri II[1]. On l'enferma, avec les fers aux pieds et aux mains, dans un cachot dont il ne sortit qu'après avoir livré au nouveau roi tout l'argent du roi défunt, et le sien propre jusqu'au dernier sou[2]. Ensuite Richard passa le détroit accompagné de Jean son frère, et dès son arrivée en Angleterre, il s'occupa des mêmes soins que sur le continent, il courut aux différents trésors royaux conservés dans plusieurs villes, et les fit rassembler, inventorier et peser[3]. L'amour de l'or et de l'argent fut la première passion que manifesta le nouveau roi, et sitôt qu'il eut été couronné et sacré, selon l'ancien usage, il commença à mettre en vente tout ce qu'il possédait en terres, ses châteaux, ses villes, tout son domaine, et en certains lieux le domaine d'autrui, si l'on en croit un historien de l'époque[4].

1189 à 1190.

Beaucoup de riches Normands, clercs et laïcs, profitèrent de l'occasion et acquirent, à bon marché, quelques portions du grand lot de

1. Statim injecit manum in Stephanum de Turonis senescallum Andegaviæ.. (Rog. de Hoved.. pag. 654.)

2. ... Usque ad novissimum quadrantem... (Ibid.)

3. Fecit computari et ponderari... (Ibid., pag. 656.)

4. Exposuit venditioni omnia quæ habuit... sua et aliena jura... (Ibid., pag. 660.)

1189 à 1190. conquête que Guillaume le Bâtard avait réservé pour lui et pour ses successeurs [1]. Les habitants saxons de certaines villes ou de certains bourgs, qui étaient la propriété du roi, se cotisèrent alors pour racheter leurs maisons, et redevenir, à charge de rente annuelle, propriétaires du lieu qu'ils habitaient [2]. Par le seul fait d'un pareil traité, la ville qui l'avait conclu devenait une corporation et s'organisait sous des syndics responsables envers le roi pour le paiement de la dette commune, et envers les bourgeois pour l'emploi des sommes levées par contribution personnelle. Les règnes des successeurs de Richard Ier offrent un grand nombre de ces conventions par lesquelles les cités d'Angleterre se rachetèrent successivement de la condition où la conquête normande les avait fait descendre [3]. Il est probable que Richard mit aussi en usage ce moyen de remplir ses coffres, dans un temps où il semblait attentif à n'en négliger aucun. « Je vendrais Londres, disait-il « à ses amis, si je trouvais un acheteur [4]. »

1. Quicumque volebant, emerunt a rege. (Rog. de Hoved., pag. 656.)

2. Firma burgi. (V. Hallam's Europe in middle ages.)

3. Hallam.

4. Londonias quoque venderem, si emptorem idoneum invenissem... (Guil. Neubrig., pag. 396.

L'argent que le nouveau roi d'Angleterre accumula dans les premiers mois de son règne paraissait destiné aux frais de l'expédition en Terre-Sainte qu'il avait juré de faire en commun avec le roi de France, Philippe, IIe du nom [1]. Cependant ce dernier fut obligé d'envoyer des ambassadeurs en Angleterre pour sommer Richard de sa parole, et lui dire que le rendez-vous de départ, était fixé immuablement aux fêtes de Paques [2]. Richard ne jugea pas à propos de faire un plus long retard, et, à l'arrivée des messagers de France, il convoqua une assemblée générale de ses comtes et de ses barons, où tous ceux qui, avec lui, avaient fait vœu de prendre la croix, jurèrent de se trouver sans faute au rendez-vous [3]. Les envoyés français firent ce serment sur l'âme du roi de France, et les barons d'Angleterre sur l'âme de leur roi [4]. Des vaisseaux furent rassemblés à Douvres, et Richard traversa la mer. 1189 à 1190.

Sur le point de partir de compagnie pour ce qu'on appelait alors le grand passage, les rois d'Angleterre et de France firent ensemble un 1190.

1. Voyez livre X.

2. Immutabiliter. (Rog. de Hoved., pag. 660.)

3. In generali concilio apud Londoniam. (Ibid.)

4. Nuncii regis Franciæ juraverunt in animam regis Franciæ,... in animam regis Angliæ coràm nunciis... (Ibid.)

1190. pacte d'alliance et de fraternité d'armes, jurant que chacun d'eux maintiendrait la vie et l'honneur de l'autre; qu'aucun ne manquerait à l'autre dans ses périls, que le roi de France défendrait les droits du roi d'Angleterre comme sa propre ville de Paris; et le roi d'Angleterre, ceux de l'autre roi comme sa propre ville de Rouen [1]. Richard s'embarqua dans un des ports du midi de la Gaule, qui tous, depuis la frontière d'Espagne jusqu'à la côte d'Italie, entre Nice et Vintimille, étaient libres, et relevaient nominalement de la royauté d'Aragon [2]. Le roi Philippe, qui n'avait point de ville maritime sur la Méditerranée, se dirigea vers Gènes, et s'embarqua sur des vaisseaux que lui fournit cette république, qui prenait le titre de commune, comme toutes les démocraties du moyen âge [3]. La flotte du roi d'Angleterre le rejoignit par le détroit de Gibraltar, et les deux rois, ayant côtoyé l'Italie, firent halte en Sicile pour y prendre leurs quartiers d'hiver [4].

1. Quòd neuter illorum alteri deficiet in negociis suis, sed rex Franciæ juvabit regem Angliæ... ac si ipse vellet civitatem suam Parisios defendere... civitatem suam Rothomagi... (Rog. de Hoved., p. 664.)

2. Marsilia civitas est sub potestate regis Aragoniæ... (Ibid., p. 667 — 671.)

3. Sismondi, Hist. des Français, tom. VI, p. 96.

4. Rog. de Hoved., pag. 668.

Un jour que le roi Richard, avec un seul chevalier, se promenait, par passe-temps, aux environs de Messine, il entendit crier un épervier dans la maison d'un paysan [1]. L'épervier, et tous les oiseaux de chasse, étaient alors en Angleterre, et même en Normandie, une propriété noble, interdite aux villains et aux bourgeois, et exclusivement réservée pour les plaisirs des riches et des grands. Richard, oubliant qu'en Sicile il n'en était pas tout-à-fait comme dans son propre royaume, entra dans la maison, prit l'oiseau et voulut l'emporter [2]; mais le paysan sicilien, quoique sujet d'un roi de race normande, n'était pas habitué à souffrir ce que supportaient les Anglais; il résista, et appelant ses voisins, tira contre le roi un couteau qu'il portait à la ceinture [3]. Richard voulut se servir de son épée, et faire face aux paysans qui s'amassaient autour de lui, mais l'épée s'étant brisée entre ses mains, il fut contraint de prendre la fuite, poursuivi à coups de bâtons et de pierres [4]. 1190.

1. Vertit se ad domum quamdam in qua audivit accipitrem... (Ibid., pag. 672.)

2. Intrans domum cepit avem. (Ibid.)

3. Et cùm cultellum suum in regem extraxisset. (Ibid.)

4. Lapidibus et fustibus, et sic vix evadens ex manibus eorum... (Ibid. pag. 673.)

1190 à 1191. Peu de temps après cette aventure, l'habitude de tout oser en Angleterre à l'égard des villains et des bourgeois, lui en attira une plus fâcheuse : il y avait près de Messine, sur le bord du détroit, un couvent de moines grecs, très-fort par sa position. Richard, ayant trouvé ce lieu convenable pour y placer ses magasins, en chassa les moines et y mit garnison [1]. Mais les habitants de Messine voulurent montrer à l'étranger combien cet acte d'insolence et de mépris pour eux leur déplaisait, ils fermèrent leurs portes et refusèrent l'entrée de la ville au soldat du roi d'Angleterre [2]. Celui-ci courut en grande hâte au palais de Tancrède, roi de Sicile, son parent, pour lui dire de châtier ses bourgeois, qui osaient tenir tête à un roi [3]. Tancrède eut la faiblesse de donner raison à l'étranger et d'ordonner aux Messinois de cesser toute démonstration hostile [4]. La paix sembla rétablie, en apparence, mais la rancune sicilienne ne s'éteignit pas au gré des ménagements politiques. Une troupe des plus irrités et des plus braves d'entre les bourgeois

1. Rog. de Hoved., pag. 674.

2. Cùm autem cives Messanæ vidissent, habuerunt eum suspectum. (Ibid.)

3. Intravit cymbam et ivit ad palatium regis Tancredi... (Ibid.)

4. Ibid.

de Messine se rassembla, peu de temps après, sur les hauteurs voisines du quartier du roi d'Angleterre, pour tomber sur lui à l'improviste lorsqu'il passerait avec peu de monde[1]. Lassés d'attendre, ils livrèrent l'assaut à la maison d'un officier normand, appelé Hugues-le-Brun. Il y eut combat et grand tumulte, et Richard, qui était alors en conférence avec le roi Philippe sur les affaires de la guerre sainte, accourut, s'arma, et fit armer tous ses gens[2]. Avec des forces supérieures il poursuivit les bourgeois jusqu'à la porte de la ville. Ceux-ci entrèrent, mais le passage fut fermé aux Normands, sur lesquels on fit pleuvoir du haut des murs une grêle de flèches et de pierres[3]. Cinq chevaliers et vingt sergents du roi d'Angleterre furent tués; enfin son armée tout entière arriva, brisa les portes, et s'emparant de Messine, y planta la bannière de Normandie sur toutes les tours[4].

1190 à 1191.

1. Magnâ multitudine congregati super montes expectaverunt prompti et parati proditiose in regem Angliæ irruere... (Rog. de Hoved., pag. 674.)

2. Insultum fecerunt in hospitium Hugonis le Brun,... præcepit omnes suos armari... (Ibid.)

3. Multos et duros lapidum ictus... (Ibid.)

4. Et signa regis Angliæ in munitionibus per circuitum posuerunt... (Ibid.)

1190 à 1191. Pendant ce combat, le roi de France était resté tranquille spectateur, sans offrir, disent les historiens, aucun secours à son frère de pélerinage [1]; mais quand il vit le drapeau du roi d'Angleterre flotter sur les murs de Messine, il demanda que ce drapeau fût enlevé et remplacé par le sien propre. Ce fut entre les deux frères d'armes le commencement d'une querelle qui ne fit que s'envenimer par la suite [2]. Richard ne voulut point consentir aux prétentions du roi de France; seulement il fit descendre sa bannière, et remit la ville en garde aux chevaliers du Temple, jusqu'à ce qu'il eût obtenu satisfaction du roi Tancrède, pour la conduite des Messinois [3]. Le roi de Sicile accorda tout, et, plus timide que ne l'avaient été une poignée de simples bourgeois, fit jurer, par ses grands officiers, sur son âme et sur la leur, que lui et les siens, sur terre et sur mer, garderaient en tout temps fidèle paix au roi d'Angleterre et à tous les siens [4].

1. Quamvis ipsi confratres essent in eâ peregrinatione... (Rog. de Hoved., pag. 674.)

2. Postulavit ut signa regis Angliæ deponerentur et sua imponerentur... (Ibid.)

3. Ibid., p. 675.

4. Se et suos pacem regi Angliæ et suis in mari et terrâ servaturos... (Ibid., p. 677.)

Pour première preuve de sa fidélité à ce serment, Tancrède, un jour, remit à Richard une lettre qu'il assurait lui avoir été envoyée par le roi Philippe, et dans laquelle celui-ci disait que le roi d'Angleterre était un traître qui n'avait point observé les conditions de la dernière paix faite avec lui, et que si Tancrède et ses gens voulaient lui faire guerre ouverte ou l'attaquer de nuit par surprise, l'armée de France serait toute prête à les aider [1]. Richard garda quelque temps le secret sur cette confidence, mais, dans une des disputes fréquentes qu'occasionait entre lui et son frère d'armes leur séjour prolongé dans le même lieu, il présenta subitement la lettre au roi de France, lui demandant s'il la reconnaissait [2]. Sans répondre à cette question, Philippe attaqua de paroles le roi d'Angleterre : « Je vois ce que c'est, lui « dit-il, vous me cherchez malice pour avoir « prétexte de ne point épouser ma sœur Aliz « que vous avez juré d'épouser; mais tenez pour « certain que si vous l'abandonnez et prenez une 1191.

1. Quòd rex Angliæ proditor erat,.. et si ipse rex Tancredus vellet cum rege Angliæ in bello congredi, vel de nocte invadere, ipse et gens sua auxiliarentur ei. (Rog. de Hoved., pag. 678.)

2. Ibid., p. 688.

1191. « autre femme, je serai toute ma vie ennemi de « vous et des vôtres [1]. — Votre sœur, reprit tran- « quillement Richard, je ne puis l'épouser, car « il est de notoriété publique que mon père « Henri l'a connue, et qu'il a eu d'elle un fils; « ce que je puis prouver, si vous l'exigez, par « de bons et nombreux témoins [2]. »

Ce n'était pas une découverte nouvelle que Richard venait de faire sur le compte de sa fiancée; il y avait long-temps qu'il savait cela, et même il ne l'avait pas ignoré dans le temps où, pour faire tort et chagrin à son père, il avait, comme on l'a vu plus haut, recherché Aliz en mariage avec tant d'empressement [3]. Mais tout ce qu'il avait promis par ambition de régner, se voyant roi, il ne jugea plus à propos de le tenir, et obligea Philippe à subir la preuve testimoniale de la honte de sa propre sœur [4]. Les faits étaient,

1. Nunc scio verè quòd rex Angliæ quærit causas malignandi adversùs me... ut Alesiam sororem meam dimittat quam ipse sibi desponsandam juravit... sed pro certo sciat quòd si... (Rog. de Hoved., pag. 688.)

2. Quiâ rex Angliæ eam cognoverat, et filium ex eâ genuerat... (Ibid.)

3. Voyez livre X.

4. Et ad hoc probandum multos produxit testes... (Rog. de Hoved., pag. 688.)

à ce qu'il paraît, incontestables, et le roi de 1191.
France, ne pouvant persister dans sa demande, dispensa Richard de sa promesse de mariage, moyennant une pension de dix mille livres; à ce prix, il lui octroya, dit un contemporain, licence d'épouser la femme qu'il voudrait[1].

Redevenus amis, par ce traité, les deux rois mirent à la voile pour la Terre-Sainte, après avoir de nouveau juré, sur les reliques et sur l'Évangile, de se soutenir de bonne foi l'un l'autre dans ce voyage et au retour[2]. Sur le point de partir, on publia dans les deux camps l'ordonnance suivante :

« Sachez qu'il est défendu à toute personne « de l'armée, à l'exception des chevaliers et des « clercs, de jouer de l'argent à quelque jeu que « ce soit durant le passage. Mais les clercs et « les chevaliers pourront jouer jusqu'à perdre « vingt sols en un jour et une nuit; et les rois « joueront selon leur bon plaisir[3].

« En la compagnie ou sur le vaisseau des rois,

1. Sub hac conventione dedit ei licentiam ducendi uxorem quamcumque vellet. (Rog. de Hoved., pag. 688.)

2. Juraverunt super reliquias sanctorum quòd alter alterum in peregrinatione illâ, eundo et redeundo, bonâ fide custodiret. (Ibid., p. 675.)

3. Exceptis militibus et clericis qui... reges autem pro bene placito suo ludant... (Ibid.)

1191. « et avec leur permission, les sergents d'armes « royaux pourront jouer jusqu'à vingt sols, et « pareillement en la compagnie des archevêques, « évêques, comtes et barons, et avec leur per- « mission, leurs sergents pourront jouer la même « somme [1].

« Mais si l'on prend à jouer, de leur auto- « rité privée, des sergents d'armes, des tra- « vailleurs ou des matelots, les premiers passe- « ront, aux verges, durant trois jours, une fois « par jour, et les derniers seront plongés trois « fois en mer du haut du grand mât [2]. »

Dieu bénit, disent les historiens du temps, le saint pélerinage de ces pieux et sages rois; leurs pierriers, leurs mangoneaux et leurs tre-buchets battirent si bien les murs de la ville d'Acre, que la brèche fut ouverte en peu de jours, et la garnison, composée de cinq mille Sarrasins, obligée de capituler [3]. Les conditions du traité furent que les cinq mille hommes resteraient sains et saufs entre les mains des

1. Et in hospicio duorum regum possunt usque ad XX solidos ludere, et coràm archiepiscopis et episcopis et comitibus et baronibus,... (Rog. de Hoved., p. 675.)

2. Si autem servientes aut marinarii aut alii ministri per se inventi fuerint ludentes... (Ibid.)

3. Petrariæ, mangonelli... (Ibid., p. 688.) — Radulfus de Coggeshale, apud script. rer. fr., tom. XVIII, p. 64.)

chrétiens durant quarante jours; mais, que 1191.
passé ce terme, si le sultan Salah Eddin, alors maître de Jérusalem, n'avait pas consenti à rendre cette ville pour leur rançon, ils seraient à la merci des vainqueurs [1]. Les quarante jours s'écoulèrent; aucun messager ne vint de la part du sultan, et les rois d'Angleterre et de France, exécutant à la rigueur la capitulation, divisèrent en deux parts les prisonniers : chacun fit massacrer les siens hors des barrières de son camp [2]. Après les avoir tués, les chrétiens les éventrèrent pour chercher de l'or dans leurs entrailles [3]. « Ils en trouvèrent beaucoup, dit « un contemporain, et mirent en réserve leur « fiel pour des usages médicinaux [4]. » Cette victoire et ce sang versé ne cimentèrent point la concorde des princes croisés. Malgré leur serment sur les reliques, eux et leurs soldats se haïssaient les uns les autres, s'injuriaient et se calomniaient mutuellement [5]. Non-seulement

1. Ibid.

2. Rog. de Hoved., p. 698. — Script. rer. fr., t. XVII, pag. 376.

3. Quos omnes christiani evisceraverunt... (Rog. de Hoved., p. 698.)

4. .... Multum invenerunt et fel eorum usui medicinali servaverunt. (Ibid.)

5. Rex Franciæ et gens sua parvi pendebat regem Angliæ et gentem suam, et e converso... (Ibid., p. 674.)

1191. Richard et Philippe, mais tous les chefs, de quelque nation qu'ils fussent; étaient divisés entre eux par des rivalités d'ambition, d'avarice ou d'orgueil. Le jour de la prise d'Acre, le roi d'Angleterre trouvant la bannière du duc d'Autriche arborée sur les murs avant la sienne, la fit aussitôt enlever, déchirer et jeter dans une fosse d'ordures [1]. Quelque temps après, le marquis de Monferrat fut assassiné à Tyr, en plein jour, par deux Arabes, fanatiques de patriotisme et de religion, et ce fut le roi d'Angleterre qu'on accusa de les avoir soudoyés. Quelque temps encore après, le roi de France tomba malade, et lui-même se crut ou se prétendit alors empoisonné par le roi d'Angleterre [2]. Sous ce prétexte, il abandonna l'entreprise qu'il avait fait vœu d'achever, et laissa ses compagnons de pélerinage se débattre seuls contre les Sarrasins [3]. Richard, plus obstiné que lui, continua de tous ses efforts à tenter de reconquérir Jérusalem et la vraie croix.

Pendant qu'il poursuivait, avec assez peu de fruit, des exploits qui rendirent son nom un

1. In cloacam dejicere... (Script. rer. fr., tom. XVIII, pag. 27.)

2. Ibid., pag. 30.

3. Turpiter peregrinationis suæ propositum et votum dereliquit. (Rog. de Hoved., p. 969.)

objet de terreur dans tout l'Orient, l'Angleterre 1190 à 1191.
était le théâtre de grands troubles, causés par son absence. Ce n'était pas que les Anglais de race eussent entrepris de se révolter contre les Normands; mais il y avait discorde entre ces derniers. A son départ pour la croisade, le roi Richard n'avait confié aucune autorité à son frère Jean, qui ne portait alors d'autre titre que celui de comte de Mortain. Fidèle à ce vieil instinct, que lui-même attribuait à tous les membres de sa famille [1], Richard se défiait de lui et ne l'aimait pas. Un homme étranger à cette famille, étranger même à l'Anjou et à la Normandie, Guillaume de Longchamp, évêque d'Ély, et originaire de Beauvais en France [2], avait été chargé, par le roi, de la direction suprême des affaires, sous le titre de chancelier et de grand-justicier d'Angleterre. Enfin, le roi Richard avait fait jurer à Geoffroi, son frère naturel, de ne mettre le pied en Angleterre que trois ans après son départ, parce qu'il espérait être de retour avant ce terme [3].

1. Voyez livre X.

2. Guillelmus de Longo campo, ex pago Belvasensi oriundus... (Rog. de Hoved., p. 703.

3. Ibid., p. 701.

1190 à 1191. Le chancelier, Guillaume de Longchamp, maître de toute la puissance royale, en usa pour s'enrichir lui et sa famille; il plaça ses parents et ses amis de naissance étrangère dans tous les postes de profit et d'honneur, leur donna la garde des châteaux et des villes qu'il ôta, sous différents prétextes, aux hommes de pure race normande, sur lesquels il fit peser, aussi-bien que sur les Anglais, des exactions insupportables[1]. Les auteurs du temps disent que, grace à ses rapines, pas un chevalier ne pouvait garder son baudrier plaqué d'argent, ni un noble son anneau d'or, ni une femme son collier, ni un Juif ses marchandises[2]. Il affectait l'orgueil et les manières de la royauté, et scellait les actes publics de son propre sceau, au lieu du sceau de Normandie[3]; une garde nombreuse était postée autour de son hôtel; partout où il allait, mille chevaux et plus l'accompagnaient, et s'il requérait son gîte dans

1. Incumbebat velut locusta. (Guil. Neubrig., pag. 437.) — Quæ nepotibus suis erogabat... (Rog. de Hoved., pag. 681.)

2. Ut nec viro balteus argento redimitus, nec fœminæ monile, nec viro nobili annulum, vel Judæo relinqueret quidlibet pretiosi... (Math. Paris., pag. 117.)

3. Suo sigillo fecit universa... (Gerv. Cantuar., p. 1578.)

quelque maison, trois années de revenus, disent 1190
les contemporains, ne suffisaient pas à réparer à
la dépense que lui et sa suite y avaient fait en 1191.
un seul jour[1]. Il faisait venir, à grands frais, des jongleurs et des trouvères de France, pour chanter sur les places publiques des vers où l'on disait que le chancelier n'avait pas son pareil au monde[2].

Jean, comte de Mortain, frère du roi, homme non moins ambitieux et non moins vain que le chancelier, voyait avec envie cette puissance et ce faste, qu'il aurait voulu pouvoir étaler lui-même. Tous ceux que les exactions de Guillaume de Longchamps indignaient avec justice, ou qui désiraient un changement politique pour tenter la fortune, formèrent un parti autour du comte, et une lutte ouverte ne tarda pas à s'établir entre les deux rivaux. Leur inimitié éclata à l'occasion d'un certain Gérard de Camville ou de Champville, homme de race normande, à qui le chancelier voulut ôter le gouvernement, ou comme on disait alors, la vicomté de Lin-

1. Guil. Neubrig., p. 437.

2. De regno Francorum cantores et joculatores muneribus allexerat, ut de illo canerent in plateis, et jam dicebatur ubique quòd non erat talis in orbe... (Rog. de Hoved., pag. 703.)

1190 à 1191. coln, que le roi, avant son départ, lui avait vendue à prix d'argent [1]. Le chancelier, qui voulait donner cet office à l'un de ses amis, somma Gérard de lui rendre les clefs du château royal de Lincoln; mais le vicomte résista à cet ordre, déclarant qu'il était homme-lige du comte Jean, et ne rendrait son fief qu'après avoir été jugé et condamné pour forfaiture dans la cour de son seigneur naturel [2]. A ce refus, le chancelier vint, avec une armée, assiéger le château de Lincoln, le prit et en chassa Gérard de Camville, qui demanda justice de cette violence à Jean, comme à son suzerain et à son protecteur [3]. Par une sorte de représailles du tort fait à son vassal, le comte Jean s'empara des citadelles royales de Nottingham et de Tickhill, y plaça ses chevaliers et y arbora sa bannière, protestant, dit un vieil historien, que si le chancelier ne faisait promptement droit à Gérard, son homme-lige, il lui ferait visite avec une verge de fer [4]. Le chancelier eut peur, et négocia un accord par lequel le comte

1. Jo. Brompton, p. 1223.

2. Se esse hominem comitis Johannis, et velle in curiâ suâ jure stare... (Ibid.)

3. Rog. de Hoved., p. 700.

4. Visitaret eum in virgâ ferreâ... (Ibid.)

resta en possession des deux forteresses qu'il s'était fait livrer; ce premier pas de Jean vers la puissance, que son frère avait craint de lui confier, ne tarda guère à être suivi de tentatives plus importantes. 1190 à 1191.

Geoffroi, fils naturel de Henri II, élu archevêque d'York, du vivant de son père, mais demeuré long-temps sans confirmation de la part du pape, obtint enfin de Rome la permission de se faire consacrer par le prélat de Tours, métropolitain de l'Anjou [1]. Aussitôt après sa consécration, il partit pour l'Angleterre, malgré le serment que son frère l'avait contraint de prêter [2]. Le chancelier en fut averti, et au moment où l'archevêque Geoffroy allait s'embarquer au port de Wissant, il rencontra des messagers qui lui défendirent, au nom du roi, de passer la mer. Geoffroy ne tint compte de la défense, et des gens armés furent apostés pour le saisir à son débarquement [3]. Ayant échappé à leurs recherches, en se déguisant, il gagna un monastère de la ville de Canterbury, dont les religieux l'accueillirent, et le cachèrent dans leur maison [4]. 1191.

1. Rog. de Hoved., p. 701.

2. Immemor sacramenti quod fecerat domino regi fratri suo. (Ibid.)

3. Ibid.

4. Ibid.

1191. Mais bientôt le bruit courut qu'il s'y trouvait, le couvent fut assiégé par des soldats; et l'archevêque lui-même, saisi dans l'église au moment où il venait de dire la messe, fut enfermé dans la forteresse royale, sous la garde du constable Mathieu de Clare. Cette arrestation violente fit grand bruit en Angleterre, et le comte Jean, saisissant l'occasion, prit ouvertement le parti de son frère, et ordonna, avec menaces, au chancelier de mettre en liberté l'archevêque. Le chancelier n'osa résister, et alors, devenu plus audacieux, le comte de Mortain se rendit à Londres, y convoqua le grand conseil des barons et des évêques d'Angleterre, et accusa devant eux Guillaume de Longchamp d'avoir abusé énormément du pouvoir que le roi lui avait confié[1]. Guillaume avait mécontenté trop de gens pour que son accusateur ne fût pas favorablement écouté. L'assemblée des barons le cita donc à comparaître devant elle; il s'y refusa, et rassemblant des hommes d'armes, marcha sur Londres, de Windsor où il était, pour empêcher les barons de se réunir une seconde fois; mais les hommes d'armes du comte Jean le rencontrèrent aux portes de la ville,

1. ... Ut cancellarius jure staret in curiâ regis... (Rog. de Hoved., p. 701.)

attaquèrent et dispersèrent son escorte, et le 1191.
forcèrent de se jeter, en grande hâte, dans la Tour de Londres, où il se tint renfermé pendant que les barons et les évêques, réunis en parlement, délibéraient sur son sort [1].

La majorité d'entre eux avait dessein de frapper un grand coup, et de destituer celui à qui le roi Richard avait confié la lieutenance de son pouvoir, et qui, selon les formes légales, ne pouvait être déposé sans l'ordre du roi. Dans cette entreprise hardie, le comte de Mortain et les barons normands résolurent de compromettre les habitants anglais de Londres, afin d'avoir pour appui, s'il fallait en venir aux mains, toute la population de cette grande ville. Le jour fixé pour leur assemblée, ils firent sonner la grosse cloche d'alarme; et, à mesure que les bourgeois sortaient de leurs maisons pour savoir ce dont il s'agissait, des gens apostés leur disaient de se rendre au parvis de l'église de Saint-Paul [2]. Ils y allèrent en foule,

1. ... Contigit quòd milites illius et milites comitis Johannis obviaverunt sibi et acriter congressi sunt... (Rog. de Hoved., p. 701.)

2. Pulsatâ campanâ quæ solet populum ad conveniendum urgere... (Alured. Rievallensis. p. 652.) — Et omnes episcopi et comites et barones, et cives Londoniæ cum illis convene-

1191. et furent surpris d'y trouver réunis les grands du pays, les fils des hommes de la conquête, avec lesquels ils n'avaient d'autres relations que celles du serf avec le seigneur. Contre l'ordinaire, les barons et les prélats firent bon visage aux bourgeois, et une sorte de fraternité passagère parut entre les Normands et les Saxons. Ces derniers entendirent ce qu'ils purent des discussions et des harangues qui furent prononcées alors en langue française, et on leur lut une prétendue lettre du roi, écrite en latin et datée de Messine, laquelle portait que, si le chancelier se conduisait mal dans son office, on pourrait le déposer et mettre à sa place l'archevêque de Rouen[1]. Après cette lecture, on prit les voix de l'assemblée, même des Saxons; et les héraults normands proclamèrent : « Qu'il « avait plu à Jean, comte de Mortain, frère du « roi, à tous les évêques, comtes et barons du « royaume, et aux citoyens de Londres, que le « chancelier Guillaume de Longchamp fût des« titué de son office[2]. »

runt in atrio Ecclesiæ Sancti-Pauli.... (Rog. de Hoved., pag. 701.)

1. Ostenderunt coràm populo litteras domini regis sigillatas... (Ibid., p. 702.)

2. Placuit ergo Johanni, fratri regis, et omnibus episcopis,

Pendant que ces choses avaient lieu dans l'église de Saint-Paul, le chancelier se tenait enfermé dans la tour de Londres, et ses ennemis ignoraient s'il prendrait le parti d'y soutenir un siège. Dans ce doute, l'amitié des bourgeois de la ville devait être pour eux d'un grand avantage, et, pour la gagner pleinement, ils firent à l'égard des habitants de Londres ce qu'avaient fait autrefois Guillaume le Roux et Henri Ier, à l'égard de tout le peuple saxon. « Le même jour, dit un « auteur du temps, le comte de Mortain, l'ar- « chevêque de Rouen, et les justiciers du roi, « octroyèrent aux citoyens la licence de former « entre eux une *commune* [1]. Le comte, l'arche- « vêque et presque tous les évêques, comtes et « barons du royaume, jurèrent de maintenir fer- « mement et immuablement cette *commune*, au- « tant de temps qu'il plairait au roi [2], et, de leur « côté, les citoyens de Londres jurèrent obéis- « sance et fidélité au seigneur roi Richard, et « après lui, au comte Jean qu'ils promirent de 1191.

comitibus et baronibus regni et civibus Londoniæ, ut cancellarius ille deponeretur... (Ibid.)

1. Concesserunt civibus Londoniarum habere communam suam... (Ibid., p. 702.)

2. Firmiter et inconcussè quamdiù regi placuerit..... (Ibid.)

1191. « reconnaître pour roi et seigneur, si son frère « mourait sans enfants [1]. »

Cette promesse et ce serment étaient peu d'accord avec les vues de Richard; car, dans quelques-unes de ses chartes, il s'était déja plu à désigner, pour héritier du royaume, si lui-même mourait sans enfants, au lieu de son frère, le jeune Arthur, son neveu, fils de Geoffroy et de la fille du dernier duc de Bretagne [2]. La clause, *tant qu'il plaira au roi*, insérée dans la charte des habitants de Londres, était donc proprement l'assurance de la destruction de leur commune, aussitôt que Richard serait de retour; et cependant ils n'hésitèrent pas à s'engager dans un parti qui leur promettait au moins quelques jours d'une existence plus libre et plus tolérable. Mais, ce qu'ils obtinrent alors, ils ne le gardèrent pas long-temps; et leur nouvelle liberté tomba en désuétude, sans qu'il y eût même besoin d'un acte formel, pour révoquer l'octroi des barons et du comte Jean. Quand ce comte devint roi, après son frère, et qu'à son tour, il vit s'élever

1. Juraverunt fidele servitium domino regi Ricardo,.... reciperent in regem et dominum..... (Rog. de Hoved., pag. 702.)

2. Arthurium, egregium ducem Britanniæ, carissimum nepotem nostrum, et hæredem si forte nos sine prole obire contigerit. (Ibid.) — Rymer, acta publica, tom. I, p. 66.

contre lui une ligue d'ennemis puissants, il renouvela aux citoyens les mêmes concessions[1]; mais elles ne furent pas maintenues plus fidèlement que la première fois, et sous le règne de son successeur Henri, IIIe du nom, les bourgeois de Londres continuèrent d'être, selon l'expression des contemporains, taillés haut et bas, comme des serfs[2]. 1191.

Le chancelier, Guillaume de Longchamp, homme peu courageux, renonça à tout projet de se défendre dans la tour de Londres et demanda à capituler. Il sortit sain et sauf sous condition de remettre à l'archevêque de Rouen, son successeur, les clefs de tous les châteaux du roi[3]. On lui fit jurer aussi de ne point sortir d'Angleterre avant d'avoir fait cette remise, et l'on emprisonna ses deux frères comme otages de sa parole[4]. Il se retira à Canterbury; mais après y être demeuré quelques jours, il prit la résolution de s'enfuir, aimant mieux laisser ses frères en danger de mort, que de rendre les châteaux, par la possession desquels il espérait encore recouvrer ce qu'il avait perdu[5]. Il sortit

1. Ibid., passim.
2. .... Quasi servi ultimæ conditionis... (Math. Paris.,)
3. Rog. de Hoved., p. 704.)
4. Fratres suos obsides dedit. (Ibid.)
5. Ibid.

1191. de la ville à pied et déguisé, ayant par-dessus ses habits d'homme une robe de femme et une cape à larges manches, la tête couverte d'un voile d'étoffe épaisse, tenant sous le bras un ballot de toile et à la main une aune [1]. Dans cet attirail qui était celui des marchandes anglaises de l'époque, le chancelier se rendit vers la mer et fut obligé d'attendre quelque temps le vaisseau où il devait s'embarquer [2].

Il s'assit tranquillement sur une pierre avec son ballot sur les genoux; des femmes de pêcheurs qui passèrent auprès l'abordèrent en lui demandant en anglais le prix de sa toile; mais lui, quoique né en Angleterre et chancelier d'Angleterre, ne sachant pas un seul mot d'anglais, ne répondit rien, ce qui étonna fort les acheteuses [3]; elles passèrent cependant, mais d'autres femmes s'approchèrent, virent la toile, et l'ayant touchée pour l'examiner, firent la même demande que les premières; la prétendue marchande continua de garder le silence, et les

1. Tunica fœmineâ viridis coloris indutus, cappam habens ejusdem coloris manicatam, peplum in capite, pannum habens lineum in manu sinistrâ, virgam venditoris in dextrâ... (Rog. de Hoved., p. 704.)

2. Ibid.

3. Ille verò nil respondebat, quia linguam anglicanam prorsùs ignorabat... (Ibid.)

femmes renouvelèrent leurs instances, enfin le chancelier poussé à bout se mit à rire tout haut, croyant sortir d'embarras par cette espèce de réponse[1]. A ce rire hors de propos, les femmes crurent qu'elles avaient devant elles une personne aliénée d'esprit, et, soulevant son voile pour la reconnaître, découvrirent un visage d'homme brun fraîchement rasé[2]; leurs cris de surprise ameutèrent les passants et les ouvriers du port; ceux-ci joyeux de trouver un objet de risée, se jetèrent sur le personnage déguisé, le tirant par ses habits, le faisant tomber par terre, et s'amusant de ses efforts pour se relever et pour faire entendre qu'il était chancelier du roi, prélat de Durham, et légat titulaire du saint siége apostolique[3]. Après l'avoir traîné quelque temps à travers les cailloux et la boue, les pêcheurs et les matelots finirent par l'enfermer dans une cave d'où il ne sortit qu'en faisant connaître sa mésaventure aux agents de l'autorité normande[4].

1191.

1. Cùmque ille nihil responderet, sed magis subrideret.... (Rog. de Hoved., p. 704.)

2. Viderunt faciem hominis nigram et noviter rasam.. (Ib.)

3. Et facta est statim multitudo virorum ac mulierum extrahentium de capite peplum, et trahentium eum prostratum in terrâ per manicas et capucium.... (Ibid.)

4. Et sic populus tractavit eum per totam villam et in quodam cellario tenebroso inclusit... (Ibid.)

1191. Forcé d'exécuter ses engagements envers le comte de Mortain et ses partisans, l'ex-chancelier leur rendit les clefs des châteaux et ainsi obtint la permission de sortir librement d'Angleterre. A son arrivée en France, il s'empressa d'écrire au roi Richard que son frère Jean s'était emparé de toutes ses forteresses, et se disposait à usurper son royaume s'il ne revenait promptement[1]. D'autres nouvelles plus alarmantes encore ne tardèrent pas à parvenir au roi d'Angle-
1192. terre en Palestine. Il apprit que le roi de France, passant par Rome, avait prié le pape de l'exempter du serment de paix qu'il avait prêté à Richard, et que dès son arrivée dans son château de Fontainebleau, il s'était vanté de mettre bientôt à mal le pays du roi d'Angleterre[2]. Malgré l'éloignement où il se trouvait du lieu qu'habitait Richard, le roi Philippe affectait toujours de craindre quelques embûches de sa part[3]. Étant un jour à se divertir à Pontoise, il en partit subitement, et vint à Paris montrer à ses barons des lettres venues, à ce qu'il prétendait, d'outre-mer, et dans lesquelles des amis l'avertissaient de pren-

1. Nisi ipse celeriùs venire festinasset... (Rog. de Hoved., pag. 704.)

2. Script. rer. fr., tom. XVIII, pag. 28.)

3. Vel frustra timebat, vel potius ad augendam invidiam timere se fingebat... (Ibid., p. 31.)

dre garde à lui parce que le roi d'Angleterre avait envoyé d'Orient des *Arsacides* ou *hassassis* ou *assassins*, pour le tuer[1]. 1192.

C'était le nom, alors tout nouveau dans les langues européennes, par lequel on désignait les mahométans fanatiques qui croyaient gagner le paradis en se dévouant à tuer par surprise les chefs des ennemis de leur nation. Deux de ces enthousiastes avaient poignardé, à la face de son armée et de tout le peuple de Tyr, Conrad, le marquis de Montferrat[2]. Les occidentaux habitués alors à faire les plus grands sacrifices par devoir de féauté envers un seigneur, attribuaient au même mobile le dévouement des hommes de l'Orient : l'on croyait généralement qu'il y avait une tribu entière de fanatiques soumis à un chef nommé le Vieux de la Montagne, et que les vassaux de ce personnage mystérieux, à son premier signal, couraient joyeusement à la mort, ou bien se la donnaient eux-mêmes[3].

1. Quòd ad suggestionem et mandatum regis Angliæ Ricardi mittebantur Arsacidæ... (Script. rer. fr., tom. XVII, pag. 37.) — Rog. de Hoved., p. 716.

2. Dum per plateam civitatis Tyri equitaret... (Script. rer. fr., tom. XVIII, p. 65.)

3. Fertur esse in Oriente agens sub ditione cujusdam potentis Sarraceni, quem Senem de Monte nominant, quoddam hominum genus... (Ibid., p. 30.)

1192. Les historiens latins du moyen âge appliquaient, on ne sait pourquoi, le nom ancien d'*Arsacides* aux hommes de cette tribu imaginaire, et c'est ce nom qui, défiguré par la prononciation vulgaire, a produit le mot moderne d'*assassins*[1].

On conçoit que le nom de ces hommes qui poignardaient à l'improviste, frappaient les généraux d'armée au milieu de leurs soldats, et mouraient en riant, pourvu qu'ils n'eussent pas manqué leur coup, devaient inspirer une grande terreur aux croisés et aux pélerins de l'Occident; ils rapportaient, à leur retour, un souvenir si vif de l'effroi qu'ils avaient ressenti au seul mot d'*assassin*, que ce mot passa bientôt dans toutes les bouches, et que les contes d'assassinat les plus absurdes, purent trouver aisément, par toute l'Europe, des hommes disposés à y croire. Cette disposition des esprits existait, à ce qu'il paraît, en France, lorsque le roi Philippe assembla ses barons en parlement à Paris. Nul d'entre eux n'exprima de doute sur le péril du roi; et Philippe, soit pour mieux exciter parmi ses vassaux et ses sujets la haine contre le roi d'Angleterre, soit pour se donner de nouvelles sûretés contre ses ennemis de toute espèce, et contre ses sujets eux-mêmes, entoura

1. De populo Arsacidarum. (Script. rer. fr., passim.)

sa personne de précautions extraordinaires [1]. 1192.
« Contre la coutume de ses aïeux, disent les « contemporains, il ne marcha plus qu'escorté « de gens en armes, et institua, pour plus « grande sécurité, des gardes de son corps, choi- « sis parmi les gens qui lui étaient le plus dé- « voués, et armés de grandes masses de fer ou « de cuivre [2]. On dit que certaines personnes qui, « usant de la familiarité accoutumée, s'appro- « chèrent de lui par mégarde, coururent le dan- « ger de la vie [3]. Cette nouveauté royale étonna « beaucoup de gens, et leur déplut singulière- « ment [4]. »

Le mauvais effet produit par l'institution de ces gardes du corps, alors appelés *sergents à masse*, obligea le roi Philippe à convoquer de nouveau l'assemblée des barons et des évêques de France [5]. Il renouvela devant elle ses pré-

1. Ad majorem cautelam corporis sui. (Script. rer. fr., tom. XVII, p. 37.)

2. Contra morem majorum suorum non nisi armatâ vallatus custodiâ procedebat,.. instituit custodes corporis sui clavas æreas vel ferreas in manibus portantes... (Ibid. et tom. XVIII, p. 31.)

3. Quidam familiari ausu propiùs accedentes, non sine periculo... (Guil. Neubrig., apud script. rer. fr., t. XVIII, p. 31.)

4. Mirantibus hanc novitatem regiam plurimis... (Ibid.)

5. Ut pro eâ satisfaceret, suorum concilium Parisios convocavit... (Ibid.)

1192. mières imputations contre le roi d'Angleterre, répétant que c'était lui qui avait fait tuer Conrad par les assassins qu'il avait à sa solde. « Y a-t-il « lieu, après tout cela, de s'émerveiller, dit le « roi de France, que j'aie de moi plus de soin « que de coutume? Néanmoins, si mes précautions « vous paraissent inconvenantes ou superflues, « décidez, et j'y renoncerai [1]. » L'assemblée ne manqua pas de répondre que tout ce que le roi jugeait à propos de faire pour sa sûreté personnelle était bon et convenable; les gardes du corps furent maintenus, et l'institution s'en conserva bien des siècles après qu'on eut cessé de croire, en France, au pouvoir mystérieux du vieux de la Montagne, et aux assassins soldés par le roi d'Angleterre [2]. Une seconde question que le roi Philippe adressa alors à ses barons, fut celle-ci. « Dites-moi s'il n'est pas légitime que « je tire prompte et bonne vengeance des torts « et des trahisons manifestes que m'a faits ce « traître de Richard [3]. » Sur ce point, la réponse fut encore plus unanime que sur l'autre; car les barons de France étaient tous animés d'un vieil

1. Quam tamen (curam) si reputatis vel indecoram, vel superfluam, decernite amovendam. (Script. rer. fr., t. XVIII, pag. 31.)

2. Ibid., tom. XVII, p. 71 et 377.

3. De proditore manifesto proprias ulcisci injurias...... (Ibid., tom. XVIII, p. 31.)

esprit de rancune nationale contre le pouvoir des Normands[1]. 1192.

Malgré l'éloignement où il se trouvait, le roi Richard fut assez promptement informé de ces nouvelles, parce que, dans la ferveur du zèle qui venait de se rallumer en Europe contre les sectateurs de Mahomet, de nouveaux pélerins partaient sans cesse pour la Terre-Sainte, d'où la plupart ne revenaient jamais. La destitution du chancelier, et l'occupation des forteresses par le comte Jean, avaient beaucoup troublé le roi d'Angleterre, et il prévoyait que son frère, suivant l'exemple que lui-même lui avait donné, unirait tôt ou tard ses projets d'ambition aux projets d'hostilités du roi de France[2]. Ces craintes l'agitèrent bientôt au point que, malgré le serment qu'il avait fait de ne point quitter la Terre-Sainte tant qu'il lui resterait un roussin à manger, il conclut une trève de trois ans, trois mois, trois jours, avec les Sarrasins, et se mit en route vers l'Occident[3].

Parvenu en mer à la hauteur de la Sicile, il s'avisa tout à coup qu'il y aurait du danger pour

1. Ibid.

2. Propter sinistros rumores quos audierat... (Rog. de Hoved., p. 717.)

3. Quandiù haberet unum runcinum ad manducandum... (Ibid., p. 216.)

1192. lui à débarquer dans un des ports de la Gaule méridionale, parce que la plupart des seigneurs de Provence étaient parents du marquis de Montferrat, qu'on l'accusait d'avoir fait tuer, et parce que le comte de Toulouse, Raymond de Saint-Gilles, qui était, sous le roi d'Aragon, suzerain des villes maritimes situées à l'ouest du Rhône, était son ennemi personnel [1]. Craignant avec raison quelques embûches de leur part, au lieu de traverser la Méditerranée, il entra dans le golfe Adriatique après avoir congédié la plus grande partie de sa suite, afin de n'être point reconnu [2]. Son vaisseau fut attaqué par des pirates avec lesquels, à la suite d'un combat assez vif, il trouva moyen de faire amitié, si bien qu'il quitta son navire pour un des leurs, qui le conduisit à Zara sur la côte d'Esclavonie [3]. Il prit terre avec un baron normand appelé Baudoin de Béthune, maître Philippe et maître Anselme, ses chapelains, quelques Templiers et quelques serviteurs [4]. Il s'agissait d'avoir un sauf-conduit du seigneur de la province qui, par un hasard fatal, était l'un des nombreux parents

1. Voyez livre X.

2. Script. rer. fr., tom. XVIII, p. 31 et 71.

3. Qui piratæ cum rege confœderati, ...ascendit rex cum eis... (Radulf. de Coggeshale, ibid., p. 71.)

4. Ibid.

du marquis de Montferrat. Le roi envoya l'un 1192.
de ses gens faire cette demande, et le chargea d'offrir au seigneur, un anneau orné d'un gros rubis qu'il avait acheté, en Palestine, à des négociants pisans [1]. Ce rubis, alors célèbre, fut reconnu par le seigneur de Zara : « Qui « sont ceux qui t'envoient me demander pas- « sage, demanda-t-il au messager [2]? — Des pé- « lerins revenant de Jérusalem. — Et leur nom? « — L'un s'appelle Baudouin de Béthune, et « l'autre, Hugues le marchand, qui vous offre « cet anneau [3]. » Le seigneur, examinant l'anneau avec attention, fut quelque temps sans rien dire, et reprit tout à coup. « Tu ne dis pas vrai : ce « n'est pas Hugues qu'il se nomme, c'est le roi « Richard [4]. Mais, puisqu'il a voulu m'honorer « de ses dons sans me connaître, je ne veux « point l'arrêter; je lui renvoie son présent, et « le laisse libre de partir [5]. »

1. ... A quodam Pisano comparaverat. (Radulf. de Coggeshale, apud script. rer. fr., tom. XVIII, p. 71.)

2. Ibid.

3. ...Unus, inquit, eorum appellatur Baldewinus de Betun, alter verò Hugo mercator... (Ibid.)

4. ...Non, inquit, Hugo, sed rex Richardus appellatur... (Ibid.)

5. ... Quia me ignotum ita honoravit, liberam abeundi licentiam concedo... (Ibid.)

1192. Surpris de cet incident, auquel il était bien loin de s'attendre, Richard partit aussitôt; on ne chercha point à l'en empêcher. Mais le seigneur de Zara envoya prévenir son frère, seigneur d'une ville voisine, que le roi des Anglais était dans le pays, et devait passer sur ses terres. Le frère avait à son service un Normand appelé Roger, originaire d'Argenton, auquel il donna aussitôt commission de visiter chaque jour toutes les hôtelleries où logeaient des pélerins, et de voir s'il ne reconnaîtrait pas le roi d'Angleterre au langage, ou à quelque autre signe, lui promettant, s'il réussissait à le faire saisir, la moitié de sa ville à gouverner[2]. Le Normand se mit à la recherche durant plusieurs jours, allant de maison en maison, et finit par découvrir le roi. Richard essaya d'abord de cacher qui il était, mais, poussé à bout par les questions du Normand, il fut contraint d'en faire l'aveu[3]; alors Roger se mit à pleurer, et le conjura de prendre sur-le-champ la fuite, lui offrant son meilleur

1. Radulf. de Coggeshale, apud script. rer. fr., t. XVIII, pag. 72.)

2. Roger nomine, Normannus genere de Argenton... si forte regem per loquelam, vel per aliquod signum explorare posset.... (Ibid.)

3. Singulorum hospitia inquirens et discutiens,... regem reperit qui... confitetur quod erat... (Ibid.)

cheval [1]; puis il retourna vers son seigneur, lui 1192.
dit que la nouvelle de l'arrivée du roi n'était qu'un faux bruit, qu'il ne l'avait point trouvé, mais seulement Baudouin de Béthune, un de ses compatriotes, qui revenait de pélerinage. Le seigneur, furieux d'avoir manqué son coup, fit arrêter Baudouin, et le retint en prison [2].

Pendant ce temps, le roi Richard était en fuite sur le territoire allemand, ayant pour toute compagnie Guillaume de l'Étang, son ami intime, et un valet qui savait parler la langue teutonique, soit qu'il fût Anglais de naissance, soit que sa condition inférieure lui eût donné le goût d'apprendre la langue anglaise, alors exactement semblable au dialecte saxon de la Germanie, et n'ayant ni mots français, ni locutions, ni constructions françaises [3]. Ils voyagèrent trois jours et trois nuits sans prendre de nourriture, presque sans savoir où ils allaient,

1. ... Qui statim cum lacrymis.... equum peroptimum regi tradens... (Radulfus de Coggeshale, apud script. rer. fr., tom. XVIII, p. 72.)

2. ... Dicit frivolum esse quod audierat de regis adventu... Baldewinum de Betun comprehendi jussit... (Ibid.)

3. .... Rex cum Willelmo de Stagno, et quodam puero, qui linguam teutonicam noverat, tres dies et noctes..... (Ibid.)

1192. et entrèrent dans la province qu'on appelait en langue tudesque Ost-ric ou OEst-reich, c'est-à-dire pays de l'Est. Ce nom était un dernier souvenir du vieil empire des Franks, dont cette contrée avait formé jadis l'extrémité orientale[1]. L'Ost-ric ou l'Autriche, comme disaient les Français et les Normands, dépendait de l'empire germanique, et était gouvernée par un chef qui portait le titre de here-zog ou de duc; et, par malheur, ce duc, nommé Liet-pold[2], était celui que Richard avait mortellement offensé en Palestine, en faisant déchirer sa bannière. Sa résidence était à Vienne, sur le Danube, où le roi et ses deux compagnons arrivèrent, épuisés de fatigue et de faim[3].

Le serviteur, qui parlait anglais, alla au change de la ville, échanger des besans d'or contre de la monnaie du pays[4]. Il fit, devant les marchands, beaucoup d'étalage de son or et de sa personne, prenant un air de dignité et

1. Voyez livre II.

2. En latin *Leopoldus*. Liet, leut, leod, un peuple, un grand nombre, et par extension, beaucoup, fortement; pold, bold, bald, hardi. Voyez livres I et II.

3. Script. rer. fr., tom. XVIII, p. 72.

4. ... Ad escambium veniens, cùm plures bizantios proferret... (Ibid.)

des manières d'homme de cour [1]. Les bourgeois, soupçonneux, le menèrent à leur magistrat pour savoir qui il était. Il se donna pour le valet d'un riche marchand qui devait arriver dans trois jours, et fut mis en liberté sur cette réponse [2]. A son retour au logis du roi, il lui raconta son aventure et lui conseilla de partir au plus vite; mais Richard, désirant prendre du repos, demeura encore quelques jours [3]. Durant cet intervalle, le bruit de son débarquement à Zara se répandit en Autriche, et le duc Liet-pold, qui désirait à-la-fois se venger et s'enrichir par la rançon d'un pareil prisonnier, envoya de tous côtés à sa recherche des espions et des gens armés [4]. Ils parcoururent la contrée sans rien découvrir; mais un jour, le même serviteur, qui avait déja été arrêté une fois, se trouvant au marché de la ville, où il achetait des provisions, on remarqua à sa ceinture des gants richement brodés, tels qu'en portaient, avec leurs habits de cour, les 1192.

1. Cùm nimis curialiter et pompaticè se haberet... (Radulf. de Coggeshale, apud script. rer. fr., t. XVIII, p. 72.)

2. Servientem cujusdam ditissimi mercatoris... (Ibid.)

3. Per aliquot dies requiescere cupiens... (Ibid.)

4. In ultionem læsionis cujusdam,... magis autem anglicanarum opum homo avarus sitiens... (Ibid., p. 35.)

1192. grands seigneurs de l'époque [1]. On le saisit de nouveau, et, pour lui arracher des aveux, on le mit à la torture [2]. Il révéla tout, et indiqua l'hôtellerie où se trouvait le roi Richard. Elle fut cernée par les gens d'armes du duc d'Autriche qui, surprenant le roi, l'obligèrent à se rendre; et le duc, avec de grandes marques de respect, le fit enfermer dans une prison, où des soldats d'élite le gardaient jour et nuit l'épée nue [3].

Dès que le bruit de l'arrestation du roi d'Angleterre se fut répandu, l'empereur ou César de toute l'Allemagne [4], somma le duc d'Autriche, son vassal, de lui remettre le prisonnier, sous prétexte qu'il ne convenait qu'à un empereur de tenir un roi en prison [5]. Le duc Liet-pold se rendit à cette raison bizarre avec une bonne grace

1. ...Chirothecas domini regis sub zonâ secum incautiùs gestasse... (Radulf. de Goggeshale, apud script. rer. fr., tom. XVIII, p. 72.)

2. Dirissimè torquent, variis pœnis et cruciatibus affligunt... (Ibid.)

3. ...Strenuis militibus custodiendum tradidit qui, diù noctuque, strictis ensibus eum custodierunt... (Ibid.)

4. ... Occasione captivi insignis diripiendi... (Guil. Neubrig., apud script. rer. fr., tom. XVIII, p. 35.)

5. Allegans regem non decere teneri a duce, nec esse indecens si ab imperatoriâ celsitudine decus regium teneretur... (Ibid., p. 36.)

apparenté, mais non sans stipuler qu'il lui re- 1192.
viendrait au moins une certaine part de la rançon[1]. Le roi d'Angleterre fut alors transferé de Vienne à Worms, dans une des forteresses impériales, et l'empereur, tout joyeux, envoya au roi de France un message qui lui fut plus agréable, dit un historien du temps, qu'un présent d'or et de topaze[2]. Philippe écrivit aussitôt à 1193.
l'empereur pour le féliciter cordialement de sa prise et l'engager à la garder avec soin, parce que, disait-il, le monde ne serait jamais en paix si un semblable perturbateur réussissait à s'évader[3]. En conséquence il proposait de payer une somme égale ou même supérieure à la rançon du roi d'Angleterre, si l'empereur voulait le lui donner en garde[4].

L'empereur soumit, selon l'usage, cette proposition à l'assemblée des seigneurs et des évêques du pays, qu'en langue tudesque, on appelait *diet*, mot qui, au commencement, signifiait le peuple en général, mais qui avait pris par degrés une significatiou plus restreinte. Il

1. Pactus competentem provenientis commodi portionem... (Script. rer. fr., tom. XVIII, p. 36.)

2. Gratissimum illi super aurum et topazion. (Ibid., p. 35.)

3. Mundum componi non posse si tantus turbator emergeret... (Ibid., p. 38.)

4. Sibi custodiendum traderet. (Ibid.)

1193. exposa, devant la diète, les motifs de la demande du roi de France, et justifia l'emprisonnement de Richard par le prétendu crime de meurtre commis sur le marquis de Montferrat, l'insulte faite à la bannière du duc d'Autriche et la trève de trois ans conclue avec les ennemis de la foi. Pour ces méfaits le roi d'Angleterre devait, selon lui, être déclaré ennemi capital de l'empire [1]. L'assemblée décida que Richard serait jugé par elle sur les griefs qu'on lui imputait, mais elle refusa de le livrer au roi de France [2]. Celui-ci n'attendit pas le jugement du prisonnier pour lui envoyer dire, par un message exprès, qu'il le renonçait pour son vassal, le défiait et lui déclarait la guerre à toute outrance [3]. En même temps il fit faire au comte de Mortain les mêmes offres qu'autrefois il avait faites à Richard, pour l'exciter contre son père. Il promit de garantir au comte Jean la possession de la Normandie, de l'Anjou et de l'Aquitaine, et de l'aider à s'emparer de la royauté en Angleterre; en retour il ne lui demandait que d'être fidèlement son allié, et d'épouser cette même

1. Script. rer. fr., tom. XVIII, p. 37.)

2. Ibid.

3. Missis a latere suo viris honoratis... hominium quo sibi astrictus videbatur refutavit, bellumque vincto indixit... (Ibid.)

Aliz dont il a été fait mention plus haut[1]. Sans 1193.
conclure alors d'alliance positive avec le roi Philippe, Jean commença des intrigues dans tous les pays soumis à son frère; et, sous prétexte que Richard était mort ou devait être regardé comme tel, il exigea le serment de fidélité des officiers publics et des gouverneurs des forteresses et des villes[2].

Le roi d'Angleterre fut averti de ces manœuvres par plusieurs abbés de Normandie, qui obtinrent la permission de le visiter dans sa prison, et surtout par son ancien chancelier, Guillaume de Longchamp, l'ennemi personnel du comte de Mortain[3]. Richard le reçut comme un ami persécuté pour son service, et l'employa dans plusieurs négociations. Le jour fixé pour le jugement du roi arriva; il comparut comme accusé devant la diète germanique assemblée à Worms; il n'eut besoin que de promettre, pour sa rançon, cent mille livres d'argent, et de s'avouer vassal de l'empereur, pour être absous sur tous les points[4]. Cet aveu de vasse-

1. Rog. de Hoved., p. 724.

2. Asserens quòd rex Angliæ frater suus mortuus erat... (Ibid.)

3. Ibid., p. 722.

4. Ibid., p. 722 — 724.

1193. lage, qui n'était qu'une simple formalité, avait de l'importance aux yeux de l'empereur, à cause de ses prétentions à la domination universelle des Césars de Rome dont il se disait l'héritier. La sujétion féodale du royaume d'Angleterre à l'empire germanique n'était pas de nature à durer long-temps, et néanmoins l'aveu et la déclaration s'en firent alors avec toute la pompe et l'appareil commandé par les usages du siècle. « Le roi Richard, dit un contemporain, se des-« titua du royaume, et le remit à l'empereur, « comme au seigneur de toute la terre, l'en in-« vestissant par son chapeau [1]; et l'empereur le « lui rendit aussitôt pour le tenir en fief de lui, « sous la condition d'un tribut annuel de cinq « mille livres sterling, et l'en investit par une « double couronne d'or [2]. » Après cette cérémonie, l'empereur, les évêques et les seigneurs allemands promirent par serment, sur leur âme, que le roi d'Angleterre deviendrait libre aussitôt

1. Deposuit se de regno Angliæ, et tradidit illud imperatori sicut universorum domino, et investivit eum indè per pileum suum... (Rog. de Hoved., p. 724.)

2. Sed imperator statim reddidit ei regnum Angliæ tenendum de ipso, pro 5,000 libr. sterlingorum de tributo solvendis, et investivit eum indè per duplicem coronam de auro... (Ibid.)

qu'il aurait payé cent mille livres, et dès ce jour 1193.
la captivité de Richard fut moins étroite [1].

Pendant ce temps le comte de Mortain, poursuivant ses intrigues et ses manœuvres, sollicitait les justiciers d'Angleterre, l'archevêque de Rouen et les barons de Normandie, de lui jurer fidélité, et de le reconnaître pour roi; la plupart refusèrent, et le comte, se sentant trop faible pour les contraindre à faire ce qu'il souhaitait, passa en France, et conclut un traité formel avec le roi Philippe [2]. Il s'avoua vassal et homme lige de ce roi pour l'Angleterre et tous les autres états de son frère, lui jura d'épouser sa sœur, et de lui abandonner une partie considérable de la Normandie, Tours, Loches, Amboise et Montrichard, aussitôt que, par son secours, il serait devenu roi d'Angleterre [3]. Il promit de plus au comte de Blois vassal du roi de France, les villes de La Châtre et de Vendôme. Et enfin, il souscrivit, contre Richard, la clause que Richard lui-même avait plus d'une fois souscrite contre son père Henri II : « Et, si mon frère Richard

1. Episcopi et duces et cætera nobilitas juraverunt in animam imperatoris... (Script. rer. fr., tom. XVIII p. 39.)

2. Ibid., p. 40. — Rog. de Hoved., p. 724.

3. Homo suus devenit de Normanniâ et cæteris terris fratris sui... (Ibid.)

1193. « m'offrait la paix, je ne l'accepterais point sans « l'aveu de mon allié de France, même dans le cas « où mon allié la ferait pour son propre compte, « avec mon dit frère Richard [1]. »

Après la conclusion de ce traité, le roi Philippe passa la frontière de Normandie, avec une armée nombreuse; et le comte Jean fit semer de l'argent parmi les tribus galloises, encore libres, pour les engager à seconder par une invasion les manœuvres de ses partisans en Angleterre [2]. Ce peuple, opprimé par les Normands, mit avec joie sa haine nationale au service de l'une des deux factions qui déchiraient ses ennemis; mais, incapable de grands efforts hors du petit pays où il défendait si opiniâtrement son indépendance, il fut peu utile aux adversaires du roi Richard. Ces derniers obtinrent d'ailleurs peu de succès en Angleterre, et cette circonstance détermina le comte Jean à demeurer près du roi de France, et à tourner toutes ses vues du côté de la Normandie [3]. Ainsi, exemptée du

1. Si autem frater meus Ricardus rex Anglorum cum rege Franciæ faceret pacem, et per ipsum offerret mihi pacem, ego sine voluntate regis Franciæ cum rege Angliæ pacem facere non possum... (Script. rer, fr., tom. XVII, pag. 40.)

2. Annales Waverleienses. — (Ibid., t. XVIII, p. 190.)

3. Ibid., pag. 38.

fléau de la guerre, l'Angleterre n'en fut pas plus 1193.
heureuse; car elle avait à subir d'énormes tributs, levés pour la rançon du roi. Les collecteurs royaux parcouraient le pays dans tous les sens, et faisaient contribuer toutes les classes d'hommes, clercs ou laïcs, Saxons ou Normands [1]. Toutes les sommes levées partiellement dans les provinces, furent réunies à Londres; et l'on avait calculé que le total devait s'élever au montant de la rançon, mais on trouva un énorme déficit causé par la fraude des gens en place [2]. Cette première levée se trouvant insuffisante, les officiers royaux en firent commencer une nouvelle, se servant, disent les historiens, du nom plausible de rançon du roi pour couvrir leurs honteuses rapines [3].

Il y avait près de deux ans que le roi était en prison; il s'ennuyait de sa captivité, et envoyait message sur message à ses officiers et à ses amis d'Angleterre et du continent, pour les presser

1. Nulli parcentes, nec ulla erat distinctio... (Guil. de Neubrig., apud Script. rer. fr., tom. XVIII, p. 37.)

2. Quod accidisse creditur per fraudem exactorum.... (Ibid.)

3. Manifestum rapinarum dedecus honesto redemptionis regiæ nomine palliant... (Ibid.)

1193. de le délivrer, en payant sa rançon [1]. Il se plaignait amèrement d'être négligé par les siens et de ce qu'on ne faisait pas pour lui, ce que lui-même eût fait pour tout autre. Il exprima ses plaintes dans une chanson composée en langue romane méridionale, idiome qu'il préférait au dialecte moins poli de la Normandie, de l'Anjou et de la France.

« J'ai nombre d'amis, mais ils donnent pauvrement; c'est honte à eux, si, faute de rançon, depuis deux hivers, je suis ici prisonnier [2].

« Qu'ils sachent bien mes hommes et mes barons, anglais, normands, poitevins et gascons, que je n'ai pas si pauvre compagnon que pour argent je laissasse en prison; je ne le dis pour en faire reproche; mais je suis encore prisonnier... »

Pendant que la seconde collecte pour la rançon du roi Richard se faisait par toute l'Angleterre, des messagers de l'empereur vinrent à Londres, recevoir, comme à-compte sur la somme totale,

1. Frequentibus commonebat mandatis uti redemptionis suæ pretium omnibus modis præpararent. (Guil. Neubrig., apud Script. rer. fr., tom. XVIII, p. 37.)

2. Pro n'ay d'amies, mas poure son li don
Anota lur es si per ma rezenson
Soi sai dos yvers pres.
(Poésies des Troubadours, tom. IV, pag. 183.)

l'argent qu'on avait déja réuni[1]; ils en vérifièrent la quantité par poids et par mesure, dit un historien du temps, et mirent leur sceau sur les sacs que des matelots anglais transportèrent jusqu'au territoire de l'empire, aux risques et périls du roi d'Angleterre[2]. L'argent arriva sain et sauf entre les mains du César d'Allemagne, qui en envoya le tiers au duc d'Autriche, pour sa part de prise[3]; ensuite il y eut une nouvelle diète assemblée pour décider du sort du prisonnier, dont la délivrance fut fixée à la troisième semaine après Noël, à condition qu'il laisserait un certain nombre d'ôtages pour garantie du paiement qui lui restait à faire[4]. Le roi Richard accorda tout, et l'empereur, ravi de sa bonne grace, voulut lui faire un don en récompense. Il lui octroya par charte authentique, pour les tenir de lui en fief, plusieurs provinces qu'il appelait *siennes*, dans le style de sa chancellerie, telles que le Viennois et une partie du pays qu'en langue romane on nommait Bourgogne, 1193.

1. Rog. de Hoved., p. 733.

2. In pondere et mensurâ.. periculo regis Angliæ... (Ibid.)

3. ... Cujus summæ pars tertia duci Austriæ qui regem captivaverat competere videbatur. ... (Script. rer. fr., tom. XVIII, p. 39.)

4. Rog. de Hoved., p. 733.

1193. et les villes et territoires de Lyon, Arles, Marseille et Narbonne [1]. « Or, il faut savoir, dit un « contemporain, que ces terres, données au roi « par l'empereur, contiennent cinq archevêchés « et trente-trois évêchés ; et il faut savoir aussi « que ledit empereur n'y a jamais pu exercer au-« cune espèce d'autorité, et que les habitants « n'ont jamais voulu reconnaître aucun seigneur « nommé ou présenté par lui [2]. »

Lorsque le roi de France et le comte Jean, son allié, apprirent ce qui venait d'être résolu dans la diète impériale, ils craignirent de n'avoir pas le temps d'exécuter leurs desseins avant la délivrance du roi, et envoyèrent en grande hâte des messagers à l'empereur, pour lui offrir 70,000 marcs d'argent s'il voulait prolonger d'une seule année l'emprisonnement de Richard, ou, s'il l'aimait mieux, 1000 livres d'argent pour chaque nouveau mois de captivité, ou bien encore 150,000 marcs pour que le prisonnier fût remis à la garde du roi de France et du

1. ... Et Vianam et *Vianais* et Marsiliam et Narbonam et Arle-le-blanc... (Rog. de Hoved., p. 733.)

2. ... Et est sciendum quòd supra dictus imperator nunquam prædictis terris et hominibus dominari potuit, neque ipsi aliquem dominum ad præsentationem imperatoris recipere voluerunt... (Ibid.)

comte[1]. L'empereur, tenté par ces brillantes 1193.
propositions, eut envie de manquer à sa parole; mais les membres de la diète, qui avaient juré de la tenir fidèlement, s'y opposèrent, et, usant de leur puissance, firent relâcher le captif vers la fin de janvier 1194[2]. Richard ne pouvait se diriger vers la France ni vers la Normandie, envahie alors par les Français; et ce qu'il y avait de plus sûr pour lui, c'était de s'embarquer dans un port d'Allemagne, pour aller directement en Angleterre: mais on était dans la saison des mauvais temps; il fut obligé d'attendre plus d'un mois à Anvers, et pendant cet intervalle, l'empereur fut de nouveau tenté par l'avarice; l'espoir de doubler ses profits l'emporta sur la crainte de déplaire à des chefs moins puissants que lui, et qu'en qualité de seigneur *paramont*, il avait mille moyens de réduire au silence[3]. Il résolut donc de s'emparer une seconde fois du prisonnier qu'il avait laissé partir; mais le secret de cette trahison ne fut pas assez bien gardé, et l'un des otages restés entre les

1. Rog. de Hoved., p. 733.

2. ... Propter cupiditatem pecuniæ quam rex Franciæ et comes Johannes ei obtulerant... (Ibid., p. 734.) — Guil. de Neubrig., apud Script. rer. fr., tom. XVIII, p. 40.

3. ... Pœnituit imperatorem indultæ ei gratiæ... (Script. rer. fr., tom. XVIII, p. 41.)

1193. mains de l'empereur, trouva moyen d'en avertir le roi [1]. Richard s'embarqua aussitôt dans la galiote d'un marchand de Normandie, appelé Alain Tranchemer, et ayant ainsi échappé aux hommes d'armes envoyés pour le prendre, aborda heureusement au port de Sandwich [2].

Il trouva la majorité des comtes et des barons normands qui habitaient l'Angleterre, bien disposés pour sa cause. Peu de temps auparavant, leur grand conseil ou parlement avait déclaré le comte de Mortain ennemi du royaume, et ordonné que toutes ses terres seraient saisies, et qu'on assiégerait ses châteaux [3]. Au moment où le roi arriva, cet ordre s'exécutait, et, dans toutes les églises, on prononçait, au nom des archevêques et des évêques, au son des cloches et à la lueur des cierges, des sentences d'excommunication contre le comte et ses adhérents [4]. Le bruit de la délivrance du *Cœur-de-Lion* (c'est ainsi que les flatteurs du roi Richard le surnommaient en langue normande), mit fin à la résistance des garnisons qui tenaient encore pour

1. Relaxatum ad custodiam revocare cogitavit... (Script. rer. fr., tom. XVIII, p. 41.)

2. Ibid. — Rog. de Hoved., p. 735.

3. Ibid., pag. 736.

4. Ibid.

le comte Jean; toutes se rendirent, à l'exception 1193.
de celle de Nottingham qui ne voulut pas croire à la nouvelle; le roi, irrité et prompt dans sa colère, marcha sur cette ville, pour en faire le siège en personne, avant même d'entrer dans Londres[1].

Sa présence au camp devant Nottingham fut annoncée aux gens de guerre enfermés dans la place, par un bruit extraordinaire de trompettes, de cors, de clairons et d'autres instruments de musique militaire; mais, pensant que ce n'était qu'une ruse des assiégeants pour les tromper, ils continuèrent à se défendre[2]. Le roi fit un serment terrible contre ceux qui osaient lui résister, et livra l'assaut à la ville qui fut prise; mais la garnison se retira dans le château, l'un des plus forts que les Normands eussent bâtis en Angleterre. Avant de battre les murs du château avec ses pierriers et ses autres machines, Richard fit dresser un gibet, haut comme un grand arbre, où l'on pendit, par son ordre, à la vue de la garnison, quelques hommes d'armes pris dans le premier assaut[3]. Ce spectacle parut aux assiégés un signe de la présence du roi plus certain

1. Rog. de Hoved., p. 736.

2. ... Cum sonitu tubarum et buccinarum... (Ibid.)

3. Furcas erigi fecit.., (Ibid.)

1193. que tout ce qu'ils avaient vu jusque-là, et ils se rendirent à merci[1].

Après sa victoire, le roi Richard, voulant se délasser, fit un voyage de plaisir dans la plus grande forêt de l'Angleterre, qui s'étendait depuis Nottingham jusqu'au centre du comté d'York, sur un espace de plusieurs centaines de milles; les Saxons l'appelaient Sire-wode, *Sherwood* en anglais moderne. « Jamais de sa vie il n'avait vu « ces forêts, dit un narrateur contemporain, et « elles lui plurent extrêmement[2]. » Après une longue captivité, le charme des lieux pittoresques se fait toujours plus vivement sentir, et d'ailleurs, à cet attrait naturel pouvait s'en joindre un autre tout particulier et plus piquant, peut-être, pour l'esprit aventureux du roi Richard. Sherwood était alors une forêt redoutable aux Normands; c'était l'habitation des derniers restes des bandes de Saxons armés qui, reniant encore la conquête, persistaient volontairement à vivre hors la loi des fils de l'étranger[3]. Partout chassés, poursuivis, traqués comme

1. Seponentes in misericordiâ regis de vitâ et membris et terris et honore... (Rog. de Hoved., p. 736.)

2. Profectus est videre forestas de Sire-wode quas ipsi nunquam viderat anteà, et placuerunt ei multùm... (Ibid.)

3. Voyez livres V et VII.

des bêtes fauves, c'est là seulement, qu'à la faveur des lieux, ils avaient pu se maintenir en nombre, et sous une sorte d'organisation militaire qui leur donnait un caractère plus respectable que celui de brigands par profession. 1193.

Vers le temps où le héros de l'aristocratie normande visita la forêt de Sherwood, dans cette même forêt vivait un homme qui était le héros des pauvres, des serfs et de la race anglo-saxonne. « Alors, parmi les deshérités, dit un vieux his« torien, on remarquait le fameux brigand Ro« berd Hode, que le bas peuple aime tant à « fêter par des jeux et des comédies, et dont « les romances, chantées par les ménétriers, « l'amusent plus que toutes les autres [1]. » Ce court passage est tout ce que les chroniques disent de positif sur le plus fameux chef de partisans saxons qui eût paru en Angleterre depuis Hereward [2]; et pour retrouver quelques détails sur la vie de cet homme extraordinaire; 1189 à 1194.

1. Hoc in tempore de exhæredatis surrexit ille famosissimus sicarius Robertus Hode cum ejus complicibus, de quibus stolidum vulgus hianter in comœdiis festum faciunt, et super cæteras romancias mimos et bardanos cantitare delectantur... (Forduni historia. Ed. Hearne, p. 774.)

2. Voyez livre V.

1189 à 1194. c'est aux anciennes romances et aux vieilles ballades populaires qu'il faut, de nécessité, avoir recours. Il y a peu de foi à ajouter aux faits, souvent contradictoires, rapportés dans ces poésies; la seule chose qu'elles attestent, d'une manière indubitable, c'est l'ardente amitié du peuple anglais pour le chef de bande qu'elles célèbrent, et pour ses compagnons qui, au lieu de labourer pour des maîtres, couraient la forêt, gais et libres, comme s'expriment de vieux refrains[1].

On ne peut guère douter que Robert ou plus vulgairement Robin Hood, n'ait été Saxon de naissance; son prénom français ne prouve rien contre cette opinion, parce que le clergé d'Angleterre, depuis la conquête, avait pris l'habitude de ne plus admettre au baptême que des noms de saints, et surtout de saints en faveur auprès des Normands. Le nom de Hood est saxon, et les anciennes ballades rangent les aïeux de celui qui le porta dans la classe des paysans anglais[2]. Dans la suite, quand s'affai-

1. We range the forest Mery and free. (Ancient songs of Robin Hood)

2. I shall you tell of a good yeman
His name was Robyn Hode.
(Ibid. Hawkin's history of music. vol. III, pag. 410.)

blit le souvenir des événements de la conquête, 1189 à 1194.
les poètes de village imaginèrent d'embellir leur personnage favori de la pompe des grandeurs et des richesses : ils en firent un comte, ou tout au moins le petit-fils bâtard d'un comte, dont la fille, ayant été séduite, s'enfuit et accoucha dans un bois. Cette dernière supposition a donné lieu à une romance populaire pleine d'intérêt et d'idées gracieuses; mais rien de probable ne l'autorise[1].

Qu'il soit vrai ou faux que Robin Hood soit né, comme le dit cette romance, « dans le bois verdoyant, au milieu des lis en fleur », c'est dans les bois qu'il passa sa vie à la tête de plusieurs centaines d'archers, redoutables aux comtes, aux vicomtes, aux évêques et aux riches abbés d'Angleterre; mais chéris des fermiers, des laboureurs, des veuves et des pauvres gens. Ils accordaient paix et protection à tout ce qui était faible et opprimé, partageaient avec ceux qui n'avaient rien les dépouilles de ceux qui s'engraissaient de la moisson semée par autrui,

1. O willie's large o' limb and lith
And come of high degree,
And he is gane to earl Richard
To serve for meat and fee...
Earl Richard had but ae daughter
Fair as a lily flower..., etc.
(Jamiesons, popular songs, tom. II.)

1189 à 1194. et, selon la vieille tradition, faisaient du bien à toute personne honnête et laborieuse [1]. Robin Hood était le meilleur cœur et le plus habile tireur d'arc de toute la bande, et après lui, on citait Petit-Jean, son lieutenant et son frère d'armes, dont il ne se séparait jamais dans le péril comme dans la joie, et dont les ballades et les proverbes anglais ne le séparent pas non plus [2]. La tradition nomme encore quelques autres de ses compagnons, tels que Mutch, le fils du meunier, le vieux Scath Loke, et un moine appelé frère Tuck, qui combattait en froc, et, pour toute arme, se contentait d'un lourd bâton [3]. Ils étaient tous d'humeur joyeuse, ne visant point à s'enrichir, pillaient seulement pour vivre, et distribuaient leur superflu à ceux dont les ancêtres avaient tout perdu à la conquête. Quoique ennemis des riches et des puissants, ils ne tuaient point ceux qui tombaient entre leurs mains, et ne versaient le sang que pour leur propre défense [4]. Leurs coups ne tombaient

1. From wealthy abbot's chests and churcheis abundant store
What oftentimes he took, he shared among the poure.
(Robert Brune's, Chron. Ed. Hearne.)

2. Robin Hood and little John. (Camden's remains.)

3. With cowl and quarterstaff.

4. Stow's annals, p. 159.

guère que sur les agents de la police royale et 1189 à 1194.
les gouverneurs des villes ou des provinces, que
les Normands appelaient vicomtes, et que les
Anglais appelaient sheriffs. « Bandez vos arcs,
« dit Robin Hood, et essayez-en les cordes;
« dressez une potence ici près, et malédiction
« sur la tête de celui qui fera grâce au shériff
« et aux sergents [1]. »

Le sheriff de Nottingham fut celui contre lequel Robin Hood eut le plus souvent à combattre, et celui qui le pourchassa le plus vivement à cheval et à pied, mettant sa tête à prix, et excitant ses compagnons et ses amis à le trahir. Mais aucun homme ne le trahit, et plusieurs l'aidèrent à se retirer du péril où sa hardiesse l'entraînait souvent. « J'aimerais mieux mourir, « lui disait un jour une pauvre femme, que de « ne pas tout faire pour te sauver, car qui m'a « nourrie et vêtue moi et mes enfants, n'est-ce « pas toi et Petit-Jean [2] ? »

Les aventures surprenantes de ce chef de bandits du douzième siècle, ses victoires sur les

1. But bend your bows, and stroke your strings
Set the gallow tree about,
And cristes curse on his head, said Robin,
That spares the sheriff and the sergeant.
(Jamieson's popular. songs, vol. II.)

2. The life of Robin Hood.

1189 à 1194. hommes de race normande, ses stratagèmes et ses évasions furent long-temps le seul fonds d'histoire nationale qu'un homme du peuple en Angleterre transmît à ses fils après l'avoir reçu de ses aïeux. L'imagination populaire prêtait au personnage de Robin Hood toutes les qualités et toutes les vertus du moyen âge. Il passe pour avoir été aussi dévot à l'église que brave au combat, et l'on disait de lui qu'une fois entré pour entendre l'office, quelque danger qui survînt, il ne sortait jamais qu'à la fin [1]. Ce scrupule de dévotion l'exposa une fois à être pris par le sheriff et ses hommes d'armes, mais il trouva encore moyen de faire résistance, et même, à ce que dit la vieille histoire, un peu suspecte d'exagération, ce fut lui qui prit le sheriff [2]. Sur ce thême, les ménétriers anglais du quatorzième siècle ont composé une longue ballade, dont quelques lignes méritent d'être citées, ne fût-ce que comme exemple de la couleur vive et animée que le peuple donne à sa littérature dans les temps où il en possède une, et ne met pas tout son esprit à parodier grotesquement celle des cours et des académies :

1. De quo quædam commendabilia recitantur... missam devotissimè audiret, nec aliquâ necessitate volebat interrumpere officium... (Forduni, hist., p. 774.)

2. Ibid.

« En été, quand la verdure est belle et les feuilles larges et longues, il y a plaisir dans la forêt à écouter le chant des oiseaux [1]; 1189 à 1194.

« A voir le chèvreuil quitter la colline, pour se retraiter dans la plaine et se mettre à l'ombre sous les feuilles vertes du bois.

« C'était un jour de Pentecôte, de bonne heure, un matin de mai, un de ces jours où le soleil se lève beau, et où les oiseaux chantent gaiement.

« Par la croix du Christ, dit Petit-Jean, voilà une joyeuse matinée, et dans toute la chrétienté, il n'y a pas un homme plus joyeux que moi [2].

« Ouvre ton cœur, mon cher maître, et songe qu'il n'y a pas dans l'année de plus beau temps qu'un matin de mai [3].

« Une chose me pèse, dit Robin Hood, et me

1. In summer when the shaws be sheyn
And leves be large and long;
Hit is ful mery in fayre forèst
To heare the foulys song....

(Jamieson's popular songs, tom. II.)

2. This is a mery morning, said little John,
By him that dyed on tree;
And more mery man than J am on
Was not in cristante.

(Ibid.)

3. Pluk op thy hert my deare mayster.

(Ibid.)

1189 à 1194. « chagrine le cœur, c'est de ne pouvoir en aucun « jour de fête entendre messe ni matines [1].

« Il y a quinze jours et plus que je n'ai vu mon « Sauveur, et je voudrais aller à Nottingham, « avec l'aide de la bonne Marie [2].

« Robin va seul à Nottingham; et Petit-Jean « reste au bois de Sherwood; il va dans l'église « de Sainte-Marie, et s'agenouille devant la « croix [3]..... »

Robin Hood ne fut pas simplement renommé pour sa dévotion aux saints et aux jours de fête; lui-même eut, comme les saints, son jour de fête dans l'année, et dans ce jour, chômé religieusement par les habitants des hameaux et des petites villes d'Angleterre, il n'était permis de s'occuper de rien, sinon de jeux et de plaisirs. Au quinzième siècle, cet usage était encore observé, et les fils des Saxons et des Normands prenaient en commun leur part de ces divertissements populaires, sans songer qu'ils étaient un monument de la vieille hostilité de leurs aïeux. Ce jour-là, les églises étaient désertes

1. The on thing greves me, said Robin,
And doth my hert mych woe
(Jamieson's popular songs, tom. II.)

2. With the myght of mylde mary.
(Ibid.)

3. Ibid.

comme les ateliers ; aucun saint, aucun prédicateur ne l'emportait sur Robin Hood, et cela dura même après que la réforme eut donné un nouvel essor au zèle religieux en Angleterre. C'est un fait attesté par un évêque anglican du seizième siècle, le célèbre et respectable Latimer[1]. Dans une de ses tournées pastorales, il arriva le soir dans une ville près de Londres, et fit avertir qu'il prêcherait le lendemain, parce que c'était jour solennel. « Le lendemain, dit-il, je me « rendis à l'église, mais, à mon grand étonne- « ment, j'en trouvai les portes fermées à clef; « j'envoyai chercher la clef, et l'on me fit at- « tendre une heure et plus; enfin un homme « vint à moi, et me dit : Messire, ce jour est un « jour de grande occupation pour nous, nous « ne pouvons vous entendre, car c'est le jour « de Robin Hood[2]; tous les gens de la paroisse « sont au loin à couper des branches pour Robin « Hood, vous les attendriez inutilement. » L'évêque s'était revêtu de son costume ecclésiastique, il fut obligé de le quitter, et de continuer sa route, laissant la place aux archers habillés de vert, qui jouaient sur un théâtre de feuillée

1189 à 1194.

1. Gilpin's life of Latimer, p. 122.

2. ... Syr thisis a busye day with us; we cannot hear you, it is Robin Hood's day... (Sermo VI, before king Edward VI. — Gilpin's life of Latimer, vol. IV, p. 410.

1189 à 1194. les rôles de Robin Hood, de Petit-Jean et de toute la bande[1].

Des traces de ce long souvenir dans lequel s'anéantit pour le peuple anglais le souvenir même de l'invasion normande, subsistent encore aujourd'hui; on trouve dans la province d'York, à l'embouchure d'une petite rivière, une baie qui, sur toutes les cartes modernes, porte le nom de baie de Robin Hood[2], et il n'y a pas bien long-temps que, dans la même province, près de Pontefract, l'on montrait aux voyageurs une source d'eau vive et claire qu'on appelait le puits de Robin Hood, et qu'on les invitait à y boire en l'honneur du fameux archer[3]. Durant tout le dix-septième siècle, les vieilles ballades de Robin Hood, imprimées en lettres gothiques (espèce d'impression que le bas peuple anglais affectionnait singulièrement), circulaient dans les villages où elles étaient colportées par des hommes qui les chantaient et enseignaient l'air aux acheteurs[4]. On en compila plusieurs collections complètes à l'usage des lecteurs des

1. To give place to Robin Hood's men. (Gilpin's life of Latimer, p. 122.)

2. Robin Hood's bay.

3. Robin Hood's well. (Evelin's Diary.)

4. Hawkin's history of music., t. III, p. 412.—Hearne.

villes, et l'un de ces recueils portait le titre élégant de Guirlande de Robin Hood [1]; aujourd'hui ces recueils sont rares : le dédain du siècle dernier pour toutes les choses antiques, en a fait périr un grand nombre, et celles d'entre les ballades de Robin Hood qui ont survécu, se trouvent éparses parmi d'anciennes poésies, recueillies dans ces derniers temps [2], depuis que le goût de ces compositions naïves a commencé à renaître. 1189 à 1194.

Aucune des ballades qui subsistent aujourd'hui ne raconte la mort de Robin Hood; la tradition vulgaire est qu'il périt dans un couvent de femmes où un jour, se sentant malade, il était allé demander des secours. On devait lui tirer du sang, et la nonne qui savait faire cette opération, ayant reconnu Robin Hood, la pratiqua sur lui de manière à le tuer [3]. Ce récit, qu'on ne peut ni affirmer ni contester, est assez conforme aux mœurs du douzième siècle; beaucoup de femmes, dans les riches monastères, s'occupaient alors à étudier la médecine, et à composer des remèdes qu'elles offraient gratuitement aux pauvres. De plus, en Angleterre, depuis la

1. Robin Hood's garland. (Ibid.)

2. Percy's relics of ancient poetry. — Ellis's metrical romances. — Jamieson's popular songs, etc.

3. Percy's relics of ancient poetry, vol. I.

1189 à 1194. conquête, les supérieures des abbayes, et la plus grande partie des religieuses étaient d'extraction normande, ainsi que le prouvent leurs statuts, rédigés en vieux français [1] : cette circonstance explique peut-être comment le chef de bandits saxons que les ordonnances royales avaient mis *hors la loi*, trouva des ennemies dans le couvent où il était allé chercher assistance. Après sa mort, la troupe dont il était le chef et l'ame, se dispersa; et Petit-Jean, son fidèle compagnon, désespérant de se maintenir en Angleterre, et poussé par l'envie de continuer la guerre contre les Normands, se rendit en Irlande, et se mêla aux révoltes des indigènes de ce pays [2]. Ainsi fut dissoute la dernière troupe de brigands anglais, qui ait eu un objet et un caractère politique, et mérite par là une mention dans l'histoire.

1100 à 1200 Entre les réfugiés du camp d'Ély et les hommes de Sherwood, entre Hereward et Robin Hood, il y avait eu, surtout dans le nord de l'Angleterre, une succession de chefs de partisans et d'*outlaws*, qui ne furent pas non plus sans célébrité, mais dont on sait trop peu de chose pour qu'ils puis-

1. Math. Paris., in notis ad calcem libri... p. 169. Regulæ monialium B. Mariæ de Sothwelle.

2. Hanmer's chron., 2. 338. — Ancient Irish histories.

sent être considérés comme des personnages 1100 historiques. Les noms de quelques-uns, tels à qu'Adam Bel, Clym of the Clough ou Clément 1200. de la Vallée, et William de Cloudesly, se sont conservés long-temps dans la mémoire du peuple. Les aventures de ces trois hommes qui ne peuvent être séparés l'un de l'autre, non plus que Robin Hood et Petit-Jean, sont le sujet d'une longue romance composée au quinzième siècle, et divisée en trois parties, ou en trois chants [1]. On ne peut ajouter beaucoup de foi aux détails qui s'y trouvent, mais elle renferme plusieurs traits originaux, et capables de rendre plus frappante pour le lecteur, l'idée que la population de race anglaise s'était formée du caractère moral de ces hommes, qui aimèrent mieux être bandits qu'esclaves, et firent, en Angleterre, le même choix que les *klephtes* dans la Grèce moderne [2].

1. Percy's relics of ancient poetry, vol. I, p. 143. — Ancient popular songs, p. 5.

2. Κλέπτης en grec moderne comme en grec ancien signifie *voleur;* c'est le titre qu'avant l'insurrection nationale portaient les Grecs des montagnes, qui vivaient libres et en guerre ouverte contre le gouvernement turc. Kolokotronis, Nikitas, Odisseus, Botsaris étaient des klephtes. Voyez le Recueil des chants populaires de la Grèce moderne, publié par C. Fauriel.

1100 à 1200. Adam Bel, Clément de la Vallée et William de Cloudesly étaient, à ce qu'il paraît, natifs de la province de Cumberland. S'étant rendus tous les trois coupables du délit de chasse, ils furent mis hors de la loi normande, et obligés de s'enfuir pour sauver leur vie[1]. Réunis par le même sort, ils se jurèrent fraternité suivant la coutume du siècle, et s'en allèrent ensemble habiter la forêt d'Inglewood, que la vieille romance nomme *Englishe wood*, entre Carlisle et Penrith[2]. Adam et Clément n'étaient point mariés, mais William avait une femme et des enfants, que bientôt il s'ennuya de ne plus voir. Un jour il dit à ses deux compagnons qu'il voulait aller à Carlisle visiter sa femme et ses enfants. « Frère, lui répondirent-ils, ce n'est pas notre « avis, car si le justicier te prend, tu es un homme « mort[3]. » William partit malgré ce conseil, et arriva de nuit dans la ville, mais, reconnu par une vieille femme à laquelle il avait fait du bien,

1. They were outlawed for venyson
These yemen everichone...
(Ancient popular songs, pag. 6.)

2. They swore them Brethren upon a day
To Englyshe wood for to gone.
(Ibid.)

3. If the justice may you take
Your life were at an ende.
(Ibid.)

il fut dénoncé au juge et au shériff qui cernèrent 1100
sa maison, le prirent, et, joyeux de cette capture, à
firent dresser, sur la place du marché, un gibet 1200.
tout neuf pour l'y pendre [1]. Par bonheur, un petit garçon, le porcher de la ville, qui, en gardant ses cochons dans le bois, y avait vu souvent William, et reçu de lui l'aumône et à manger, courut avertir Adam et Clément du sort de leur frère d'adoption [2]. L'entreprise hasardeuse où tous les deux s'engagèrent pour le sauver, est décrite avec beaucoup de mouvement et de vie par le vieux poète populaire, qui peint avec une franchise naïve le dévouement de ces trois hommes l'un à l'autre. « De ce jour, « dit William, nous vivrons et mourrons en- « semble; et si jamais vous avez de moi le même « besoin que j'ai eu de vous, vous me trouverez, « comme aujourd'hui je vous trouve [3]. »

Dans le combat qui se termine par cette délivrance inespérée, les trois frères d'armes font à

1. One vow shal y make, saide the sherife,
A payre of new galowes shal y for the make.
(Ancient popular songs, pag. 11.)

2. Ibid. pag. 11.

3. Wylliam saide to his brethren two
Thys daye let us lyve and dye;
If ever you have nede as y have now,
The same shall you fynde by me.
(Ibid., pag. 17.)

1100 à 1200. eux seuls un grand carnage des gens de justice et des officiers royaux de Carlisle. Ils tuent le sheriff, le juge et le portier de la ville, « jettent plus « d'un homme sur le pavé, et font dire à plus « d'une femme : Hélas [1] ! » C'est avec un ton de joie et de plaisanterie que ces meurtres nombreux sont détaillés dans cette romance, dont l'auteur montre fort peu d'amitié pour les agents de l'autorité royale. Cependant il fait finir ses trois héros comme avait fini la nation elle-même, par se fatiguer de leur résistance, et s'accommoder avec l'ennemi. Ils vont à Londres, à l'hôtel du roi, lui demander une charte de paix. Mais, au moment où ils font cet acte de soumission, ils gardent encore leur ancien caractère de fierté et de liberté sauvage ; « ils entrent dans le palais « sans dire mot à personne, traversent la cour, « et s'avancent dans la salle, ne prenant garde « à qui que ce soit, ne disant ni ce qu'ils sont « ni ce qu'ils veulent [2]. »

1. Many a man to the ground they thrue.
. . . .
Many a woman said alas!
(Ancient popular songs, pag. 17 et 18.)

2. .... Of no man wold they aske no leave,
But boldly went in thereat;
They preced prestly into the hall
Of noman had they dreade...
(Ibid., pag. 22.)

Si Robin Hood est le dernier chef de bandits 1100 à 1200.
ou d'*outlaws* anglo-saxons qui ait joui d'une véritable célébrité populaire, ce n'est pas une raison pour croire qu'après lui, aucun homme de la même race ne se soit plus livré au même genre de vie, avec le même esprit, l'esprit d'hostilité politique contre le gouvernement exercé par les hommes de race et de langue étrangère. La lutte nationale dut se prolonger encore sous la forme de brigandage, et les idées d'homme libre et d'ennemi de la loi rester long-temps associées l'une à l'autre. Mais cela eut une fin, et à mesure qu'on s'éloigna de l'époque de la conquête, à mesure que la race anglaise, s'accoutumant au joug, s'attacha par habitude à ce qu'elle avait toléré par désespoir, le brigandage perdit graduellement sa sanction patriotique, et redescendit à son rang naturel, à celui d'une profession infamante. Dès-lors l'état de bandit dans les forêts de l'Angleterre, sans être moins périlleux, sans exiger moins de courage et d'adresse individuelle, ne produisit plus de héros. Il resta seulement dans l'opinion des classes inférieures une grande complaisance pour les infractions aux lois de chasse, et une sympathie marquée pour ceux qui, soit par besoin, soit par fierté, bravaient ces lois de la conquête. La vie du braconnier aventureux, et, en général, le séjour des

1100 à 1200. forêts sont célébrés avec amour dans une foule de chansons et de poésies assez récentes; toutes vantent l'indépendance dont on jouit sous le *bois verdoyant*[1], où l'on n'a d'*ennemis que l'hiver et l'orage*[2], où l'on est *gai tant que le jour dure, et léger d'humeur comme la feuille sur l'arbre*[3].

1194 à 1195. Le roi Richard, de retour à Londres, se fit couronner pour la seconde fois, avec des cérémonies que nous avons vues exactement reproduites de nos jours[4]. Après les fêtes de ce second couronnement, il annula d'un seul coup toutes les ventes de domaines qu'il avait faites volontairement avant de partir pour la croisade, prétendant que c'étaient de simples prêts qu'on était tenu de lui restituer[5]. Les acquéreurs de bonne foi eurent beau présenter leurs actes scellés du grand sceau royal, tout fut inutile, et le roi, donnant des formes douces à

1. Underthe green wood tree... in the good grenn wood... (Popular songs, passim.)

2. But winter and rough wather... (Shakespeare's, As you like it.)

3. Merry and free,... as happey as the day is long... as leaf on lynde. (Popular songs.)

4. Rog. de Hoved., p. 736.

5. Sub nomine repetiit commodati.... (Script. rer. fr., tom. XVIII, p. 43.)

cette expropriation forcée, leur disait[1] : « Quel « prétexte avez-vous de retenir en vos mains « ce qui est à nous ? ne vous êtes-vous pas rem- « boursés complétement de vos avances par le « revenu de nos domaines[2] ? S'il en a été ainsi, « vous savez que c'est péché d'exercer l'usure « envers le roi, et que nous avons une bulle « du pape qui vous défend cela sous peine d'ex- « communication[3]. Que si après le compte de ce « que vous avez payé et de ce que vous avez « reçu, il vous revient justement quelque chose, « nous y suppléerons de notre trésor pour vous « ôter tout sujet de plainte[4]. » 1194 à 1195.

Personne n'eut le courage de présenter un compte ; et tout fut rendu au roi sans dédommagement[5]. Il rentra ainsi en possession des châteaux, bourgs, gouvernements et domaines qu'il avait aliénés, et tel fut le premier bienfait que la race normande d'Angleterre éprouva du retour de son chef, sans qui les flatteurs de cour

1. Astu tamen molliùs loquebatur... (Ibid.)

2. Si vos sortem vestram fructibus rerum nostrarum jam percepistis, eâ contenti esse debetis... (Ibid.)

3. Rescriptum apostolicæ sedis quo prohibemini regi proprio fœnerari... (Ibid., p. 43.)

4. Supplebo de proprio, omnem amputans occasionem retentionis... (Ibid.)

5. Illi metuentes... universa resignarunt... (Ibid.)

1194 à 1195. prétendaient qu'elle ne pouvait plus vivre non plus que le corps sans la tête[1]. Quant à la race anglaise, après avoir été écrasée d'impôts pour la délivrance du roi, elle le fut pour celle des ôtages que le roi avait laissés en Allemagne, et pour les frais de la guerre qu'il fallut soutenir alors contre le roi de France[2].

Ce n'était pas seulement en Normandie que Philippe menaçait d'anéantir la puissance de son rival, il s'était ligué encore une fois avec les barons du nord de l'Aquitaine, il leur avait promis secours et maintien, comme s'expriment les vieilles histoires, et eux, encouragés plutôt par ses promesses que par son assistance effective, avaient de nouveau tenté d'établir leur indépendance contre le pouvoir anglo-normand[3]. C'était la passion de la nationalité et le désir de n'être sujets d'aucun des rois voisins, d'aucun homme qui ne fût pas de leur race et de leur langue, qui leur avait fait conclure cette alliance avec le roi Philippe; mais lui, s'inquiétant peu de

1. Rog. de Hoved.

2. Pro liberandis obsidibus... sive etiam in sumptus bellicos. (Script. rer. fr., tom. XVIII, p. 43.)

3. ... Per lo mantenemen qu'el reis de Fransa lor avia fait e fazia. (Poésies des Troubadours, Collection de Raynouard, tom. V, p. 96.)

4. Ibid.

leurs sentiments patriotiques, avait sur eux des vues toutes différentes; il aspirait à étendre son autorité sur les provinces gauloises du midi, de façon à devenir roi de toute la Gaule, au lieu d'être simplement roi de France. Suivant l'exemple de la chancellerie germanique qui attribuait à chaque empereur vivant la possession réelle de tous les territoires que ses prédécesseurs avaient régis et perdus ensuite, le roi de France et son conseil regardaient les Aquitains et les Poitevins comme des révoltés, et reculaient en idée les bornes de leur domination légitime jusqu'aux Pyrénées, où l'on croyait que Charlemagne avait élevé une croix pour servir de limite perpétuelle entre la France et l'Espagne [1]. « C'est jusque-là, « disait un poete du temps, qui voulait flatter « Philippe, c'est jusque-là que tu es tenu de « planter tes tentes et d'agrandir tes états, afin « de posséder sans réserve les domaines de tes « aïeux [2], afin que l'étranger n'occupe plus rien « au dedans de nos frontières, et que le dragon « blanc avec sa race venimeuse soit extirpé de

1194 à 1195.

1. .... Cùm juris apostata nostri
Succumbet victus tibi cum Xantone Niortus.....
In Pyræneo figes tentoria monte.
(Guil. Britonis carmen apud script. rer. fr., t. XVII, p. 285.)

2. Dilatare tuos fines huc usque teneris,
Jus patrum ut teneas nullo mediante tuorum.
(Ibid.)

1194 à 1195. « nos jardins, comme le prophète breton nous « l'a promis [1]. »

Ainsi les prédictions patriotiques faites par les vieux bardes cambriens, pour relever le courage de leur nation envahie par les Anglo-saxons, passaient, après plus de cinq cents ans, pour des prophéties en faveur des Français contre les Normands [2]. Voilà sans doute un trait assez frappant des bizarreries humaines; mais un autre qui ne l'est pas moins, c'est que les mêmes provinces que le roi de France prétendait lui appartenir par suite des droits de Charlemagne, l'empereur d'Allemagne les considérait comme siennes, par les droits du même homme, qui jouissait du singulier privilége d'être regardé à la fois comme Français et comme Allemand. La cession de terres récemment faite par le César germain au roi Richard, était fondée sur cette prétention. Outre la Provence tout entière et une partie de la Bourgogne, la libéralité impériale, au dire des anciens historiens, lui avait encore octroyé, sur le comté de Toulouse, un droit de suzeraineté perpétuelle que le roi de

1. Eradicato de nostris funditùs hortis,
Serpentis nivei toto cum stirpe veneno.
Ut Britonis tibi promittunt præsagia vatis.
(Guil. Britonis carmen apud script. rer. fr., t. XVII, p. 286.)

2. Voyez livre Ier.

France s'attribuait en même-temps; mais, en réalité, les comtes de Toulouse jouissaient de l'indépendance politique, et, suivant les formules du siècle, étaient libres de leur hommage [1]. 1194 à 1195.

Au moment d'entrer en guerre contre le roi de France, Richard voulut ramener l'opinion publique en sa faveur, en se disculpant d'une manière éclatante du reproche de meurtre sur le marquis de Montferrat; et il produisit une prétendue lettre autographe du vieux de la Montagne, écrite en caractères hébraïques, grecs et latins, et contenant les passages suivants [2] : 1195.

« A Léopold, duc d'Autriche, et à tous les « princes et peuples de la foi chrétienne, salut. « Attendu que plusieurs rois, dans les pays d'ou- « tre-mer, imputent à Richard, roi et seigneur « d'Angleterre, la mort du marquis, je jure, par « le Dieu qui règne éternellement et par la loi « que nous observons, que le roi Richard n'a eu « aucune participation à ce meurtre [3]... Sachez que « nous avons fait les présentes en notre maison et

1. ... Præterea imperator dedit regi Angliæ et chartâ suâ confirmavit homagium comitis de Sancto Ægidio.... (Rog. de Hoved., pag. 733.)

2. Scriptæ litteris hebraïcis, græcis et latinis... (Script. rer. fr., tom. XVIII, p. 48.)

3. Juro per Deum qui in æternum regnat, et per legem quam tenemus... (Ibid., tom. XVII, p. 650.)

1195. « château de Messiac, à la mi-septembre, et les « avons scellées de notre sceau, l'an 1515 après « Alexandre [1]. »

Cette bizarre dépêche fut publiée officiellement par Guillaume de Longchamps, redevenu chancelier d'Angleterre, et envoyée aux princes étrangers et aux moines qui étaient connus pour s'occuper de rédiger la chronique du temps [2]. Sa fausseté manifeste ne fut point remarquée dans un siècle où la critique historique et la connaissance des mœurs orientales étaient peu répandues en Europe. Elle affaiblit même, à ce qu'il semble, l'effet moral des imputations du roi de France, parmi ses propres vassaux, et encouragea ceux du roi d'Angleterre à mieux combattre pour une cause qu'ils croyaient être la bonne; car il y avait alors beaucoup de superstitions sur ce point. Du moment que les deux rois se trouvèrent en présense en Normandie, l'armée du roi de France, qui jusqu'alors avait toujours marché en avant, commença à faire sa retraite [3]. Le comte Jean perdit tout courage dès

1. Et sciatis quòd litteras istas fecimus in domo nostrâ ad castrum nostrum Messiac in dimidio septembris et cum sigillo nostro sigillavimus, anno ab Alexandro. M. D. V. (Script. rer. fr., tom. XVII, p. 650.)

2. Ibid.

3. Rog. de Hoved., p. 740 — 742.

qu'il vit la victoire incertaine, et résolut de demander grâce à son frère en quittant subitement ses alliés. Pour mieux gagner son pardon, il trahit odieusement les chefs français, dont il fit arrêter et massacrer plusieurs par surprise [1]. Malgré ses grandes démonstrations de repentir et d'amitié, Richard, qui se souvenait d'en avoir fait plus d'une fois de semblables à leur père Henri II, ne lui accorda aucune confiance, et, selon les paroles des historiens du temps, ne lui donna ni terres, ni villes, ni châteaux [2]. 1195 à 1196

Le roi Philippe, successivement repoussé de toutes les villes de Normandie qu'il avait occupées, fut bientôt forcé de conclure une paix qui permit à Richard de porter ses forces vers le sud, contre les insurgés de l'Aquitaine [3]. A leur tête se trouvaient le vicomte de Limoges et le comte de Périgord, que Richard fit sommer de lui rendre leurs châteaux. « Nous tenons « tes menaces pour néant, répondirent-ils : tu es « revenu beaucoup trop orgueilleux, et nous « voulons te rendre, malgré toi, humble, franc « et courtois, et te châtier en guerroyant contre

1. Rog. de Hoved., p. 750.

2. Script. rer. fr., tom. XVII.

3. Choix de poésies originales des Troubadours, publié par Raynouard, tom. V, p. 96.

1195 à 1196. « toi[1]. » Pour que cette réplique ne fût pas une pure vanterie, il fallait que la paix se rompît de nouveau entre les deux rois; car les insurgés n'étaient nullement capables de résister aux forces de Richard, tant que Philippe n'en occupait pas au moins une partie. Ce fut le fameux Bertrand de Born qui, poursuivant toujours son plan de conduite politique, s'employa à rallumer la guerre entre les deux ennemis de son pays. Par ses intrigues secrètes et ses vers satiriques, il détermina le roi de France à violer la trève qu'il venait de jurer, et cette fois le champ de bataille fut la Saintonge au lieu de la Normandie. La première rencontre des deux rois à la tête de leurs armées eut lieu près de Niort. Ils ne se trouvaient plus séparés l'un de l'autre que par une petite rivière, sur chaque bord de laquelle ils avaient placé leur camp[2]. Le roi de France avait avec lui des Français, des Bourguignons, des Champenois, des Flamands et des Berrichons; et le roi d'Angleterre des Normands,

1. ... Qu'el erat vengutz trop braas e trop orgoillos, e que ille, mal son grat, lo farian franc e cortes et humil, e que ill lo castiarian guerreian... (Poésies des Troubadours, tom. V, pag. 96.)

2. ... Et era sobre la riba d'un flum qui a nom Gaura loquals passa al pe de Niort. (Ibid., pag. 92.)

des Anglais, des Angevins, des Tourangeaux, 1195 à 1196.
des Manceaux et des Saintongeois [1].

Pendant que les deux troupes ennemies étaient ainsi en présence, plusieurs fois on s'arma de part et d'autre pour en venir aux mains; mais toujours des archevêques, évêques, abbés et gens de religion, qui s'étaient réunis pour travailler au rétablissement de la paix, allaient d'un camp à l'autre supplier les rois de différer le combat, et leur proposer des arrangements capables de terminer la guerre [2]. Le roi Philippe se montrait le plus difficile à persuader et le plus exigeant dans ses demandes; il voulait se battre à moins que Richard ne lui fît serment de vasselage pour la Normandie, la Guyenne et le Poitou; ce fut son dernier mot, et dès qu'il l'eut prononcé, Richard monta à cheval, mit le heaume en tête, fit avancer ses gens, sonner les trompettes et déployer sa bannière *pour passer l'eau* [3]. « Or, toute cette confiance lui venait, « dit un vieux récit en langue provençale, de ce

1. Poésies des Troubadours, p. 92.

2. ... Ma arcivesque et evesque et abat et home d'orde que cercavan patz eran en miech que defendian que la batailia non era... (Ibid.)

3. Si montet en destrer, e mes l'elm en la testa e fai sonar las trombas et fai desserrar los sieus gonfanos encontra l'aiga per passar outra... (Ibid.)

1195 à 1196. « que les Champenois lui avaient promis secrè- « tement de ne point venir à l'encontre des siens, « à cause de la grande quantité d'*esterlins* qu'il « avait semés parmi eux [1]. »

De leur côté, le roi Phillippe et tous ses gens montèreut à cheval et prirent leurs armes, à l'exception des Champenois, qui ne mirent point le heaume en tête [2]. C'était le signe de leur défection, et le roi de France, qui ne s'y attendait pas, en fut effrayé. Cet effroi changea toutes ses dispositions, et faisant mander aussitôt les évêques et les gens de religion, qui l'avaient auparavant sollicité en vain, il les pria d'aller auprès de Richard, lui dire qu'il le déclarerait quitte de tout vasselage, s'il voulait conclure la paix [3]. Le roi d'Angleterre était déja en pleine marche quand les prélats et les moines vinrent à sa rencontre, portant des croix entre leurs bras, pleurant et le conjurant d'avoir pitié de tant de braves gens qui, des deux côtés, devaient périr s'il y avait bataille [4]. Ils promi-

1. ... Per la gran cantitat dels esterlins que avia semenatz entre lor... (Poésies des Troubadours, tom. V, p. 92.)

2. Qui non meteron elmes en testa... (Ibid.)

3. ... El fon avilitz et espaventatz... (Ibid.)

4. Et li saint home ven gron ab las crotz en bratz en contra lo rei Richart, plorant qu'el agues pietat de tanta bona gen que tuit eron a morir... (Ibid., p. 93.)

rent de lui faire tout accorder par le roi de France, et d'obtenir que ce dernier se retirât immédiatement sur son propre territoire. La paix fut faite, les deux rois se jurèrent une trêve de dix ans et donnèrent congé à leurs troupes, ne voulant plus s'occuper d'armes, dit le vieux récit, mais seulement de chasse, de jeux, et de faire tort à leurs hommes [1]. 1195 à 1196.

Le tort que le roi Philippe pouvait faire à ses Français était peu de chose en comparaison de celui que Richard fit alors aux Aquitains, et surtout à ceux qui s'étaient révoltés contre lui. « Cette paix les affligea beaucoup, dit le même « narrateur, et surtout Bertrand de Born, qui en « fut plus chagrin qu'aucun autre, car il ne se « plaisait en rien plus qu'en guerre, et surtout en « la guerre des deux rois [2]. » Il eut de nouveau recours à ses moyens ordinaires, à des satires mordantes contre le plus irritable des deux rivaux. Il fit circuler des pièces de vers où il disait que les Français et les Bourguignons avaient échangé honneur contre paresse, et que le roi Philippe voulait bien la guerre avant de s'être

1. ... E en far tort a lor baros... (Ibid.)

2. En Bertrans de Born si fo plus irat que negus dels autres, per so car non se delectava mais en guerra,... e mais en lo guerra dels dos reis... (Ibid.)

1195 à 1196. armé, mais que sitôt qu'il avait pris ses armes, il perdait tout courage[1]. De leur côté les autres barons du Poitou et du Limousin, les mêmes qui avaient fait, avec si peu de fruit, la guerre au roi Richard, l'excitaient, à qui mieux mieux, à rentrer en campagne contre le roi de France, promettant tous de l'aider. Richard les crut, et, recommençant brusquement les hostilités, se mit à ravager les provinces de France qui avoisinaient les siennes[2].

Philippe, qui aurait peut-être commencé le premier la guerre s'il avait été le premier prêt, se plaignit de cette violation de la trêve jurée, et s'adressa aux évêques sous les auspices et la garantie desquels elle avait été conclue. Ces derniers s'entremirent de nouveau et obtinrent du roi d'Angleterre qu'il y aurait une conférence diplomatique sur les frontières du Berry et de la Touraine. Mais les deux rois ne pouvant s'accorder sur rien, se prirent de mauvaises paroles, et celui d'Angleterre donna à l'autre un démenti

1. Ben an camjat honor per avoleza
Segon qu'aug dir, Berguonhon e francey...
(Poésies des Troubadours, tom. IV, pag. 170.)

2. Tuit li baron de Peitieus e de Lemosin en foron mout alegre... Lo reis Richartz comenset far tortz en las terras del rei de Fransa... (Ibid., t. V, p. 94.)

en face et l'appela *vil mécréant*[1]. « Ce dont Ber- 1195
» trand de Born fut fort joyeux, dit son ancien à
« biographe, et fit un *sirventès* dans lequel il 1196.
« pique fort le roi de France de commencer la
« guerre à feu et à sang, et lui reproche d'ai-
« mer la paix plus qu'un moine[2]. Mais pour
« choses que dit Bertrand de Born en sirventès
« et en couplets au roi Philippe lui rappelant
« les torts et le honniment qui lui était fait, il
« ne voulut guerroyer contre le roi Richard[3]:
« mais Richard saillit en guerre contre lui, pilla,
« prit et brûla ses bourgs et ses villes; ce dont
« tous les barons, à qui déplaisait la paix, furent
« fort joyeux, et Bertrand de Born fit une autre
« sirventès pour affermir le roi Richard dans
« son propos[4]. »

1. ... Si qu'en Richartz lo desmenti e'l clamet vil recrezen... (Poésies des Trouladours, tom. V, p. 95.)

2. Guerra ses fuec e ses sanc
De rei o de gran podesta,
Qu'us coms laidis ni desmenta, etc.
(Ibid. tom. IV, pag. 173.)

3. Ancmais per re qu'En Bertrans de Born disses en coblas ni en sirventes al rei Felip, ni per recordamen de tort ni d'aunimen que ill fos ditz ni faitz no vols guerreiar lo rei Richart. (Ibid., tom. V, p. 95.)

4. ... Don tuich li baron, a cui desplasia la patz, foron molt alegre, En Bertrans de Born, sitost com el auzi qu'En

1195 à 1196. Cette destinée de l'Aquitaine d'être incessamment ballottée entre deux puissances étrangères également ennemies de son indépendance, et cependant tour-à-tour ses alliées, au gré de l'hostilité qui les divisait; cette destinée, qui, plus tard, fut celle de l'Italie, pesait alors sur tout le midi de la Gaule, y compris le pays montagneux qu'on nommait *Alvernhe* dans la langue romane du sud, et Auvergne dans celle du nord. Ce pays, après avoir énergiquement résisté à l'invasion des Francks[1], vaincu par eux, comme le reste des terres gauloises, s'était trouvé momentanément englobé dans leur conquête, puis il avait recouvré sa franchise nationale sous les rois fainéants, successeurs de Lot-wig; puis, dévasté et repris de nouveau par les fils de Pippin, il était devenu une province du vaste empire qu'ils fondèrent. Enfin, le démembrement et la ruine totale de cet empire l'avait affranchi une seconde fois, de sorte qu'au douzième siècle, le peuple d'Auvergne était gouverné aussi librement que le comportait la civilisation de l'époque, par des chefs de sa race et de son langage, qui prenaient le titre de comtes,

Richart era saillis à la guerra, el fetz aquel sirvente que comensa... (Poésies des Troubadours, t. V, p. 96.)

1. Voyez livre Ier.

et qu'on appelait aussi dauphins, à cause de la 1195
fantaisie qu'ils avaient de mettre la figure de ce à
poisson sur leurs écus et leurs bannières. 1196.

Le dauphin d'Auvergne reconnaissait pour suzerains les ducs d'Aquitaine, peut-être par un reste de souvenir du gouvernement des Romains, et de la subordination des magistrats locaux de l'empire aux magistrats provinciaux[1]. Comme duc d'Aquitaine, le roi d'Angleterre avait reçu son serment de vasselage, suivant l'ancienne coutume, et le dauphin ne montrait aucune répugnance à rendre ce devoir de soumission purement nominale. Mais il arriva qu'après avoir, sans beaucoup de fruit, brûlé les villes du roi de France, Richard, lassé de la guerre, et voulant faire une trève plus durable que la précédente, proposa à son rival d'échanger avec lui la suzeraineté de l'Auvergne contre d'autres avantages politiques[2]. Cette proposition fut acceptée, et le roi d'Angleterre s'engagea envers l'autre roi à garantir la cession qu'il lui faisait, c'est-à-dire, à lui prêter main-forte contre le mécontentement des hommes du pays. Ce mécontentement ne tarda pas à se faire sentir, car

1. Los Dalfinsd'Alvernhe... (Vies des Troubadours, t. V, pag. 124.)

2. Poésies des Troubadours, tom. V, p. 431.

1195 à 1196. les Auvergnats ne voulaient point du roi de France pour suzerain, d'abord, parce qu'ils n'avaient jamais été en semblable relation avec lui, ensuite, dit un ancien récit, parce qu'il était avare, de mauvaise seigneurie, et leur trop proche voisin[1]. Dès qu'il eut envoyé ses officiers recevoir l'hommage du comte d'Auvergne, qui n'osa le refuser d'abord, son premier soin fut d'acheter dans le pays un des plus forts châteaux, pour y mettre garnison, et peu après, sous de légers prétextes, il enleva au comte la ville d'Issoire, préparant ainsi les voies pour la conquête de tout le pays, conquête qu'il espérait achever sans guerre[2].

Richard s'aperçut des projets du roi de France, mais ne fit rien pour les arrêter, prévoyant que l'Auvergne se lasserait un jour, et spéculant sur la haine nationale que le nouveau seigneur accumulait; non-seulement pour y reprendre la seigneurie, mais pour en tirer des secours dans la première guerre qu'il entreprendrait contre son émule d'ambition. En effet, dès qu'il jugea à propos de rompre la trêve, il envoya dire au Dauphin : « Je sais les grands torts que vous fait

1. ... Per so qu'el reis de Fransa lor era trop vezis,... e de mala seingnoria... (Poésies des Troubadours, tom. V, p. 431.)

2. ... E tolc Usoir al dalfin... (Ibid.)

« le roi de France, à vous et à vos terres, et si 1195
« vous voulez, en vous révoltant, me prêter se- à
« cours, je vous soutiendrai, et vous donnerai 1196.
« des cavaliers, des arbalêtriers et de l'argent à « souhait[1]. » Le comte d'Auvergne, croyant à ses promesses, proclama dans son pays le ban de l'insurrection nationale, et commença la guerre contre le roi Philippe[2]. Mais, dès que Richard vit la lutte engagée, il fit aux Auvergnats ce que Louis, père de Philippe, avait fait aux Poitevins, il prit de nouveau trève avec le roi de France, et passa en Angleterre, sans s'inquiéter nullement de ce qui adviendrait du dauphin et du pays d'Auvergne. L'armée de France entra dans ce pays, et, comme s'exprime l'ancienne chronique, mit tout à feu et à flamme, s'emparant de toutes les villes fortes et des meilleurs châteaux[3]. Le Dauphin, sentant qu'il lui était impossible de résister seul à l'ennemi, conclut une suspension d'armes durant laquelle il envoya son cousin, le comte Guy et dix de ses chevaliers en Angleterre, afin de rappeler au roi Richard les

1. ... Se il li volion valer e revelarse contra il rei de Fransa, e lor daria cavaliere e balestiers e deniers a lor comendamen... (Ibid.)

2. ... E sailliron a la guerra contra lo rei de Fransa.... (Ibid.)

3. E mes a fuec et a flama tota la terra. (Ibid.)

1195 à 1196. promesses qu'il avait faites. Richard accueillit mal le comte Guy et ses compagnons, et les laissa repartir sans leur avoir donné ni hommes, ni armes, ni argent[1].

Honteux et tristes de s'être laissé tromper, et contraints de céder à leur mauvais sort, les Auvergnats firent la paix avec le roi de France, en avouant sa suzerainneté sur eux, et lui prêtant de nouveaux serments d'hommage[2]. Peu de temps après expira la trève des deux rois, et Philippe recommença aussitôt la guerre à feu et à sang contre les habitants des terres de son rival[3]. A cette nouvelle, Richard passa la mer, et, dès qu'il fut descendu en Gaule, envoya hardiment un message au dauphin d'Auvergne et au comte Guy, pour leur dire que, puisque la trève venait de finir entre lui et le roi de France, ils devaient maintenant, comme de loyaux alliés, venir à son aide, et guerroyer pour lui[4]. Mais ils ne se laissèrent point tromper une seconde fois, et restèrent en paix

1. ... E'l recep mal e mal l'onret, et no ill.donnet ni cavallier ni sirven, ni balestier, ni aver.... (Poésies des Troubadours, tom. V, p. 431.)

2. Ibid., p. 432.

3. La treva del rei de Fransa e d'En Richart si fo fenida. (Ibid.)

4. ... Que ill li deguessen ajudar e valer... (Ibid.)

avec le roi Philippe; alors Richard, pour se venger, composa, en langue provençale, des couplets satiriques où il disait qu'après lui avoir juré féauté, le dauphin l'abandonnait dans le péril[1]. Le Dauphin ne resta pas en arrière, et répondit aux vers du roi par d'autres où se trouvait plus de vérité, de fierté et d'honneur. « Roi, dit-il, puisque vous chantez « de moi, vous avez trouvé qui chantera de « vous... Si jamais je vous fis serment, ce fut « grande folie de ma part[2]; je ne suis point roi « couronné, ni homme de tant de richesses que « vous... pourtant, grâce à Dien, je pourrai tenir ferme avec les miens entre le Puy et Aubusson; et je ne suis ni serf, ni juif[3]. 1195 à 1196.

1. Si fez un sirventes del dalfin, el qual remembret lo sagramen qu'el Dalfin e'l coms Gui avion fait adel, e com l'avian abandonat... (Poésies des Troubadours, t. V, p. 432.)

2. Reis pus vos de mi chantatz
Trovatz avetz chantador,
. . . .
Anc non fuy vostre juratz
E conoissi ma folor.
(Ibid, tom. IV, pag. 256—7.)

3. Qu' ieu no soiy reis coronatz
Ni hom de tangran ricor
. . . .
Pero Dieus m'a fag tan bon
Qu'entr'el Puey et Albusson
Puesc remaner entr'els mieus,
Qu'ien no soi sers ni Juzieus.
(Ibid. pag. 257.)

1195 à 1196. Ce dernier trait épigrammatique semble faire allusion au massacre et à la spoliation générale des Juifs qui avait eu lieu en Angleterre au commencement du règne de Richard Ier [1], et peut-être aussi à la misérable situation des indigènes de ce pays. Quelque imparfait que fût l'état de la société, au XIIe siècle, dans les provinces méridionales de la Gaule, il y avait pourtant une énorme distance entre ce régime et celui de l'Angleterre, conquise et gouvernée par des étrangers, et où des hommes de race étrangère étaient seuls puissants, riches et libres. La différence des langues, s'ajoutant à celle des conditions sociales, empêchait l'espèce de sympathie patriotique qui ailleurs pouvait unir l'oppresseur à l'opprimé, et déguiser, au moins en partie, la servitude du grand nombre. L'insolence du riche, d'autant plus grande qu'il avait moins de communication avec le pauvre, cette insolence normande qui, selon d'anciens vers, croissait avec les années [2], et le caractère d'hostilité que prenait tout à coup la résistance de l'opprimé, contribuaient à donner au pays un aspect à peu près semblable à celui de la Grèce sous la domination des Turks. On voyait encore

1. Rog. de Hoved. pag. 657.

2. Fastus Normannis crescit crescentibus annis. (Ibid.)

des familles saxonnes qui, par un vœu perpétuel, 1195
s'étaient obligées, de père en fils, à porter leur à
barbe longue comme un signe qui rappelât 1196.
l'ancienne patrie et comme une sorte de protestation contre le gouvernement étranger [1]. Mais ces familles étaient en petit nombre, et les vainqueurs ne les craignant point, leur permettaient d'étaler en paix la marque de leur descendance anglaise, et l'inutile orgueil d'un temps qui n'était plus.

En l'année 1196, lorsque le roi Richard était 1196.
occupé à guerroyer contre le roi de France, et que ses officiers levaient de l'argent pour les frais de ses campagnes et pour le paiement du reste de sa rançon, la ville de Londres fut frappée d'un taillage extraordinaire [2]. La demande en fut faite par le chancelier normand au gouverneur de Londres, que les Normands appelaient *maire*, et aux officiers municipaux qui, par une singularité bizarre, gardaient le titre saxon d'*aldermen* [3]. Ils s'assemblèrent dans leur salle de conseil, dans leur *hus-ting*, comme di-

1. ... Cujus genus avitum, ob indignationem Normannorum radere barbam contempsit... (Math. Paris., p. 127.)

2. Propter regis captionem et alia incidentia... (Rog. de Hoved., p. 765.)

3. Quos majores et aldermannos vocamus.... (Math. Paris., pag. 127.)

1196. saient les Saxons [1], et convoquèrent auprès d'eux les plus riches d'entre les bourgeois pour délibérer sur la répartition de l'impôt exigé par le roi. Les bourgeois de la classe la plus élevée étaient, pour la plupart, des hommes de race normande, angevine ou française, établis en Angleterre comme marchands, après avoir fait partie de l'armée d'invasion, ou qui étaient venus à sa suite [2]. Dans les premières années de la conquête, ils avaient joui de leur privilége national, et avaient été exempts de taillage dans les villes et dans les bourgs ; mais peu à peu le roi, dont les mains sont longues, dit un vieux proverbe, avait cessé de maintenir ces exemptions, et imposé les villes en masse, ne laissant aux bourgeois de race étrangère que la ressource d'une répartition inégalement faite par le conseil municipal où ils avaient toute influence [3]. Au conseil municipal de Londres furent aussi appelés quelques Anglais de naissance, qui s'étaient enrichis par leur commerce, à force de travail, et entre autres un certain Guillaume ou William, comme prononçaient les Anglais,

1. In suo hustingo. (Math. Paris, p. 127.) — *Hus*, maison ; *ting*, affaire, jugement, conseil.

2. Excellentiores civium... (Ibid.)

3. Distributionem munerum subeundorum inæqualiter factam. (Ailredus rieval., p. 691.)

qui jamais ne s'était rasé la barbe, non plus que 1196.
ses aïeux, pour ne point ressembler aux Normands [1].

Cet homme se faisait remarquer dans la ville par son zèle à défendre contre l'oppression, par toutes les voies légales, ses compatriotes, qu'il n'était plus possible d'affranchir en masse et par la guerre [2]. Afin d'y mieux réussir, il s'était rendu habile dans la connaissance des lois normandes, et avait cultivé le talent pour la parole qu'il possédait naturellement, à ce que disent les historiens du siècle [3]. Il employait ce talent et sa fortune à défendre les pauvres contre les mauvais procès et contre les vexations des riches, dont la plus fréquente était l'inégale répartition des tailles [4]. Car tantôt le maire et les *aldermen* exemptaient de toute contribution ceux qui étaient le plus capables de payer, tantôt ils établissaient que chaque bourgeois paierait la même

1. Math. Paris., p. 127. — Math. Westmonast., p. 260.

2. Zelo justitiæ et æquitatis accensus... (Rog. de Hoved., pag. 765.)

3. Legis peritus... (Ibid.) ... Erat enim eloquentissimus. (Gervas. Cantuar., pag. 1591.) — Cùm datum esset illi os loquens ingentia. (Guil. Neubrig., p. 630.)

4. Factus est pauperum advocatus, volens quòd unusquisque tàm dives quàm pauper secundùm facultates suas daret, ad universa civitatis negotia... (Rog. de Hoved., p. 765.)

1196. somme, sans égard à la différence des fortunes[1], de façon que toujours les moins riches supportaient la plus grande charge. Ils s'en étaient souvent plaints, et William avait plaidé leur cause avec plus d'ardeur que de succès[2]. Ses efforts l'avaient mis en grand crédit auprès des bourgeois de petite et de médiocre fortune qui lui donnaient le surnom de défenseur ou d'avocat des pauvres[3]; quant aux Normands et à ceux de leur parti, ils le surnommaient, ironiquement, *l'homme à la barbe*, et l'accusaient de séduire la multitude en lui inspirant une envie désordonnée de liberté et de bonheur[4].

Il paraît que, dans le conseil municipal tenu en l'an 1196, les riches bourgeois de Londres, qui le composaient, opinèrent, selon leur cou-

1. Voluerunt se ipsos servare indemnes aut saltem sine gravamine, et pauperiores vehementer exagitare... (Math. Paris., p. 127.)

2. Vidi contradictionem sæpius habitam inter divites et pauperes. (Ailred. Rieval., p. 691.)

3. Plurimos quasi præstigiis fascinatos sibi devinxit. (Guil. Neubrig., p. 630.) — Ut eum in omnibns haberent advocatum. (Gervas. Cantuar., p. 1591.)

4. Gulielmus cognomento *à-la-barbe*. (Math. Westmonast., p. 260.) — Al. cum barbâ, barbatus, etc. — Inopes et mediocres ad immoderatæ libertatis et felicitatis amorem inflammans. (Guil. Neubrig., p. 630.)

tume, pour une distribution des charges communes faite de telle manière, que la plus petite partie seulement devait peser sur eux; William à la longue barbe leur tint tête seul ou presque seul [1], il les accusa d'injustice et eux lui répondirent en l'appelant traître envers le roi. « Les « traîtres au roi, répliqua l'Anglais, sont ceux « qui fraudent son échiquier en s'exemptant de « payer ce qu'ils lui doivent, et moi-même je « les lui dénoncerai [2]. » En effet, il passa la mer, alla au camp du roi Richard, et, s'agenouillant devant lui et levant la main droite, lui demanda paix et protection pour le peuple [3]. Richard accueillit sa plainte, dit qu'il y serait fait droit, et quand le pétitionnaire fut parti, n'y songea plus, trop occupé de ses affaires politiques pour descendre au détail d'une querelle entre des bourgeois [4]. 1196.

Mais les grands officiers normands, qui étaient sur les lieux, s'en mêlèrent, et, par instinct de

1. Recalcitrante Villelmo cognomento cum barbâ... (Math. Paris., p. 127.)

2. ... Et majores civitatis proditores domini regis appellante... (Ibid.) — Prætendens quòd eorum fraude fisco plurimum deperiret... (Guil. Neubrig., p. 630.)

3. Impetrans ab eo pacem sibi et populo... (Rog. de Hoved., p. 765.)

4. Ibid., p. 765.

1196. nationalité et d'aristocratie, prirent vivement parti contre les pauvres et leur avocat. Hubert Gaultier, archevêque de Canterbury, et grand-justicier d'Angleterre, irrité de ce qu'un Saxon eût osé se rendre auprès du roi pour se plaindre d'hommes de race normande, et de crainte qu'un pareil scandale ne se renouvelât, défendit, par une ordonnance, à tout homme du peuple de Londres de sortir de la ville sous peine d'être emprisonné comme traître au roi et au royaume[1]. Des marchands, qui malgré la défense se rendirent à la foire de Stanford, furent arrêtés et traînés en prison[2]. Ces violences causèrent une grande fermentation dans la ville, et les plus pauvres d'entre les citoyens, par un instinct naturel aux hommes de tous les temps, formèrent une association pour leur défense mutuelle. William à la longue barbe devint le chef de cette société secrète, dans laquelle s'engagèrent, disent plusieurs historiens du temps, plus de cinquante mille personnes[3].

1. ... Undè Hubertus Walter Cantuariensis archiepiscopus, regis justitiarius, irâ admodùm commotus, præcepit ut ubicumque aliquis de plebe inveniretur extra civitatem caperetur tanquàm hostis regis et regni... (Rog. de Hoved., p. 765.)

2. ... Apud nundinas de Stanford capti sunt quidam mercatores de plebe Londoniensi... (Ibid.)

3. Facta est igitur Londoniis tanquàm zelo pauperum

On rassembla des armes telles que des bourgeois demi-serfs pouvaient s'en procurer au moyen âge; des bâtons ferrés, des haches et des leviers de fer, pour attaquer, si l'on en venait aux mains, les maisons fortes que les Normands avaient bâties au sein de Londres comme dans les campagnes de l'Angleterre[1]. 1196.

Entraînés par un besoin naturel de se communiquer leurs sentiments et de s'encourager les uns les autres, les pauvres de Londres se réunirent plusieurs fois, et tinrent des espèces de conciliabules ou de clubs en plein air, sur les places et dans les marchés[2]. Dans ces assemblées tumultueuses, William portait la parole et recueillait des applaudissements, dont il s'enivra trop peut-être, et qui lui firent négliger le moment d'agir et de frapper un grand coup dans l'intérêt de ceux qu'il voulait rendre redoutables à leurs oppresseurs[3]. Un fragment

contra insolentias potentum conjuratio valida, fuisse autem fertur conjuratorum civium numerus, ascriptis, ut posteà claruit, penes ipsum (Willelmum) nominibus singulorum LII millia. (Guil. Neubrig., p. 630.)

1. ... Ferramentorum quoque ingens copia ad stringendas domos munitiores præparata... (Ibid.)

2. Conventus publicos auctoritate propria... (Ib., p. 631.)

3. ... Vallatus turbis pompaticè procedebat fastus sermonum ejus... (Ibid.)

1196. d'une de ses harangues est rapporté par un chroniqueur contemporain, qui assure l'avoir recueilli de la bouche d'une personne présente[1]. Ce discours, quoiqu'il eût un but tout politique, roulait, comme les sermons de nos jours, sur un texte des Écritures, et ce texte était : « Vous puiserez de l'eau avec joie aux sources « du sauveur[2]. » William faisant à lui-même l'application de ces paroles : « C'est moi, disait-« il, qui suis le sauveur des pauvres; vous, pau-« vres, qui avez éprouvé combien est dure la « main des riches, puisez maintenant à ma source « l'eau d'une doctrine salutaire; et puisez-y avec « joie, parce que l'heure de votre soulagement « est venue[3]. Je séparerai les eaux des eaux, c'est-« à-dire, les hommes des hommes; je séparerai « le peuple humble et sincère du peuple orgueil-« leux et perfide; je séparerai les élus des réprou-« vés, comme la lumière des ténèbres[4]. » Sous

1. Ex eo quod viri veracis narratione didici... (Guil. Neubrig., p. 631.)

2. Haurietis aquas cum gaudio de fontibus salvatoris... (Ibid.)

3. Ego, inquit, sum pauperum salvator; vos pauperes, duras divitum manus experti, haurite nunc de fontibus meis aquas doctrinæ salutaris, et hoc cum gaudio, quia jam venit tempus visitationis vestræ... (Ibid.)

4. Ego enim dividam aquas ab aquis, aquæ nempè po-

ces propos vagues et mystiques, l'imagination 1196.
des auditeurs plaçait sans doute des sentiments et des désirs d'une nature plus précise, mais il eût fallu profiter promptement de l'enthousiasme populaire, et l'avocat des pauvres se laissa devancer par les hauts fonctionnaires normands qui, réunissant à Londres, en parlement, les évêques, les comtes et les barons des provinces voisines, citèrent l'orateur du peuple à comparaître devant cette assemblée [1].

William fit une vaine montre de popularité en se rendant à la sommation escorté d'une grande multitude qui le suivait en l'appelant sauveur et roi des pauvres [2]. Les juges normands eurent alors la prudence d'ajourner l'accusation, et, usant d'adresse, travaillèrent de leur côté auprès du peuple, le courtisant et le menaçant pour l'engager ou le contraindre à ne plus protéger l'homme qu'ils voulaient perdre [3]. L'archevêque

puli sunt; dividam itaque populum humilem et fidelem a populo superbo et perfido... (Guil. Neubrig., p. 631.)

1. De consilio procerum, evocavit eum (justitiarius) satisfacturum de objectis... (Ibid., p. 632.)

2. Qui opportunè affuit turbis ita vallatus... Regem vel salvatorem pauperum... (Ibid.)

3. ... Ut evocator ejus molliùs ageret et pro declinando periculo cautè judicium protelaret... (Ibid.)

1196. de Canterbury et les autres justiciers convoquèrent eux-mêmes plusieurs assemblées des petits bourgeois de Londres, et leur parlant tantôt du besoin de conserver la paix publique, tantôt de la puissance qu'avait le roi pour écraser les séditieux, ils amollirent le courage des plus faibles, dont l'exemple amena graduellement la désertion parmi les associés [1]. Saisissant ce moment d'hésitation qui a toujours été funeste aux partis populaires, ils exigèrent, comme otages de la tranquillité de la ville, les enfants de plusieurs familles de la moyenne et de la dernière classe [2]. Les bourgeois n'eurent pas la résolution de résister par la force à cette demande, et la cause du pouvoir fut gagnée, dès l'instant que les ôtages, conduits hors de Londres, furent emprisonnés dans différentes forteresses [3].

Malgré la puissance que leur donnait l'inquiétude publique sur le sort des ôtages, les justiciers n'osèrent pas encore se saisir ouvertement de l'ami du peuple. Ils firent épier l'instant où William se trouverait seul ou accompagné de

1. Publicè et privatim Londonienses cives alloquens pro pace conservandâ, pro fidelitate regis... pro bono pacis.... (Gervas. Cantuar., p. 1091.)

2. Multorum mediæ manûs hominum filii dati sunt in obsidatum... (Ailred. Rieval., p. 691.)

3. In diversis munitionibus carceri mancipati... (Ibid.)

peu de monde, et deux riches bourgeois, probablement de race normande, et dont l'un s'appelait Geoffroy, se dévouèrent par zèle à cet office [1]. Suivis de gens armés, ils observèrent durant plusieurs jours toutes les démarches de l'homme à la longue barbe, et une fois qu'il se promenait tranquillement avec neuf de ses amis, les deux bourgeois l'abordèrent d'un air indifférent, puis tout-à-coup celui qui se nommait Geoffroy porta la main sur lui en donnant le signal aux hommes d'armes qu'il avait apostés près de là [2]. William n'avait pour toute défense qu'un de ces longs couteaux que, selon la mode du temps, on portait à la ceinture, il le tira, et d'un seul coup fit tomber Geoffroy mort à ses pieds [3]. En ce moment survinrent les soldats vêtus de la tête aux pieds de mailles à l'épreuve du poignard; mais William et ses neuf compagnons, à force de courage et d'adresse, firent si bien, qu'ils leur échappèrent et

1196.

1. Explorato igitur per duos cives nobiles tempore quo inveniri posset sine turbis... (Guil. Neubrig., p. 632. — Rog. de Hoved., p. 675.)

2. Cum eisdem civibus ad capiendum eum armatam manum emisit. Quorum unus... (Guil. Neubrig., p. 632.) — Ad quem capiendum cùm Gaufridus veniret... (Rog. de Hoved., p. 675.)

3. Ibid.

1196. entrèrent en fuyant dans l'église la plus voisine, dédiée à la Vierge, et que les Normands appelaient Sainte-Marie de l'Arche [1]. Ils en fermèrent les portes et s'y barricadèrent. Les gens armés qui les poursuivaient essayèrent de forcer l'entrée, mais ne purent y parvenir; et le grand-justicier, apprenant cette nouvelle, envoya des courriers vers les châteaux voisins pour faire arriver, en grande hâte, de nouvelles troupes, ne se fiant pas, dans cet instant critique, à la seule garnison des forts de Londres [2].

En effet c'était l'instant où le peuple eût dû sortir de ses ateliers pour délivrer celui qui s'était dévoué à sa cause dans le pur désir de diminuer la souffrance de ses compatriotes, car lui-même était du nombre de ceux qui avaient le moins à souffrir [3]. Les contemporains disent qu'il comptait sur le secours du peuple, et qu'en

1. Loricata multitudo... (Guil. Neubrig., p. 632.) — Solâ sicâ se defendens... (Math. Paris., p. 127.) — Incluserunt se in ecclesiam Sanctæ Mariæ *de l'Arche*. (Rog. de Hoved., pag. 675.)

2. Convocatâ non modicâ armatâ militiâ, vicos et plateas observari præcepit, ne fœdus initum cives rumperent... (Gervas. Cantuar., p. 153.) — Militares copias ex vicinis provinciis accersitas. (Guil. Neubrig., p. 632.)

3. Zelans pro pauperculo populo... (Henrici Knygton, pag. 2410.)

apprenant son danger, les bourgeois de Londres éprouvèrent beaucoup de douleur; mais que l'inquiétude sur le sort des otages et la vue des soldats, qui entraient de toutes parts et occupaient les rues et les places, les empêcha de manifester autre chose qu'une pitié inutile [1]. Les plus braves voulurent tenter quelque effort généreux; mais, comme s'exprime un vieux historien, les lâches et les pusillanimes firent manquer ce projet, et retinrent ceux des citoyens qui se préparaient à combattre pour leur défenseur [2]. William et ses amis, retranchés dans la tour de Sainte-Marie de l'Arche, furent sommés plusieurs fois de sortir, ils refusèrent toujours; et l'archevêque de Canterbury, pour terminer plus promptement le siége, fit amasser du bois et mettre le feu à l'église [3]. La chaleur et la fumée, qui remplirent bientôt la tour, obli- 1196.

C

1. Populum expectans... qui nimirùm etsi de istius periculo doluit, tamen vel respectu obsidum vel metu... ad ereptionem non accurrit... (Guil. Neubrig., p. 632.)

2. Sed per pusillanimes et degeneres dissipatum est consilium civium Willelmo confœderatorum ad resistendum ipsorum injuriæ... (Math. Paris., p. 127.)

3. Et cùm nec sic reddere se vellent, ex præcepto archiepiscopi Cantuariæ appositus est ignis... (Rog. de Hoved., pag. 675.) — Supposito igne magnam ecclesiæ partem combusserunt. (Math. Paris., p. 127.)

1196. gèrent les assiégés de descendre à demi suffoqués [1]. Ils furent tous pris, et pendant qu'on les emmenait garrottés, le fils de ce Geoffroy, que William avait tué dans sa fuite, vint à lui et d'un coup de couteau lui fendit le ventre [2]. Tout blessé qu'il était, on le lia à la queue d'un cheval, et on le traîna ainsi par les rues de Londres jusqu'à la Tour, où il fut présenté à l'archevêque de Canterbury, et reçut sa sentence de mort; le même cheval le traîna de la même manière au lieu du supplice [3]. Il fut pendu avec ses compagnons, tous Saxons de naissance, « et « c'est ainsi, dit un vieux historien, que périt « William-longue-barbe, pour avoir embrassé « la défense des pauvres et de la vérité [4]. Si la « cause fait le martyr, nul mieux que lui, et à « plus juste titre, ne peut être appelé martyr. [5] »

1. Coactus est Willelmus a turri descendere, calore et fumo penè suffocatus... (Math. Paris., pag. 127.)

2. Cultro illi ventrem dissecuit... (Guil. Neubrig., p. 633.)

3. Ad caudam equi trahitur ad turrim Londoniensem.... (Math. Paris., 127.)—Archiepiscopo præsentatur... (Gervas. Cantuar., p. 159.)

4. Novem ejus vicini vel de ejus familiâ... pro assertione veritatis et pro causâ pauperum tuendâ... (Math. Paris., pag. 127.)

5. ... Cùm constet causam martyrem facere, inter martyres videtur meritò computandus... (Ibid.)

Cette opinion ne fut pas celle d'un seul homme, mais celle de tout le peuple, qui, n'ayant pas eu l'énergie de sauver son défenseur, le pleura du moins après sa mort, et traita d'assassins les Normands qui l'avaient fait mourir [1]. Les écrivains partisans du pouvoir, et c'est le plus grand nombre, disent que William passa pour saint auprès des séditieux et des amateurs de nouveautés [2]. Le gibet auquel il avait été suspendu fut enlevé de nuit comme une relique, et ceux qui ne purent se procurer quelque parcelle du bois, grattèrent la terre qui en avait touché le pied [3]. Tant de gens vinrent chercher de cette terre qu'en peu de temps il se forma une fosse profonde au lieu de l'exécution [4]. On s'y rendait, non-seulement du voisinage, mais de tous les coins de l'Angleterre, et aucun Anglais de race ne manquait à cette espèce de pélerinage patriotique quand il 1196.

1. Extinctum planxêre vehementer, regni provisorem tanquàm homicidam lacerantes... (Guil. Neubrig. p. 633.)

2. Conjurati et novarum aucupes rerum... (Ibid.)

3. Patibulum quo suspensus fuerat, de loco supplicii furto nocturno sublatum est, terra quoque supposita.... Velut aliquod sacrum... (Ibid., p. 637.)

4. Usque ad fossam non modicam per minutias est abrasa... (Ibid.)

1196. venait à Londres pour ses affaires ou son négoce [1].

Bientôt l'imagination populaire attribua le don des miracles à ce nouveau martyr de la domination étrangère, et ses miracles furent prêchés, comme autrefois ceux de Waltheof, par un prêtre de race saxonne [2]; mais le nouveau prédicateur eut le même sort que l'ancien, et il ne fut pas moins dangereux alors de croire à la sainteté de l'homme à la longue barbe, que cent vingt années auparavant à celle du dernier chef anglo-saxon [3]. Le grand-justicier Hubert envoya des soldats qui dispersèrent à coups de lance la foule qui s'assemblait pour lui faire affront, comme il disait lui-même, en honorant un supplicié [4]. Mais les Anglais ne se rebutèrent pas; chassés le jour ils revinrent la nuit, soit pour voir, soit pour prier; on mit en embuscade des gens

1... Qui fortè est diversis Angliæ provinciis, pro negotiis propriis Londonias adventassent... (Guill. Neubr., p. 633.)

2... Subito divulgatum est Willelmum novum martyrem novis clarescere miraculis... (Gerv. Cantuar., p. 1159.)

3. Voyez livre V.

4. In sacerdotem præfatum ecclesiasticâ præeunte vindictâ... (Henr. Knygton, p. 2412.) — Armatorum globum emisit qui rusticam multitudinem fugarent... Quantum honoris defuncto impendens, tantum dedecus ejus damnatori impingens... (Guil. Neubrig., p. 637.)

armés qui en saisirent plusieurs, hommes et femmes, qu'on fouetta publiquement et qu'on enferma dans une forteresse [1]. A la fin une garde permanente fut établie sur le lieu même que le peuple s'obstinait à regarder comme consacré, et en interdit l'approche aux curieux et aux passants [2]. Cette mesure eut seule le pouvoir de décourager l'enthousiasme populaire qui tomba et s'amortit par degrés [3]. 1196.

Ici doit se terminer le récit de la lutte nationale qui suivit la conquête de l'Angleterre par les Normands; car l'exécution de William-longue-barbe est le dernier fait que les auteurs originaux rattachent positivement à la conquête. Qu'il soit arrivé dans la suite beaucoup d'autres événements empreints du même caractère, et que William n'ait pas été *le dernier des Saxons*, c'est ce qui est indubitable; mais la négligence ou l'inexactitude des chroniqueurs, ou bien la perte des anciens documents nous laissent sans

1. Excubabat ibidem nocturno tempore jugiter insulsa multitudo... (Ibid.) — Verùm positis insidiis, et flagellatis qui noctu venerant adorandum... (Gerv. Cantuar., p. 1591.)

2. Armatam in ipso loco custodiam jugiter observare præcepit, quæ non solùm ad supplicationes adveniens vulgus arceret, sed etiam curiosè divertentium inhiberet accessum... (Guil. Neubrig., p. 637.)

3. Sic popularis opinio conquievit... (Ibid.)

1196. preuves à cet égard et nous réduisent tout d'un coup aux conjectures et aux inductions qu'il n'est pas permis d'offrir comme de vraies données historiques. La tâche du narrateur consciencieux finit donc à ce point, et il ne lui reste plus qu'à tracer un tableau rapide de la destinée ultérieure des personnages qu'il abandonne, afin que le lecteur ne reste pas en suspens.

Sous ce nom de personnages, ce n'est ni Richard, roi d'Angleterre, ni Philippe, roi de France, ni Jean, comte de Mortain, qu'il faut entendre; mais les grandes masses d'hommes et les populations diverses qui ont ou simultanément ou successivement figuré dans les pages précédentes. Car l'objet essentiel de cette histoire est d'envisager la destinée collective des peuples, et non celle de certains hommes célèbres, à bon ou à mauvais titre; de raconter les aventures de la vie sociale, et non celles de la la vie individuelle. La sympathie humaine peut s'étendre à des populations tout entières, comme à des êtres doués de sentiment dont l'existence est plus longue que la nôtre, mais remplie des mêmes alternatives de peine et de joie, d'abattement et d'espérance. Considérée sous ce point de vue, l'histoire du passé prend quelque chose de l'intérêt qui s'attache au temps présent:

les êtres collectifs dont elle nous entretient n'ont 1196.
point cessé de vivre et de sentir; ce sont les mêmes qui souffrent et espèrent encore sous nos yeux. Voilà son plus grand attrait; voilà ce qui adoucit des études sévères et arides, ce qui, en un mot, donnerait quelque prix à cet ouvrage, si l'auteur avait réussi à rendre les émotions qu'il éprouvait en recueillant dans de vieux livres des noms devenus obscurs, et des infortunes oubliées.

CONCLUSION.

I.

LES NORMANDS ET LES BRETONS DU CONTINENT, LES ANGEVINS ET LES POPULATIONS DE LA GAULE MÉRIDIONALE.

1187 à 1195. VERS la fin du règne de Henri II, et quelques mois après la mort de son second fils, Geoffroy, comte ou duc de Bretagne, il arriva un événement fort petit en lui-même, mais qui devint la cause ou du moins l'occasion de grandes révolutions politiques. La veuve du comte Geoffroy, Constance, femme de race bretonne[1], accoucha d'un fils que son aïeul paternel, le roi d'Angleterre, voulut faire baptiser sous le nom de Henri; mais les Bretons, qui entouraient la

1. Voyez livre VIII, tome II.

mère, s'opposèrent tous à ce que l'enfant, qui 1187
devait être un jour leur chef, reçût son nom à
d'un étranger[1], ils l'appelèrent, par acclamation, 1195.
Arthur, et le baptisèrent sous ce nom presque aussi populaire pour eux que pour les vieux Bretons de la Cambrie. Le roi d'Angleterre prit ombrage de cet acte de volonté nationale, et, n'osant enlever aux Bretons leur Arthur, qu'en espérance ils élevaient déja au-dessus de l'ancien, il maria de force la mère à l'un de ses officiers, Renouf, comte de Chester, qu'il fit duc de Bretagne, au détriment de son propre petit-fils, devenu suspect à ses yeux parce que la nation bretonne l'aimait. Mais cette nation, peu de temps après, chassa Renouf de Chester, et proclama chef du pays le fils de Constance, encore en bas âge.

Ce second acte de volonté nationale, plus sé- 1195.
rieux que le premier, attira aux Bretons la guerre avec le roi Richard, successeur de Henri II. Mais, pendant qu'ils combattaient pour leur cause et celle d'Arthur, cet enfant, conduit par sa mère, s'isola d'eux, et tantôt passa du côté du roi d'Angleterre, son parent, tantôt se livra au roi de France qui, sous des dehors d'amitié,

1. Contradictum est a Britonibus.. (Chron. Walteri., Hemengford. p. 507.)

1195 à 1200. nourrissait à l'égard de la Bretagne les mêmes projets que l'autre roi. Les vues ambitieuses du roi de France étaient secondées alors en Bretagne et même aussi dans presque toutes les provinces occidentales de la Gaule, par une lassitude générale de la domination anglo-normande. Non-seulement les Poitevins, qui étaient depuis cinquante ans en révolte continuelle, mais les Manceaux, anciennement conquis par Guillaume-le-Bâtard, les Tourangeaux, réunis par conquête au comté d'Anjou, et même les Angevins à qui leurs propres comtes, depuis qu'ils étaient rois d'Angleterre, étaient devenus presque étrangers, aspiraient à un grand changement. Sans désirer autre chose qu'une administration plus dépendante de leurs intérêts nationaux, ils allaient au-devant de la politique du roi de France, et se prêtaient imprudemment à le servir pour être soutenus par lui contre le roi d'Angleterre.

De toutes les provinces continentales soumises aux Normands, l'Aquitaine seule n'avait point d'aversion décidée pour eux, parce que la fille de ses anciens chefs nationaux, Éléonore, veuve de Henri II, vivait encore, et tempérait, soit en réalité, soit dans les formes, la dureté du gouvernement étranger. Lorsque le roi Richard fut tué en Limousin d'un coup d'arbalète, la révolu-

tion qui se préparait depuis long-temps et que 1195
la crainte de son activité militaire avait retardée, à 1200.
éclata presque aussitôt; son frère Jean fut reconnu, sans aucun débat, roi d'Angleterre, duc de Normandie et d'Aquitaine; mais l'Anjou, le Maine et la Touraine, se séparant à la fois de la cause normande, prirent pour seigneur le jeune Arthur, duc de Bretagne; les Poitevins partagèrent cette défection et formèrent avec leurs voisins du nord et de l'ouest une ligue offensive et défensive. A la tête de cette ligue figurait le peuple breton malheureusement représenté par un enfant et une femme qui, tremblant de tomber entre les mains du roi d'Angleterre, livrèrent au roi de France, Philippe, IIe du nom, tout ce que le courage populaire avait reconquis sur les Anglo-normands dans les divers pays confédérés, presque toutes les places fortes de l'Anjou, de la Touraine et du Maine, en reconnaissant sa suzeraineté sur ces trois pays et sur la Bretagne.

Philippe, que ses flatteurs surnommaient Auguste, fit demanteler les villes et raser les forteresses que ses nouveaux vassaux lui avaient ouvertes, et quand le jeune Arthur, son homme-lige et son prisonnier volontaire, lui adressait, au nom des peuples qui s'étaient fiés à lui, quelques remontrances sur cette conduite : « Est-

1195 à 1200. « ce que je ne suis pas libre, repondait le roi, « de faire ce qu'il me plait sur mes terres [1]. »

Arthur s'aperçut bientôt du faux calcul qu'il avait fait pour lui-même en se mettant à la merci de l'un des deux rois pour échapper à l'autre; il s'enfuit de Paris où il était retenu captif sous une apparence d'hospitalité; mais, ne sachant où aller, il se livra au roi Jean, son oncle, qui lui fit beaucoup de caresses, et se préparait à l'emprisonner, lorsqu'Arthur en fut averti et revint au roi de France. Celui-ci désespérait déja de conserver ses nouvelles provinces contre le gré des habitants et en dépit du roi
1200. d'Angleterre. Il voulait faire avec ce dernier une paix avantageuse, et, pour l'obtenir, il lui sacrifia son hôte, le jeune duc de Bretagne, qu'il contraignit de prêter au roi Jean le serment d'hommage-lige pour l'Anjou, le Maine et la Bretagne. Philippe-Auguste, en retour de ce bon office, obtint la paix, trente mille marcs d'argent, plusieurs villes et la promesse qui si Jean mourait sans enfants, il hériterait de toutes ses possessions du continent. En vertu de ce traité, les garnisons françaises des villes de l'Anjou et du Maine furent relevées par des troupes normandes et des Brabançons à la solde du roi d'Angleterre.

Pendant que Philippe dépouillait ainsi le

1. Hist. de Bretagne, par dom Lobineau, t. I.

jeune Arthur de son héritage, il le faisait élever 1200
à sa cour avec ses propres fils et le ménageait à
pour le cas possible d'une nouvelle rupture 1202.
avec le roi Jean. Cette rupture éclata bientôt à l'occasion d'un soulèvement général des Poitevins sous la conduite de Hugues-le-Brun, comte de la Marche, à qui le roi d'Angleterre avait enlevé sa fiancée. Tous les barons du Poitou et d'une partie du Limousin se conjurèrent, et dès que le roi de France les vit compromis, espérant profiter de tout ce qu'ils oseraient contre l'autre roi, il rompit subitement la paix et se déclara pour eux à condition qu'ils lui prêteraient le serment de foi et d'hommage. Aussitôt il fit reparaître Arthur sur la scène politique, lui fit épouser sa fille Marie, âgée de cinq ans, le fit proclamer comte des Bretons, des Angevins et des Poitevins, sous la suzeraineté du royaume
de France, et l'envoya à la tête d'une armée 1202.
conquérir les villes du Poitou qui tenaient encore pour le roi d'Angleterre.

Les Bretons firent alliance avec les insurgés Poitevins, et promirent de leur envoyer cinq cents chevaliers et quatre mille fantassins. En attendant ce renfort, le nouveau comte de Poitou mit le siége devant la ville de Mirebeau, à quelques lieues de Poitiers, où, par un hasard qui devint fatal aux assiégeants, la veuve de Henri II

1202 à 1204. se trouvait alors renfermée. La ville fut prise sans beauconp de résistance, mais Éléonore d'Aquitaine se retira dans le château qui était très-fort, pendant qu'Arthur et les Poitevins occupaient la ville. Ils étaient dans la plus grande sécurité, lorsque le roi Jean, stimulé par le désir de délivrer sa mère, après une marche rapide, parut subitement aux portes de Mirebeau, et fit prisonnier Arthur avec la plupart des chefs de l'insurrection; il les emmena en Normandie, et bientôt Arthur disparut sans que personne pût savoir de quelle manière il avait péri. Parmi les Normands qui n'avaient point contre le roi d'Angleterre de haine ni de répugnance nationale, les uns disaient qu'il était mort de maladie au château de Rouen; d'autres qu'il s'était tué en voulant s'échapper par-dessus les murs de la ville. Les Français, animés par l'esprit de rivalité politique, assuraient que le roi Jean avait poignardé son neveu de sa propre main un jour qu'il passait la Seine avec lui dans un bateau. Enfin les Bretons, qui avaient placé sur la tête d'Arthur toutes leurs espérances de liberté, adoptèrent une version à peu près semblable, mais en changeant le lieu de la scène qu'ils plaçaient près de Cherbourg, sur le bord de la mer [1].

1. Hist. de Normandie, par Dumoulin, p. 514.

La mort d'Arthur, quelle qu'en eût été la cause, 1202
fit grand bruit, surtout en Bretagne, où elle fut à
regardée comme une calamité nationale. La 1204.
même ardeur d'imagination qui avait fait croire aux Bretons que leur destinée future était liée à celle de cet enfant, les jeta dans une affection exagérée pour le roi de France, parce qu'il était l'ennemi du meurtrier d'Arthur. C'est à lui qu'ils en appelaient pour demander vengeance, promettant de l'aider de tous leurs moyens dans ce qu'il entreprendrait contre le roi d'Angleterre. Jamais le roi de France n'avait trouvé une aussi belle occasion de se rendre maître de ces Bretons si obstinés pour leur indépendance [1]. Il accueillit, comme suzerain, la plainte des barons et des évêques de Bretagne sur le meurtre du jeune Arthur, et cita le roi d'Angleterre, son vassal pour la Normandie, à comparaître devant la cour des hauts barons de France, qu'on commençait à nommer pairs, d'un nom nouveau emprunté aux romans provençaux sur Charlemagne. Le roi Jean, comme on s'y attendait, ne comparut pas devant les pairs, et fut condamné par eux. Toutes les terres qu'il tenait du royaume de France (c'était la formule du temps) furent

1. Voyez, plus haut, livres I, II, III et VIII,

1202 à 1204. déclarées forfaites, et les Bretons invités à prendre les armes pour assurer l'exécution de cette sentence, qui ne devait avoir d'effet qu'autant qu'elle serait suivie d'une conquête.

La conquête se fit non par les seules forces du roi de France, non par l'autorité des arrêts de sa cour des pairs, mais par la coopération, d'autant plus énergique qu'elle était volontaire, des populations voisines et ennemies des Normands. Philippe-Auguste n'eut besoin que de paraître sur la frontière du Poitou pour qu'un soulèvement universel des habitants du pays lui ouvrît presque toutes les places fortes, et quand il revint attaquer la Normandie, les Bretons en avaient déja envahi et occupé la partie voisine de leur territoire. Ils enlevèreut d'assaut le Mont Saint-Michel, s'emparèrent d'Avranches et brûlèrent toutes les bourgades situées entre cette ville et Caën; le bruit de leurs ravages et la terreur qu'ils inspiraient contribuèrent puissamment à hâter les progrès du roi de France, qui, avec les Manceaux et les Angevins, s'avançant du côté de l'est, prit Andelys, Évreux, Domfront, Lisieux, et fit à Caën sa jonction avec l'armée bretonne.

C'était la première fois que la Normandie se voyait attaquée avec tant de concert par

toutes les populations qui l'environnaient, au 1202 à
sud, à l'est et au nord; et c'était aussi la pre- 1204.
mière fois qu'elle avait un chef d'une indolence et d'une inhabileté pareilles à celle du roi Jean. Il chassait ou se divertissait pendant que Philippe et ses alliés prenaient, l'une après l'autre, toutes
les bonnes villes et les châteaux du pays : en 1204.
moins d'une année il ne lui resta plus que Rouen, Verneuil et Château-Gaillard. Le peuple de Normandie faisait, quoique inutilement, de grands efforts pour repousser les envahisseurs; il ne leur céda que faute de secours et parce que ses frères d'origine, les Normands d'Angleterre, en sûreté derrière l'Océan, s'inquiétaient peu de le tirer d'un péril qui n'était pas à craindre pour eux. D'ailleurs, se trouvant par suite de leur conquête au-dessus de la condition populaire, ils sympathisaient peu avec les bourgeois et les paysans de l'autre côté de la mer, quoique issus des mêmes ancêtres qu'eux.

Les bourgeois de Rouen souffrirent toutes les extrémités de la famine avant de songer à capituler, et quand les vivres leur manquèrent tout-à-fait, ils conclurent avec le roi de France une trêve de trente jours à l'expiration de laquelle ils devaient se rendre s'ils n'étaient pas secourus. Dans l'intervalle ils envoyèrent quelques-uns des leurs en Angleterre auprès du roi

1204 à 1214. Jean, lui apprendre à quelle nécessité ils étaient réduits. Les envoyés trouvèrent le roi jouant aux échecs, il ne quitta point son jeu et ne leur répondit pas une parole avant que la partie fût achevée, et alors il leur dit : « Je n'ai « aucun moyen de vous secourir dans le délai « convenu, ainsi faites du mieux que vous pour- « rez [1]. » La ville de Rouen se rendit, les deux qui résistaient encore suivirent le même exemple, et la conquête de tout le pays fut accomplie. Cette conquête, moins dure pour les Normands que ne l'avait été pour les Saxons celle de l'Angleterre, ne fut pourtant pas sans humiliation et sans misère. Les Français firent raser les murailles de beaucoup de villes, et contraignirent entre autres les citoyens de Rouen de démolir, à leurs propres frais, leurs anciennes fortifications, et de bâtir une nouvelle tour dans un lieu plus commode aux vainqueurs [2].

La vanité nationale des Bretons fut sans doute flattée quand ils virent leurs vieux ennemis, ceux qui avaient porté le premier coup à leur indépendance nationale, subjugués à leur tour par un pouvoir étranger; mais cette misérable

1. Hist. de Normandie, pag. 525.

2. Muros ipsa suos truncare coacta. (Scrip. rer. franc., tom. XVII, pag. 513.)

satisfaction fut tout le fruit qu'ils tirèrent des victoires qu'ils avaient remportées pour le roi de France; bien plus, en contribuant à mettre leurs voisins sous le joug, ils s'y étaient mis eux-mêmes, et il leur devenait désormais impossible de rejeter la domination d'un roi qui les cernait de toutes parts, et joignait à ses anciennes forces toutes celles de la Normandie. La gêne de la suprématie française s'aggrava pour eux de plus en plus; ils le sentirent et voulurent plusieurs fois, mais en vain, renouer alliance avec le roi d'Angleterre. Pour s'étourdir en quelque façon sur la perte de leur liberté nationale, ils aidèrent, avec une sorte de fureur, les rois de France à détruire entièrement celle des populations voisines du cours de la Loire; ils travaillèrent à l'agrandissement de la monarchie française, et en même temps surent maintenir, avec assez de succès, le reste de leurs droits sociaux contre l'envahissement de cette monarchie. De toutes les populations de la Gaule, les Bretons furent, peut-être à toutes les époques, celle qui montra au plus haut degré le besoin d'action politique. Cette disposition native est loin d'être éteinte en eux, et aujourd'hui même la Basse-Bretagne est un foyer énergique des deux opinions opposées qui divisent la France.

1204 à 1214.

1204 à 1214. Les Angevins qui, avec les Bretons, concoururent à la ruine de la Normandie, perdirent, par suite de cet événement, tout reste d'existence nationale, et les Manceaux ne regagnèrent point l'indépendance que les Normands leur avaient autrefois enlevée. Les comtes d'Anjou furent remplacés par des sénéchaux du roi de France, dont la domination s'étendit dès lors au-delà de la Loire jusqu'en Poitou. Les riches Poitevins n'avaient plus la liberté de marier leurs filles qu'à des Français, ou à des créatures du roi de France [1]. Sous ce joug, nouveau pour eux, ils se repentirent d'avoir répudié le patronage du roi d'Angleterre, et entamèrent avec lui des négociations auxquelles prirent part les mécontents de l'Anjou et du Maine. Une insurrection générale se préparait dans ces trois provinces, lorsque le gain de la fameuse bataille
1214. de Bouvines, en assurant la fortune du royaume de France, intimida les conjurés [2]. Les Poitevins osèrent seuls tenir à leur premiere résolution et se soulever contre le roi Philippe sous les mêmes chefs qui avaient fait avec lui et pour lui la guerre contre le roi Jean; mais Philippe les écrasa bientôt à l'aide de ceux qui avaient

1. Math. Paris, pag. 464.

2. Script. rer. franc., tom. XVI, pag. 413.

craint de lui tenir tête, des Angevins, des Manceaux, des Tourangeaux et des Bretons, et porta ses conquêtes vers le sud jusqu'à la Rochelle. Ainsi ces malheureuses populations, faute de s'entendre et de s'aimer, se ruinèrent les unes par les autres, et la chute de la puissance normande rompant l'espèce d'équilibre politique au moyen duquel les contrées méridionales de la Gaule étaient demeurées jusque-là indépendantes, le mouvement fut donné pour que tôt ou tard, mais infailliblement, la Gaule entière devînt française. 1224.

Le retour de la Normandie sous le pouvoir des rois d'Angleterre pouvait seul arrêter cette impulsion des choses, mais l'impéritie du roi Jean et l'habileté de Philippe-Auguste firent que rien de pareil n'eut lieu, malgré le mécontentement du pays. « Quoique le joug du roi fût « doux, dit un poète du XIIIe siècle, la Neustrie « s'indigna long-temps d'y être soumise [1], et ce- « pendant, voulant être bon pour ceux qui lui « souhaitaient du mal, il n'abrogea point leurs « anciennes lois, et ne leur donna point lieu « de se plaindre d'être gênés par des coutumes

1. Indignante diù portavit vertice regis
Mite jugum...
(Will. Britonni Philippeis apud Script. rer. fr., t. XVIII, p. 213.)

1224 à 1240. « étrangères. » Il ne se fit point en Normandie de grande révolte contre les Français. Tout le mécontentement populaire s'exhalait en propos individuels, en regrets du temps passé, et surtout du roi Richard *au cœur de lion*, qu'aucun Français n'avait jamais égalé, disaient les soldats normands dans le camp même du roi de France[1]. La nullité politique où tomba tout d'un coup cette nation, si renommée par son courage et son orgueil, peut être attribuée à cet orgueil même, qui l'empêcha de solliciter du secours auprès de ses anciens sujets de Bretagne, ou de traiter avec eux pour former une ligue offensive contre l'oppresseur commun. D'un autre côté, l'espoir que les Normands conservaient dans la population qui dominait en Angleterre, et l'ancienne sympathie de parenté entre eux et cette population de gentilshommes durent s'éteindre rapidement. Il y a trop peu de points de contact entre une nation et une aristocratie pour que les Normands et les Anglo-normands pussent se regarder long-temps comme des alliés naturels, pour que les Percy, les Basset, les Bigot, les Giffard, bourgeois de Rouen ou

1. ...... Normannia rege Ricardo
Intumet, alterius quòd vix sit sub pede regis.
(Will.-Britonni Philippeis apud Script. rer. fr., tom. XVIII, p. 322.)

de Bayeux, pussent se croire frères ou parents 1224
des hommes de même nom, comtes et barons à
en Angleterre. Lorsque les deux pays eurent 1240.
cessé d'être réunis sous le même gouvernement, les seuls habitants de l'Angleterre avec qui le peuple de Normandie eût des relations fréquentes, étaient des marchands, hommes de race anglaise, parlant une langue étrangère pour les Normands, qui, d'ailleurs, nourrissaient contre eux un sentiment hostile, celui de la rivalité commerciale. Les anciens liens ne pouvaient donc manquer de se rompre entre la Grande-Bretagne et la Neustrie, tandis qu'il s'en formait chaque jour de nouveaux entre cette dernière contrée et la France, où la masse du peuple parlait le même langage que les Normands, et portait tous les signes d'une commune origine; car il n'existait plus depuis longtemps en Normandie aucun reste de la race danoise.

Toutes ces causes firent que moins d'un siècle après la conquête de Philippe-Auguste, on vit les Normands épouser sans scrupule et avec ardeur l'inimitié des rois de France contre l'Angleterre. Dès l'année 1240, quelques-uns d'entre 1240.
eux s'unirent aux Bretons pour faire des courses sur mer contre les vaisseaux anglais. A chaque

1240 guerre qui s'éleva ensuite entre les deux pays,
à
1338. une foule de corsaires, partis de Normandie, essayaient des descentes sur la côte méridionale d'Angleterre, pour ravager et faire du butin. La ville de Dieppe était surtout fameuse pour ces sortes d'armements. Enfin, lorsque la grande querelle politique, qui occupa tout le XIVe siècle, eut éclaté entre les rois Philippe V et Édouard III, les Normands conçurent un projet qui ne tendait à rien moins qu'à une nouvelle conquête de l'Angleterre, conquête aussi absolue, aussi complète, et plus méthodique peut-être que celle de Guillaume-le-Bâtard. La royauté et toutes les propriétés publiques étaient adjugées d'avance au chef de l'expédition. Toutes les terres et les domaines des barons et des nobles d'Angleterre devaient appartenir aux gens titrés de Normandie, les biens des non nobles aux villes, et ceux des églises aux églises normandes; il n'y avait d'exceptés que les possessions de l'église romaine, et les droits du pape, que, dans cette conquête comme dans la première, on voulait avoir pour allié [1].

Ce projet, qui devait rabaisser après trois siècles de possession les conquérants de l'An-

1. Voyez plus haut, livre III, tome I. (Robert. de Avesbury, de gestis Edwardi post conquæstum tertii.)

gleterre à l'état où eux-mêmes avaient placé 1338.
les Anglais de race, fut rédigé dans le plus
grand détail, et présenté au roi Philippe de
Valois, à son château de Vincennes, par des
députés de la nation normande. Ils lui demandèrent de mettre son fils, qui était leur duc, à
à la tête de l'entreprise, et offrirent de tout
exécuter à leurs propres dépens, n'exigeant du
roi que la simple assistance d'un allié en cas de
revers. Cet accord ayant été conclu, l'acte en
fut gardé à Caen; mais des circonstances que
l'histoire du temps ne détaille pas, retardèrent
l'exécution. Rien n'était encore commencé lorsqu'en l'année 1346, le roi d'Angleterre débar- 1346.
qua au cap de la Hogue, pour s'emparer du
pays qu'il appelait sa Normandie, la terre de
son héritage [1]. Les Normands, attaqués à l'improviste, ne résistèrent pas plus à l'armée anglaise que les Anglo-normands n'eussent peut-
être fait si l'invasion projetée avait eu lieu. On
ferma les villes, on coupa les ponts, on détruisit
les routes; mais rien ne put arrêter la marche
de cette armée composée en masse d'Anglais
d'origine, et dont tous les chefs jusqu'au roi
inclusivement, ne parlaient d'autre langue que le
français avec l'accent de Normandie.

1. Terram hæreditatis suæ. (Ibid.)

1346. Malgré cette dernière circonstance, aucune sympathie nationale ne se réveilla en leur faveur, et les villes qui ouvrirent leurs portes ne le firent que par nécessité. Ils prirent en peu de temps Barfleur, Carentan, Saint-Lô, et dans les rapports officiels, rédigés en langue française, qu'ils envoyèrent en Angleterre, ils comparaient ces villes, pour la grandeur et la richesse, à celles de Sandwich, de Leicester et de Lincoln, dont ils travestissaient encore le nom en celui de Nicole [1]. A Caen, où ils visitèrent, en grande cérémonie, le tombeau de Guillaume-le-Conquérant, l'auteur de la fortune et de la noblesse de leurs aïeux, ils trouvèrent parmi les chartes de la ville l'original du traité conclu entre les Normands et le roi de France pour la nouvelle conquête, et en furent tellement irrités qu'ils ordonnèrent le pillage et le massacre des habitants. Ensuite, pillant toujours sur leur route, ils se dirigèrent vers l'ancien territoire de France, du côté de Poissy, où ils entrèrent; puis ils allèrent en Picardie, où se livra entre eux et les Français la célèbre bataille de Crécy.

Le plan de conquête trouvé à Caen fut envoyé aussitôt en Angleterre et lu publiquement dans

1. Et est la ville plus grosse que n'est Nicole. (Rob. de Avesb. pag. 125.) — Voyez livre IV.

toutes les villes, afin d'exaspérer l'esprit du peuple contre le roi de France et contre les Français, dont les Normands n'étaient déja plus distingués. A Londres, l'archevêque de Canterbury fit lecture de cette pièce à l'issue de l'office devant la croix du cimetière de Saint-Paul. Comme elle était rédigée en français, tous les nobles présents purent la comprendre, mais ensuite on la traduisit en langue anglaise pour les gens de basse condition[1]. Cette lecture et d'autres moyens qu'on employait pour exciter les Anglais à soutenir la querelle de leur roi, ne furent point sans effet sur eux. Les passions d'ambition et de vanité du maître se changèrent dans l'esprit des sujets en aversion irréfléchie contre tout le peuple de France, qui leur rendit haine pour haine. Il n'y eut qu'une seule classe d'hommes dans les deux pays que n'atteignit point cette frénésie : c'était celle des pauvres pêcheurs de marée des bords de l'Océan. Anglais ou Français, durant la plus grande chaleur des guerres, ils ne se firent jamais aucun mal, « ne se guerroyant jamais, dit un historien « du XIVe siècle, mais plutôt s'entr'aidant les « uns les autres; vendant et achetant sur mer, 1346.

1. Rob. de Avesb., pag. 130.

1346. « l'un à l'autre, quand les uns avoient fait meil-
« leure pêche [1]. »

Par une bizarrerie singulière, pendant que la Normandie, l'ancienne patrie des rois et des grands d'Angleterre, devenait pour eux un pays
1200 à 1216. ennemi; l'Aquitaine, depuis la mer de la Rochelle jusqu'aux Pyrénées, demeurait sous leur autorité sans répugnance apparente. On a vu plus haut comment ce pays avait été retenu sous le pouvoir du roi d'Angleterre par l'influence de la duchesse Éléonore, veuve de Henri II. Après la mort de cette femme, les Aquitains gardèrent leur foi à son fils et à son petit-fils par crainte de tomber sous la seigneurie du roi de France, qui, maître du Poitou, était devenu leur voisin immédiat. Suivant un principe de politique accrédité au moyen âge, ils préféraient, indépendamment de toute autre considération, avoir pour seigneur un roi qui fut loin d'eux; car le seigneur éloigné laissait ordinairement le pays se gouverner lui-même, selon ses coutumes locales, et par des hommes nés dans son sein, ce que ne permettait guère le suzerain dont la terre était voisine.

Ce foyer de puissance royale, conservé au

1. Froissard, tom. III, pag. 133.

sud-ouest de la Gaule, aurait peut-être servi long-temps de point d'appui contre le roi de France aux populations méridionales encore indépendantes, si un événement imprévu n'eût ruiné subitement toute la puissance nationale des habitants du pays situé entre la Méditerranée, le Rhône et la Garonne. Ces hommes, pour la plupart vassaux des comtes de Toulouse, étaient, au treizième siècle, infiniment plus civilisés que ceux du reste de la Gaule. Ils faisaient un grand commerce avec l'Orient, où la signature de leur comte avait alors plus de crédit que le grand sceau du roi de France. Leurs villes jouissaient de la constitution municipale, et avaient même l'apparence extérieure des républiques italiennes. Chaque riche bourgeois y possédait sa maison forte, comme un baron du plat pays; et tout fils de bourgeois devenait, s'il le voulait, chevalier, joûtait et tournoyait comme un noble [1].

1200 à 1216.

Cette égalité politique, qui était un objet de scandale pour les chevaliers de France, de Bourgogne et d'Allemagne, ouvrant une communication libre entre toutes les classes de la popula-

1. Trecentas domus turrales quæ in villâ erant. (Script. rer. fr., tom. XVIII, pag. 310.) — Histoire générale du Languedoc par les Bénédictins.

1200 à 1216. tion, donnait à l'esprit des Gaulois, riverains de la Méditerranée, une activité qui se déployait dans tous les genres de culture morale. Ils avaient la littérature la plus raffinée de toute l'Europe, et leur idiôme littéraire était classique en Italie et en Espagne; leur christianisme ardent, et même exalté, parce qu'ils étaient d'une nature passionnée, ne consistait pas dans une foi implicite aux dogmes, et dans l'observance machinale des pratiques de l'église romaine. Sans entrer ouvertement en révolte contre cette église qui n'avait jamais pu fonder parmi eux l'autorité absolue qu'elle exerçait sur des nations moins éclairées, ils avaient, à cette époque reculée, anticipé en quelque sorte et peut-être même dépassé les réformes religieuses que le XVIe siècle vit éclore dans d'autres pays. Tout cela s'était fait chez eux insensiblement sans guerres de religion, sans élan de fanatisme, sans qu'eux-mêmes eussent bien mesuré le degré de leur dissidence avec l'église catholique.

Cette église, alarmée de l'hérésie toujours croissante des Gaulois méridionaux, employa d'abord les ressources de son immense organisation diplomatique pour en arrêter les progrès. Mais c'était en vain que les courriers pontificaux apportaient à Alby, à Toulouse et à Narbonne des bulles d'excommunication et d'anathème contre les ennemis de la foi romaine. L'hérésie avait gagné jusqu'aux prêtres des églises où devaient être fulminées ces sentences, et les évêques eux-mêmes, quoique plus étroitement liés au système catholique par intérêt personnel et par habitude, avaient peine à ne pas se laisser gagner à l'exemple de tout un peuple au milieu duquel ils vivaient. Pour arrêter cette contagion intellectuelle, il ne fallait rien moins que frapper le peuple en masse, et anéantir l'ordre social d'où provenait son indépendance et sa civilisation. C'est ce que le pape Innocent III entreprit dans les premières années du XIIIe siècle. Prenant exemple des croisades que ses prédécesseurs avaient excitées contre les Sarrasins, il en fit prêcher une contre les habitants du comté de Toulouse et du diocèse d'Alby, et publier dans toute l'Europe que quiconque s'armerait pour leur faire la guerre à outrance obtiendrait la remission de tous ses péchés, et une part des biens des hérétiques[1].

1200 à 1216.

Malheureusement l'époque était favorable pour cette croisade de chrétiens contre chrétiens. Les conquêtes du roi de France en Normandie, en

1. Hist. génér. du Languedoc, t. III. — Hist. des Français, par M. de Sismondi, tom. VI.

1200 à 1216. Anjou et en Aquitaine avaient fait déposséder ou bannir beaucoup d'hommes de ces divers pays, et augmenté prodigieusement le nombre des gens d'armes et chevaliers *sans avoir*, obligés de courir les aventures pour vivre, et disposés à prendre part à toute sorte d'entreprises hasardeuses. Le pélerinage contre les Albigeois (c'était le nom qu'on donnait à cette guerre) promettait beaucoup moins de risques et un profit beaucoup plus certain que la croisade contre les Arabes. Aussi le nombre des pélerins fut bientôt de cinquante mille, de toute condition et de toute nation, surtout Français et Flamands. Le roi de France envoya quinze mille hommes à sa solde, et le roi d'Angleterre, soit par l'entraînement de la superstition dominante, soit par la crainte politique d'être noté comme ennemi de l'Église, laissa enrôler en Aquitaine un corps de troupes sous la conduite de l'archevêque de Bordeaux.

Il serait trop long de raconter en détail toutes les atrocités que commirent ces nouveaux croisés au sac de Béziers, de Carcassonne, de Narbonne, et des autres villes mises au ban de l'Église; de dire comment les habitants furent massacrés par eux sans distinction d'âge, de sexe, de catholiques ou d'hérétiques; comment les plus belles femmes étaient distribuées aux soldats, et les meilleures

maisons aux prêtres qui suivaient l'armée. « En 1200
quel état je vous ai vues autrefois, et mainte- à
« nant qu'est-ce de vous? pauvres villes », s'écrie 1216.
un poète du midi, contemporain de ces désastres[1]. Tout le pays entre la Garonne et la Méditerranée fut ravagé et conquis par cette armée qui s'intitulait en français du temps, *l'ost de Nostre Seigneur;* et son général, Simon de Montfort, devenu gouverneur souverain de toute la conquête, fit hommage au roi de France pour des territoires dont ce roi jusque là n'avait jamais été reconnu suzerain.

A mesure que l'armée des croisés, dont le
nombre s'augmentait toujours, faisait de nou- 1216.
velles conquêtes, la suzeraineté du roi de France s'étendait davantage sur le midi de la Gaule. Tout le comté de Toulouse y fut bientôt soumis, et quand mourut Simon de Montfort, son fils Amaury, pressé par la révolte d'une partie de la population subjuguée, vendit au successeur de Philippe-Auguste la souveraineté directe que le pape lui avait attribuée sur tout le pays conquis par les croisés. Pour s'assurer cette immense

1. Ai Tolosa e Proensa
E la terra d'Agensa
Bezers et Carcassey
Quo vos vi, e quo us vey!

(Raynouard, choix de Poésies des Troubadours, t. IV, p. 192)

1216 à 1257. possession, le roi de France leva une armée, prit la croix blanche sur sa poitrine, et se dirigea vers le midi par la route de Lyon. Il contraignit les Avignonais à lui livrer passage, prit Nîmes et Beaucaire, qu'il réunit sous l'autorité d'un sénéchal, plaça de même un sénéchal à Carcassonne, et s'avança jusqu'à Toulouse, qui s'était délivrée, et avait fermé ses portes aux croisés et aux Français.

La haine contre les Français était la passion nationale des habitants de tout le pays nouvellement réuni au royaume de France, et le nom de Français n'y était jamais proféré sans une épithète injurieuse [1]. Les poètes souhaitaient, dans leurs sirventès, que le fils du comte de Toulouse, à l'aide du roi d'Aragon, le seul roi que les Gaulois méridionaux aient jamais aimé, parce qu'il parlait leur langue, vînt reprendre son pays natal et se fît un pont de cadavres français [2]. Durant la minorité qui suivit la mort de Louis, fils de Philippe-Auguste, il se forma une grande confédération de seigneurs et de

1. Frances bevedor, fals Frances.
(Choix de Poésies, tom. IV, passim.)

2. . . . . Que ton
Los Frances e'ls escorsa,
E 'ls pen en fai pon.
(Ibid., pag. 314.)

peuples, depuis la Loire jusqu'aux pieds des 1216
Pyrénées, pour repousser les Français dans à
leurs anciennes limites. Les chefs des vallées 1257.
où coule l'Arriège, et où l'Adour prend sa source, les comtes de Foix et de Cominges firent alliance avec le comte de la Marche et les châtelains du Poitou. Le roi d'Angleterre osa cette fois prendre parti, parce qu'il ne s'agissait plus de s'opposer à un pélerinage, mais au pouvoir politique des rois de France. Cette tentative eut peu de succès, parce que le clergé catholique, zélé pour la domination française, effraya les confédérés en les menaçant d'une croisade dirigée spécialement contre eux, et réprima les mouvements des Toulousains au moyen d'un nouveau genre de police devenu célèbre sous le nom d'Inquisition. L'héritier des anciens comtes de Toulouse, fatigué d'une lutte désespérée, fit une paix définitive avec le roi Louis, appelé vulgairement, quoique inexactement Louis IX [1], et lui céda tous ses droits par un traité qui fut loin d'être volontaire. Louis IX donna le comté de Toulouse à son frère Alphonse, déja comte de Poitou, au même titre, sans l'assentiment du pays.

1. L'erreur vient de ce que l'on distingue des *Clovis* et des *Louis*, tandis que ces deux noms ne sont que des dérivés par corruption du même nom frank *Lot-wig*.

1216 à 1257. Malgré ces nouveaux accroissements, le royaume de France n'atteignit point encore du côté du sud les limites où tendait l'ambition de ses rois, nourris par les romans populaires sur l'histoire de Charlemagne. La bannière aux fleurs de lis d'or ne fut point plantée sur les Pyrénées, et les chefs des populations qui habitaient le pied ou la pente de ces montagnes restèrent libres de porter leur hommage à qui ils voulaient. Les uns, il est vrai, l'offrirent au roi de France; mais d'autres, en plus grand nombre, gardèrent fidélité au roi d'Aragon ou à celui de Castille, ou à celui d'Angleterre, et d'autres enfin restèrent sans suzerain, ne voulant tenir que de Dieu seul, comme on s'exprimait alors.

Pendant que l'un des frères de Louis IX gouvernait les comtés de Toulouse et de Poitou, l'autre, nommé Charles, était comte de l'Anjou et du Maine. Jamais famille de rois français n'avait réuni une semblable puissance; car il ne faut pas prendre les rois des Franks pour des rois de France. Les limites de ce royaume, autrefois borné par la Loire, s'étendaient déja au milieu du XIIIe siècle jusqu'à la Méditerranée; elles touchaient du côté du sud-ouest aux possessions du roi d'Angleterre en Aquitaine, et par le sud-est au territoire indépendant qui

portait le vieux nom de Provence [1]. Vers cette 1216
époque, le comte de Provence, Raymond Béran- à
ger mourut, laissant une fille unique appelée 1257.
Béatrice, sous la tutèle de quelques-uns de ses parents. Les tuteurs, se voyant maîtres de la jeune fille et du comté, offrirent au roi de France de lui vendre l'une et l'autre pour Charles d'Anjou, son frère; et le roi, ayant accepté, fit d'abord avancer vers la Provence des troupes qui y entrèrent comme amies. Charles d'Anjou s'y rendit peu après, et on lui fit épouser Béatrice, sans trop la consulter sur ce choix. Quant aux habitants du pays, leur aversion pour un comte étranger, et surtout de race française, n'était pas douteuse [2]. Ils avaient sous les yeux l'exemple de ce que leurs voisins de l'autre côté du Rhône souffraient sous le gouvernement des Français : « Au lieu « d'un brave seigneur, dit un poète contempo- « rain, les Provençaux vont donc avoir un sire; « on ne leur laissera plus bâtir ni tours ni châ- « teaux, ils n'oseront plus porter la lance ni l'écu « devant les Français. Puissent-ils mourir tous « plutôt que de tomber en un pareil état [3]. »

1. Provincia.

2. Provinciales Francos habent odio inexorabili. (Math. Paris, pag. 442.)

3. Hist. des Troubadours, par Millot, tom. II, pag. 237.)

1216 à 1257. Ces craintes ne tardèrent pas à se réaliser. Toute la Provence fut remplie d'officiers étrangers qui, traitant les indigènes comme des sujets par conquête, levaient violemment des impôts énormes sur une population habituée à ne payer que des contributions volontaires, confisquaient, emprisonnaient, mettaient à mort sans procédure et sans jugement. Il n'y eut pas dans les premiers temps une grande résistance contre ces excès de pouvoir, parce que le clergé se faisant, selon l'expression d'un poete du temps, pierre à aiguiser pour les épées des Français[1], soutenait par ruses et par menaces leur domination dans un pays assez civilisé pour être suspect d'hérésie. Les troubadours, habitués à servir dans tout le midi d'organe aux intérêts patriotiques, prirent la tâche dangereuse de réveiller le peuple et de lui faire honte de sa patience. L'un d'eux, jouant sur le nom de son pays, disait qu'on ne devait plus l'appeler *Proensa* (la terre des preux), mais *Faillensa* (la terre des lâches), parce qu'il souffrait qu'une domination étrangère remplaçât son gouvernement national. D'autres poetes s'adressaient, dans leurs vers, au roi d'Arragon,

1. Et il clerc sont li cotz e fozil.
(Raynouard, choix de Poésies des Troubadours, tom. V, pag. 178.)

l'ancien seigneur suzerain de la Provence, pour l'inviter à venir chasser du pays les usurpateurs de ses terres. D'autres enfin excitaient le roi d'Angleterre à se mettre à la tête d'une ligue offensive contre les Français. Ils provoquaient une guerre à la faveur de laquelle ils espéraient opérer leur affranchissement. « Que ne com-
« mence-t-on vîte, disaient-ils, le jeu où
« maint heaume sera fendu, et maint haubert
« démaillé [1]. »

Les choses en étaient à ce point lorsque le roi de France, partant pour la croisade en Égypte, emmena avec lui son frère, Charles d'Anjou. La nouvelle se répandit bientôt que les deux frères avaient été faits prisonniers par les Sarrasins, et la joie fut universelle en Provence. On disait que Dieu avait opéré ce miracle pour sauver la liberté du peuple, et les villes d'Aix, d'Arles, d'Avignon et de Marseille, qui jouissaient d'une organisation municipale presque républicaine, firent ouvertement des préparatifs de guerre, réparant leurs fortifications, rassemblant des vivres et des armes; mais la prison de Charles d'Anjou ne fut pas de longue

---

1. Choix de Poésies des Troubadours, t. V, p. 277. — Hist. des Troubadours, par Millot, tom. II, pag. 146.

1216 à 1257. durée. A son retour, il commença par faire dévaster toute la banlieue et le territoire d'Arles, afin d'effrayer les citoyens. Puis il les tint bloqués avec une armée nombreuse, si long-temps, qu'après avoir beaucoup sonffert ils furent obligés de se rendre. Ainsi finit cette commune, aussi libre que celles qui existaient dans le même temps en Italie. Avignon, qui lui ressemblait par sa constitution municipale, ouvrit ses portes au moindre bruit de l'arrivée d'Alphonse, comte de Toulouse et de Poitiers, qui venait aider son frère à réduire les Provençaux [1].

A Marseille, les habitants plus résolus prirent les armes, et, se mettant en mer, coururent sur les vaisseaux du comte. Mais le peu d'amitié entre la bourgeoisie des villes et les possesseurs de terres et de châteaux, fit que les Marseillais furent mal soutenus par cette classe d'hommes, dont une partie trouva plus *chevaleresque* de servir sous l'étranger que de faire cause commune avec les amis de l'indépendance nationale. Réduits à leurs seules forces, ils obtinrent pourtant une capitulation favorable, mais que les agents français du comte violèrent bientôt sans

1. Hist. de Provence, par Gaufridi, tom. I, pag. 146.

scrupule. Leurs tyrannies et leurs exactions re- 1257.
devinrent si insupportables que, malgré le péril, il y eut contre eux une émeute où tous furent arrêtés de vive force par le peuple, qui se contenta de les emprisonner. Les révoltés se saisirent du château Saint-Marcel, fermèrent les portes de la ville, et subirent un second siége, durant lequel les habitants de Montpellier, naguère ennemis des Marseillais par rivalité de commerce, profitèrent des derniers moments de leur propre indépendance pour secourir Marseille contre les conquérants de la Gaule méridionale. Malgré ce secours, la ville, attaquée par des forces supérieures, fut obligée de se rendre. On enleva tout le matériel des arsenaux publics, et les citoyens furent désarmés. Un chevalier, nommé Boniface de Castellane, à-la-fois homme de guerre et poète, qui, par ses sirventès avait excité le soulèvement des Marseillais [1], et avait ensuite combattu parmi eux, fut pris et décapité, selon le récit de quelques historiens; les châtelains et les seigneurs, qui avaient abandonné la cause des villes, furent traités par le comte presque aussi durement que ceux qui l'avaient suivie. Il les apauvrit tous pour les mettre hors d'état de

1. Choix de Poésies des Troubabours, t. IV, p. 214.

1257 à 1323. lui nuire, s'ils se repentaient un jour, et son autorité s'affermit par la misère et la terreur publique [1].

Les Provençaux ne recouvrèrent jamais leur ancienne liberté municipale, ni la haute civilisation et la richesse qui en était le résultat. Mais une chose remarquable, c'est qu'après deux siècles, l'extinction de la maison des comtes d'Anjou, sous laquelle ils avaient conservé au moins une ombre de nationalité par une administration distincte de celle de la France, causa presque autant de déplaisir en Provence que l'avènement même de cette maison. Tomber sous l'autorité immédiate des rois de France, après avoir été gouvernés par des comtes, parut aux habitants de ce pays, vers la fin du XVe siècle, une calamité nationale. C'est cette opinion populaire plutôt que les qualités personnelles de René, surnommé *le Bon*, qui donna lieu au long souvenir conservé de lui par les Provençaux, et à l'idée exagérée de prospérité publique que la tradition attache encore à son règne [2]. Il est vrai que le gouvernement des comtes angevins en Provence

1. Hist. de Provence, tom. I, pag. 142 à 145. — Hist. des Troubadours, tom. III, pag. 40.

2. Raynouard. Dissertation sur la Poésie provençale.

avait adopté la langue du pays, et s'y était 1257
quelque peu naturalisé à la longue. Peut- à
être aussi qu'un chef revêtu d'un titre politi- 1323.
quement inférieur à celui de roi, avait par cela seul moins de dédain pour les hommes, et ne se croyait pas tout permis comme un roi du XVIe siècle.

Ainsi furent aggrégées au royaume de France toutes les provinces de l'ancienne Gaule, situées à la droite et à la gauche du Rhône, hormis la Guyenne et les vallées du pied des Pyrénées. La vieille civilisation de ces provinces reçut un coup mortel par leur réunion forcée à des pays bien moins avancés en culture, en industrie, en politesse et en goût des arts. C'est la plus désastreuse époque dans l'histoire des habitants de la France méridionale, que celle où ils devinrent Français, où le roi, que leurs aïeux avaient coutume d'appeler le roi de Paris [1], commença à les nommer eux-mêmes ses sujets de la *langue d'oc*, par opposition aux anciens Français et aux populations d'outre-Loire, qui parlaient la *langue d'oui*. Depuis ce temps, la poésie classique du midi, et même la langue qui lui était consacrée, périrent en Languedoc, en

1. Regis parisiaci... (Script. rer. fr., t. XVIII, p. 246.)

1257 à 1323. Poitou, en Auvergne et en Provence. A la place de cette langue des Troubadours qui, sans contrainte, sans aucune influence politique, par le seul charme de sa culture et des ouvrages auxquels on la consacrait, s'était élevée dans tous ces pays au-dessus des idiomes locaux, il ne resta plus que des dialectes populaires, différant d'une province et quelquefois d'un canton à l'autre, peu élégants, incorrects, ayant le défaut de n'être bien compris que dans un rayon de quelques lieues, et ne pouvant, de cette manière, être cultivés par beaucoup d'hommes, ni
1323. appliqués à de grands ouvrages. Au XIVe siècle, les Toulousains firent, par l'institution de leurs jeux floraux, une faible tentative pour relever l'ancienne poésie méridionale, quand elle périssait de toutes parts; mais ce concours fut borné au seul dialecte de Toulouse, et d'ailleurs le nom de gaie science, *lo gay saber*, montre combien s'était rabaissée alors l'idée qu'on se formait de la poésie dans un pays où on l'avait vue liée à tout ce qu'il y a de plus grave et de plus important dans la vie sociale[1].

1200 à 1286 La juridiction des premiers sénéchaux des rois de France dans le pays de Languedoc, bornée à l'ouest par celle des officiers du roi d'Angle-

1. Voyez plus haut, livres X et XI.

terre en Aquitaine, ne s'étendit vers le sud que 1200
jusqu'aux vallons qui annoncent le voisinage à
de la grande chaîne des Pyrénées. C'est là que 1286.
s'était arrêtée la conquête des croisés contre les Albigeois, parce que le profit d'une guerre dans un pays montagneux, hérissé de châteaux bâtis sur des rochers, comme des nids d'aigle, ne leur semblait pas proportionné aux dangers qu'elle devait offrir. Ainsi sur la frontière méridionale des possessions des deux rois, il restait un territoire libre, s'étendant en longueur d'une mer à l'autre, et qui, fort rétréci à ses extrémités orientale et occidentale, atteignait vers son centre, presque jusqu'au confluent de l'Aveyron et de la Garonne.

Les habitants de ce territoire étaient divisés en peuplades sous différents chefs, comme l'avait été tout le midi de la Gaule, avant la conquête des Français, et ces diverses populations présentaient toutes, dans leur langage et leur physionomie morale, le signe d'une origine commune, à l'exception d'une seule, la plus occidentale, qui habitait la côte de l'Océan, au sud de Bayonne, et les vallées voisines. Cette race d'hommes, plus ancienne que les races celtiques de la Gaule, avait probablement été refoulée vers les montagnes, à l'arrivée de ces dernières, et avec la partie

1200 à 1286. occidentale des Pyrénées gauloises, elle occupait aussi le revers espagnol des mêmes montagnes et les plaines adjacentes. Son nom de nation dans sa langue, différente de toutes les langues connues, était et est encore celui d'Escualdun, au pluriel Escualdunac. Au lieu de ce nom, les Romains employaient celui de *Vaques*, *Vasques* ou *Vascons*, et ces dernières dénominations se sont conservées dans les langues néo-latines de la Gaule et de l'Espagne. Les Vasques ou Basques ne subirent jamais entièrement le joug de l'administration romaine, qui régissait tous leurs voisins, et ne quittèrent point, comme ces derniers, leur langage pour la langue latine, diversement altérée. Ils résistèrent de même aux invasions des peuples germaniques, et ni les Goths, ni les Franks ne réussirent à les aggréger à leur empire. Quand les Franks eurent occupé toutes les grandes villes des deux Aquitaines, les montagnards de l'ouest devinrent le centre et le point d'appui des nombreuses rébellions des habitants de la plaine. Les Basques s'allièrent ainsi contre les rois franks de la première et de la seconde race avec les Gallo-romains, qu'ils n'aimaient pas, et qu'ils avaient coutume de piller dans l'intervalle de ces alliances. C'est cette confédération, souvent renouvelée, qui fit

donner le nom de *Vasconie*, ou de Gascogne, 1200 à 1286.
à la partie de l'Aquitaine située entre les montagnes et la Garonne, et la différence de terminaison au nominatif et aux cas obliques dans le même mot latin, amena la distinction des Basques et des Vascons ou Gascons [1].

En se plaçant à la tête de la grande ligue des indigènes du sud-ouest de la Gaule contre les conquérants du nord, les Basques ne paraissent avoir eu d'autre objet que leur propre liberté nationale, et le profit matériel de la guerre, nullement d'établir dans la plaine leur domination politique et de fonder un état nouveau. Soit amour exclusif pour leur pays natal et mépris pour la terre étrangère, soit disposition d'esprit particulière, l'ambition, le désir du pouvoir et de la renommée ne furent jamais leurs passions dominantes, et pendant qu'à l'aide des révoltes, auxquelles ils avaient si puissamment coopéré, se formaient, pour des familles de l'Aquitaine, les riches comtés de Foix, de Comminges, de Béarn, de Guyenne et de Toulouse, eux, ne voulant pas plus être maîtres qu'esclaves, restèrent peuple, mais peuple libre dans leurs vallées. Ils poussèrent l'indifférence politique jusqu'à se laisser englo-

1. Script. rer. gallic. et franc., tom. III, V, VI, et VII. Passim.

1200 à 1286. ber nominalement dans le territoire du comte de Béarn et dans celui du roi de Navarre, hommes de race étrangère pour eux, auxquels ils permettaient de s'intituler seigneurs des Basques, pourvu toutefois que cette seigneurie n'eût rien de réel ni d'effectif[1].

C'est dans cet état qu'ils apparaissent au treizième siècle, ne se mêlant point, comme nation, aux affaires des pays voisins; divisés sous deux suzerainetés différentes, par longue habitude, par insouciance, non par force, et ne cherchant nullement à se réunir en un seul corps de peuple. S'ils montraient de l'opiniâtreté, c'était pour le maintien de leurs coutumes héréditaires et des lois décrétées dans leurs assemblées de canton qu'ils appelaient Bilsâr. Aucune passion, ni d'amitié, ni de haine, ne leur faisait prendre parti dans les guerres des étrangers, mais à l'offre d'une forte solde ils s'enrôlaient individuellement sous une bannière quelconque, en vue de la solde et non de la cause qui ne leur importait point. Ils profitaient de leur indépendance native, pour chercher la richesse que leurs montagnes ne leur offraient pas, dans le métier de soldat, qui au moyen âge était le meilleur des métiers. Les Basques, les Na-

1. Hist. du Béarn, par Marca.

varrois et les habitants des Pyrénées orientales, 1200
population d'origine différente, mais vivant à- à
peu-près à la manière des Basques, étaient alors 1286.
aussi renommés, comme troupes légères, que les Brabançons, comme gens de pesante armure[1]. Leur agilité de corps, leur habitude d'un pays difficile, et un certain instinct de finesse et de ruse que donne la vie de chasseur et de berger des montagnes, les rendaient propres aux attaques imprévues, aux stratagêmes, aux surprises de nuit, aux marches forcées par le mauvais temps et les mauvaises routes, surtout s'ils espéraient trouver au bout, non la victoire, qui seule ne les touchait guère, mais des bagages à surprendre, un trésor militaire à piller, un chef de renom à prendre et à rançonner.

Trois cantons seulement du pays des Basques, le Labourd, la vallée de Soule et la Basse-Navarre se trouvaient sur l'ancien territoire des Gaules; le reste faisait partie de l'Espagne. La ville de Bayonne, qui dépendait du duché de Guyenne, marquait sur la côte de l'Océan l'extrême limite de la langue romane, peut-être plus avancée vers le nord dans les siècles antérieurs. Aux portes de Bayonne commençait la terre du comte ou vicomte de Béarn, le plus

1. Basculi, seu Basculi, Navarri, Arragonenses.

1200 à 1286. puissant seigneur du pied des Pyrénées, et celui dont la politique entraînait ordinairement celle de tous les autres. Il avait coutume de ne reconnaître aucun suzerain d'une manière permanente, si ce n'est peut-être le roi d'Arragon, dont la famille était alliée à la sienne. Quant au roi d'Angleterre, dont il tenait quelques fiefs voisins de Bayonne, il ne se mettait à ses ordres, ne lui jurait fidélité et hommage-lige que pour un salaire considérable [1]. C'était à un prix moins élevé, mais toujours à prix d'argent, que le même roi obtenait l'hommage des seigneurs moins puissants de Bigorre, de Comminges, des trois vallées, et en général de tous ceux de la Gascogne proprement dite. Ils firent plus d'une fois, dans le XIIIe siècle, la guerre à sa solde contre le roi de France; mais, suivant le caractère indépendant des Gaulois du midi, à la première marque d'orgueil, au premier acte de tyrannie de leur suzerain adoptif, les chefs gascons l'abandonnaient aussitôt, et s'alliaient à son rival, ou se confédéraient contre lui. Cette confédération, souvent renouvelée, pratiquait des intelligences en Guyenne pour y exciter des soulèvements, et les succès qu'elle obtint, à dif-

1. Quolibet die, pro stipendio 13 libras sterlingorum..... (Math., Paris, pag. 575.)

férentes époques, sembleraient prouver que beaucoup d'hommes songeaient à réunir tout le sud-ouest de la Gaule en un état indépendant, composé de villes libres et de seigneuries, selon la coutume du moyen âge. Ce dessein plaisait surtout à la classe élevée et aux riches bourgeois des villes de Guyenne; mais le menu peuple tenait à la domination anglaise, à cause de l'opinion généralement répandue qu'on ne saurait où vendre les vins du pays, si les marchands d'Angleterre n'étaient plus là pour les emporter sur leurs vaisseaux[1].

Vers le commencement du XIVe siècle, un 1286.
traité d'alliance et de mariage réunit à perpétuité sur la même tête les deux seigneuries de Foix et de Béarn, et fonda ainsi une assez grande puissance sur la frontière commune des rois de France et d'Angleterre. Dans la longue guerre qui, peu de temps après, s'éleva entre ces deux rois, le dernier fit de grands efforts pour attirer dans son parti les comtes de Foix et de Béarn, et pour leur faire jouer, dans la conquête qu'il méditait en Guyenne, le rôle que les Bretons, les Angevins et les Manceaux avaient joué autrefois dans celle de la Normandie. Le comte

1. Math. Paris, pag. 805, 806. — Per plebeios qui regem dilexerant. (Ibid., pag. 854.)

1286 à 1451. de Foix fut gagné par la promesse des deux villes de Dax et de Bayonne aussitôt que la conquête serait achevée; mais comme elle ne réussit pas, toute alliance fut bientôt rompue entre les comtes de Foix et le roi de France. Les premiers, revenant à leur ancien système de politique, se tinrent comme en observation entre les deux grandes puissances rivales, dont chacune essaya tout pour les contraindre à se déclarer; mais ni l'une ni l'autre ne put rien obtenir. Une fois, au milieu du XIVe siècle, le roi de France envoya Louis de Sancerre, l'un de ses maréchaux, dire de sa part au comte Gaston de Foix, qu'il aurait grande *affection* à l'aller voir : « Qu'il soit « le bien venu, répondit le comte, et je le verrai « volontiers. — Mais sire, répliqua le maréchal, « c'est l'intention du roi, à sa venue, de savoir « pleinement et ouvertement lequel vous voulez « tenir, Français ou Anglais; car toujours vous « vous êtes dissimulé de la guerre, et ne vous « êtes point armé pour prière ni commandement « que vous ayez eu. — Messire Louis, dit le « comte, si je me suis excusé et retenu de m'ar- « mer, j'ai eu raison et droit de le faire; car la « guerre du roi de France et du roi d'Angleterre « ne me regarde en rien. Je tiens mon pays de « Béarn de Dieu, de l'épée et de naissance, ainsi

« je n'ai que faire de me mettre en servitude ou 1286
« en rancune envers l'un ou l'autre roi[1]. » à
1451.

Telle est la nature des Gascons, ajoute le vieil historien qui raconte cette anecdote, ils ne sont point stables, et onques trente ans d'un tenant ne furent fermes à un seigneur. Cela fut vrai surtout durant le XIVe siècle et la moitié du XVe que dura, presque sans interruption, la guerre entre les rois d'Angleterre et de France. Le reproche de légèreté, d'ingratitude, et de perfidie, fut alors plus que jamais adressé alternativement par les deux rois aux hommes qui voulaient demeurer libres. Tous deux firent aussi, plus que jamais, des efforts pour se les attacher. Il n'y avait pas si petit châtelain en Gascogne, qui ne fût courtisé par messages et par lettres scellées du grand sceau de France ou d'Angleterre[2]. De là vint l'importance qu'acquirent tout d'un coup, et à un si haut degré, des personnages dont on parlait peu avant cette époque, les sires d'Albret, d'Armagnac, et d'autres bien moins puissants qu'eux, tels que les sires de Durfort, de Duras et de Fezensac. Pour s'assurer l'alliance du seigneur

1. Froissard, tom. III, page 329.

2. Voyez Rymer fœdera, conventiones, litteræ, tom. II, III et IV. (Édit. de La Haye, passim.)

1286 à 1451. d'Albret, chef d'un petit territoire formé de landes et de bruyères, le roi de France, Charles V, lui donna en mariage sa sœur Isabelle de Bourbon. Le sire d'Albret vint à Paris, où il fut accueilli et fêté à l'hôtel de son beau-frère; mais au milieu de ce bon accueil, il ne pouvait s'empêcher de dire à ses amis : « Je me maintiendrai Français, puisque je l'ai promis, mais, « par-Dieu, je menais meilleure vie, moi et mes « gens, quand nous faisions la guerre pour le « roi d'Angleterre [1]. » Vers le même temps, les sire de Durfort et de Rosan, faits prisonniers par les Français dans une bataille, furent tous deux relâchés sans rançon, à condition, dit un contemporain, qu'ils se tourneraient Français, et promettraient, sur leur foi et sur leur honneur, de demeurer bons Français à jamais, eux et leurs terres [2]. Ils le jurèrent, mais à leur retour ils répondirent au premier qui leur demanda des nouvelles. — « Ha! seigneur, par contrainte et sur « menace de mort on nous a fait devenir Fran- « çais; mais nous vous disons bien, qu'en faisant « ce serment, toujours en nos cœurs nous « avions reservé notre foi à notre naturel sei- « gneur, le roi d'Angleterre, et pour chose que

1. Froissard, tom. III, pag. 69.
2. Ibid.

« nous ayons dite ou faite nous ne demeurerons 1286
« ja Français [1]. » à
1451.

L'importance que de si puissants rois attachaient à l'amitié de quelques barons, dont la force n'était rien comparée à celle de deux grands royaumes, venait surtout de l'influence que ces barons, selon le parti qu'ils suivaient, pouvaient exercer, et exerçaient en effet, sur les châtelains et les chevaliers du duché de Guyenne, dont un grand nombre leur était attaché par des liens de famille. D'ailleurs, les Aquitains se trouvaient, en général, avec eux dans des relations plus intimes qu'avec les officiers du roi d'Angleterre, qui ne parlaient pas la langue du pays, ou la parlaient mal, ne sachant que le français, et dont la morgue [2] anglo-normande était peu d'accord avec la vivacité et la facilité de commerce des méridionaux. Aussi à chaque fois qu'un seigneur de Gascogne embrassait le parti français, un plus ou moins grand nombre de chevaliers ou d'écuyers d'Aquitaine tournaient avec lui, et sortaient du pays pour aller se joindre à l'armée du roi de France, ou bien y restaient pour intriguer et exciter des révoltes. Cette influence,

1. Froissard, tom. III, liv. III, chap. 6.

2. Naturæ vitio tumidos. (Script. rer. franc., tom. XVII, pag. 222.)

1286 à 1451. exercée en divers sens, occasiona, durant tout le quatorzième siècle, beaucoup de mouvements parmi la population militaire des châteaux de la Guyenne, mais bien moins parmi la population industrieuse et commerçante des villes, qui tenait à la souveraineté du roi d'Angleterre, par l'idée généralement répandue alors que celle du roi de France devait amener infailliblement la ruine de toute liberté municipale. Cette opinion, que les Aquitains avaient conçue d'après l'exemple de ce qui s'était passé chez leurs voisins du Languedoc et de la Provence, avait tellement pris racine dans leur esprit, que, quand le roi d'Angleterre, Édouard III, prit le titre de roi de France, ils s'en alarmèrent, comme si ce simple titre, ajouté à son nom, devait changer toute sa conduite à leur égard. L'alarme fut si grande que, pour la dissiper, le roi Édouard crut nécessaire d'adresser à toutes les villes d'Aquitaine une lettre où se trouvait le passage suivant: « Nous promettons de bonne foi, que nonobs« tant notre prise de possession du royaume de « France, à nous appartenant, nous ne vous « priverons en aucune manière de vos libertés, « priviléges, coutumes, juridictions, ou autres « droits quelconques[1]; mais vous en laisserons

1. Rymer. tom. II, pars IV.

« jouir, comme par le passé, sans aucune at- 1286
« teinte de notre part ou de celle de nos offi- à
« ciers. » 1451.

Dans les premières années du XVe siècle, le comte d'Armagnac qui, depuis quelque temps, s'était mis, avec le sire d'Albret, à la tête d'une ligue formée entre tous les petits seigneurs de Gascogne, dans le but de maintenir leur indépendance en s'appuyant, selon le besoin, sur la France ou sur l'Angleterre, fit alliance avec l'une des deux factions aristocratiques, d'Orléans et de Bourgogne, qui se disputaient alors le gouvernement de la France. Il s'engagea ainsi dans une querelle étrangère et y attira ses confédérés, moins peut-être par des motifs politiques que par intérêt personnel; car l'une de ses filles avait épousé le duc dOrléans, chef du parti de ce nom. Une fois mêlés dans ces querelles, indifférentes à leur pays, les Gascons, suivant la fougue de leur caractère méridional, y déployèrent une activité si grande, que bientôt le parti d'Orléans changea son nom en celui d'Armagnac, et que l'on ne parla plus en France que de Bourguignons et d'Armagnacs. Malgré la généralité de cette distinction, il n'y avait de vrais Armagnacs que ceux du midi, et ceux-là, en s'encadrant dans une faction plus nombreuse qu'eux, furent entraînés, par la force des choses, dans tous ses

1286 à 1451. mouvements, ses amitiés, ses haines, et oublièrent, en se passionnant avec elle, la cause qui, premièrement, les avait fait se liguer ensemble, l'indépendance de leur contrée natale. Ils n'embrassèrent plus la politique qui leur convenait, ne choisirent plus leurs alliés, mais prirent la politique et les alliés qu'une faction française leur donna [1].

Sous le règne de Charles VII, cette faction les compromit plus avant qu'ils ne l'avaient jamais été dans l'alliance du roi de France contre l'Angleterre, et quand les Anglais eurent été chassés des provinces françaises du nord, qu'ils avaient récemment occupées, et qu'il s'agit de leur enlever la Guyenne, les amis du comte d'Armagnac s'employèrent tous à pousser vers ce dernier but ce qu'on appelait *la fortune de*
1451. *France* [2]. Leur exemple détermina ceux d'entre les seigneurs gascons qui tenaient alors pour le roi d'Angleterre, à quitter son alliance pour celle du roi Charles. De ce nombre fut le comte de Foix, et cet homme qui, peu d'années auparavant, avait promis au roi d'Anglererre de faire pour lui la conquête du Languedoc, en-

1. Chronique d'Enguerrand de Monstrelet, chap. 100.

2. Froissard.

treprit de diriger, pour l'autre roi, celle de la province d'Aquitaine[1]. 1451 à 1452.

Une sorte de terreur superstitieuse, provenant de la rapidité des victoires des Français dans le nord, et du rôle qu'y avait joué la célèbre Pucelle d'Orléans, régnait alors dans ce pays. On croyait que la cause du roi de France était favorisée du ciel, et quand le comte de Penthièvre, chef de l'armée française, et les comtes de Foix et d'Armagnac entrèrent de trois côtés en Guyenne, ils n'éprouvèrent ni de la part des habitants, ni même de celle des Anglais, une aussi grande résistance qu'autrefois. Ces derniers, désespérant de leur propre cause, firent graduellement retraite vers la mer. Mais les citoyens de Bordeaux, qui tenaient plus à leur liberté municipale que l'armée anglaise à la domination de son roi sur le continent, souffrirent un siége de plusieurs mois, après lequel ils capitulèrent, sous la condition d'être à jamais exempts de tailles, de subsides et d'emprunts forcés. La ville de Bayonne se rendit la dernière de toutes au comte Gaston de Foix, qui l'assiégeait avec une armée de Béarnais et de Basques, dont les uns

1. Rymer. t. IV. — Hist. générale du Languedoc, t. IV, p. 427.

1451 à 1452. le suivaient dans cette guerre parce qu'il était leur seigneur, et les autres parce qu'ils espéraient s'y enrichir; ni l'une, ni l'autre de ces deux populations ne songeait alors à la cause de la France, qui leur était entièrement étrangère, et même au moment où les gens de guerre du Béarn combattaient pour les Français, les habitants demeurés dans le pays regardaient encore les Français comme des ennemis, et faisaient contre eux la garde sur leur frontière. Une fois, pendant que le comte Gaston attaquait Saint-Séver et Dax, une colonne française, par mégarde ou pour abréger sa route, entra sur le territoire béarnais. A la première nouvelle de sa marche, le tocsin sonna dans les villages, les paysans s'assemblèrent en armes, et il y eut entre eux et les soldats du roi de France un engagement, célèbre dans les annales du pays sous le nom de bataille de Mesplede [1].

Le senéchal français de la Guyenne, qui remplaça à Bordeaux l'officier du roi d'Angleterre portant le même titre, ne prêta point, devant le peuple assemblé, l'ancien serment que l'Anglais avait coutume de prêter à son installation, lorsqu'il jurait, en langue bordelaise, de conserver à toutes gens, de la ville et du

1. Hist. de la maison de Foix, par Olhagaray, pag. 352.

pays, *lor franquessas*, *privilèges*, *libertades*, *establissements*, *fors coustumas*, *usatges et observances*[1]. La province fut traitée en territoire conquis, et cet état de choses, auquel les Bordelais n'étaient point habitués, les mécontenta si fort, que, moins d'un an après la conquête, ils conspirèrent avec plusieurs châtelains du pays pour chasser les Français à l'aide du roi d'Angleterre. Des députés de la ville se rendirent à Londres, et traitèrent avec Henri VI, qui accepta leurs offres et fit partir quatre ou cinq mille hommes sous la conduite de Jean Talbot, fameux capitaine du temps, dont le nom semble dérivé, par altération, de celui de Taille-Bosc ou Taille-Bois, cité plus haut dans le récit de la conquête de l'Angleterre[2]. 1451 à 1452.

Talbot, débarqué à la presqu'île de Médoc, entra dans le pays sans aucune résistance, parce que le gros de l'armée française s'était retiré, ne laissant que des garnisons dans les villes. A la nouvelle de ce débarquement il y eut de grands débats à Bordeaux, non sur la question de savoir si l'on redeviendrait Anglais, mais sur le traitement qu'on ferait subir aux officiers et aux gens d'armes du roi de France[3]. Les uns 1452.

1. Chronique Bourdeloise.
2. Voyez livre V, tom. II.
3. Chron. de Monstrelet.

1452. voulaient qu'on les laissât sortir sains et saufs, les autres qu'on en tirât pleine vengeance. Pendant ces discussions les Anglais arrivèrent devant Bordeaux, quelques bourgeois leur ouvrirent une porte, et la plus grande partie des Français, gens d'armes ou officiers civils, furent prisonniers de guerre. Le roi de France envoya en grande hâte six cents lances et des archers pour renforcer les garnisons des autres villes, mais avant que ce secours fût parvenu à sa destination, l'armée de Talbot, à laquelle s'étaient joints tous les barons du Bordelais et quatre mille hommes venus d'Angleterre, reconquit presque toutes les places fortes.

Cependant le roi Charles VII vint avec une nombreuse armée sur les frontières de la Guyenne. D'abord il essaya de lier des intelligences avec les habitants du pays; mais il n'y réussit pas; personne ne s'offrait à conspirer pour le retour de son gouvernement[2]. Se voyant réduit à ne rien attendre que de la force, il enleva d'assaut plusieurs villes, et fit décapiter, comme traîtres, tous les Aquitains pris les armes à la main. Les comtes de Foix et d'Albret, et les autres seigneurs de Gascogne lui prêtèrent dans cette campagne le même secours que dans la

1. Monstrelet, tom. III.

première, et envahirent une seconde fois le midi 1452
de la Guyenne, tandis que l'armée française, li- à
vrait aux Anglais, près de Castillon, une grande 1455.
bataille où Jean Talbot fut tué avec son fils. Cette défaite ouvrit aux deux armées confédérées le chemin de Bordeaux. Elles firent leur jonction à peu de distance de cette ville, qu'elles cherchèrent à affamer en ravageant son territoire; et en même temps une flotte, composée de vaisseaux poitevins, bretons et flamands, entra dans la Gironde. Les Anglais, qui formaient la plus grande partie de la garnison de Bordeaux, voyant la ville investie de toutes parts, demandèrent à capituler et y contraignirent les habitants. Ils obtinrent la faculté de s'embarquer et d'emmener avec eux tous ceux des bourgeois qui voudraient les suivre; il en partit un si grand nombre que, durant beaucoup d'années, Bordeaux fut presque dépeuplé et sans commerce [1].

Aux termes du traité, vingt personnes seulement devaient être bannies pour avoir conspiré contre les Français. De ce nombre furent les sires de l'Esparre et de Duras, et les biens de tous les autres suspects furent confisqués et partagés par les vainqueurs. Le roi de France

1. Chronique Bourdeloise, pag. 38.

1452 à 1455. se retira à Tours, mais il laissa de fortes garnisons dans toutes les villes, voulant, dit un contemporain, tenir aux habitants le fer au dos[1]. Et, pour mettre, ajoute le même historien, la ville de Bordeaux en plus grande sujétion qu'elle n'avait jamais été, les Français y bâtirent deux citadelles; l'une sur le bord de la rivière, qu'on appela le Château-Trompette, et l'autre au bout de la ville du côté du sud, qu'on appela le fort
1455. de Hâ. Pendant que les ouvriers travaillaient à élever ces deux forteresses, on saisit le sire de l'Esparre, qui avait rompu son ban; on le mena à Poitiers, où il fut condamné à mort, décapité et coupé en six morceaux, qui furent pendus en différents lieux.

Long-temps après cette dernière conquête de la Guyenne, beaucoup d'hommes y regrettèrent encore le gouvernement des Anglais, et furent attentifs à saisir l'occasion de renouer des intelligences avec l'Angleterre. Ils ne réussirent point dans ces manœuvres politiques; mais on en craignait l'effet, et les ordonnances des rois de France interdisaient le séjour de Bordeaux à tout homme de naissance anglaise. Les navires anglais devaient laisser à Blaye leur artillerie, leur poudre et leurs armes, et les

1. Monstrelet, tom. III, pag. 63.

marchands de cette nation ne pouvaient entrer 1455
dans aucune maison de la ville, ni aller à la à
campagne pour goûter ou acheter des vins, 1464.
sans congé du maire ou des jurats, et sans être accompagnés d'hommes armés et d'officiers institués exprès pour épier leurs actions et leurs paroles. Cet emploi, devenu inutile dans la suite des temps, se transforma à la longue en celui d'interprètes jurés [1].

Malgré ses regrets, la province de Guyenne demeura française, et le royaume de France s'étendant jusqu'à Bayonne, pesa, sans aucun contre-poids, sur le territoire libre de Gascogne, dont les chefs sentirent bientôt qu'ils s'étaient laissé emporter trop loin dans leur amitié pour la monarchie française. Ils en eurent des regrets, mais trop tard; car il leur était désormais impossible de lutter contre cette monarchie, qui embrassait toute l'étendue de la Gaule, hors leur seul petit pays. Cependant la plupart d'entre eux s'aventurèrent avec courage dans cette lutte inégale; ils cherchèrent un point d'appui dans la révolte de la haute noblesse de France contre le successeur de Charles VII, et s'engagèrent dans la ligue qu'on

1. On les appelait, à Bordeaux, corratiers. (Chron. Bourdeloise, pag. 36.)

1464. appelait alors le bien public[1]. La paix, que les ligueurs français firent bientôt après avec le roi Louis XI pour de l'argent et des offices, et qui les contenta presque tous, ne pouvait contenter les méridionaux, qui avaient cherché tout autre chose dans cette guerre patriotique pour eux. Trompés dans leurs espérances, les comtes d'Armagnac, de Foix, d'Albret, d'Astarac et de Castres s'adressèrent au roi d'Angleterre, pour l'inviter à faire une descente en Guyenne, promettant de marcher à son secours avec quinze mille combattants, de lui livrer toutes les villes de Gascogne et de lui faire prendre Toulouse[2].
1469. Mais l'opinion des politiques anglais n'était plus favorable à de nouvelles guerres sur le continent, et l'offre des Gascons fut refusée. Dans leur conviction que c'en était fait à jamais de leur ancienne indépendance nationale, si la Guyenne ne redevenait un état par elle-même, plusieurs d'entre eux intriguèrent alors auprès du frère du roi de France, Charles, duc de Guyenne, pour l'engager à se déclarer indé-
1472. pendant. Mais le duc mourut empoisonné dès que le roi son frère s'aperçut qu'il prêtait l'oreille à ces suggestions, et une armée française vint assiéger dans Lectoure le comte Jean d'Arma-

1. Mémoires de Philippe de Commines, pag. 9.
2. Histoire générale du Languedoc, tom. II, pag. 140.

gnac, qui montrait le plus d'activité pour le vieil intérêt de la Gascogne; la ville fut prise d'assaut, et mise à feu et à sang; le comte périt dans le massacre, et sa femme, grosse de sept mois, fut contrainte, par les officiers du roi de France, de prendre un breuvage qui devait la faire avorter, et la fit mourir après deux jours[1]. Un membre de la famille d'Albret, prisonnier dans cette guerre, fut décapité à Tours; et peu de temps après, un bâtard d'Armagnac, qui entreprit de relever le parti de son pays, et réussit à reprendre quelques places, vaincu de même, fut condamné et mis à mort; enfin, Jacques d'Armagnac, duc de Nemours, qui nourrissait, ou auquel on supposait de semblables desseins, eut la tête tranchée à Paris, aux Piliers des Halles, et ses enfants furent placés sous l'échafaud, afin que le sang de leur père, coulant sur leur tête, les avertît de ne plus tenter la guerre contre le roi de France.

1473.

1477.

Cette terrible leçon ne fut point perdue pour eux, non plus que pour les autres seigneurs de Gascogne, et quoique beaucoup de gens tournassent leurs yeux de l'autre côté de l'Océan, quoiqu'on espérât long-temps encore voir revenir, avec des secours anglais, Gaillard

1. Histoire générale du Languedoc, tom. V, pag. 49.

de Durfort, sire de Duras et les autres Gascons et Aquitains réfugiés en Angleterre[1], personne n'osa tenter ce qu'avaient entrepris les d'Armagnacs; le comte de Foix, le plus puissant seigneur du pied des Pyrénées, ne songea plus à tenir auprès des rois de France d'autre conduite que celle d'un serviteur, galant à leur cour, brave dans leur camp, dévoué à la vie et à la mort. La plupart des barons du pied des Pyrénées et ceux de la province de Guyenne suivirent cette nouvelle carrière, et ne pouvant plus rien être par eux-mêmes, ils recherchèrent les titres et les emplois que le roi de France donnait à ses flatteurs. Beaucoup d'entre eux les obtinrent et supplantèrent même les Français dans la faveur de leurs propres rois, grâce à leur souplesse d'esprit et à une aptitude pour les affaires, qui était le résultat de leurs longs et pénibles efforts pour maintenir leur liberté nationale contre l'ambition des rois voisins.

Depuis la fin du XVe siècle, la classe d'hommes en faveur, qu'on appelait en France noblesse de cour, fut toujours en grande majorité composée de Gascons, et généralement de familles originaires du midi, quoique le midi, en y comprenant le Languedoc, la Provence et l'Auver-

1. Rymer. tom. V, pars III, pag. 64. — Philippe de Commines, pag. 157.

gne, ne formât que le tiers du territitoire francais. Outre les titres et les graces de cour, l'administration effective des affaires publiques se trouva de même le plus souvent, depuis cette époque, entre les mains des méridionaux. La révolution elle-même, qui a changé tant de choses, n'a guère dérangé cet ordre, et depuis la chute de l'illustre et malheureux parti de la Gironde, de nouveaux exemples, en assez grand nombre, sont venus confirmer l'espèce de nécessité politique, qui assigne aux Français nés au sud de la Loire le premier rang comme candidats au pouvoir.

II.

LES HABITANTS DU PAYS DE GALLES.

1200 à 1282. Le reproche d'inconstance et de perfidie que les populations libres du midi de la Gaule reçurent long-temps de leurs ennemis nationaux les Français et les Anglo-normands, fût aussi constamment adressé par ces derniers aux indigènes de la Cambrie [1]. Si c'était perfidie que de ne tenir aucun compte du droit de conquête, et de faire de continuels efforts pour secouer le joug étranger, les Gallois seraient en effet le plus perfide de tous les peuples, car leur résistance, contre les Normands, par la force et par la ruse, fut aussi opiniâtre que celle de leurs aïeux contre les Anglo-saxons. Ils leur faisaient une guerre perpétuelle d'escarmouches et de stratagèmes, se retranchant dans les forêts et les marécages, et ne se hasardant guère en plaine

1. Wallensium fides est fidei carentia... (Math. Paris, page 299.)

contre des cavaliers armés de toutes pièces et 1200 à 1282.
manœuvrant régulièrement. La saison humide et pluvieuse était celle où les Gallois étaient invincibles[1] : alors ils renvoyaient leurs femmes, chassaient leurs troupeaux dans les montagnes, brisaient les ponts, faisaient des tranchées dans les étangs, coupaient les digues, et voyaient avec joie la brillante chevalerie de leurs ennemis s'engloutir dans l'eau et la fange de leurs marais[2]. En général, les premiers combats leur étaient favorables, mais, à la longue, la plus grande force l'emportait, et une nouvelle portion plus ou moins grande du pays de Galles était conquise.

Les chefs de l'armée victorieuse prenaient des otages, désarmaient les habitants et les forçaient de jurer obéissance au roi et aux justiciers d'Angleterre ; ce serment prêté de force était bientôt violé[3], et le peuple assiégeait les châteaux des barons et des juges étrangers. A la nouvelle de cette reprise d'hostilités, les otages emprisonnés en Angleterre, dans les forteresses royales, étaient mis à mort, et quel-

1. Videntes tempus hyemale madidum sibi competere. (Math. Paris, pag. 631.)

2. Ibid. pag. 64.

3. Cartharum Juramentorumque suorum obliti. (Ibid., page 431.)

1282. quefois le roi lui-même les faisait exécuter sous ses yeux, comme Jean, fils de Henri II, qui en fit pendre un jour vingt-huit, tous en bas âge, avant de se mettre à table[1].

Telle est en peu de mots l'histoire de la lutte des Gallois contre les Anglo-normands, jusqu'au jour où le roi Édouard, premier du nom depuis la conquête, franchit les hautes montagnes de la Cambrie septentrionale qu'aucun roi d'Angleterre n'avait passées avant lui; le plus haut sommet de ces montagnes, appelé en gallois *Craig-eiri*, ou le pic neigeux, et en anglais *Snowdon*, était regardé comme sacré pour la poésie, et l'on croyait que quiconque s'y endormait devait se réveiller inspiré[2]. Ce dernier boulevard de l'indépendance cambrienne ne fut point forcé par des troupes anglaises, mais par une armée venue de l'Aquitaine, et, en grande partie, composée de mercenaires basques[3]. Ces montagnards, dont la vie et la tactique militaire ressemblaient presque en tout point à celles des Gallois, furent plus propres à les vaincre dans l'intérieur de

1. Antequam cibum sumeret fecit 28 pueros patibulo suspendi. Deindè cibis et potibus indulgens... (Math. Paris, page 161.)

2. Pennant's tour en Wales, vol. II, pag. 169.

3. De Vasconensibus atque Basclis. (Math. West. monast., pag. 410.)

leur pays, que la cavalerie pesante et l'infanterie régulière qu'on leur avait opposées jusqu'alors.

Dans cette grande défaite périt un homme que ses compatriotes, suivant leur ancien esprit de superstition patriotique, regardaient comme prédestiné à rétablir la vieille liberté bretonne, *Lewellyn*, fils de *Griffith*, chef du nord du pays de Galles qui avait remporté plus de victoires sur les Anglais qu'aucun de ses prédécesseurs. On lui appliquait une vieille prophétie d'après laquelle un prince de Galles devait être couronné à Londres, et le roi Édouard fit placer sur le haut de la tour de Londres sa tête coiffée d'une couronne d'argent en accomplissement de cette prédiction [1]. David, frère de Lewellyn, essaya 1283.
de recommencer la guerre; mais, pris vivant par les soldats du roi d'Angleterre, il fut pendu et coupé en quartiers, et sa tête fut placée à côté de celle de son frère, sur les crénaux de la tour, où le vent et la pluie les firent blanchir ensemble [2].

On dit qu'après sa victoire complète, le roi Édouard Ier assembla les principaux des vaincus, et leur annonça que, par égard pour leur esprit

1. Cum coronâ argenteâ secundùm prophetiam Merlini. (Math. de West. Monast. pag. 411.)

2. Ibid.

1283. de nationalité, il voulait leur donner un chef né dans leur pays, et n'ayant jamais prononcé un seul mot de français ni d'anglais. Tous furent en grande joie, et firent de grandes acclamations[1] : « Eh bien donc, reprit le roi, vous aurez « pour chef et pour prince, mon fils Édouard, « qui vient de naître à Caërnarvon, et que j'ap- « pelle Édouard de Caërnarvon. » C'est de là qu'est venu l'usage de donner le titre de princes de Galles aux fils aînés des rois d'Angleterre.

Édouard Ier fit bâtir des châteaux-forts sur la côte septentrionale du pays de Galles[2], afin de pouvoir en tout temps y envoyer des troupes par mer; il fit aussi abattre les forêts de l'inté-
1283 à 1356. rieur qui pouvaient servir de refuge à des bandes de partisans[3], et, s'il n'est pas vrai qu'il ait ordonné le massacre de tous les Bardes gallois, ce fut lui du moins qui commença le système de persécutions politiques dont les Bardes furent constamment l'objet de la part des rois d'Angleterre[4]. Les principaux d'entre eux avaient péri en grand nombre dans les combats et les insur-

1. Quod Wallensibus multum placuit. (Math. West. pag. 433.)

2. Circà maritima firmata castra plurima. (Ran. Hygden, pag. 188.)

3. Succisa sunt nemora (H. Knyghton, pag. 2411.)

4. Cambrian register for 1796, p. 464.

rections. Ceux qui survivaient, privés de leurs 1283
protecteurs par la ruine des riches du pays, et à 1356.
obligés d'aller chanter leurs vers de ville en ville, furent mis sur la ligne des gens sans aveu par les justiciers anglo-normands : « Que nuls Mé-« nestrels, Bardes et Rymours, ni autres vaga-« bonds galeys, disaient leurs ordonnances, en « langue française, ne soient désormès soeffrez « de surcharger le pays, come ad esté devant [1]. » Aucun Gallois de race ne pouvait, selon les mêmes ordonnances, occuper le plus petit emploi public dans son pays natal, et, pour être vicomte, sénéchal, chancelier, juge, connétable de château, gardien des rôles, forestier, etc., il fallait être né en Angleterre ou dans tout autre pays étranger [2]. Les villes et les châteaux étaient occupés par des garnisons étrangères, et les indigènes étaient imposés arbitrairement, ou, comme disaient les décrets royaux, selon la discrétion de leurs seignours, pour la sustinence des *garnitures desdits chasteaulx* [3].

Beaucoup d'hommes, forcés par la conquête de s'expatrier du pays de Galles, vinrent en France, et y furent bien accueillis, comme ennemis du roi d'Angleterre ; c'est probablement

1. Rymer. fœdera, tom. III, pars IV, pag. 200.
2. Ibid.
3. Ibid.

1283 à 1356. le grand nombre de ces réfugies qui rendit les noms de *Gallois* et de *Le Gallois* si communs comme noms de famille en France. Parmi les plus considérables qui vinrent à la cour du roi Philippe-le-Bel, se trouvait un jeune homme nommé Owen, que le roi fit élever parmi les pages ou les enfants de sa chambre. Cet Owen était parent de Lewellyn, peut-être son neveu ou son petit-fils, et les Français, qui le regardaient comme l'héritier légitime de la principauté de Galles, ne l'appelaient pas autrement qu'Yvain de Galles [1]. Il fut armé chevalier de la main du roi de France, et chargé de plusieurs commandements militaires, entre autres d'une descente dans l'île de Guernesey, qui était anglaise depuis la conquête de l'Angle-
1356. terre par les Normands. Il assista à la bataille de Poitiers, et fut ensuite envoyé en Espagne, où les rois de France et d'Angleterre se faisaient la guerre sous le nom des deux prétendants au trône de Castille, Pierre-le-Cruel et Henri de Transtamare. A l'un des combats livrés dans cette guerre, le comte de Pembroke et d'autres chevaliers anglais, d'origine normande, furent faits prisonniers par les Français, et comme on les emmenait à Saint-André, en Galice, Owen,

1. Froissard, tom I, chap. XXX, pag. 38.

qui s'y trouvait alors, alla les voir, et, s'adressant au comte de Pembroke, en langue française : « Comte, dit-il, venez-vous en ce pays « pour me faire hommage des terres que vous « tenez dans la principauté de Galles, dont je « suis héritier, et que votre roi m'ôte et m'en- « lève contre tout droit[1]. » 1356 à 1400.

Le comte de Pembroke fut étonné de voir un homme qu'il ne connaissait nullement l'aborder de cette manière : « Qui êtes-vous, répondit-il, « vous qui m'accueillez de telles paroles! — Je « suis Owen, fils du prince de Galles, que « votre roi d'Angleterre a fait mourir en me « déshéritant; mais quand je pourrai, à l'aide « de Dieu et de mon très-cher seigneur, le roi « de France, j'y porterai remède; et sachez que « si je me trouvais en lieu et place où je pusse « combattre avec vous, je vous montrerais ce « que vous et vos pères et ceux du comte de « Hereford avez fait aux miens en trahison et « en injustices. » Alors un chevalier du comte de Pembroke, nommé Thomas Saint-Aubin, s'avança vers le Gallois et lui dit : « Yvain, si « vous voulez soutenir qu'en monseigneur, ou « en son père, soit ou ait été aucune trahison, « ou qu'il vous doive hommage, ou autre chose,

1. Froissard, tom. II, chap. XVII, pag. 2.

1356 à 1400. « jetez votre gage et vous trouverez qui le relè-
« vera. Vous êtes prisonnier, répliqua le Gallois, « je ue pourrais avec honneur vous appeler « maintenant, car vous n'êtes pas à vous, mais « à ceux qui vous ont pris; mais, quand vous « serez libre, je parlerai plus avant; et la « chose n'en demeurera pas là[1]... » Malgré cette parole donnée, la dispute n'eut pas d'autres suites, et, avant que le comte de Pembroke et Thomas Saint-Aubin eussent été délivrés, Yvain de Galles mourut, frappé d'un coup de stilet espagnol, par un homme de sa nation à qui il se fiait, et qui était secrètement vendu au roi d'Angleterre. Si l'on en croit un chroniqueur français contemporain, l'assassin, après avoir commis le meurtre, alla en Guyenne, où il fut bien accueilli par le sénéchal des Landes et les autres commandants anglais[2].

Bien peu de Cambriens se laissèrent aller à trahir leurs compatriotes et leur pays pour servir l'intérêt ou la passion des étrangers; et ceux même qui vinrent aux guerres de France sous les successeurs d'Édouard Ier, le firent par contrainte et malgré eux. Les Gallois qu'on levait en masse, pour former des corps d'infanterie

1. Froissard.

2. Ibid., tom. II, chap. XVII, pag. 25.

légère, apportaient dans les troupes du roi d'Angleterre leur inimitié nationale contre les Anglais, et souvent ils se prenaient de querelle avec eux jusqu'à en venir aux mains : souvent aussi ils désertaient aux Français, avec armes et bagages, ou bien se répandaient dans le pays pour y vivre en compagnies franches, de leur pillage sur les Français et les Anglais. C'était un métier fort à la mode dans ce temps, et où devaient exceller, les Cambriens, par leur longue habitude de faire la guerre en partisans dans leurs forêts et leurs montagnes. Aussi l'une de ces grandes compagnies, qui se rendirent alors si célèbres et si terribles, était-elle sous les ordres d'un Gallois, qu'on appelait en France le chevalier Rufin, et dont le vrai nom était probablement Riewan [1]. Ce capitaine, sous lequel s'étaient réunis des aventuriers de toute nation, avait pris pour son département de pillage tout le pays entre la Loire et la Seine, depuis les frontières de la Bourgogne jusqu'à celles de la Normandie. Son quartier général était tantôt près d'Orléans, tantôt près de Chartres. Il mettait à rançon ou prenait les petites villes et les châteaux, et était si redouté que ses gens s'éparpillaient par troupes de vingt,

1356 à 1400.

1. Froissard, tom. II, chap. LXXVIII, pag. 188.

1356 à 1400 de trente ou de quarante, sans que personne osât mettre la main sur eux[1].

Lorsque, chacun de leur côté, les rois de France et d'Angleterre épuisaient tous les moyens de se nuire réciproquement, les premiers qui avaient récemment appris à connaître l'esprit des Cambriens, songèrent à mettre à profit l'opiniâtreté patriotique de ce petit peuple, dont leurs prédécesseurs du XIIe siècle soupçonnaient à peine l'existence[2]. Des émissaires français furent envoyés au nord et au sud du pays de Galles, pour promettre aux indigènes, s'ils voulaient s'insurger contre la puissance anglaise, les secours et la protection du roi de France. Ces émissaires parcouraient le pays, la plupart sous l'habit de moines mendiants, fort respecté alors, et le moins suspect de tous, parce qu'il était porté par des hommes de toute nation, qui s'en faisaient un moyen d'existence. Mais l'autorité anglo-normande s'aperçut de ces manœuvres, et, plusieurs fois, chassa du pays de Galles tous les étrangers clercs ou laïcs, et surtout les religieux errants[3]. Elle interdit aussi aux Gallois de race la faculté d'acquérir des terres,

1. Froissard.
2. Voyez livre VIII, tome II.
3. Rymer. vol. II, pars III, pag. 72.

soit en fief, soit à long bail, soit à ferme, sur 1356
le territoire anglais[1]. L'insurrection devait écla- à
ter à l'arrivée et au débarquement des troupes 1400.
françaises sur la côte de Galles : durant plusieurs années les Cambriens et les Anglais attendirent cette flotte avec des sentiments bien différents. Beaucoup de proclamations des rois Édouard III et Richard II portent ce préambule : « Attendu « que nos ennemis de France se proposent de « débarquer dans notre principauté de Galles[2]... » La suite est un ordre adressé à tous les seigneurs anglo-normands du pays et des marches de Galles, pour que dans le plus court délai ils fassent garnir d'hommes et de munitions leurs châteaux et leurs villes fortes, et aux justiciers pour qu'ils fassent saisir et emprisonner sous bonne garde tous les hommes suspects d'intelligence avec l'ennemi, ou de simple adhésion à ses projets[3].

Les préparatifs des rois de France pour une 1400.
descente dans le pays de Galles furent moins prompts et moins considérables que ne le craignait le roi d'Angleterre, et que ne l'espé-

1. Rymer. tom. III, pars III, p. 165.

2. Ibid., tom. III, pars III, p. 97.

3. Omnes homines suspectos arrestari. (Rymer. tom. III, p. 173.)

1400. raient les Cambriens; on en avait parlé dès l'année 1369, et en 1400 rien n'était encore prêt. En faisant de grandes promesses aux Gallois, les Français n'avaient guère d'autre dessein que de les exciter à un soulèvement qui pût détourner, utilement pour eux, une partie des forces du roi d'Angleterre; et, de leur côté, les Gallois, ne voulant point se compromettre témérairement, attendaient, pour commencer l'insurrection, l'arrivée des secours de France. Cependant, comme ils avaient plus d'enthousiasme et d'impatience que le roi leur allié, ils agirent les premiers, au risque de n'être pas soutenus.

Un événement fortuit et de peu d'importance fit éclater cette insurrection. Vers la fin de l'année 1400, un Gallois, qui, par ambition et désir de briller, était allé à la cour d'Angleterre, où il avait été bien accueilli, commit contre le roi Henri IV une offense qui l'obligea de s'enfuir de Londres. Moitié par ressentiment personnel et par embarras de sa position, moitié par un élan de patriotisme, il résolut de se mettre à la tête d'un mouvement, que tous ses compatriotes désiraient, mais qu'aucun n'osait entreprendre. Il descendait d'anciens chefs du pays et s'appelait Owen Glendowr, nom qu'à la cour d'Angleterre, pour lui donner une

tournure normande, on avait changé en celui 1401.
d'Owen de Glendordy[1]. Dès qu'Owen eut levé l'ancien étendard des Kymrys dans la partie du pays de Galles la plus recemment conquise, les gens les plus considérables de ces contrées se rangèrent autour de lui, et entre autres il vint plusieurs membres d'une famille dont le nom était Ab-Tudowr, ou fils de Tudowr et qui comptait parmi ses ancêtres un nommé Ednyfed Vychan, lequel voulant se faire des armoiries à la mode des barons d'Angleterre, avait blasonné son écusson de trois têtes de Normands coupées[2]. Ce qui restait de Bardes gallois fut animé d'un nouvel enthousiasme, et annonça Owen Glendowr comme celui qui devait accomplir les anciennes prédictions, et rendre aux enfants des Kymrys la couronne de la Bretagne. Plusieurs pièces de vers, composées à cette occasion, subsistent encore[3], et l'effet qu'elles produisirent alors fut tel que, dans une grande assemblée des insurgés, Owen Glendowr fut proclamé et inauguré solennellement chef de tout le pays de Galles. Il envoya des messagers dans la contrée du sud pour y propager l'insurrection, pendant que le roi dAngleterre, Henri IV, or-

1. Rymer. tom. III, pars IV, passim.
2. Pennant's tour in Wales, tom. II, pag. 261...
3. Cambrian biography.

1401. donnait à tous ses loyaux sujets du pays de Galles, Français, Flamands, Anglais et Gallois [1], de s'armer contre Owen de Glendordy, soi-disant prince de Galles, coupable de haute-trahison envers la majesté royale [2].

Les premiers combats furent heureux pour les insurgés. Ils défirent les milices anglaises de la province de Hereford, et les Flamands de Ross et de Pembroke. Ils allaient passer la frontière d'Angleterre, lorsque le roi Henri marcha contre eux en personne, avec des forces considérables. Il les contraignit à rétrograder; mais à peine eut-il mis le pied sur le territoire gallois, que des pluies continuelles, détrempant les routes et gonflant les rivières, l'empêchèrent d'avancer, et l'obligèrent de tenir, pendant plusieurs mois, son armée campée dans des lieux malsains, où elle souffrait à la fois des maladies et de la disette. Les soldats, dont l'imagination était échauffée par les fatigues et l'inaction, se rappelèrent avec effroi de vieux contes populaires sur la sorcellerie des Gallois [3], et crurent que le mauvais temps qu'ils éprouvaient était l'ouvrage de pouvoirs surnaturels aux ordres

1. Omnes justiciabiles homines Francigenas, Flandrenses, Anglicos et Wallenses.

2. Rymer. tom. III, pars IV, pag. 191.

3. Voyez livre XI.

d'Owen-Glendowr[1]. Saisis d'une sorte de terreur panique, ils refusèrent de marcher plus avant contre un homme qui disposait de la tempête et de la pluie. Cette opinion eut alors un grand crédit parmi le peuple en Angleterre; mais toute la magie d'Owen était son activité et son habileté aux affaires. Il y avait alors parmi l'aristocratie anglo-normande un parti de mécontents qui voulait détrôner le roi Henri IV, et à la tête duquel se trouvait Henri de Percy, fils du comte de Northumberland, d'une famille qui dominait dans ce pays depuis la conquête, et Thomas de Percy son frère[2], comte de Worcester. Le nouveau prince de Galles établit des intelligences avec eux, et l'alliance qu'ils conclurent fit entrer pour un moment, dans le parti de l'indépendance galloise, tout le nord des marches de Galles, entre la Dee et la Saverne, surtout la province de Chester, dont les habitants de pure race anglaise étaient naturellement moins hostiles pour les Cambriens que les Normands et les Flamands du sud. Mais la défaite complète des

1401 à 1404.

1. ..... The Kyng had never but tempest
Foul and reyne.....
As long as he was ay in Wales ground.
(Hardyng's Chronicle.)

2. Et quia Henricus de Percy le fitz, chivaler associans se rebellibus nostris Walliæ (Rymer. t. IV, pars I, p. 57.)

1404. deux Percy, dans une bataille livrée près de Shrewsbury, rompit les relations amicales des insurgés gallois, avec leurs voisins de race anglaise, et ne leur laissa d'autre ressource que leurs propres forces et leur espoir dans l'appui du roi de France.

Ce roi, Charles VIe du nom, qui n'était pas encore entièrement tombé en démence, voyant les Cambriens en hostilité ouverte avec le roi d'Angleterre, se décida à remplir envers eux ses promesses et celles de ses prédécesseurs. Il conclut, avec Owen Glendowr, un traité, dont le premier article portait que : « Charles, par la « grâce de Dieu, roi de France, et Owen, par la « même grâce, prince de Galles, seraient unis, « confédérés et liés entre eux par les liens de vraie « alliance, vraie amitié, et bonne et solide union, « spécialement contre Henri de Lancaster, ad- « versaire et ennemi desdits seigneurs, roi et « prince, et contre ses fauteurs ou adhérents[1]. » Beaucoup de Gallois se rendirent en France pour accompagner les troupes que le roi Charles devait envoyer, et plusieurs d'entre eux furent pris dans divers débarquements que les Français tentèrent d'abord sur la côte d'Angleterre, aimant mieux s'enrichir au pillage de quelque

1. Rymer. tom. IV, pars I, pag. 65.

grande ville ou port de mer, que d'aller faire 1405.
la guerre dans le pauvre pays de Galles [1], au milieu des montagnes et des marais. A la fin pourtant, une assez grande flotte mit à la voile à Brest, pour aller au secours des Cambriens: elle portait six cents hommes d'armes et dix-huit cents fantassins commandés par Jean des Rieux, maréchal de France, et Renaud de Hengest, grand-maître des arbalétriers. Ils abordèrent à Milford, dans le comté de Pembroke, et s'emparèrent de cette ville et de celle de Haverford, fondées toutes les deux, comme leurs noms l'indiquent, par les Flamands qui, sous le règne de Henri Ier, s'étaient emparés du pays. Les Français se dirigèrent ensuite vers l'est, et à la première ville purement galloise qu'ils rencontrèrent, ils trouvèrent dix mille insurgés sous la conduite d'un chef que les historiens du temps ne nomment pas. Ils marchèrent tous ensemble sur Caermarthen, de là à Llandovery, et prirent la route de Worcester, attaquant et détruisant sur leur passage les forteresses et les châteaux des barons et des chevaliers anglo-normands [2]. A quelques lieues de Worcester, une forte ar-

1. Monstrelet, chap. XI, pag. 13.

2. Et ibi cepit fortalicia, occupavit munitiones et castra adversariorum dicti principis Gualliæ. (Ex chron. Brit., Hist. de Bret. tom. II, pag. 366.

1405 à 1407. mée anglaise se présenta devant eux ; mais, au lieu de leur offrir le combat, elle prit position, et se retrancha sur des collines. Les Français et les Gallois firent de même, et les deux troupes ennemies restèrent ainsi huit jours en présence séparées par un grand vallon. Chaque jour, de part et d'autre, on se formait en bataille pour s'attaquer, mais tout se bornait à des escarmouches, où furent tués quelques centaines d'hommes. L'armée française et galloise souffrit bientôt du manque de vivres, parce que les Anglais ocnpaient la plaine aux environs de ses cantonnements : suivant leur tactique accoutumée, les Gallois se jetèrent de nuit sur les bagages de l'ennemi, et, s'emparant de la plus grande partie des provisions de bouche, déterminèrent à la retraite l'armée anglaise, qui, à ce qu'il paraît, ne voulait pas engager le combat la première [1]. Les gens d'armes français, peu habitués à la famine, et à qui le grand attirail d'armes, de chevaux et de valets qu'ils traînaient avec eux, ne rendait ni aisée ni agréable la guerre dans un pays montagneux et pauvre, s'ennuyèrent de cette entreprise où il y avait beaucoup de dangers obscurs à essuyer, et peu de renom à acquérir, par de brillants faits d'armes en plaine

1. Chron. d'Enguerrand de Monstrelet, chap. XV, p. 15.

ou en champ clos; laissant donc le peuple cambrien se débattre seul avec ses ennemis nationaux, ils traversèrent de nouveau le pays de Galles, et allèrent débarquer à Saint-Pol-de-Léon, racontant qu'ils venaient de faire une campagne que, de mémoire d'homme, aucun roi de France n'avait osé entreprendre, et qu'ils avaient ravagé plus de soixante lieues de pays en Angleterre [1]. Ils ne parlaient que du mal fait aux Anglais, et nullement du secours qu'ils avaient prêté à la nation galloise à laquelle personne en France ne s'intéressait pour elle-même.

Les insurgés du sud du pays de Galles furent 1407.
défaits pour la première fois en 1407, sur les bords de la rivière d'Usk, par une armée anglaise, sous le commandement de Henri, fils du roi Henri IV, qui, portant en Angleterre le titre de prince de Galles, était chargé du soin de la guerre contre le chef élu par les Gallois. L'original d'une lettre qu'il écrivit à son père pour lui annoncer cette victoire a été conservé parmi les anciens actes publics d'Angleterre. Elle est en français, langue de l'aristocratie anglo-normande, mais en français un peu différent pour l'orthographe, la grammaire, et, autant qu'on

1. Quod non attentaverant facere reges Franciæ ex memoriâ hominum. (Hist. de Bretagne, tom. II, pag. 366.)

1407 à 1416. en peut juger, pour la prononciation, de celui de la cour de France vers le même temps : il paraît qu'à l'accent de Normandie, conservé en Angleterre par les hommes de descendance normande, s'était graduellement joint un autre accent étranger à tous les dialectes de la langue française, et que les fils des Normands avaient contracté à force d'entendre, autour d'eux, parler anglais, ou bien de parler eux-mêmes le jargon anglo-français qui leur servait à communiquer avec les gens de basse condition. C'est du moins ce qu'on est tenté de croire en lisant les passages suivants pris au hasard dans la lettre du fils de Henri IV. « Mon très-redouté et très-souverain seigneur et pière... Le onzième jour de « cest présent moys de mars, vos rebels des parties de Glamorgan, Uske, Netherwent, et Overwent furent assemblés à la nombre de oyt mille « gentz... A eux assemblèrent vos foyals et vaillans chivalers... vos gentz eurent le champe « nientmeins [1]... »

La fortune des insurgés gallois ne fit que décliner depuis leur première défaite, quoiqu'il se soit encore écoulé dix années entre cette défaite et l'entière réduction du pays. Peut-être qu'ayant été déja une fois conquis, ils ne pou-

1. Rymer., tom. IV, pars I, pag. 77.

vaient plus retrouver cette énergie et cette confiance en eux-mêmes qui avaient soutenu si long-temps leur indépendance. Peut-être aussi leur espoir dans le secours des Français, espoir toujours déçu et toujours conservé par eux, leur causa-t-il une sorte de découragement que n'avaient point éprouvé leurs aïeux qui ne comptèrent jamais que sur eux-mêmes. Owen-Glendowr, le dernier homme qui ait porté légitimement le titre de prince de Galles par l'élection du peuple gallois, survécut à la ruine de son parti, et mourut obscurément. Son fils Meredith capitula, et reçut du roi d'Angleterre son pardon [1]. Les autres chefs de l'insurrection l'obtinrent de même, et l'on donna à plusieurs d'entre eux et à leurs familles des emplois et des titres à la cour de Londres pour qu'ils n'habitassent plus le pays de Galles, qui, d'ailleurs, avait cessé d'être un séjour habitable pour les Gallois, à cause du redoublement de vexations des agents de l'autorité étrangère. Parmi ces Gallois émigrés, par nécessité ou par ambition, se trouvait un membre de la famille des fils de Tudowr, nommé Owen ab Meredith ab Tudowr, qui durant tout le règne de Henri V vécut auprès de lui comme écuyer de son palais,

1407 à 1416.

1416.

1. Rymer. tom. IV, pars II, pag. 153.

1416 à 1485. plaisant fort au roi, qui lui accordait beaucoup de faveurs et daignait l'appeler *nostre chier et foyal*[1]. Ses manières et sa belle figure firent une impression profonde sur la reine Catherine de France, qui, étant devenue veuve de Henri V, épousa secrètement Owen ab Tudowr ou Owen Tudor, comme on l'appelait en Angleterre. Il eut d'elle deux fils, Jasper et Edmund, dont le second, parvenu à l'âge d'homme, épousa Marguerite, fille de Jean de Beaufort, comte de Somerset, issu de la famille royale des Plante-genest.

C'était le temps où les rejetons de cette famille s'entrégorgeaient pour la possession de la royauté, conquise par Guillaume-le-Bâtard. Le droit de succession héréditaire avait, par dégrés, prévalu contre l'élection conservée, quoique imparfaitement, dans les premiers temps qui suivirent la conquête. Au lieu d'intervenir dans les nominations de ses rois pour déclarer quel était le plus digne de l'être, l'aristocratie anglo-normande se bornait à vérifier lequel des prétendants était plus proche par sa naissance de la souche originelle du conquérant. Au lieu de discuter les mérites de chaque candidat, on discutait sa lignée ascendante et sa table généalogique, que les Anglo-normands appelaient *pé-*

1. Rymer., tom. IV.

de-gru[1], ou pied-de-grue, parce qu'on lui donnait la forme d'un tronc d'où s'échappaient plusieurs branches. L'ordre de succession héréditaire fut assez paisible tant que dura la ligne directe des descendants de Henri II; mais quand, l'héritage descendit aux branches collatérales, il s'éleva plus de prétendants en vertu du droit héréditaire, il y eut plus de factions, de troubles et de discordes que jamais n'en avait occasioné nulle part la pratique de l'élection. On vit éclater la plus hideuse et la plus ignoble des guerres civiles, celle des parents contre les parents et des hommes faits contre les enfants au berceau. Durant plusieurs générations, deux familles nombreuses s'entretuèrent, soit en bataille rangée, soit par l'assassinat, pour soutenir leur légitimité, sans qu'aucune des deux pût decidément anéantir l'autre, dont quelque membre se relevait toujours pour combattre, détrôner son rival et régner jusqu'à ce qu'il fût détrôné lui-même. Il périt dans ces querelles, suivant les historiens du temps, soixante ou quatre-vingts princes de la maison royale[2], presque tous jeunes; car la vie des mâles n'était pas longue dans ces familles. Les femmes qui vivaient davantage eurent le temps

1416 à 1485.

1. En anglais moderne, et par corruption, *pedigree*.

2. Philippe de Commines, pag. 97.

1416 à 1485 de voir leurs fils massacrés par leurs neveux, et ces derniers par d'autres neveux ou des oncles, assassinés bientôt eux-mêmes par d'autres parents aussi proches.

1485. Sous le règne de Richard III, de la maison d'Yorck, qui avait commis plus d'assassinats qu'aucun de ses prédécesseurs, un fils d'Edmund Tudor et de Marguerite de Beaufort, nommé Henri, se trouvait en France, où il avait été obligé de fuir comme antagoniste du parti d'Yorck. Ennuyé de vivre en exil et se fiant sur la haine universelle excitée par le roi Richard, il résolut de tenter la fortune en Angleterre, comme prétendant à la royauté par le droit de sa mère, issue d'Édouard III. N'ayant ni croix, ni pile, dit un vieux historien [1], il s'adressa au roi de France, Louis XI, qui lui donna quelque argent à l'aide duquel il enrôla trois mille hommes en Normandie et en Bretagne. Il partit du port de Harfleur, et, après six jours de traversée, débarqua dans le pays de Galles, patrie de ses aïeux paternels. A son débarquement il déploya un drapeau rouge, l'ancien drapeau des Cambriens, comme si son projet eût été de soulever la nation pour la rendre indépendante des Anglais [2]. Cette na-

1. Philippe de Commines, pag. 256.

2. Pennant's tour in Wales, tom. II, pag. 31.

tion enthousiaste, sur laquelle la puissance des signes fut toujours très-grande, sans examiner si la querelle de Henri Tudor et de Richard III ne lui était pas étrangère, se rangea, par une sorte d'instinct, autour de son vieil étendard. Le drapeau rouge [1] fut arboré sur la montagne de Snowdon, que le prétendant donna pour rendez-vous à ceux des Gallois qui lui avaient promis de s'armer pour sa cause; pas un ne manqua au jour fixé [2]; les Bardes mêmes, retrouvant leur ancien esprit, chantèrent et prophétisèrent, dans le style d'autrefois, la victoire des Kymrys sur l'ennemi saxon et normand. Mais il ne s'agissait pas d'affranchir les Cambriens du joug de l'étranger, et tout le fruit de la victoire devait être de placer un homme qui avait un peu de sang gallois sur le trône des conquérants du pays de Galles. Lorsque Henri Tudor arriva sur la frontière d'Angleterre, il trouva un renfort de plusieurs milliers d'hommes que lui amenait sir Thomas Bourchier, Normand de nom et d'origine; d'autres gentilshommes des provinces de l'ouest vinrent avec leurs vassaux et leurs fermiers se joindre à l'armée du prétendant. Il pénétra sur le territoire anglais sans rencontrer

1485 à 1531.

1. Voyez livre I, tom. I.

2. Pennant's tour in Wales, pag. 375.

1485 à 1531. aucun obstacle jusqu'a Bosworth, dans la province de Leicester, où il livra bataille à Richard III, le défit, le tua, et fut couronné à sa place sous le nom de Henri VII.

Henri VII plaça dans ses armoiries le dragon cambrien à côté des trois lions de Normandie. Il créa un nouvel office de poursuivant d'armes, sous le nom de *rouge dragon*[1], et à l'aide des archives authentiques ou fabuleuses du pays de Galles, il fit remonter sa généalogie jusqu'à Cadwallader, dernier chef qui ait porté le titre de roi de toute la Bretagne, et de là jusqu'à Brutus, fils d'Énée, prétendu père des Bretons[2]. Mais ces actes frivoles de vanité plutôt que de reconnaissance, furent tout ce que fit le nouveau roi pour le peuple dont le dévouement lui avait procuré la victoire et la royauté. Son successeur et son fils, Henri VIII, tout en conservant à ceux des Gallois que Henri VII avait anoblis pour des services personnels, leurs titres normands de comtes, de barons et de baronets, traita comme tous ses prédécesseurs la masse du peuple en nation conquise, qu'on craint et qu'on n'aime pas. Il s'étudia à détruire

1. Pennant's tour in Wales, tom. II, pag. 31. — Rymer., tom. IV.

2. Cambro Briton., tom. I, pag. 457.

les anciennes coutumes des habitants de la Cambrie, les restes de leur état social, et jusqu'à leur langage [1]. 1485 à 1531.

Lorsque la suprématie religieuse du pape eut été abolie en Angleterre, les Gallois, à qui l'église romaine n'avait jamais voulu prêter aucun secours pour le maintien de leur indépendance, suivirent, sans répugnance, les changements religieux décrétés par le gouvernement anglais. Mais ce gouvernement qui encourageait de tous ses efforts la traduction de la Bible en langue anglaise, ne la fit point traduire en langue galloise; au contraire, quelques personnes du pays, zélées pour la nouvelle réforme, ayant entrepris à leurs propres frais la traduction et la publication des Écritures, loin de les en louer, comme on l'eût fait en Angleterre, on ordonna la saisie et la destruction de tous les exemplaires, qui furent enlevés des églises et brûlés publiquement [2]. L'autorité anglaise s'attaqua vers le même temps aux manuscrits et aux documents historiques, plus nombreux alors dans le pays de Galles que dans aucune autre contrée de l'Europe. Plusieurs familles, qui avaient des archives particulières, furent obligées de les enfouir en 1531.

1. Archeology of Wales, préface, pag. 10.

2. Ibid.

1531 à 1643. terre pour les dérober aux perquisitions des agents royaux[1]. Ce fut même, pour quelques-unes de ces familles, un titre de défaveur que d'avoir communiqué des renseignements curieux aux érudits qui, à la fin du seizième siècle, s'occupèrent des antiquités et des curiosités du pays de Galles. Un écrivain estimable, Édouard Llewyd, auteur de l'Archæologie bretonne[2], essuya toutes sortes de dégoûts à cause de la publication de son livre. Ce genre de savoir et de travail était regardé comme suspect, et on le devenait bien plus encore en allant s'établir dans le pays de Galles: ce fut le motif d'une accusation judiciaire intentée sous le règne d'Élisabeth, dernière descendante de Henri Tudor.

1643. La famille écossaise des Stuarts ne montra pas plus de bienveillance pour la nation galloise, et cependant, lorsque les habitants de l'Angleterre se furent soulevés contre cette famille, les Gallois se rangèrent en majorité dans son parti, par haine nationale contre le peuple anglais, et par une sorte d'esprit de contradiction politique: peut-être aussi espéraient-ils s'affranchir quelque peu à la faveur des troubles d'Angleterre, et au moyen d'un pacte avec la famille royale qu'ils au-

1. Archeology of Wales, préface, pag. 10.

2. Pennant's tour in Wales, pag. 470.

raient soutenue contre le peuple Anglais. Il n'en fut rien, et les adversaires du roi réduisirent le pays de Galles à la même sujétion où l'avaient autrefois réduit les rois d'Angleterre. Depuis ce temps, les Cambriens ont subi en repos toutes les révolutions du gouvernement anglais, bonnes ou mauvaises, ne s'insurgeant plus, mais ne perdant pas la mémoire des motifs qu'ils avaient de s'insurger, et se souvenant, comme disait un de leurs écrivains, « que les seigneuries et « les meilleures terres du pays sont en la pos- « session d'hommes de race étrangère, qui les « ont enlevées par violence à d'anciens proprié- « taires légitimes, dont les noms sont enregis- « trés dans des actes authentiques, et dont les « vrais héritiers sont connus. »

1643 à 1795.

En général les possesseurs de grandes terres et de seigneuries dans le pays de Galles étaient, il n'y a pas long-temps, et probablement sont encore plus durs qu'en Angleterre pour les fermiers et les paysans de leurs domaines. Cela vient sans doute de ce que, la conquête des provinces galloises n'ayant été achevée que vers le XIVe siècle, les nobles y sont plus nouveau-venus, et aussi de ce que la langue du peuple indigène est toujours restée entièrement distincte de celle des conquérants. Cette hostilité nationale entre les seigneurs et les paysans a souvent

1643 à 1795. contraint ces derniers à émigrer en grand nombre; ils sont allés chercher un refuge aux États-Unis de l'Amérique septentrionale, où il n'y a point de noblesse, ni de seigneuries, et où ils ont oublié, au sein de la liberté la plus complète dont un homme civilisé puisse jouir, les vains rêves de l'indépendance bretonne. Ceux qui sont demeurés dans la patrie de leurs ancêtres y gardent, au milieu de la pauvreté ou de la médiocrité de fortune qui, de tout temps, fut leur partage, un caractère de fierté qui tient à de grands souvenirs et à de longues espérances, toujours déçues, mais jamais abandonnées; ils tiennent le front levé devant les puissants et les riches de l'Angleterre et de leur pays, et se regardent comme plus anciens et plus nobles qu'eux, « plus nobles, comme disait un Gallois
1795. « du dernier siècle, que cette noblesse d'hier, « issue de bâtards, de vagabonds et d'assassins[1]. »

Tel est l'esprit national des hommes les plus énergiques parmi les Cambriens actuels, et ils le poussent quelquefois à un tel dégré d'emportement, qu'on leur donne en anglais un surnom qui ne peut se traduire que par les mots de *cerveau brûlé*[2]. Depuis les révolutions d'Amérique et de France, cet esprit s'est allié

1. Cambrian register, pag. 241.

2. *Red hot Welshman.*

chez eux à toutes les grandes idées de liberté 1795.
naturelle et sociale que ces révolutions ont partout éveillées. Mais, en se passionnant pour les progrés de la haute civilisation moderne, les habitants éclairés du pays de Galles n'ont pas perdu leur antique passion pour leur histoire, leur langue et leur littérature indigène. Les plus riches d'entre eux ont formé des associations libres, dans le but de favoriser la publication de leurs nombreuses collections de documents historiques, et pour ranimer, s'il est possible, la culture du vieux talent poétique des Bardes. Ces sociétés ont établi des concours annuels de poésie et de musique; car ces deux arts, dans le pays de Galles, ne vont point l'un sans l'autre; et, par un respect peut-être un peu superstitieux pour les anciennes coutumes, les assemblées littéraires et philosophiques des *nouveaux Bardes*[1] se tiennent en plein air sur
des collines. Dans le temps où la révolution de 1796.
France faisait encore peur au gouvernement anglais, ces réunions, toujours extrêmement nombreuses, furent interdites par l'autorité locale, à cause des principes démocratiques qui y régnaient[2]. Aujourd'hui elles sont pleinement

1. New-bardism. — Voyez l'écrit intitulé Cambro-Briton.

2. Cambrian register, for. 1796, pag. 165.

libres, et l'on y décerne chaque année le prix de l'inspiration poétique, faculté que la langue cambrienne exprime en un seul mot ; *awen*.

L'*awen* se retrouve aujourd'hui principalement chez les Gallois du nord, les derniers qui aient maintenu leur ancien état social contre les Anglo-normands [1]. C'est aussi chez eux que la langue indigène est parlée avec le plus de pureté et sur la plus grande étendue de pays. Dans les provinces du sud plus anciennement conquises, l'idiome gallois est mélangé de mots et d'idiotismes français et anglais. Il y a même des districts où il a complètement disparu, et souvent un ruisseau ou un simple chemin de traverse marque la séparation des deux langues qui sont, d'un côté, du cambrien corrompu, de l'autre un anglais barbare parlé par la postérité mélangée des soldats flamands, normands et saxons qui conquirent le pays au XIIe siècle. Ces hommes, quoique aujourd'hui, pour la plupart, d'une condition égale à celle de la population vaincue, ont conservé pour elle une sorte de mépris héréditaire. Ils affectent, par exemple, de ne pas savoir le nom d'un seul individu habitant la partie du canton ou de la paroisse où l'on parle gallois. « Je ne connais pas *cela*, répon-

1. Cambrian register, pag. 438.

« dent-ils aux étrangers, *cela* demeure quelque « part dans la Welscherie[1]. »

Voilà quel est maintenant l'état de cette population et de cette langue dont les Bardes du VIe siècle ont audacieusement prédit l'éternité. Si leur prédiction doit être démentie, du moins ne sera-ce pas de nos jours. Le dialecte cambrien est parlé encore par un assez grand nombre d'hommes pour que son extinction totale soit dans un avenir impossible à prévoir. Il a survécu à tous les autres dialectes de l'ancienne langue bretonne; car celui des indigènes de la province de Cornouailles vient de tomber à l'état de langue morte, vers la fin du siècle dernier. Il est vrai que, depuis le Xe siècle, où elle fut refoulée par les Anglo-saxons au-delà de la rivière de Tamer[2], la population de Cornouailles n'a jamais joué aucun rôle politique. Au moment de la conquête normande, elle soutint les Anglais des provinces voisines dans leur résistance aux étrangers. Mais, vaincue avec eux, elle suivit toutes les chances de leur destinée ultérieure. A mesure que, de proche en proche, elle se fondait avec les populations de race anglaise, son langage originel perdait du terrain dans la direction du nord au sud, de sorte qu'il y a

1. Cambrian register, pag. 438.

2. Voyez livre II, tom. I.

cent ans l'on ne trouvait plus que quelques villages, à l'extrémité du promontoire, où fut parlé l'ancien idiome du pays[1]. En 1776, des voyageurs questionnèrent, sur ce sujet, un vieux pêcheur de l'un de ces villages, qui leur répondit : « Je ne connais guère que quatre ou « cinq personnes qui parlent breton, et ce sont « de vieilles gens comme moi, de soixante à « quatre-vingts ans; tout ce qui est jeune n'en « sait plus un mot[2]. »

Ainsi le XVIIIe siècle a vu finir la langue de Cornouailles, qui n'existe plus aujourd'hui que dans un petit nombre de livres : elle différait en beaucoup de choses de celle du pays de Galles, et avait probablement été parlée dans l'ancien temps par toutes les tribus bretonnes du sud et de l'est, par tous les hommes que les vieilles annales appellent Loëgrys, et qui, avant d'aller rejoindre les Kymrys dans l'île de Bretagne, avaient séjourné plus ou moins longtemps au sud-ouest de la Gaule[3].

1. Mémoires de la société des Antiquaires de Londres, tom. II, pag. 305.

2. Ibid, tom. V, pag. 83.

3. Voyez liv. I, tom. I.

III.

LES ÉCOSSAIS.

En l'année 1174, le roi d'Ecosse, Guillaume, fit une invasion au nord de l'Angleterre; mais il fut vaincu et pris par les chefs anglo-normands, et sa défaite fut regardée comme un effet miraculeux du pélerinage du roi Henri II au tombeau de Thomas Becket[1]. Ceux qui le firent prisonnier l'enfermèrent dans le château de Riche-mond, aujourd'hui Richmond, dans l'Yorkshire, bâti au temps de la conquête par le Bas-Breton Alain-Fergan. Cette circonstance fut regardée comme l'accomplissement d'une prophétie de Merlin, concue en ces termes : « On « lui mettra aux dents un mors fabriqué en « Armorique[2]; » et, ce qui caractérise l'esprit 1174.

1. Voyez livre X.

2. Videtur impleta Merlini prophetia dicentis : Dabitur maxillis ejus frenum, quod in armorico sinu fabricatur. (Math. Paris, pag. 90.)

1174 à 1291. de cette époque, c'est que la même prophétie, peu de mois auparavant, avait été appliquée à Henri II, serré de près par les Bretons auxiliaires de ses fils [1]. Le roi d'Écosse, transporté de Riche-mond à Falaise, ne sortit de prison qu'en renouvellant le serment d'hommage-lige, que ses prédécesseurs avaient prêté aux rois normands, et avaient rompu ensuite [2]. Cet acte de soumission forcée donna peu d'influence aux rois d'Angleterre sur les affaires d'Écosse, tant qu'il n'y eut point dans ce pays de division intérieure, c'est-à-dire, durant les cent vingt ans qui s'écoulèrent jusqu'à la mort d'Alexandre, IIIe du nom.

1291. Jamais la royauté, chez les Écossais, n'avait été purement élective, car tout leur ordre social était fondé sur l'état de famille; mais aussi jamais l'hérédité royale n'avait eu de règles fixes, et le frère était souvent préféré au petit-fils, et même au fils du roi mort. Alexandre III ne laissa ni fils, ni frères, mais des cousins en grand nombre, la plupart d'origine française ou normande, du côté paternel, et portant des noms français, tels que Jean Bailleul, Robert de Brus, Jean Comine, Jean d'Eaucy et Nicolas de Selles [3]. Il y

1. Script. rer. francic.

2. Math. Paris, pag. 91.

3. Annales Waverleienses, pag. 243.

avait neuf prétendants, qui tous, à différents titres, se disaient héritiers du royaume; ne pouvant s'accorder entre eux, et par le besoin de terminer paisiblement la dispute, ils la soumirerent à Édouard Ier, roi d'Angleterre, comme à leur seigneur suzerain [1]. Le roi Édouard se déclara pour celui qui avait le meilleur titre, selon le droit héréditaire par primogéniture; c'était Jean Bailleul ou Baliol, comme orthographiaient les Écossais. Il devint roi, mais le roi d'Angleterre se prévalut de la déférence que les Écossais lui avaient témoignée dans cette occasion, pour rendre effective sa suzeraineté, jusque là purement honorifique. 1291 à 1296.

Le nouveau roi d'Écosse, afin de se faire un appui contre les intrigues de ses compétiteurs, se prêta d'abord complaisamment aux vues du roi d'Angleterre; il donna à des Anglais la plupart des offices et des dignités du royaume, et se rendit à la cour de son suzerain pour lui faire honneur et recevoir ses ordres. Encouragé par cette condescendance du roi d'Écosse, Édouard alla jusqu'à lui demander, pour gage de sa *féauté* et de son *allégeance*, les trois forte-

1. Sententiæ domini Edwardi. — Unanimi consensu et concorditer se submiserunt. (Annales Waverleienses, pag. 243.)

resses de Berwick, Roxbourgh et Édimbourgh,
1296. les meilleures de toute l'Écosse[1]. Il s'éleva contre cette prétention une opposition nationale tellement forte, que le roi Jean Baliol fut contraint d'y céder, et de refuser l'entrée de ses forteresses aux gens du roi d'Angleterre; alors Édouard le somma de comparaître à Westminster, pour y répondre de son refus; mais, au lieu de se rendre à la sommation, Baliol renonça solennellement à son hommage et à sa foi comme vassal. A cette nouvelle, le roi d'Angleterre s'écria dans son français normand, « Ah! le fol « félon tel folie fait! s'il ne veint à nous, nous « veindrons à ly[2]. »

1306. Édouard Ier partit en effet pour l'Écosse avec toute sa chevalerie d'Angleterre et d'Aquitaine, des archers de race anglaise tellement habiles qu'ils perdaient rarement une de leurs douze flèches, et disaient, en plaisantant, qu'ils avaient douze Écossais dans leurs trousses; enfin des Gallois, armés à la légère, qui étaient plus souvent en querelle avec les Anglais qu'avec l'ennemi, pillaient des premiers lorsqu'il y avait quelque chose à prendre, mais, le plus souvent, restaient neutres durant l'action. Malgré le cou-

1. Chronica Henrici Knyghton, pag. 2478.

2. Forduni Scoti Chronicon, édition de Hearne, p. 969.

rage et l'energie patriotique des Écossais, la guerre fut malheureuse pour eux, leur roi ne la soutenait point de bonne foi, et était toujours prêt à faire amende honorable au roi Édouard ; pour la résistance qu'il avait entreprise, disait-il, par *mauvais et faux conseil*[1]. De plus, il n'y avait alors en Écosse ni villes bien fortifiées, ni châteaux forts à la manière de ceux que les Normands avaient bâtis en Angleterre. Les habitations seigneuriales n'étaient point des donjons entourés d'un triple rang de murs, mais de petites tours carrées, avec un simple fossé, ou situées sur les bords d'un ravin. Le roi Édouard pénétra donc facilement dans les plaines d'Écosse, s'empara de toutes les villes, où il mit garnison, et fit transporter à Londres la fameuse pierre sur laquelle on couronnait les rois du pays[2]. Ceux des Écossais qui ne voulurent point se soumettre à la domination étrangère se refugièrent dans les montagnes du nord et de l'ouest, et dans les forêts qui les avoisinent. 1306 à 1308.

C'est de là que sortit le fameux patriote William Walleys ou Wallace, qui pendant sept ans fit la guerre aux Anglais, d'abord en par-

1. Cum nous par nostre malvès counsaile et faus, etc. (Chronica Henrici Knyghton, pag. 2481.)

2. Voyez livre VIII, tom. II.

1306 à 1308. tisan et ensuite à la tête d'une armée. Les étrangers le qualifiaient de voleur de grand chemin, d'assassin et d'incendiaire[1], et quand ils l'eurent pris, ils le pendirent à Londres, et placèrent sa tête au bout d'une pique sur le sommet de la Tour. Les habitants de la partie soumise de l'Éeosse éprouvaient, dans toute leur étendue, les maux qui suivent une conquête, ils avaient des gouverneurs étrangers, des scheriffs et des baillis étrangers; « Ces Anglais, dit un poète « contemporain, étaient tous avides et débau-« chés, hautains et dédaigneux. Ils insultaient « les femmes et les filles. De bons chevaliers, « dignes et honorés, étaient mis à mort par la « corde. Ah! la liberté est une noble chose[2]...! »

1308. Ce sentiment énergique, dans le cœur des Écossais, les rallia bientôt autour d'un nouveau chef, Robert de Brus ou Bruce, l'un des anciens compétiteurs de Jean Baliol. Bruce fut sacré roi dans l'abbaye de Scone, quand il n'y avait presque pas une ville, depuis la Tweed jusqu'aux Orcades, qui ne fût au pouvoir des Anglais. Sans armée et sans trésors, il prit pour

1. William Wallace that maister was of thieves. (Chron. of peter Langtoft, pag. 308.) — Publicus latro. (Thomas Walsingham.)

2. A! freedom is a noble thing! (David Barbour, the Bruce, pag. 12.)

quartier, comme Wallace, les forêts et les montagnes, et y fut poursuivi par ses ennemis avec de la cavalerie, de l'infanterie, et jusqu'à des chiens dressés à suivre l'homme comme le gibier à la piste[1]. Il n'y avait dans son royaume, dit un vieux historien[2], personne qui osât l'héberger, ni en châteaux, ni en forteresses; traqué comme une bête fauve, il alla de colline en colline et de lac en lac, vivant de chasse et de pêche, jusqu'à la pointe du promontoire de Cantyre, et de là dans la petite île de Rachlin ou Rath-erin, voisine de la côte d'Irlande. Là il planta son drapeau royal, aussi fièrement que s'il eût été à Édimbourg, envoya des messagers en Irlande, et obtint quelques secours des Irlandais de race, à cause de l'ancienne fraternité des deux nations, et de leur haine commune contre les Anglo-normands. Il envoya ensuite dans les îles Hébrides et sur toute la côte de l'ouest, pour solliciter l'appui des chefs galliques de ces contrées, peu soucieux, dans leur indépendance sauvage, de ce qui advenait de la population des plaines et des villes d'Écosse, qu'ils appelaient saxonnes, comme celles de l'Angleterre, et qu'ils n'aimaient guère

1308 à 1315.

1. The king Edward with hornes and hounds him sought. (Harding's Chronicle.)

2. Froissart.

1308 à 1315. davantage. Tous les clans, à l'exception d'un seul, lui promirent leur foi et leur secours. Les chefs et les barons des basses terres, de race anglaise, normande ou écossaise, firent entre eux des pactes d'alliance et de fraternité d'armes, à la vie et à la mort, pour le roi Robert et le pays, contre tout homme, Français, Anglais ou Écossais [1]. Probablement, par le premier de ces mots, ils entendaient le roi et tous les seigneurs d'Angleterre qui ne parlaient que la langue française [2]; car les Français, proprement dits, étaient alors les meilleurs amis des patriotes de l'Écosse.

Bruce donna rendez-vous à ses partisans du côté de Stirling, vers le lieu où commence à s'élever la chaîne des montagnes de l'ouest, et
1315. c'est près de là que fut livrée la bataille décisive de Bannock-burn, ou *du ruisseau de Bannock*. Les Écossais y furent vainqueurs; leurs ennemis, affaiblis par cette grande défaite, se virent successivement chassés de toutes les villes fortes qu'ils occupaient, et obligés de repasser la

1. Contrà omnes mortales Francos, Anglos, Scotos defendere ad ultimum terminum vitæ.... (Walter's Scot's lord of the isles, notes.)

2. ..... The king him answered soon
All en till Frankish as used he....
(Wyntwn. Voyez Illis's Metrical, romances.)

Tweed en désordre, poursuivis, à leur tour, par toute la population des plaines du sud, et surtout par celle des frontières ou du Border, population alors très-redoutable pour une armée en déroute. 1315 à 1548.

Les frontières de l'Angleterre et de l'Écosse ne furent jamais bien fixées du côté de l'ouest, où le pays est montagneux et entrecoupé dans tous les sens par une foule de vallées et de petites rivières. Les habitants d'une assez grande étendue de terre dans ces contrées n'étaient, à proprement parler, ni Écossais, ni Anglais, et le seul nom de nation qu'ils connussent était celui de *Borderers*, ou d'hommes de la frontière : c'était une agglomération de toutes les races d'hommes qui s'étaient rencontrées dans la Grande-Bretagne; des Bretons chassés par les Anglo-saxons, des Saxons chassés ou déshérités par les Normands, des Anglo-normands ou des Écossais bannis pour des félonies ou d'autres délits ; en général les proscrits et les aventuriers des deux pays avaient successivement contribué à former et à augmenter la population du *Border*. Cette population était divisée par grandes familles à l'instar des clans celtiques; mais les noms de clans ou de familles étaient pour la plupart anglais ou français. La langue de tous les habitants était le dialecte anglo-danois du sud de

1315 à 1548. l'Écosse et du nord de l'Angleterre. Les chefs et les vassaux vivaient assez fraternellement ensemble, l'un, dans sa maison forte, entourée de palissades grossières et ayant pour fossé le lit de quelque torrent; les autres dans des huttes bâties à l'entour. Tous faisaient le métier de maraudeurs, ne se nourrissant que de bœufs et de moutons enlevés aux habitants des plaines voisines. Ils faisaient leurs courses à cheval, armés d'une longue lance, et portant pour armure défensive une casaque piquée et matelassée, sur laquelle étaient cousues et disposées le plus régulièrement possible des plaques de fer ou de cuivre [1].

Bien que partagés administrativement en deux nations et obligés de prêter serment d'obéissance aux gouvernements d'Angleterre ou d'Écosse, suivant le territoire qu'ils occupaient, ils n'en regardaient pas moins les rois de ces deux pays comme des étrangers, et se trouvaient tour-à-tour Écossais, lorsqu'il s'agissait de fourrager en Angleterre, Anglais lorsqu'il y avait une descente à faire en Écosse. Jamais ils ne se battaient entre eux que pour des raisons d'inimitié privée d'homme à homme ou de famille à famille. Ils exerçaient leur brigandage

1. Minstrelsy of the scotish Border.

sans pitié, mais sans cruauté, comme une profession qui a ses règles et son point d'honneur. Les plus riches d'entre eux prenaient des armoiries dont les Normands avaient introduit la mode en Angleterre et en Écosse. Ces armes, que conservent encore plusieurs familles du pays, font presque toutes allusion à la vie des anciens Borderers. En général, le champ de l'écusson est un ciel portant une lune et des étoiles, pour signifier que le meilleur temps des Borderers était la nuit; les devises en anglais ou en latin sont également significatives, c'est: *Gardez-vous bien. Ne dormez pas; car je veille. Avant que je manque, vous manquerez*, etc.[1].

1315 à 1548.

L'Écosse délivrée donna le nom de sauveur à Robert Bruce, Normand d'origine, et dont les aïeux, au temps de la conquête de l'Angleterre, avaient envahi, sur le territoire écossais, le bourg et la vallée d'Annan. Les anciens rois d'Écosse leur avaient confirmé, par des chartes, la possession de ce lieu, où les ruines de leur château se voient encore. L'Écosse est la partie de l'Europe où le mélange des races qui s'y sont rencontrées s'est opéré le plus aisément, et a laissé le moins de traces dans la situation res-

1. Watch wel;.... ye shall want ere I want. (Minstrelsy of the scotish Border.)

1315 pective des diverses classes d'habitants. Jamais
à il n'y eut de villains ou de paysans serfs dans
1548. ce pays comme en Angleterre et en France, et les antiquaires ont remarqué que les anciens actes de l'Écosse n'offrent aucun exemple d'une vente de l'homme avec la terre, qu'aucun ne porte cettre formule si ordinaire ailleurs : « Avec « les bâtiments et tous le cheptel, manans, bes« tiaux, charrues, etc.[1]. » De temps immémorial, les bourgeois des principales villes siégeaient dans le grand conseil des rois d'Écosse à côté des gens de guerre de tout rang, de ceux qui s'intitulaient, à la manière normande, chevaliers, barons, comtes et marquis, ou conservaient les vieux titres anglo-danois de *thanes* et de *lairds*. Quand il s'agissait de défendre le pays, les diverses corporations des gens de métier marchaient sous leur propre bannière, et conduites par leur *burgmaster*. Elles avaient sur le champ de bataille leur honneur à soutenir et leur part de gloire à remporter. De vieilles romances populaires, qu'on chantait encore il n'y a pas long-temps dans les provinces écossaises du sud, célèbrent la bravoure des cordonniers de Selkirk, à la fameuse bataille de

1. Cum domibus ac colabus animalibus et omni pecuniâ vivâ.... (Glossaires de Ducange et de Spelman.) — Voyez Pinkerton's history of Scotland, tom. I, pag. 147.

Flodden-fild, livrée et perdue en 1513, par le roi d'Écosse Jacques IV[1]. 1315 à 1548.

L'opposition nationale, ou la réaction naturelle de l'esprit de liberté contre le pouvoir, suivit en Écosse le cours qu'elle doit suivre dans tout pays où la nation n'est pas divisée en deux races d'hommes ou deux castes séparées l'une de l'autre par un état d'hostilité héréditaire ; elle fut constamment, et presque uniquement, dirigée contre les rois. Dans les guerres civiles il n'y avait que deux partis, celui du gouvernement et celui de la généralité des gouvernés, et non point, comme ailleurs, trois partis : celui des rois, des nobles et du peuple. Jamais la classe militaire et opulente ne s'unit aux rois contre le peuple, et le peuple n'eut jamais besoin de favoriser le pouvoir royal en haine de celui des grands. Dans les temps de trouble la lutte avait lieu entre le roi et ses coutisans d'une part, et de l'autre tous les ordres de la nation ligués ensemble. Il est vrai que les barons et les nobles d'Écosse se trouvaient à la tête du mouvement et que, suivant l'expression de l'un d'entre eux, ils *attachaient le grelot*[2] ; mais les actes de vio-

1. The souters of selkirk. (Minstrelsy of the Scotish Border.)

2. *I'll bell the cat.* (Mot du comte d'Angus, sous le règne de Jacques III.)

lence qu'ils se permirent souvent contre les favoris des rois et contre les rois eux-mêmes, ne furent jamais impopulaires.

1548. Vers le milieu du XVIe siècle, un nouveau lien vint resserrer cette espèce d'alliance politique entre l'aristocratie féodale et la bourgeoisie écossaise; elles embrassèrent presque ensemble, et d'un seul élan, les opinions de réforme religieuse les plus extrêmes, celles des Calvinistes. Toute la population du sud et de l'est, qui parlait la même langue et avait le même genre d'idées et de civilisation, concourut à cette révolution. Il n'y eut que les clans des montagnes et quelques seigneurs de terres dans le nord, qui tinrent à la religion catholique, les uns par esprit d'hostilité naturelle contre les gens des basses terres, les autres par persuasion individuelle, plutôt que par esprit de corps. Les évêques mêmes n'opposèrent pas aux partisans de la réforme une très-grande résistance; la seule opposition redoutable que ceux-ci eurent à éprouver, vint de la cour alarmée de bonne heure par la crainte que les changements religieux n'en amenassent de politiques; mais le parti des novateurs l'emporta dans cette lutte; ils s'emparèrent du roi Jacques VI, encore enfant, et le firent élever dans les nouvelles doctrines.

Sa mère, l'infortunée Marie Stuart, dut sa

perte à son ignorance du caractère national des 1548
Écossais, et aux vaines tentatives qu'elle fit pour à
empêcher l'établissement du culte sans évêques 1603.
qu'on appelait *presbytérien* : car ce fut à la suite
d'une bataille livrée aux réformés qu'elle passa
en Angleterre, où elle trouva une prison et l'é-
chafaud. Après sa mort, et pendant que son
fils régnait en Écosse, et professait, selon le
goût de la nation, la croyance presbytérienne
dans toute sa rigidité, la lignée des rois d'Angleterre de la famille de Tudor, vint à s'éteindre
dans la personne d'Élisabeth, petite-fille de
Henri VII. Jacques, descendant de Henri VII
par les femmes, était ainsi le plus proche héritier des Tudor. Il vint à Londres, où il fut re- 1603.
connu sans difficulté et prit le titre de roi de la
Grande-Bretagne, réunissant sous leur ancien
nom ses deux royaumes d'Angleterre et d'Écosse.
Il plaça, dans ses nouvelles armoiries, le char-
don écossais à côté des léopards de Normandie,
et, sur les drapeaux de ses armées et les pa-
villons de ses flottes, entrelaça la croix blanche
de saint André, avec la croix rouge de saint
Georges.

Le roi Jacques, premier de ce nom pour l'An- 1603
gleterre, trouva l'état des choses et des esprits, à
à l'égard des réformes religieuses, bien diffé- 1625.
rent, dans son nouveau royaume, de ce qu'il

1603 à 1625. était en Écosse. Il n'y avait point parmi les Anglais d'opinion généralement établie en matières religieuses. Ils différaient sur ce point suivant qu'ils appartenaient aux classes supérieures ou inférieures de la nation composée de deux races d'hommes anciennement ennemies. Le temps et le mélange du sang avait fort affaibli cette hostilité primitive, mais il restait au fond des cœurs une inimitié sourde provenant, chez les riches, d'une sorte de crainte de ceux qui ne l'étaient pas, et, chez ces derniers, de la gêne présente plutôt que d'un souvenir clair du passé. L'aristocratie tenait fortement pour la réforme mitigée, introduite cinquante ans auparavant par Henri VIII, réforme qui, substituant simplement le roi au pape comme chef de l'église anglicane, conservait à l'épiscopat son ancienne importance; la bourgeoisie, au contraire, tendait à la réforme complète établie par les écossais, dont le culte sans évêques, était indépendant de toute autorité civile. Les partisans de ces opinions formaient une secte persécutée par le gouvernement, mais dont la persécution augmentait l'enthousiasme; ils étaient d'un rigorisme excessif jusque dans les moindres choses, ce qui leur faisait donner le nom de *précis*, *purs*, ou *puritains*.

Les Presbytériens d'Angleterre s'étaient flattés

de voir régner leurs croyances sous un roi pres- 1603
bytérien; mais le triomphe de ces opinions se à
trouvant lié à celui de l'intérêt populaire sur 1625.
l'intérêt aristocratique, le roi, quel qu'il fût, ne pouvait nullement y contribuer. L'église épiscopale fut donc maintenue sous Jacques Ier, comme sous Élisabeth, par des mesures de rigueur contre les adversaires de cette église; bien plus, à force de se pénétrer des dangers politiques du puritanisme en Angleterre, le roi forma le projet de le détruire en Écosse où il était religion de l'état, et entra, pour ce projet, en lutte ouverte, non plus seulement avec les classes moyennes et inférieures, mais avec la nation tout entière. C'était une entreprise difficile dans laquelle il obtint peu de succès, et qu'il légua avec la couronne à son fils Charles Ier.

Charles Ier, amplifiant et systématisant en
quelque sorte les vues de son père, entreprit 1625.
de rapprocher le culte anglican des formes du catholicisme et d'imposer ce culte, ainsi réformé, aux deux royaumes d'Angleterre et d'Écosse. Par là, il mécontenta les épiscopaux et les classes aristocratiques d'Angleterre, tandis qu'il soulevait contre lui l'universalité de la nation écossaise. Nobles, prêtres et bourgeois, entrant en rébellion ouverte, s'assemblèrent spontanément à Édimbourg, et y signèrent, sous le nom de

1625 à 1640. Covenant, un acte d'union nationale pour la défense de la religion presbytérienne. Le roi leva une armée et fit des préparatifs de guerre contre l'Écosse, et, de leur côté, les Écossais formèrent des milices nationales auxquelles on donna des chapeaux portant cette devise : « Pour la cou« ronne du Christ et le Covenant[1] ». Des hommes de toutes conditions vinrent à l'envi se faire enrôler dans ces milices, et les ministres du culte prononçaient dans les églises malédiction contre *tout homme, tout cheval et toute lance* qui serait avec le roi contre les défenseurs de la foi nationale[2]. La résistance des Écossais fut approuvée en Angleterre, où le mécontentement devenait général contre le roi Charles, à cause de ses innovations religieuses, jointes à des tentatives pour gouverner d'une manière absolue, et sans le concours de l'assemblée qui, sous le nom de *parlement*, n'avait jamais cessé d'exister depuis la conquête.

Les bourgeois d'Angleterre, qui d'abord n'avaient comparu à cette assemblée que comme cités, en quelque sorte, devant le roi et les barons pour recevoir des demandes d'argent

1. For Christ's crown and Covenant. (Scotish Border's Minstrelsy.)

2. Ibid.

et y répondre, étaient devenus, par l'effet d'une révolution graduelle, partie intégrante du parlement. Réunis à des députés des petits feudataires qu'on appelait chevaliers des comtés[1], ils formaient, sous le nom de chambre des communes, une section du grand conseil national; dans l'autre chambre, celle des lords, siégeaient les gens titrés, comtes, marquis, barons, avec les évêques anglicans. Cette chambre se montra comme l'autre en opposition avec les projets de Charles Ier. Mais il y avait entre elles cette différence, que la première tendait seulement au maintien de la religion établie et des anciens priviléges du parlement, tandis que, dans la seconde, la majorité aspirait à l'établissement du presbytérianisme et à une réduction de l'autorité royale. 1625 à 1640.

Ce désir modéré de réformes politiques avait pour soutien au dehors de l'assemblée quelque chose de plus violent que lui, le vieil instinct de haine populaire contre les familles nobles, propriétaires de la presque totalité du sol. Les classes inférieures sentaient le besoin vague d'un grand changement; leur situation présente leur était à charge; mais, n'apercevant pas clairement ce qui devait la rendre meilleure, elles

1. En langue anglo-normande, Chivaler de Countee; en anglais moderne, knight of the shire.

1625 à 1640. s'attachaient, au hasard, à toutes les opinions extrêmes, et, en religion, à ce que le puritanisme avait de plus rigide et de plus sombre. C'est ainsi que le langage habituel de cette secte, qui cherchait tout dans la Bible, devint celui du parti le plus exagéré en politique. Ce parti, s'établissant en idée dans la situation du peuple juif au milieu de ses ennemis, donnait à ceux qu'il haïssait les noms de Philistins et d'enfants de Bélial; il empruntait aux Psaumes et aux prophéties les menaces qu'il voulait proférer contre les grands, se promettant, selon les paroles de l'Écriture, de *saisir le glaive à deux tranchants* et *de garrotter les nobles du siècle avec des entraves de fer*[1].

Charles Ier eut grande peine à rassembler des hommes et de l'argent pour faire la guerre aux Écossais. La ville de Londres lui refusa un prêt de trois cent mille livres, et les soldats disaient tout haut qu'ils n'iraient point risquer leur vie pour soutenir l'orgueil des évêques. Durant les retards occasionés par ces difficultés, les Écossais, attaquant les premiers, firent une invasion en Angleterre et s'avancèrent jusqu'à la Tyne, précédés d'un manifeste où ils se disaient amis

1. Et gladii ancipites in manibus eorum... Ad ligandum nobiles in compedibus ferreis.

et frères du peuple anglais, et appelaient sur eux-mêmes la malédiction d'en-haut s'ils faisaient le moindre mal au pays et aux particuliers. Il n'y eut contre eux de résistance que de la part de l'armée royale, qu'ils battirent complètement près de Newcaslte. Après cette victoire, les généraux de l'armée d'Écosse s'excusèrent, dans des proclamations adressées à la nation anglaise, de la violence des mesures qu'ils avaient été obligés de prendre pour la défense de leurs droits, souhaitant, disaient-ils, que leur succès pût aider cette nation à faire valoir les siens propres. Le parti de l'opposition en Angleterre et surtout la bourgeoisie répondirent en votant des remercîments et des secours d'argent aux Écossais, et plusieurs envoyés partirent de Londres pour aller à Édimbourg faire un pacte d'amitié et d'alliance entre les deux peuples. 1640 à 1642.

Ce traité politique, qui, des deux côtés, fut conclu indépendamment de l'autorité royale et contre elle, fut signé en l'année 1642; et, 1642.
dans cette même année, le parlement d'Angleterre et surtout la chambre des communes entrèrent en lutte ouverte avec le pouvoir royal. Par dégrés l'opposition s'était concentrée dans cette chambre; car la grande majorité de celle des lords, sentant où la querelle allait en

1642 à 1645. venir, s'était rapprochée du roi. La chambre basse, déclara qu'en elle seule était la représentation nationale avec tous les droits du parlement [1], et pendant que les députés de la bourgeoisie et des petits propriétaires s'emparaient ainsi du pouvoir législatif, les classes moyennes s'armèrent spontanément et saisirent les munitions et les poudres des arsenaux. De son côté le roi, se préparant à la guerre, arbora sur le donjon de Nottingham son étendard aux trois léopards de Normandie. Tous les vieux châteaux bâtis par les Normands ou leur postérité furent fermés, approvisionnés, garnis d'artillerie et d'armes modernes, et la guerre à mort commença entre les fils des seigneurs et ceux des villains du moyen âge.

Les Écossais secondèrent puissamment, dans cette lutte, le parlement d'Angletere, qui abolit de prime-abord l'épiscopat et établit la religion presbytérienne. Cette communauté de culte fut la base d'un nouveau traité on *covenant* entre les deux peuples; ils se rendirent solidaires l'un de l'autre pour la défense du christianisme sans évêques; mais, quoique cette alliance fût conclue de bonne foi, elle n'avait ni le même sens,

1. Hume's history of England.

ni le même objet pour les deux nations. La guerre civile était pour les Écossais une querelle religieuse avec Charles Stuart, leur compatriote et leur roi national; aussi devait-elle finir pour eux du moment que le roi reconnaîtrait l'existence légale du culte presbytérien en Angleterre comme en Écosse. Chez les Anglais, au contraire, il y avait un instinct de réforme politique, dépassant de bien loin le simple désir de réformer l'église épiscopale. Cette différence dans l'esprit des deux peuples, résultat nécessaire de leur différente situation, et dont aucun d'eux n'avait la conscience bien claire, devait amener entre eux le désaccord aussitôt qu'elle se révèlerait, et c'est ce qui ne tarda pas à arriver. 1642 à 1645.

A la bataille de Naseby, dans la province de Northampton, l'armée royale fut mise en déroute complète, et le roi lui-même, ayant la retraite coupée, se rendit volontairement aux Écossais, ses compatriotes, aimant mieux être leur prisonnier que celui des parlementaires; les Écossais le remirent à leurs alliés, nullement dans le dessein de le perdre, mais afin que ceux-ci l'obligeassent à conclure un traité à l'avantage des deux peuples. Des débats d'une toute autre nature s'élevèrent alors dans l'armée 1645.

1645 à 1647. anglaise; on n'y agitait pas la question historique de l'origine du pouvoir royal et seigneurial, car le temps en avait effacé toutes les données, mais les esprits ardents s'enthousiasmaient de l'idée de substituer à l'ancienne forme de gouvernement un ordre de choses fondé sur la justice et le droit absolu; ils croyaient trouver la prédiction de cet ordre de choses dans la fameuse époque de mille ans, annoncée par l'Apocalypse, et, suivant leurs formules favorites, l'appelaient le règne du Christ. C'est aussi d'un passage des livres saints que ces enthousiastes s'autorisaient pour demander le jugement de Charles Ier, disant que le sang versé dans la guerre civile devait retomber sur sa tête, afin que le peuple en fût absous[1].

Durant ces discussions, dont le fond était sérieux, quoique la forme en fût bizarre, les partis entrés les derniers dans la lutte contre la royauté, c'est-à-dire, les classes inférieures du peuple et les ultra-réformateurs en religion gagnèrent du terrain, et placèrent hors de la révolution ceux qui l'avaient commencée, c'est-à-dire, les propriétaires des comtés et les riches bourgeois des villes, les sectateurs zélés de l'église épiscopale et jusqu'aux presbytériens eux-

1. Memoirs of mistress Hutchinson.

mêmes. Sous le nom d'*indépendants* s'éleva par 1645
dégrés une nouvelle secte qui, reniant jusqu'à à
l'autorité des prêtres, investissait chaque fidèle 1647.
de toutes les fonctions sacerdotales. Le progrès de cette secte alarma fortement les Écossais; ils se plaignirent de ce qu'en outre-passant la réforme religieuse telle qu'ils l'avaient établie de commun accord, les Anglais violaient l'acte solennel d'union conclu entre les deux peuples.
Ce fut le commencement d'une mésintelligence 1647.
qui s'accrut au dernier point lorsque le parti des indépendants, s'étant saisi de la personne du roi, et rompant toute négociation avec lui, l'emprisonna et le fit comparaître en accusé devant une haute-cour de justice.

Soixante-dix juges, choisis dans la chambre 1649.
des communes, l'armée parlementaire et la bourgeoisie de Londres, prononcèrent un arrêt de mort contre Charles Stuart et l'abolition de
la royauté. Les uns agissaient par conviction 1649
intime de la culpabilité du roi, d'autres vou- à
laient de bonne foi l'établissement d'un ordre 1650.
social entièremenet neuf, d'autres enfin n'aspiraient qu'au pouvoir sous de nouvelles formes politiques. La mort de Charles Ier mit fin au règne des presbytériens en Angleterre, et à l'alliance des Anglais avec les Écossais. Ces derniers, jugeant de la situation sociale du peuple an-

1649 à 1650. glais d'après la leur, ne pouvaient concevoir ce qui venait de se passer; ils se croyaient indignement trompés par leurs anciens amis, et, joignant à ce dépit une secrète affection nationale pour les Stuart, leurs compatriotes, ils se rapprochèrent de cette famille du moment que les Anglais eurent rompu violemment avec elle. Pendant qu'à Londres on renversait toutes les effigies royales et qu'on inscrivait sur leurs piédestaux, « Le dernier des rois a passé [1] », le fils de Charles Ier était proclamé roi dans la capitale de l'Écosse.

Cette proclamation n'était point, de la part des Écossais, le signe d'une renonciation aux réformes qu'ils avaient défendues les armes à la main. Lorsque les commissaires, envoyés d'Écosse, vinrent trouver à Breda Charles II, qui avait déja pris le titre de roi de la Grande-Bretagne, ils lui signifièrent les conditions rigoureuses sous lesquelles le parlement d'Édimbourg consentirait à ratifier ce titre. C'étaient l'adhésion du roi au premier *covenant* signé contre son père, et l'abolition perpétuelle de l'épiscopat. Charles II ne fit d'abord que des réponses évasives, pour gagner du temps et essayer un coup de main qui devait le faire devenir roi sans

1. Exiit tyrannus, regum ultimus.

conditions. Ce fut Jacques Graham, comte de Montross, d'abord zélé covenantaire, et ensuite partisan de Charles Ier, qui fut chargé de cette entreprise. Il débarqua au nord de l'Écosse avec une poignée d'aventuriers rassemblés sur le continent, et, s'adressant aux chefs des clans des montagnes et des îles, leur proposa une guerre à la fois nationale et religieuse contre les presbytériens des basses terres. Les clans qui, déja une fois, s'étaient unis, sous la conduite de Montross, contre les partisans du covenant, et avaient été complètement défaits, montrèrent peu d'ardeur pour une nouvelle attaque; quelques bandes mal organisées descendirent seules dans la plaine autour d'un drapeau sur lequel était peint le corps de Charles Ier sans tête [1]. Elles furent mises en déroute; Montross, lui-même, fut pris, jugé comme traître, condamné à mort et exécuté à Édimbourg. Charles II, désespérant alors de conquérir la royauté absolue, se rabattit sur celle que lui offraient les commissaires, signa le covenant, jura de l'observer inviolablement, et fit son entrée comme roi à Édimbourg, pendant que les membres du malheureux Montross, coupé en quartiers, étaient encore suspendus au gibet et aux portes de la ville.

1649 à 1650.

1650.

1. Scotish Border's Minstrelsy.

1650 à 1651. En prenant Charles II pour roi, les Écossais ne se proposaient point de l'aider à reconquérir la royauté en Angleterre. Ils séparaient entièrement leurs affaires nationales de celles de leurs voisins, et ne songeaient à garantir au fils de Charles Ier que le seul titre de roi d'Écosse. Mais le parti qui, en Angleterre, s'était emparé de la révolution, s'alarma de voir l'héritier de celui qu'il appelait *le dernier des rois*, établi en Écosse. Craignant de sa part une tentative hostile, les indépendants résolurent de le prévenir. Le général Fairfax, presbytérien rigide, fut chargé de commander l'armée qu'on leva pour envahir l'Écosse; mais, refusant de servir contre une nation qui, disait-il, avait coopéré à la bonne œuvre pour laquelle il avait d'abord tiré l'épée, il envoya sa démission à la chambre des communes. Les soldats eux-mêmes montraient de la répugnance à se battre contre des hommes qu'ils avaient si long-temps appelés *nos frères d'Écosse*.

Le successeur de Fairfax, Olivier Cromwell, homme d'une grande activité politique et militaire, surmonta ces hésitations par la persuasion ou la violence, marcha vers le nord, battit les
1651. Écossais et leur roi à Dumbar, et s'empara d'Édimbourg. Cromwell somma le peuple d'Écosse de renoncer à Charles II, mais les Écossais refu-

sèrent d'abandonner dans le péril celui qu'ils y avaient attiré, et souffrirent patiemment les vexations qu'exerçait partout l'armée anglaise. Charles II était loin de leur rendre dévouement pour dévouement; au plus fort des malheurs de l'Écosse, se détachant des presbytériens, il s'entoura d'anciens partisans de l'épiscopat, de chefs des montagnards qui donnaient le nom de Saxons, *Sassenachs*, à leurs voisins de religion différente, et de jeunes nobles débauchés à qui il disait, dans ses orgies, que la religion des *Têtes-rondes* n'était pas digne d'un gentilhomme [1]. Avec le secours des aventuriers qu'il réunissait autour de lui, il tenta sur l'Angleterre une invasion par l'ouest, pendant que l'armée anglaise occupait l'est de l'Écosse. Il y avait encore dans les provinces de Cumberland et de Lancaster un assez grand nombre de familles catholiques qui, à son passage, prirent les armes pour lui. Il espérait soulever le pays de Galles et faire tourner au profit de sa cause l'inimitié nationale des Cambriens contre les Anglais; mais ses troupes furent complètement battues près de Worcester, et lui-même, à travers beaucoup de périls, s'enfuit déguisé vers la côte de l'ouest où il s'embarqua pour la France, laissant les Écossais sous le

1651 à 1653.

1. Burnet's history of his own Time.

1653 à 1660. poids des malheurs que son couronnement et surtout son invasion imprudente en Angleterre avaient attirés sur eux.

Ces malheurs furent immenses : regardée avec défiance comme un lieu de descente et de campement pour les ennemis de la révolution, l'Écosse fut traitée en province conquise. A la moindre apparence de révolte ou d'opposition, on emprisonnait ou l'on condamnait à mort les principaux habitants; les trente membres écossais appelés à siéger dans le grand conseil de la république d'Angleterre, loin d'offrir à leurs concitoyens un secours et un appui, n'étaient guère que les instruments de la tyrannie étrangère. Olivier Cromwell gouverna despotiquement les Écossais jusqu'au moment où, sous le nom de protecteur, il obtint sur toute la Grande-Bretagne une autorité sans bornes : le général Georges Monck, qui le remplaça en Écosse, y tint une conduite non moins dure et non moins cruelle. Telle était la situation des choses, lorsque Monck, changeant subitement de parti, conspira contre la république pour le rétablissement de la royauté.

1660. La joie causée par la restauration des Stuart fut universelle en Écosse; elle n'était pas, comme en Angleterre, simplement causée par l'espèce de découragement et de scepticisme

politique où le mauvais succès de la révolution 1660
avait jeté les esprits, mais par un sentiment à
d'affection réelle pour un homme que les 1679.
Écossais regardaient presque comme le roi de leur choix. De plus, le retour de Charles II n'était point lié dans leur pays au rétablissement d'un ancien ordre social, oppressif et impopulaire; cette restauration était en quelque sorte personnelle. Ainsi la nation écossaise espérait que l'état des choses allait redevenir ce qu'il avait été avant l'invasion de l'armée de Cromwell, et que le *covenant*, juré par Charles II, serait la règle de son administration. Elle attribuait la première aversion du roi pour la rigidité de la discipline presbytérienne à des erreurs de jeunesse dont l'âge et le malheur devaient l'avoir corrigé; mais le fils de Charles Ier portait en lui toute la haine de son aïeul et de son père contre le puritanisme, et n'avait d'ailleurs aucune reconnaissance pour le don que lui avaient fait les Écossais d'une royauté qui, selon son opinion, lui était due par héritage. Se croyant donc dégagé de toute obligation envers eux, il fit lacérer le *covenant* sur la place du marché à Édimbourg, et des évêques, envoyés d'Angleterre, furent promenés en triomphe à travers les rues par les officiers royaux. Ils exigèrent de tous les ministres du culte le serment

1660 à 1679. d'obéissance à leurs ordres, l'abjuration du *covenant*, et l'aveu de l'autorité absolue du roi en matière ecclésiastique. Ceux qui refusèrent de jurer furent déclarés séditieux et rebelles, on les expulsa violemment des presbytères et des églises, et l'on donna leurs cures et leurs bénéfices à des nouveau-venus, la plupart Anglais de naissance, ignorants et de mauvaises mœurs. Ceux-ci commencèrent à célébrer le service et à faire les prédications d'usage, mais personne ne venait les entendre, et les églises restaient désertes [1].

Tous les fidèles, zélés pour leur ancienne croyance nationale, se transportaient dans les montagnes ou les marais qui servaient de refuge aux ministres persécutés. On se rangeait autour d'eux pour écouter leurs exhortations, et une loi sévère fut portée contre ces réunions paisibles, auxquelles les agents de l'autorité donnaient le nom de *conventicules* [2]. Des soldats furent cantonnés avec un pouvoir discrétionnaire dans les villages où le peuple ne fréquentait plus l'église; beaucoup de personnes soupçonnées d'assister aux *conventicules* furent emprisonnées ou fouettées publiquement, surtout

1. Burnet's history of his own Time.
2. *Conventicles.*

dans les provinces du sud-ouest, dont les habitants étaient plus disposés à la résistance; soit à cause de la nature du pays, plus montagneux que la contrée orientale, soit par un reste du caractère enthousiaste et opiniâtre de la race bretonne, dont ils étaient issus en grande partie. C'est dans ces provinces que les presbytériens commencèrent à se rendre en armes à leurs assemblées secrètes, et que des familles entières, quittant leurs maisons, s'en allèrent habiter les lieux déserts pour y écouter librement les prêtres proscrits et satisfaire au besoin de leur conscience.

1660 à 1679.

La sévérité toujours croissante des mesures prises contre les conventicules occasiona bientôt une insurrection déclarée, où figurèrent comme chefs beaucoup d'hommes riches et considérés du pays. Le mouvement ne s'étendit point cependant sur les provinces de l'est, parce que les forces du gouvernement et la terreur qu'il inspirait augmentaient à mesure qu'on approchait d'Édimbourg. L'armée presbytérienne fut battue à Pentland-hills, par des troupes régulières, qui avaient ordre de tuer les prisonniers et de poursuivre les fuyards avec d'énormes chiens de chasse [1]. Apres la victoire, on exigea

1. .... The chased and tossed Westeru men.
Scotish Border's Minstrelsy.

1660 à 1679. de chaque famille, dans les provinces d'Ayr et de Galloway, le serment de ne pas se rendre aux conventicules, et de ne donner ni gîte, ni pain, ni refuge à un ministre errant ou à un presbytérien réfractaire [1]. Sur le refus d'un grand nombre de personnes, on déclara tous les habitants, en masse, rebelles et ennemis du roi, et l'on distribua des pardons en blanc pour tous les meurtres commis sur eux.

Ces atrocités furent enfin couronnées par une grande mesure qui les effaçait toutes. On autorisa les clans des montagnes de l'ouest à descendre dans la plaine et à y commettre tous les ravages auxquels les exciterait leur vieil instinct de haine nationale contre les habitants. Durant plusieurs mois, au nombre de huit mille, ils parcoururent, dans tous les sens, la province d'Ayr et les provinces voisines, pillant et tuant en liberté. Un corps de dragons fut envoyé d'Édimbourg pour les assister et les protéger dans leur expédition. Quand on jugea qu'elle avait produit son effet, un ordre, scellé du grand sceau, les renvoya à leurs montagnes, et les dragons restèrent seuls pour assurer l'entière soumission du pays [2]. Mais le mal qu'on

1. Scotish Border's Minstrelsy.

2. Burnet's history of his own Time.

venait de faire aux presbytériens avait accru 1679.
leur fanatisme en les réduisant au désespoir : quelques-uns d'entre eux ayant surpris en voyage l'évêque Sharp, que Charles II avait nommé primat d'Écosse, le tirèrent hors de sa voiture et le tuèrent entre les bras de sa fille.

Ce crime, d'un petit nombre d'hommes, fut vengé sur tout le pays par un redoublement de vexations et une foule d'exécutions à mort. Il s'ensuivit un second soulèvement plus général et d'un caractère plus redoutable que le
premier. L'armée presbytérienne, commandée 1679
cette fois par d'anciens militaires, dont plu- à 1686.
sieurs étaient d'origine noble, avait quelques corps de cavalerie, formée par les propriétaires et les fermiers riches, mais l'artillerie et les munitions lui manquaient. Chaque corps avait un drapeau bleu, couleur favorite des covenantaires. De nombreuses troupes de femmes et d'enfants, suivant l'armée jusque sur le champ de bataille, excitaient par leurs cris les hommes à bien combattre. Quelquefois, après avoir marché et s'être battus tout un jour, sans boire ni manger, ils se rangeaient en cercle autour de leurs ministres et écoutaient, dans le plus grand recueillement, un sermon de plusieurs heures, avant de songer à se procurer des vivres et à prendre un peu de repos. Telle

1679 était l'armée qui, à quelques milles de Glasgow,
à
1686. mit en fuite le régiment des gardes, la meilleure cavalerie de toute l'Écosse, s'empara de la ville et força un corps de dix mille hommes à se replier sur Édimbourg. L'alarme qu'elle inspira au gouvernement fut telle, qu'on envoya de Londres, en toute hâte, des forces considérables, commandées par le duc de Monmouth, homme d'un naturel doux et disposé à la modération, mais auquel on adjoignit deux lieutenants d'un caractère bien différent : c'étaient le général Thomas Dalzel et le fameux Claverhouse, qui, rendant inutiles toutes les dispositions conciliantes de Monmouth, l'obligèrent à livrer bataille aux insurgés, près de la petite ville de Hamilton, au sud de Glasgow. La Clyde, dont le courant est très-rapide en cet endroit, y était traversée par un pont de pierre, long et étroit, qu'on appelait le pont de Bothwell, et que les presbytériens avaient occupé d'avance. Ils furent chassés de cette position par l'artillerie qui tirait du bord de la rivière, et par une charge de cavalerie exécutée sur le pont. Leur déroute fut complète, et l'armée anglaise entra dans Édimbourg, portant au bout des piques des têtes et des mains coupées, et menant, liés deux à deux sur des charrettes, les chefs de l'armée presbytérienne et les ministres qu'on avait faits pri-

sonniers. Ils subirent, avec une grande fermeté, la torture et ensuite le supplice de la corde, *rendant témoignage* jusqu'à la mort, comme ils le disaient eux-mêmes, pour leur symbole de foi nationale [1]. 1679 à 1686.

Le parti presbytérien ne put se relever de la défaite du pont de Bothwell, et la masse des Écossais, renonçant au *covenant*, pour la défense duquel tant de sang avait été versé, se soumit à une sorte d'épiscopat mitigé, et reconnut l'autorité du roi en matière ecclésiastique. Mais le regret d'avoir perdu une cause qui était nationale depuis un siècle et demi, et le souvenir de la bataille qui avait détruit toute espérance de la voir jamais triompher, se conservèrent longtemps en Écosse. De vieilles romances, qu'on chantait encore dans les villages à la fin du siècle dernier, parlent du pont de Bothwell et des braves qui y moururent, avec des expressions touchantes de sympathie et d'enthousiasme [2]. Aujourd'hui même, les paysans se découvrent la tête en passant près des pierres noircies qui

1. Burnet's history of his own Time.

2. Along the brae beyond the brig
Mony abrave man lies cauld and still
But long wi'll mind and sair wi'll rue
The bludy battle of Bothwell hill.
(Scotish Border's Minstrelsy.)

1679 à 1686. marquent çà et là, sur les collines et dans les marais, la sépulture de quelqu'un des puritains du XVIIe siécle.

A mesure que l'énergie et l'enthousiasme des puritains d'Écosse s'affaiblirent, le gouvernement se montra moins ombrageux et moins cruel à leur égard. Jacques, duc d'Yorck, qui, du vivant de son frère Charles II, avait assisté, par passe-temps, à la torture des ministres presbytériens, n'exerça contre eux aucune sévérité après qu'il
1686. fut devenu roi[1], et ses tentatives pour substituer le catholicisme au protestantisme anglican furent loin d'exciter en Écosse autant de haine qu'en Angleterre : les presbytériens lui pardonnaient son amour pour les papistes en faveur de l'inimitié qu'il montrait contre les épiscopaux. Lorsqu'une conspiration, en grande partie conduite par les évêques et les nobles d'Angleterre, eut appelé Guillaume d'Orange et expulsé
1688. Jacques II, le peuple écossais montra peu d'enthousiasme pour cette révolution, qu'on appelait glorieuse de l'autre côté de la Tweed; il hésita même à s'y joindre, et son adhésion fut plutôt l'œuvre des membres du gouvernement rassemblés à Édimbourg, qu'un acte véritable d'assentiment national. Cependant les

1. Hume's history of England.

auteurs de la révolution de 1688 firent à l'Écosse, en matière religieuse, des concessions qu'ils n'avaient point faites à l'Angleterre, où furent maintenues, dans leur rigueur, les lois intolérantes des Stuart. Mais, en revanche, le petit nombre d'enthousiastes obstinés qui, sous le nom de Caméroniens, essayèrent de ranimer, au commencement du XVIIIe siècle, le vieux foyer, à demi éteint, du puritanisme, furent violemment persécutés, et *rendirent témoignage* par le fouet et le pilori sur la place publique d'Édimbourg. Après eux cette croyance austère et passionnée, qui avait réuni en une même secte toute la population des basses-terres d'Écosse, se concentra par degrés dans quelques familles isolées qui se distinguaient des autres par une plus grande exactitude à observer les pratiques de leur culte, une probité plus rigide, ou une plus grande affectation de probité, et l'habitude d'employer à tout propos les paroles de l'Écriture.

1688 à 1745.

Malgré le mal que les Stuart avaient fait à l'Écosse depuis qu'ils occupaient le trône d'Angleterre, les Écossais conservèrent pour cette famille une sorte de sympathie, indépendante, dans l'esprit d'un grand nombre, de toute opinion et de toute théorie politique. Une aversion instinctive contre la nouvelle dynastie se faisait sentir à la fois, quoique à un moindre degré, aux

1688 à 1745. habitants des montagnes et à ceux des basses-terres. Les uns y mettaient toute l'ardeur de leur ancienne haine contre les habitants de l'Angleterre, et parmi les autres la différence de position sociale, de relation avec le gouvernement existant, de croyance religieuse ou de caractères personnels, produisaient différentes nuances de zèle pour la cause des héritiers de Jacques II.

1745. L'insurrection jacobite de 1715 et celle de 1745, au débarquement du fils du prétendant, commencèrent toutes deux dans les montagnes : la seconde trouva assez de partisans dans les villes du sud et de l'est pour faire croire un moment que la race celtique et la race teutonique de l'Écosse, jusque là ennemies l'une de l'autre, allaient devenir une seule nation. Après la victoire du gouvernement anglais, son premier soin fut de détruire l'organisation immémoriale des clans galliques. Il envoya à l'échafaud plusieurs chefs de ces clans, éloigna les autres du pays pour y suspendre l'exercice de leur autorité patriarcale, fit construire des routes militaires à travers les rochers et les marais, et enrôla un grand nombre de montagnards parmi les troupes régulières qui servaient sur le continent. Par une sorte de condescendance pour l'opiniâtreté avec laquelle les Galls tenaient à leurs anciens usages, et pour tirer parti de leur vanité patriotique, on les laissa joindre, d'une manière bizarre, à l'uniforme des soldats anglais une partie de leur costume national, et marcher au son des cornemuses, leur instrument favori.

Depuis que les Écossais ont perdu leur enthousiasme religieux et politique, ils ont tourné vers la culture des lettres les facultés d'imagination qui semblent en eux une trace de leur origiue celtique, soit comme Galls, soit comme Bretons. L'Écosse est peut-être le seul pays de l'Europe où le savoir soit vraiment populaire, et où les hommes de toutes les classes aiment à apprendre pour apprendre, sans motif d'intérêt ni désir de changer d'état. L'ancien dialecte anglo-danois, depuis la réunion définitive de ce pays à l'Angleterre, à cessé d'être cultivé comme langue écrite et a été remplacé par l'anglais; mais, malgré le désavantage qu'éprouve tout écrivain qui doit parler dans ses ouvrages une autre langue que celle de sa conversation habituelle, le nombre des auteurs distingués en tout genre depuis le milieu du siècle dernier à été bien plus considérable en Écosse qu'en Angleterre, eu égard à la population des deux pays. C'est particulièrement dans les travaux historiques et dans la manière de raconter des faits, soit véritables, soit imaginaires, que les Écossais excellent, et l'on serait tenté de regarder encore ce talent particulier comme un des signes caractéristiques de leur descendance originelle ; car les Irlandais et les Gallois sont les deux peuples qui ont le plus longuement et le plus agréablement rédigé leurs anciennes annales.

Sans doute aussi, dans ces contrées où il n'y eut jamais de servitude de la glèbe, où le régime féodal, ne dérivant point d'une conquête, n'avait rien d'hostile pour la masse du peuple, l'antique fraternité de toutes les classes de la société rendit moins inégales entre elles le partage des lumières et de la civilisation. Cette civilisation, dont les progrès sont rapides en Écosse, se répand aujourd'hui par degrés hors des villes des basses-terres, où elle a pris naissance et pénètre dans les montagnes. Mais, peut-être, pour l'y propager, a-t-on pris, dans ces dernières années, des moyens trop violents, et plus capables de conduire à la destruction qu'à l'amélioration de la race gallique. Transformant leur autorité partriarcale en droit seigneurial de propriété sur toute la terre occupée par leurs clans, les héritiers des anciens chefs, la loi anglaise à la main, viennent d'expulser de leurs habitations des centaines de familles à qui cette loi était absolument étrangère. A la place des clans dépossédés, ils ont établi d'immenses troupeaux et quelques hommes venus d'ailleurs, éclairés, industrieux, capables d'exécuter les meilleurs plans de culture. On vante beaucoup les grands travaux agricoles entrepris de cette manière dans les provinces de Ross et de Sutherland; mais, si un pareil exemple est suivi (et tous les fils et parents de chefs sont autorisés à s'en prévaloir), bientôt la plus ancienne race des habitants de l'île de Bretagne, après s'être conservée pendant tant de siècles et au milieu de tant d'ennemis, disparaîtra sans laisser d'autre trace qu'un vice de prononciation anglaise aux lieux où son langage aura été parlé.

IV.

LES IRLANDAIS DE RACE ET LES ANGLO-NORMANDS D'IRLANDE.

1173 à 1316. La conquête de l'Irlande par les Anglo-normands est peut-être la seule qui n'ait point été suivie d'améliorations graduelles dans l'état du peuple vaincu. Sans avoir jamais pu s'affranchir de la domination étrangère, les descendants des Anglo-saxons ont cependant fait de grands progrès en bien-être et en civilisation. Mais les Irlandais indigènes, quoique en apparence placés dans une situation pareille, ont constamment décliné depuis cinq siècles. Et pourtant cette population est douée par la nature d'une grande vivacité d'esprit et d'une aptitude remarquable à toute sorte de travail intellectuel. Quoique le sol de l'Irlande soit fertile et propre à la culture, sa fécondité n'a pas plus tourné au profit des conquérants que de leurs sujets, et malgré l'étendue de ses domaines, la postérité des Normands s'est graduellement appauvrie, comme celle des Irlandais. Cette bizarre destinée, qui pèse éga-

lement sur les habitants anciens ou nouveaux 1173
de l'île d'Érin, a pour cause le voisinage de à 1316.
l'Angleterre, et l'influence que son gouvernement a constamment exercée depuis la conquête sur les affaires intérieures de ce pays.

Cette influence est toujours venue à propos pour déranger le cours des relations amicales, que le temps, et l'habitude de vivre ensemble, tendaient à établir entre les Anglo-irlandais et les Irlandais de race. L'intervention des rois d'Angleterre, de quelque manière qu'elle s'exerçât, eut toujours pour effet de maintenir la séparation et l'hostilité primitive. En temps de guerre, ils prêtaient secours aux hommes de race anglo-normande; puis, lorsque ces derniers avaient contraint les indigènes à se tenir en repos, les rois, devenus jaloux de leur puissance et craignant que les conquérants de l'Irlande ne se rendissent indépendants dans leur île, s'étudiaient à les tourmenter et à les affaiblir : ainsi il devenait impossible que la lutte des deux populations eût jamais de terme, soit par la victoire de l'une ou de l'autre, soit par leur fusion complète. Cette fusion aurait été rapide, et eût présenté un phénomène qui ne s'est point rencontré ailleurs. Car, par suite de la douceur de caractère et de la sociabilité des indigènes, leurs conquérants éprouvaient une sorte de penchant

1173 à 1316. irrésistible à s'assimiler aux vaincus, à prendre leurs mœurs, leur langage et jusqu'à leur habillement. Les Anglo-normands se faisaient Irlandais, ils aimaient à èchanger leurs titres féodaux de comte et de baron contre des surnoms patronimiques : les Dubourg s'appelaient Mac-William-Bourg, les De Vere, Mac-Swyne; les Delangle, Mac-Costilagh; les fils d'Ours, Mac-Mahon; et les fils de Girauld, Mac-Gheroit[1]. Ils prenaient goût au chant et à la poésie irlandaise, invitaient les Bardes à leur table et donnaient à leurs enfants, pour gouvernantes, des femmes du pays. Les Normands d'Angleterre, si hautains envers les Saxons, appelaient cela *dégénérer*.

Pour arrêter cette dégénération, et maintenir dans leur intégrité les anciennes mœurs des Anglo-irlandais, les rois et le parlement d'Angleterre firent beaucoup de lois, dont la plupart sont très dures[2]. Tout Normand ou Anglais de race qui épousait une Irlandaise, ou prenait l'habit irlandais, devait être traité comme Irlandais, c'est-à-dire, comme serf de corps et de biens. Il y eut des ordonnances royales sur la coupe des cheveux et de la barbe en Irlande,

1. Ancient Irish histories, pag. 100.—Campion's history, pag. 12.

2. Collectanea de rebus Hibernicis, tom. II, pag. 367 à 371.

sur le nombre d'aunes d'étoffe que devait avoir un habit et sur la couleur de l'étoffe. Tout marchand de race anglaise qui trafiquait avec les Irlandais était puni par la confiscation de ses marchandises, et tout Irlandais pris en voyage dans la partie de l'île habitée par les Anglo-normands, surtout si c'était un Barde, était considéré comme espion [1]. Tout seigneur suspect d'aimer les Irlandais était, par cela seul, en butte à des persécutions politiques; et, s'il était riche et puissant, on l'accusait de vouloir se faire roi d'Irlande, ou tout au moins séparer ce royaume de la couronne d'Angleterre. Le grand conseil des barons et des chevaliers d'Irlande qui, à l'exemple de ceux d'Angleterre, s'assemblaient chaque année en *parlement*, était regardé presque avec autant de haine et de mépris que les assemblées nationales tenues par les Irlandais indigènes sur le sommet des collines [2]. On refusait au parlement d'Irlande toute liberté et tout pouvoir : il ne pouvait se réunir sans que le roi eût approuvé les motifs de sa convocation, et, même alors, il ne votait que sur des articles rédigés d'avance en Angleterre. D'un autre côté, le gouvernement anglais déployait

1173 à 1316.

1. Ancient Irish histories, pag. 48.—Harris's, Hibernica, pag. 83 à 97.

2. Ibidem.

1173 à 1316. tous ses moyens d'action sur les Irlandais d'origine, pour les faire renoncer à leurs usages nationaux, et à leur ancien ordre social. Il faisait déclarer par les archévêques, qui tous étaient venus d'Angleterre, que les vieilles lois du pays, celles qui avaient régi l'Irlande dans le temps où on la nommait l'Ile des Saints, étaient *abominables à Dieu*[1]. Tout Irlandais convaincu d'avoir soumis quelque procès à des juges de sa nation, était excommunié et rangé au nombre de ceux que les ordonnances d'Angleterre appelaient *les Irreys anemis nostre seigneur le rey*[2].

Afin de réagir contre les efforts que faisait le gouvernement anglais pour détruire leurs anciennes mœurs, les Irlandais mirent toute leur opiniâtreté à les maintenir[3]. Ils montraient une aversion violente contre la politesse et la recherche des manières anglo-normandes. « Ne « faisant compte, dit l'historien Froissard, de « nulle jolivété, et ne voulant avoir aucune con« naissance de gentillesse, mais demeurer en « leur rudesse première[4]. » Cette rudesse n'était

1. Pro eo quod leges quibus utuntur Hibernici Deo abominabiles existunt. (Statuts d'Edward Ier.)

2. Rôles du parlement d'Angleterre, vingtième année de Henri VI.

3. Harris's Hibernica, pag. 101.

4. Froissard, tom. II, pag. 185.

qu'apparente et les Irlandais savaient bien vivre 1173
avec les étrangers et se faire aimer d'eux, sur- à
tout s'ils étaient ennemis des Anglais. Ils con- 1316.
clurent contre ces derniers des alliances politiques avec plusieurs rois du continent; et lorsqu'au quatorzième siècle l'Écossais Robert Bruce eut été nommé roi par ses compatriotes, des corps de volontaires irlandais passèrent la mer pour le soutenir contre le roi d'Angleterre, par haine de celui-ci, et à cause de l'antique parenté des deux peuples. Après l'entier affran- 1316.
chissement de l'Écosse, Édouard Bruce, frère de Robert, descendit au nord de l'Irlande afin d'aider les indigènes à reconquérir leur pays, et les Anglo-normands *dégénérés* à se venger des vexations de leur roi[1]. En effet, plusieurs de ces derniers, et entre autres les Lacys, se joignirent à l'armée écossaise qui, dans sa marche vers le Sud, saccagea plusieurs villes et démantela beaucoup de châteaux bâtis par les fils des compagnons de Jean de Courcy, premier conquérant de l'Ulster. Plusieurs familles qui possédaient de grands domaines dans ce pays, telles que les Andelys, les Talbot, les Touchet, les Chamberlain, les Mandeville et les Sauvage, tous Normands de nom et d'origine, furent contraintes

1. In auxilium nostrum et juvamen. (Forduni Scoti Chronicon, tom. III, pag. 728.)

1317. d'abandonner le pays [1]. Arrivé à Dundalk, Édouard Bruce fut élu et couronné roi d'Irlande, malgré l'excommunication prononcée par le pape contre lui, ses fauteurs et adhérents [2].

Mais son règne ne dura qu'une année, et il fut tué dans une bataille perdue contre des forces considérables envoyées d'Angleterre. Les troupes écossaises furent rappelées dans leur pays, et par degrés les Anglo-normands reconquirent leur domination en Irlande, sans cependant pouvoir atteindre leurs anciennes limites du côté du Nord. La province d'Ulster demeura en grande partie irlandaise, et le peu de familles normandes qu'on y remarqua depuis ces événements, étaient pauvres, ou avaient fait amitié avec les indigènes. Les descendants même du conquérant Jean de Courcy *dégénérèrent* par degrés [3]. Malgré le peu de durée et le peu d'effet de la conquête d'Édouard Bruce, le souvenir en resta profondément gravé dans l'esprit du peuple irlandais. On attacha son nom à beaucoup de lieux où il n'était point passé, et des châteaux qu'il n'avait point bâtis reçurent le nom de châteaux de Bruce, à peu près comme dans le pays de Galles

1. Ancient Irish histories, pag. 28.
2. Voyez Rymer. fœdera, tom. II, pag. 118.
3. Campion's history of Ireland, pag. 75 à 79.

et au sud de l'Écosse beaucoup de ruines portent le nom d'Arthur, et, en France, celui de César. 1317 à 1331.

Les choses étant retombées, en Irlande, dans le même état qu'auparavant, les indigènes ne firent plus de conquêtes sur les Anglo-normands par les armes, ils en firent par les mœurs, et la dégénération continua. Les mesures prises contre ce mal, et qui consistaient, pour la plupart, en lois sur la manière de se divertir et de s'habiller, et dans la prohibition des étoffes les plus communes dans le pays, et par conséquent les moins coûteuses, causaient une gêne de tous les jours à la population anglaise établie en Irlande. Mais le ressentiment de cette gêne rendait les Anglo-irlandais encore plus attachés aux coutumes qu'on voulait leur faire quitter contre leur gré et la nature des choses. Quant aux Irlandais de race, l'action du gouvernement sur eux se bornait, en temps de paix, à des tentatives pour attirer en Angleterre les chefs et les rois qui étaient en grand nombre, et obtenir que leurs fils fussent mis sous la garde et élevés dans l'hôtel du roi. On regardait comme une grande conquête de parvenir à leur donner du goût pour la pompe seigneuriale et les manières aristocratiques du temps. C'est ce qu'on appela d'abord la réforme et plus tard la civilisation de l'Irlande. Mais l'habitude de la familiarité entre hommes de condition différente était si enracinée dans ce pays, que les chevaliers anglo-normands chargés de l'éducation de ceux qu'on voulait ériger en princes, pour les gouverner plus aisément, ne purent jamais leur faire quitter l'usage de manger à la même table que leurs Bardes et leurs serviteurs, et de toucher la main à tout venant[1]. Ceux des chefs irlandais qui, dans le XVe et le XVIe siècle, acceptèrent des chartes de noblesse anglo-normande, et les titres de comte ou de baron, en général, ne gardèrent pas long-temps ces titres étrangers à leur langue et sans aucune relation avec l'histoire, les mœurs et l'ordre social de leur pays. Il s'ennuyaient de les porter, aimant mieux redevenir, comme ci-devant, O'Neil, ou O'Brienn, au lieu de comte de Thomond, ou de Tyrone. S'ils n'y renonçaient pas d'eux-mêmes, l'opinion publique les obligeait bientôt de rejeter ces signes d'alliance avec les ennemis du pays, car elle avait des organes respectés et craints de tout Irlandais.

Ces organes de la louange et du blâme populaire étaient les Bardes, poètes et musiciens de profession, dont l'autorité immémoriale était

---

1. Froissard.

fondée sur la passion des Irlandais pour les vers 1317
et pour le chant. Ils formaient en Irlande une à
espèce de corps constitué dont on prenait l'avis 1531.
dans les circonstances importantes, et les devoirs d'un bon roi, selon d'anciennes maximes politiques, étaient d'honorer les Bardes et de se conformer aux lois. Depuis l'invasion des Anglo-normands, la corporation des Bardes avait pris parti contre eux, et aucun ne s'était démenti dans son attachement à l'antique liberté du pays. Ils ne louaient guère dans leurs vers que les ennemis du gouvernement anglais, poursuivant de leurs satires mordantes quiconque s'était reconcilié avec lui et en avait accepté quelque faveur. Enfin ils plaçaient hardiment au-dessus des rois et des chefs amis des rois d'Angleterre, ceux qui, par haine de l'étranger, se faisaient voleurs sur les routes, et pillaient de nuit les maisons des *Saxons*[1]. Sous ce nom, les Irlandais de race comprenaient toute la population soit anglaise, soit normande, qui ne parlait point la langue Erse, et qui employa probablement plutôt qu'en Angleterre un langage mixte, composé de français et de vieux anglais. Ils n'accordaient le nom d'Irlandais qu'à eux-mêmes, ou à ceux qui

1. Spenser's state of Ireland, pag. 11. — Campion's history of Ireland, pag. 20.

1317 à 1531. avaient adopté leur idiome, tandis qu'en Angleterre on refusait le nom d'Anglais aux hommes de cette nation établis en Irlande; on les appelait *Irrois* en langue normande, et en langue anglaise *Irse*, ou *Irish*; et la seule manière de les distinguer des véritables Irlandais était de donner à ces derniers le nom d'Irlandais sauvages, *Wilde Irish*.

La situation des Anglo-irlandais, haïs par leurs voisins indigènes, et méprisés par leurs compatriotes d'outre-mer, était singulièrement difficile: obligés de lutter contre l'action du gouvernement anglais, et en même temps de recourir à l'appui de ce gouvernement, pour résister aux attaques de l'ancienne population, ils étaient tour à tour Irlandais contre l'Angleterre, et Anglais contre les habitants de race gallique. Cet embarras ne pouvait cesser que par la rupture du lien de dépendance qui les attachait à l'Angleterre, et par l'établissement complet de leur domination sur les indigènes. Ils tendaient simultanément à ce double but; et, de leur côté, les indigènes tendaient aussi à se séparer de l'Angleterre, mais en reconquérant leur pays, et en se délivrant de toute autorité qui ne fût pas purement irlandaise. Ainsi, quoique la politique des Irlandais par conquête, et celle des Irlandais de race, fussent calculées naturellement dans des vues d'hostilité mutuelle, il y avait cependant un point commun, où s'accordaient les dispositions de ces deux peuples; c'était le désir de rendre à l'Irlande son indépendance, comme état. Ces intérêts complexes, que le cours naturel des choses devait difficilement ramener à un ordre de relations plus simple, se compliquèrent encore davantage au XVIe siècle, par une révolution qui ajouta des germes de dissension religieuse aux anciens éléments d'hostilité politique. 1317 à 1531.

Lorsque le roi Henri VIII eut aboli, à son profit, la suprématie papale en Angleterre, la nouvelle réforme religieuse, établie sans difficulté sur la côte orientale de l'Irlande et dans les villes où l'on parlait anglais, fit peu de progrès dans l'intérieur du pays. Les Irlandais de race, même lorqu'ils comprenaient l'anglais, étaient peu disposés à écouter des prédications faites en cette langue, et, d'ailleurs, les missionnaires envoyés d'Angleterre, suivant les instructions qu'ils avaient reçues, leur faisaient un article de foi de renoncer à leurs anciens usages et de prendre les mœurs des Anglais[1]. L'aversion qu'ils avaient pour ces mœurs et pour le gouvernement qui voulait les leur imposer s'étendit ainsi à la réforme et aux réformés qu'ils s'habi- 1531.

1. Collectanea de rebus Hibernicis, pag. 52, 53.

1531 à 1580. tuèrent à désigner par le simple nom de Saxons, *Sasson*. D'un autre côté, les familles normandes ou anglaises établies dans les lieux éloignés de la mer, et en quelque sorte hors de la portée de l'autorité, résistèrent aux tentatives que l'on fit pour leur persuader ou les forcer de changer de culte. Elles tinrent au catholicisme, ce qui établit entre elles et les Irlandais de nouveaux liens de sympathie. Ce changement eut aussi pour effet de rattacher aux affaires générales de l'Europe la querelle des indigènes de l'Irlande contre les fils de leurs envahisseurs, querelle jusque-là isolée comme le coin de terre où elle avait lieu. Elle devint dès lors une partie de la grande dispute du catholicisme contre le protestantisme, et les demandes de secours étrangers que fit la population de l'Irlande ne s'adressèrent plus aux populations qui avaient avec elles quelque conformité d'origine, mais aux puissances catholiques, comme le pape et les rois d'Espagne et de France [1].

Le pape surtout, cet ancien ennemi de l'Irlande, qui avait excommunié les indigènes armés pour reconquérir leur patrie, devint, pour ces mêmes hommes, un allié constant qu'ils aimèrent

1. Sir Richard Musgrave's Memoirs of the different Irish rebellions, tom. I, pag. 25 - 28.

de cœur comme ils aimaient tout ce qui leur donnait l'espoir de recouvrer leur indépendance. 1580.
Mais la cour de Rome, qui, au XVIe et au XVIIe siècle, n'avait pas plus d'amour pour l'Irlande que dans le temps où elle l'avait donnée au roi d'Angleterre Henri II, fit de cette île un foyer d'intrigues politiques entièrement étrangères à l'objet de son affranchissement. Au moyen de leurs nonces apostoliques et surtout de l'ordre des jésuites, qui déploya dans cette occasion son habileté accoutumée, les papes réussirent à former en Irlande un parti de catholiques purs, aussi ennemi des Irlandais de race devenus protestants, que des Anglais eux-mêmes, et détestant ces derniers, non comme usurpateurs, mais comme anti-papistes. Dans les rébellions qui éclatèrent depuis cette époque contre le gouvernement anglais, ce parti joua un rôle distinct de celui des Irlandais catholiques, qui prenaient les armes plutôt par zèle patriotique que par fanatisme religieux, et il est facile de remarquer cette différence, même dans les entreprises où ces deux classes d'hommes agirent ensemble et de concert[1].

A la faveur des nouveaux troubles excités par les querelles de religion et des encouragements

1. Sir Richard Musgrave's Memoirs, etc., tom. I, pag. 73.

1580 à 1603. que les puissances catholiques offraient aux révoltés de tous les partis, la vieille cause des Irlandais de race parut reprendre quelques forces; leur énergie se réveilla, et les Bardes chantèrent qu'une nouvelle ame était descendue dans Érin[1]. Mais l'enthousiasme que font naître les dissensions religieuses s'était aussi communiqué aux Anglo-irlandais réformés et même aux habitants de l'Angleterre, qui, vers la fin du XVIe siècle, allèrent servir dans les guerres d'Irlande avec plus d'ardeur que jamais, comme à une sorte de croisade protestante. Leur zèle fournit pour ces guerres à la reine Élisabeth plus d'argent et de troupes qu'aucun roi n'en avait obtenu avant elle. Elle reconquit les provinces du nord et s'empara de celles de l'ouest, qui avaient résisté jusque-là. Ce territoire fut divisé en comtés comme l'Angleterre, et administré par des Anglais qui, voulant, comme ils le disaient, civiliser les *Irlandais-sauvages*, les firent périr par milliers de faim et de misère.

Jacques Ier poursuivit l'ouvrage de cette civilisation en s'emparant d'un grand nombre de chefs
1603. et en les faisant juger à Londres pour crime de rébellion présente ou passée. Selon la vieille loi anglo-normande, ils furent condamnés à perdre

1. Voyez Transactions of the Hibernian society.

leurs domaines comme félons envers leur seigneur lige, et l'on eut soin de comprendre sous ce mot de domaines toute l'étendue de pays occupée par les clans qu'ils régissaient, attendu qu'en Angleterre les tenanciers de chaque seigneurie n'étaient que les fermiers du lord à des termes plus ou moins longs. Au moyen de cette assimilation forcée de deux ordres de choses entièrement différents, le roi Jacques confisqua en Irlande des cantons entiers qu'il vendit par lots à des entrepreneurs de colonies appelés en anglais *adventurers*. Les clans depossédés se réfugièrent dans les forêts et les montagnes, et en sortirent bientôt pour attaquer à main armée les nouvelles colonies anglaises; mais ils furent repoussés par des forces supérieures, et alors la province d'Ulster, qui avait été le principal théâtre de la guerre, fut déclarée forfaite, et tout titre de propriété annulé pour ses anciens habitants. On ne leur permit pas même d'emporter avec eux leurs meubles, et une compagnie de capitalistes s'établit à Londres pour exécuter sur un plan uniforme la colonisation de ce pays. Ils engagèrent un grand nombre de laboureurs et d'artisans écossais qui s'embarquèrent à la pointe du Galloway et allèrent s'établir en Irlande, aux environs de Déry, qui devint, sous le nom de

1603 à 1625.

1603 à 1625. Londondery, une ville manufacturière; d'autres émigrés de la même nation passèrent successivement au nord de l'Irlande, et y formèrent une population nouvelle et un nouveau parti religieux; car ils étaient zélés presbytériens, et sous le rapport de la croyance également ennemis des anglicans et des catholiques.

1625. Les troubles survenus en Angleterre au commencement du règne de Charles Ier encouragèrent de nouveau le parti des vieux Irlandais, et celui des papistes d'Irlande; d'abord, parce que la lutte où le gouvernement s'engageait avec le peuple anglais diminuait ses moyens d'action à l'extérieur, et, ensuite, parce que le penchant marqué du roi pour le catholicisme semblait promettre aux catholiques son appui où son assentiment. La faction purement religieuse s'insurgea la première, sous la conduite d'un Anglo-irlandais, George Moor, contre ce qu'elle appelait l'oppression des hérétiques. Elle obtint peu de succès, tant que la partie de la population qui avait contre les Anglais une haine politique, se tint en repos ou ne lui prêta point secours; mais, dès que les Irlandais de race, conduits par Phélim O'Connor, eurent pris parti dans la guerre civile, cette guerre fut poussée plus vivement, et eut pour

objet, non le triomphe des catholiques, mais 1625
l'extirpation de toutes les colonies étrangères à
d'ancienne ou de nouvelle date. Les colons pres- 1640.
bytériens de l'Ulster, et les habitans anglicans des provinces de l'Ouest, furent attaqués dans leurs maisons, aux cris de Vive Érin! *Erin-go-Bragh!* et l'on porte à près de quarante mille le nombre des personnes qui périrent alors par différents genres de mort. Le bruit de ce massacre 1640.
fit une grande sensation en Angleterre; et, quoique la victoire obtenue par les hommes de race irlandaise fût un grand coup porté à la puissance du roi, le parlement l'accusa d'avoir contribué au massacre des protestans : il s'en défendit avec chaleur, et, pour écarter tout soupçon, envoya en Irlande des troupes qu'il eût voulu conserver en Angleterre, pour y appuyer son autorité. Le parlement donna d'avance les terres des rebelles à ceux qui fournirent aux frais de la guerre. L'armée anglaise ne fit quartier à aucun Irlandais; on ne voulut pas même accepter la soumission de ceux qui l'offrirent d'avance, et le désespoir excité par ces représailles donna de nouvelles forces aux fanatiques de religion ou de patriotisme. Quoique avec des moyens militaires beaucoup moindres, ils résistèrent aux Anglais, et reconquirent même sur eux la province d'Ulster, dont ils chassèrent beaucoup de familles

1640 à 1644 de race écossaise. Redevenus ainsi maitres de la plus grande partie de l'Irlande, ils formèrent un conseil d'administration nationale composé d'évêques, d'anciens chefs de tribus, de seigneurs féodaux de descendance anglo-normande et de députés choisis dans chaque province par la population indigène [1].

Lorsque la guerre civile eut éclaté entre le roi et le parlement d'Angleterre, l'assemblée nationale des Irlandais entretint des intelligences avec l'un et l'autre de ces deux partis, offrant de s'attacher à celui qui reconnaîtrait le plus entièrement l'indépendance de l'Irlande. Quelle que fût l'habileté diplomatique naturelle aux Irlandais, il était difficile qu'il s'opérât un rapprochement formel entre eux et les parlementaires; car ces derniers avaient ou affectaient une grande haine
1644. contre les papistes. Le roi s'accorda plus aisément et plus promptement avec les confédérés. Par un traité signé à Glamorgan, ils s'engagèrent à lui fournir dix mille hommes, et, en retour, il leur fit des concessions qui équivalaient presque à l'abdication de sa royauté quant à l'Irlande. Cet accord ne tint pas; mais ce fut le roi qui le viola le premier, en y substituant une convention privée avec ceux des Anglo-irlandais

1. Sir Richard Musgrave's Memoirs, tom. I, pag. 30.

qui avaient épousé la querelle des royalistes 1644.
d'Angleterre et à la tête desquels se trouvait le duc d'Ormond. La masse des confédérés qui, ayant pour objet une séparation totale, n'était pas plus royaliste que parlementaire, resta en dehors de cette alliance; et même le parti papiste s'en trouva exclu, parce qu'on n'y avait stipulé que des intérêts politiques. Sous la conduite du nonce du pape, il s'unit plus étroitement que jamais au parti indigène, qui reconnaissait pour chef un homme du nom d'O'Neil.
Mais les intrigues du nonce, et l'intolérance des 1646.
prêtres, qui avaient pris un grand empire sur la multitude peu éclairée, brouillèrent encore une fois les affaires du peuple irlandais par la confusion de la cause religieuse avec la cause
patriotique. Quelques hommes d'un esprit ferme 1649.
continuèrent seuls d'envisager ces deux intérêts d'une manière distincte, et, après la condamnation à mort de Charles Ier, ils entamèrent des négociations avec les fondateurs de la république [1], pendant que les anglicans et les presbytériens d'Irlande, s'unissant au duc d'Ormond, proclamaient la royauté de Charles II.

Les républicains alarmés firent partir pour l'Irlande leur plus grand général, Olivier Crom-

1. Sir Richard Musgrave's Memoirs, etc., tom. I, pag. 30.

1649. well, qui, dans l'ardeur de son zèle et l'inflexibilité de sa politique, fit à tous les partis une guerre d'extermination, et même entreprit d'achever totalement et pour toujours la conquête de l'Île. Après avoir distribué à ses troupes, qui manquaient de solde, des terres prises aux rebelles, il renouvela sur un plus vaste plan la grande expropriation exécutée par Jacques Ier.
1650. Au lieu d'expulser les Irlandais, maison par maison, et village par village, ce qui leur donnait le moyen de se rassembler dans les forêts voisines, on assigna pour unique habitation à tous les indigènes, et aux Anglo-irlandais catholiques, la province occidentale de Connaught. Tous reçurent l'ordre de s'y rendre, dans un délai fixé, avec leurs familles et leurs meubles; et quand ils y furent réunis, on forma tout autour un cordon de troupes, et l'on décréta la peine de mort contre quiconque le traverserait. L'immense étendue de terrain qui resta vacante fut vendue par le gouvernement à une société de riches capitalistes, qui la revendirent par lots à de nouveaux colons, ou à des entrepreneurs de colonies.

Ainsi s'éleva en Irlande, à côté des Irlandais de race, des anciens Anglo-irlandais et des Écossais presbytériens, une quatrième population mal regardée par les premières, soit à cause de son origine, soit à cause de la nouveauté de son établissement dans le pays. Il n'y eut entre elles aucune discorde sérieuse tant que la république d'Angleterre resta puissante sous le protectorat de Cromwell; mais, après sa mort, et la déposition de son fils, lorsque le gouvernement anglais tomba en anarchie, il se forma aussitôt en Irlande, pour la restauration des Stuart, un parti composé d'Anglo-irlandais protestants ou catholiques, et d'un petit nombre d'indigènes. Ces derniers, ennemis par instinct de toute entreprise tendant à placer leur pays sous la puissance d'un Anglais, loin de donner en masse leur adhésion au parti de Charles II, se mirent en opposition ouverte, lorsqu'il s'agit de le proclamer roi de la Grande-Bretagne et de l'Irlande. Leur dispute avec les royalistes s'échauffa au point que de part et d'autre on prit les armes, et qu'il y eut plusieurs rencontres. Mais les royalistes, qui réunissaient dans leur parti tous les colons anciens et nouveaux, l'emportèrent sur une population que le dernier gouvernement avait désorganisée et appauvrie.

1650 à 1660.

Charles II, qui sentait que son rétablissement provenait de la lassitude générale des partis, évitant avec soin tout ce qui pourrait les ranimer, changea peu de choses en Irlande. Il résista en général aux demandes que faisaient les indigènes 1660.

1685. et les papistes, pour rentrer dans leurs biens occupés par les soldats ou les nouveaux colons. Mais, sous le règne de Jacques II, qui était catholique, le parti catholique prit, à l'aide de l'autorité royale, un grand ascendant en Irlande. Tous les emplois civils et militaires furent donnés à des papistes, et le roi, qui doutait de l'issue de la lutte qu'il soutenait en Angleterre contre l'opinion publique, s'étudia à organiser en Irlande une force capable de l'appuyer. Il s'y rendit après sa déposition, et assembla à Dublin un parlement de papistes et d'Irlandais indigènes. Ces derniers demandèrent au roi de reconnaître préalablement l'entière indépendance de l'Irlande; il s'y refusa, ne voulant abandonner aucune de ses anciennes prérogatives, et offrit, comme moyen d'accommodement, de ne tolérer à l'avenir d'autre culte que le catholicisme. Mais les Irlandais, inébranlables dans leurs vues d'affranchissement politique, répondirent, par un message, que puisqu'il se séparait de leur cause nationale, ils feraient leurs affaires sans lui [1].

1690. C'est au milieu de ces dissensions que le nouveau roi d'Angleterre, Guillaume III, descendit en Irlande avec des forces considérables, et gagna sur les deux partis confédérés des vieux Irlandais

1. Sir Richard Musgrave's Memoirs, tom. I, p. 31, 32.

et des papistes la bataille décisive de la Boyne. 1690 à 1725.

La conquête de l'Irlande par Guillaume III fut suivie de confiscations et d'expropriations qui implantèrent encore dans l'île une nouvelle colonie anglaise, autour de laquelle se rallièrent les protestants zélés, et tous les amis de la révolution qui prenaient le titre d'*Orangistes* (Orangemen.) Toute la conduite des affaires passa entre leurs mains, et les catholiques n'exercèrent plus le moindre emploi. Les protestants qui les opprimaient furent en même temps opprimés eux-mêmes par le gouvernement d'Angleterre, comme l'avaient toujours été depuis cinq siècles les Anglais établis en Irlande. On gêna leur industrie et leur commerce par des prohibitions, et l'on ne permit que très-rarement au parlement irlandais de s'assembler. Sous la reine Anne, ce parlement fut privé du peu de droits qui lui restaient; et, comme pour atténuer ce tort aux yeux des anglicans, et les étourdir sur leur intérêt propre en flattant leur animosité religieuse, on persécuta individuellement les papistes. Il leur fut défendu d'acquérir des terres, ou des fermages à long terme, et même d'élever leurs enfants chez eux. Mais la communauté de souffrance, quoiqu'à un degré fort inégal, réunit dans une même opposition les protestants et les catholiques anglo-irlandais, et les Irlandais de race, qui for-

1725. mèrent un nouveau parti entièrement politique, sous le nom de parti des patriotes. Ils s'accordaient, en ce sens qu'ils aspiraient à se séparer totalement de l'Angleterre. Mais les uns formaient ce désir en haine du gouvernement seul, et les autres en haine du peuple anglais et de tous les hommes de descendance anglaise. Ce que prouvent des satires composées dans ce temps contre les *fils d'Érin*, qui apprenaient et parlaient l'anglais [1].

1750. Le parti patriote, que l'on appelait aussi irlandais, se fortifia par degrés, et en vint plusieurs fois aux mains avec le parti anglais, sur le bruit fondé ou non, qu'on avait dessein de supprimer définitivement le parlement d'Irlande. Vers le même temps, les grands propriétaires des comtés du Sud et de l'Est commencèrent à convertir en pâturages leurs terres labourables, et à enclore les pâturages communs pour augmenter leur revenu par l'éducation des bestiaux; ce changement agricole occasiona l'expulsion d'un grand nombre de petits fermiers, la ruine de beaucoup de familles pauvres et une grande cessation de travail pour les journaliers, la plupart Irlandais de race et catholiques. Les laboureurs congédiés ou demeurés sans ouvrage, et

1. Transactions of the Hibernian society of Dublin.

ceux qui croyaient avoir autant de droit que le 1750
seigneur lui-même sur les terrains où, de temps à 1762.
immémorial, ils avaient fait paître leurs moutons, se rassemblèrent en troupes, et s'organisèrent. Armés de fusils, de sabres, de pistolets, et précédés de cornemuses, ils parcouraient le pays, brisant les clôtures, mettant à contribution les protestants, et enrôlant les catholiques dans leur association, qui prenait le nom de société des *Enfants blancs* (White Boys), à cause d'une souquenille blanche qu'ils portaient tous comme signe de ralliement[1]. Plusieurs personnes d'origine irlandaise, ayant quelque fortune, entrèrent dans cette association, qui négociait, à ce qu'il paraît, avec le roi de France et le fils du prétendant, Charles-Édouard, lorsque ce dernier fut défait à Culloden. On ne sait pas précisément quels étaient leurs projets politiques; il est probable qu'ils voulaient agir de concert avec les Français dans la descente que devait commander M. de Conflans[2]. Mais, quand la France y eut renoncé, les efforts des *Enfants blancs* se bornèrent à une petite guerre contre les agents de l'autorité. Dans les comtés du nord, une autre association se forma sous le nom de *Cœurs de Chêne* (Hearts of Oak); ceux qui en étaient membres portaient,

1. Sir Richard Musgrave's Memoirs, etc., tom. I, pag. 36.
2. Ibid., pag. 38.

1750 à 1662. pour se reconnaître, une branche de chêne à leurs chapeaux : des fermiers, évincés à l'expiration de leurs baux, s'unirent et s'armèrent aussi, sous le nom de *Cœurs d'acier* (Hearts of steel); et enfin une association plus étroitement liée parut dans les provinces du sud, sous le nom
1762. d'*Enfants du droit* (Right Boys). Tous ceux qui s'y affiliaient juraient de ne payer de dîme à aucun prêtre même catholique, et de n'obéir aux ordres de personne, excepté à ceux d'un chef mystérieux appelé le *Capitaine Droit* (Captain Right)[1]; et ce serment était si bien observé que, dans beaucoup de lieux, les officiers du gouvernement ne purent trouver, à aucun prix, des hommes pour exécuter les jugements rendus contre les *Enfants du droit*.

Pendant que la lutte de ces diverses associations, contre l'autorité civile et militaire, occasionait dans le pays une foule de désordres et de brigandages, quelques propriétaires et des jeunes gens de familles riches et protestantes imaginèrent de former, sous le nom de *volon-*
1775. *taires* (volunteers), une contre-association dans le seul but de maintenir la paix publique; ils s'équipèrent à leurs frais d'armes et de chevaux, et firent des patrouilles de nuit et de jour dans

1. Sir Richard Musgrave's Memoirs, etc., tom. I, pag. 53.

les lieux où il y avait du trouble. La rupture 1775 à 1780.
de l'Angleterre avec ses colonies d'Amérique venait de lui attirer une déclaration de guerre de la part de la France, de l'Espagne et de la Hollande. Toutes les troupes employées en Irlande furent rappelées, et ce pays resta exposé aux agressions des trois puissances ennemies et des corsaires qu'elles avaient en mer. Les grands propriétaires anglo-irlandais firent à ce sujet de vives réclamations auprès du ministère, qui leur répondit : Si vous voulez être en sûreté, armez-vous et défendez-vous vous-mêmes. La classe riche profita avec beaucoup de zèle de cette autorisation. Les compagnies de volontaires, qui s'étaient formées précédemment, servirent de modèle et de noyau pour l'organisation d'un corps de milices nationales qui, sous le même nom, s'éleva bientôt au nombre de quarante mille hommes. Comme il était composé en presque totalité d'Anglo-irlandais protestants, le gouvernement en eut peu de défiance, et lui fit présent d'une grande quantité d'armes et de munitions de guerre. Ceux qui conçurent la première idée de cette grande association militaire n'avaient eu d'autre objet que la défense du sol irlandais contre les ennemis de l'Angleterre, mais l'Irlande était si malheureuse, toutes les classes d'hommes y éprouvaient tant de vexa-

1775 à 1780. tions, que, dès l'instant où les volontaires sentirent leur force, ils l'employèrent à rendre meilleure, s'il était possible, la situation du pays. Il se développa entre eux un nouvel esprit de patriotisme qui embrassait dans une même affection tous les habitants de l'île, sans distinction de race ni de culte. Les catholiques qui voulaient entrer dans l'association des volontaires y étaient reçus avec empressement, et on leur distribuait des armes, malgré l'ancienne loi qui réservait aux seuls protestants la faculté d'en avoir. Les soldats anglicans donnaient le salut militaire et portaient l'arme aux aumôniers des régiments catholiques [1]; des moines et des ministres de l'église réformée se prenaient la main et se faisaient fête mutuellement.

Dans chaque province les volontaires tinrent des réunions politiques, qui s'accordèrent toutes à envoyer quelques députés pour former une assemblée centrale avec plein pouvoir d'agir
1780. comme représentant la nation irlandaise [2]. Cette assemblée, siégeant à Dublin, prit différentes résolutions toutes fondées sur le principe que le parlement anglais n'avait aucun droit de faire des lois pour l'Irlande, et que ce droit résidait

1. Sir Richard Musgrave's Memoirs, etc., tom. I, pag. 56.
2. Ibid., pag. 54.

tout entier dans le parlement irlandais. Le gou- 1780.
vernement, entièrement occupé de la guerre contre les nouveaux États-Unis d'Amérique et n'ayant aucune force capable de contre-balancer en Irlande l'organisation des *volontaires*, reconnut, par un bill passé en 1783, l'intégrité des droits législatifs des deux chambres irlandaises. L'*habeas corpus*, ou la garantie de tout sujet 1782.
anglais contre une détention illégale, fut, pour la première fois, introduit en Irlande. Mais ces concessions forcées étaient loin d'être faites de bonne foi, et dès que la paix eut été conclue, en 1784, les agents du ministère commen- 1784.
cèrent à parler aux volontaires de se dissoudre, comme inutiles, et à ordonner, suivant la loi, le désarmement des catholiques. Plusieurs régiments déclarèrent qu'ils ne quitteraient leurs armes qu'avec la vie, et les protestants, souscrivant à cette déclaration, firent publier que leurs sous-officiers et leurs propres armes seraient à la disposition de tout Irlandais qui voudrait s'exercer aux manœuvres militaires [1].

Cet esprit de tolérance mutuelle fut considéré comme extrêmement redoutable par le gouvernement anglais, et il employa toute sa politique à le détruire et à réveiller les anciennes haines

1. Sir Richard Musgrave's Memoirs, etc., tom. I, pag. 58.

1784 à 1789. de religion et de nation. Il y réussit jusqu'à un certain point, en mettant obstacle à la réunion des assemblées politiques et des clubs de volontaires, et en effrayant ou en séduisant beaucoup de membres de cette société. Les plus riches désertèrent les premiers, parce qu'ils sont en général plus circonspects et moins passionnés. Privée de ses anciens chefs, l'association tomba dans une sorte d'anarchie, et l'influence des hommes peu éclairés s'y fit sentir par l'oubli graduel du grand principe de nationalité qui, un moment, avait effacé toutes les distinctions de partis. A la suite de quelques rixes individuelles, les plus fanatiques d'entre les protestants commencèrent, dans certains cantons, à désarmer de force les papistes. Ils se formèrent, pour cet objet, en société sous le nom d'*Enfants du point du jour* (Peep-of-day boys), parce que c'était en général à cette heure qu'ils faisaient leurs descentes dans les maisons des catholiques. Ceux-ci, pour se garantir de leurs violences, formèrent, sous le nom de *Défenseurs* (Defenders), une contre-association qui ne se bornait pas toujours à la défense et attaquait les protestants par représailles. Elle se recruta graduellement de tous les catholiques qui se retiraient de la société des volontaires, dont la dissolution devint complète dans toutes les provinces, excepté à

Dublin où elle se conserva comme institution 1784 à 1789.
de police municipale. La société des Enfants du point du jour n'ayant, à ce qu'il paraît, aucun grand objet politique, se borna à des vexations partielles contre ses antagonistes; mais les *Défenseurs*, en majorité de race irlandaise, prirent pour esprit de corps l'aversion instinctive des indigènes de l'Irlande contre les colons étrangers. Soit souvenir d'une ancienne alliance, soit conformité de caractère et de mœurs, les Irlandais de race avaient plus de penchant pour les Français que pour aucune autre nation, et les chefs des *Défenseurs*, qui pour la plupart étaient prêtres ou moines, entretinrent des intelligences avec le cabinet de Versailles dans les années qui précédèrent la révolution de France.

Cette révolution frappa vivement les plus pa- 1789.
triotes d'entre les Irlandais de toutes les sectes. Il y avait alors à Dublin un comité catholique formé de personnes riches et de prêtres de cette religion qui se chargeaint de transmettre au gouvernement les plaintes et les réclamations de leurs co-religionnaires. Jusque-là ils s'étaient bornés à d'humbles suppliques, accompagnées de protestations serviles de dévouement et de loyauté; mais, tout-à-coup, changeant de langage, la majorité des membres du comité catholique décida qu'il était urgent de revendiquer,

1789 à 1790. comme un droit naturel, l'abolition des lois contre le catholicisme, et d'inviter tous les catholiques à s'armer pour l'obtenir. Dans le même temps il se forma à Belfast, dans la province d'Antrym, pays habité par les colons écossais introduits en Irlande sous Jacques Ier, un club presbytérien dont l'objet spécial était de s'occuper de l'état politique de l'Irlande et des moyens de le réformer. Le comité de Dublin ne tarda pas à proposer à ce club une alliance fondée sur la communauté d'intérêt et d'opinion, et les présidents de ces deux assemblées, dont l'un était prêtre catholique et l'autre ministre calviniste, entretinrent une correspondance politique. Ces relations amicales devinrent le fondement d'une nouvelle association, celle des *Irlandais-unis*, dont l'objet était de rallier une seconde fois tous les habitants de l'île. Il s'établit dans beaucoup de villes, et surtout dans celles de l'est et du sud, des clubs d'*Irlandais-unis*, tous sur le même modèle, et régis par des statuts semblables. Tous les partis, réunis dans cette nouvelle alliance, se firent des concessions mutuelles; les catholiques publièrent une explication de leur doctrine et le désaveu de toute hostilité contre les autres sectes chrétiennes; la plupart même firent l'abandon formel de toute prétention sur les terres enlevées en différents temps à leurs ancêtres.

Ainsi le grand ressort de la domination anglaise en Irlande était brisé par la réconciliation de toutes les classes d'habitants. Le gouvernement prit des mesures vigoureuses contre ce qu'il appelait, d'un mot nouveau, l'esprit révolutionnaire. L'*habeas corpus* fut suspendu, mais l'association des Irlandais-unis n'en continua pas moins de se recruter dans toutes les provinces et d'entretenir des rapports d'amitié avec la nation qui invitait toutes les autres à se rendre libre comme elle. La fête de la Fédération française fut célébrée à Dublin le 14 juillet 1790, et, dans le cours de 1791, beaucoup d'adresses furent envoyées de toutes les parties de l'Irlande à l'assemblée constituante [1]. Lorsque les rois coalisés à Pilnitz eurent déclaré la guerre à la France, les *Irlandais-unis* de Belfast votèrent des secours d'argent pour les armées françaises, et la même société provoqua dans plusieurs villes des réjouissances publiques au moment où l'on apprit la retraite du duc de Brunswick [2]. En général, les patriotes irlandais s'étudiaient à suivre et à imiter le mouvement de la révolution française. Ils établirent une

1789 à 1790

1790.

1. Sir Richard Musgrave's Memoirs. — Gordon's history of Ireland, tom. I, pag. 138.

2. Ibid., pag. 135.

1790 à 1793. garde nationale à l'instar de celle de France, et les officiers et les soldats de ce corps, habillés et armés par souscription, prirent l'habitude de se saluer par le nom de citoyen. En 1793, ils devinrent tous républicains de langage et de principes : anglicans, calvinistes et papistes se réunirent dans cette opinion, et l'archevêque catholique, titulaire de Dublin, dans une de ses lettres pastorales, essaya de prouver, par l'exemple des républiques italiennes du moyen âge, que les catholiques étaient les créateurs de la démocratie moderne [1].

Le mauvais succès de la révolution de France porta un grand coup à la puissance des Irlandais-unis, en diminuant leur propre confiance dans l'infaillibilité de leurs principes et en donnant une espèce d'autorité aux accusations de leurs ennemis. Le ministère anglais saisit l'instant où se manifestait cet ébranlement de l'opinion pour faire aux catholiques une concession qu'il avait refusée jusqu'alors. Il leur rendit la faculté d'élever leurs enfants, et l'exercice d'une partie de leurs droits politiques ; ce qui lui donnait le moyen de présenter aux papistes l'union irlandaise comme désormais inutile pour eux, et, s'ils continuaient à s'agiter, de les rendre odieux

1. Sir Richard Musgrave's Memoirs, tom. I, pag. 147.

aux autres sectes en leur imputant le dessein 1793
secret d'exterminer les protestants. Les bandes à
de *défenseurs* qui parcouraient encore quelques 1795.
provinces accréditèrent ces imputations, et les anglicans du Connaught, que leur petit nombre au milieu des Irlandais de race rendait plus faciles à effrayer, s'armèrent spontanément vers l'année 1795, et s'organisèrent en associations
sous le nom d'*Orange-men* ou *orangistes*. Leur 1795.
dogme politique était le maintien rigoureux de l'ordre de choses établi par Guillaume III, et de toutes les lois oppressives portées depuis contre les catholiques et les hommes de race irlandaise. Ils déployèrent dès le commencement de leur organisation un fanatisme qui les rendit redoutables à leurs voisins d'autre croyance et d'autre origine qu'eux. Près de quatorze cents familles catholiques émigrèrent vers le sud et vers l'est pour échapper à cette nouvelle persécution.

Quelques cruautés commises par les orangistes envers les catholiques excitèrent contre eux une grande haîne, et l'on mit sur leur compte toutes les violences exercées par les agents militaires et civils du gouvernement, comme la torture infligée aux suspects, et la destruction des imprimeries. Tout homme accusé d'orangisme devenait l'objet de la vengeance populaire, et comme cette accusation était vague, il était facile aux

1795 à 1796. malintentionnés de s'en servir pour sacrifier qui ils voulaient; tout protestant pouvait craindre de l'encourir. Cette défiance mutuelle affaiblissait le lien de l'union irlandaise, et pour y remédier par une organisation plus compacte, on substitua à l'association patente une affiliation secrète, fondée sur le serment, et sur l'obéissance passive à des chefs dont les noms n'étaient connus que d'un petit nombre des associés. La société était partagée en petites réunions communiquant entre elles par le moyen de comités supérieurs, formés de députés pris dans leur sein. Il y en avait de cantonnaux et de provinciaux, et au-dessus de ces comités se trouvait un *directoire* de cinq membres, qui régissait toute l'union, composée de près de cent mille hommes. Les chefs supérieurs et inférieurs formaient une hiérarchie militaire avec les grades de lieutenant, capitaine, chef de bataillon, colonel, général et généralissime. Tout affilié, ayant quelque fortune, devait se munir à ses frais d'armes à feu, de poudre et de balles. On distribuait par souscription, à ceux qui étaient pauvres, des piques, dont les membres de l'union, ouvriers en bois et en fer, fabriquèrent promptement un grand nombre. Ce nouveau plan d'organisation s'exécuta en 1796, dans les provinces de Munster, de Leinster et d'Ulster; mais celle de

Connaught demeura en retard à cause de la 1795
vigilance des orangistes et de l'appui qu'ils prê- à
taient aux agents de l'autorité [1]. 1796.

Parmi les hommes que l'union irlandaise reconnaissait comme ses chefs supérieurs, il s'en trouvait d'origine et de religion différente : Arthur O'Connor, qui passait dans l'opinion populaire pour descendre du dernier roi de toute l'Irlande; lord Édouard Fitz Gerald, que son nom rattachait encore à la vieille famille normande des fils de Girauld; le père Quigley, Irlandais de naissance et papiste zélé, et Théobald Wolf-Tone, avocat, d'origine anglaise, professant les opinions philosophiques du XVIIIe siècle. Des prêtres de toutes les communions étaient membres de la société; en général ils y occupaient des grades élevés, mais ils n'avaient point de jalousie entre eux, ni même de méfiance contre les doctrines peu religieuses de quelques-uns des affiliés. Ils invitaient leurs paroissiens à beaucoup lire, et toutes espèces de livres; à former des réunions de lecture chez les maîtres d'école ou dans les granges. Quelquefois on voyait les ministres d'un culte aller prêcher dans les églises de l'autre; un auditoire composé par moitié de catholiques et de calvinistes écoutait

1. Sir Richard Musgrave's Memoirs, tom. I, pag. 157.

1795 à 1796. avec recueillement le même sermon, et recevait ensuite à la porte de l'église une distribution gratuite de l'*Age de la raison*, de Thomas Payne, qu'on avait imprimé à Belfast à un très-grand nombre d'exemplaires [1]. Cette tendance à subordonner ses habitudes ou sa croyance particulière au but ou aux ordres de l'union se faisait remarquer dans le bas peuple par une abstinence totale de liqueurs fortes, difficile à supporter sous un climat humide: le directoire
1796. la recommanda, en 1796, à tous ses subordonnés, afin que chacun cessât de payer au gouvernement anglais les taxes mises sur les boissons [2]; et vers la fin de cette même année il annonça, par des circulaires imprimées, l'arrivée prochaine d'une flotte française. En effet quinze mille hommes, partis de France sous la conduite du général Hoche, arrivèrent dans la baye de Bantry; mais une tempête, qui dispersa leurs vaisseaux, empêcha le débarquement.

Cet accident, et la lenteur du directoire exécutif de France à préparer une seconde expédition qu'il promettait aux Irlandais-unis, donnèrent au gouvernement anglais le loisir de travailler activement à la ruine de l'union. On fit plus

1. Sir Richard Musgrave's Memoirs, tom. I, pag. 224.

2. Ibid., tom. I, pag. 286.

fréquemment des visites de jour et de nuit chez les personnes suspectes. Dans les lieux où l'on supposait qu'il y avait des armes cachées, on forçait les habitants à les découvrir, en les soumettant à plusieurs genres de question, dont la plus habituelle était de leur enduire les cheveux avec de la poix, et de les leur arracher de la tête, de les pendre à demi, de les fustiger jusqu'à l'excoriation, et de les couvrir ensuite de sel et de poivre. Ces cruautés et ces vexations poussèrent les Irlandais à bout; ils résolurent de commencer l'insurrection, sans attendre l'arrivée des Français. On fabriqua des piques, et l'on fondit des balles avec une nouvelle activité. Le gouvernement s'aperçut de ces dispositions, parce que de grands arbres, dans le voisinage des villes, étaient coupés et enlevés de nuit, que les gouttières de plomb disparaissaient des maisons, et que les catholiques se rendaient plus fréquemment que de coutume aux églises et au confessional[1]: mais leur bonne intelligence avec les protestants ne cessait point; et un homme qui, au commencement de 1798, fut exécuté à Carikfergus, comme agent des Irlandais-unis, marcha au supplice accompagné d'un moine et de deux ministres presbytériens. Dans cette si-

1796 à 1798.

1798.

1. Sir Richard Musgrave's Memoirs, tom. I, pag. 248.

1798. tuation des choses et des esprits, l'un des délégués de la province de Leinster à l'union irlandaise, sans être pressé d'aucun danger imminent, ni gagné par des offres considérables, mais pris subitement d'une sorte de terreur panique, alla dénoncer à un magistrat de Dublin, partisan du gouvernement, le lieu où le comité dont il était membre devait tenir une de ses séances. Sur cette information, on saisit treize personnes, et beaucoup de papiers qui en compromirent d'autres. Il y eut de nombreuses arrestations, et quatre jours après, un rassemblement de plusieurs milliers d'hommes armés de fusils et de piques, se forma à quelques milles de Dublin, et marcha contre la ville [1].

C'était le commencement de l'insurrection des Irlandais-unis, qui s'étendit en un moment sur tout le pays entre Dublin et les montagnes de Wiklow, interceptant toute communication entre la capitale et les provinces du Sud. Les précautions de défense prises à Dublin, où il y avait beaucoup d'artillerie, mirent cette ville à couvert de l'attaque des insurgés. Mais plusieurs autres moins considérables tombèrent en leur pouvoir. Le premier combat qu'ils soutinrent en campagne contre les troupes royales eut lieu sur la

1. Sir Richard Musgrave's Memoirs, tom. I, pag. 152.

colline de Tara, où s'était tenue, dans les anciens 1798.
temps, l'assemblée générale du peuple irlandais. Les bataillons des Irlandais-unis avaient des drapeaux verts sur lesquels était peinte une harpe surmontée, au lieu de couronne, d'un bonnet de liberté, avec les mots anglais *Liberty or death*, ou la devise irlandaise, *Erin-go-bragh*. Ceux qui étaient catholiques portaient sur eux, en allant au combat, des absolutions signées d'un prêtre, et sur lesquelles était dessiné un arbre de liberté. On trouvait souvent dans la poche des morts des livres de litanies, avec des traductions des chansons républicaines de France[1]. Les prêtres catholiques, qui avaient presque tous des grades dans l'armée des insurgés, employaient leur influence à empêcher que les protestants qui n'étaient pas membres de l'union, mais contre lesquels elle n'avait aucun grief politique, fussent maltraités. Ils en sauvèrent plusieurs sur le point d'être victimes du fanatisme qui animait les derniers rangs de l'armée, et leur mot habituel était, *Ce n'est point une guerre de religion.* Quels que fussent d'ailleurs leurs excès, les insurgés respectèrent toujours les femmes[2]; ce que ne faisaient point les orangistes,

1. Sir Richard Musgrave's Memoirs, tom. I, pag. 531.

2. Ibid., tom. I, pag. 545.

1798. ni même les officiers de l'armée anglaise, malgré leurs prétentions à l'honneur et aux belles manières. Ces militaires qui reprochaient amèrement aux rebelles le meurtre d'un seul prisonnier, remettaient les leurs sans aucun scrupule entre les mains du bourreau, parce que, disaient-ils, c'était la loi. Il y eut des provinces entières en révolte, où pas un protestant ne fut tué; mais aucun des révoltés, pris les armes à la main, n'obtint sa grâce; aussi les chefs des Irlandais-unis disaient-ils énergiquement: Nous nous battons la corde au cou.

Selon les instructions du directoire irlandais, l'insurrection aurait dû commencer le même jour et à la même heure dans toutes les villes; mais l'arrestation des chefs, en forçant les personnes compromises d'éclater, pour n'être pas prévenues, détruisit le concert, qui seul pouvait assurer le succès de cette grande entreprise. Le mouvement ne s'opéra que de proche en proche, et les affiliés éloignés de Dublin, ayant le temps de réfléchir, suspendirent leur coopération active, attendant, pour se déclarer, que l'insurrection eût atteint certaines limites territoriales. En très peu de temps, elle s'étendit jusqu'à Wexford, où fut installé un gouvernement provisoire, sous le nom de directoire exécutif de la république irlandaise. On arbora le drapeau vert sur les

arsenaux et les édifices publics, et quelques 1798.
petits bâtiments furent armés en course sous le pavillon des insurgés[1]. Ils établirent près de Wexford, sur une colline appelée *Vinegar-Hill*, un camp retranché, qui devint leur quartier-général. Ils y avaient quelque artillerie; mais, manquant entièrement de pièces de campagne, ils étaient forcés, pour pénétrer dans les villes, de s'élancer à la course contre le canon de l'ennemi, et mettaient souvent de la gaîté dans ce genre de combat, le plus meurtrier de tous[2]. A l'attaque de Ross, dans le comté de Cork, une pièce de gros calibre, placée à l'une des portes, tirait à mitraille, et arrêtait les assaillants, lorsqu'un homme, se jetant en avant de tous les autres, arriva jusqu'à la bouche de la pièce, et y enfonça le bras en criant : « A moi, enfants; je lui ferme la bouche[3]. »

Les chefs des insurgés, pensant que la prise de la capitale déterminerait toutes les villes qui hésitaient encore, tentèrent sur Dublin une attaque si hardie, qu'elle pouvait sembler désespérée; elle échoua complètement, et ce premier mauvais succès fut fatal à la cause irlandaise; une bataille perdue près de Wiklow fit retomber

1. Sir Richard Musgrave's Memoirs, tom. I, pag. 506.
2. Ibid.
3. Ibid., tom. I, pag. 507.

1798. cette ville entre les mains des troupes royales, et dès lors le découragement et la division se mirent parmi les Irlandais. Ils accusaient leurs chefs et refusaient d'obéir, pendant qu'une armée anglaise s'avançait à marches forcées contre le camp de *Vinegar-Hill;* à l'aide de son artillerie elle débusqua les insurgés, dont la plupart n'étaient armés que de piques, et les poursuivant dans la direction de Wexford, les obligea d'évacuer cette ville, où la nouvelle république périt après un mois d'existence. Les Irlandais-unis firent une sorte de retraite régulière, de colline en colline; mais comme ils n'avaient point de canons ils ne pouvaient s'établir nulle part, et le manque de vivres les força bientôt à se débander. On tortura les prisonniers pour leur faire déclarer les noms de leurs chefs; mais on ne put leur faire dénoncer que ceux qui étaient déja morts ou prisonniers [1]. Ainsi finit l'insurrection de l'Est et du Sud, et pendant ses derniers moments il en éclata une autre dans le Nord parmi les presbytériens de race écossaise.

Cette population, en général plus éclairée que les catholiques, avait dans les idées plus de calme et de fixité. Elle attendit pour agir que la nouvelle de la révolte du Sud fût complète-

1. Sir Richard Musgrave's Memoirs, tom. I, pag. 524.

ment confirmée. Mais le retard occasioné par 1798.
cette circonspection donna le temps au gouvernement de prendre ses mesures; et lorsque le soulèvement éclata par l'attaque d'Antrym, cette ville était défendue par de l'infanterie, de la cavalerie, du canon et des obusiers. Les presbytériens, auxquels s'était joint un certain nombre de catholiques, d'origine anglaise ou irlandaise, attaquèrent par trois côtés, n'ayant pour toute artillerie qu'une pièce de six livres de balle, en si mauvais état, qu'elle ne put tirer que deux coups, et une autre sans affût qu'ils avaient montée à la hâte sur un tronc d'arbre et deux petites roues de charettes. Ils furent un moment maîtres de la ville et d'une partie de l'artillerie anglaise, mais de nouveaux renforts arrivée de Belfast les forcèrent à se retirer, pendant que quinze cents hommes, postés sur la route de Dery, interceptaient les secours qu'ils attendaient de ce côté. L'insurrection éclata avec plus de succès dans le comté de Down, où les Irlandais, après avoir battu les troupes royales, établirent, près de Ballinahinck, un camp à l'instar de celui de *Vinegar-Hill*. Là, fut livrée une bataille décisive, où les insurgés furent défaits, quoiqu'ils se fussent approchés des batteries anglaises jusqu'à mettre la main sur les pièces. Les soldats royaux reprirent Ballinahinck, et châ-

1798. tièrent cette ville en la brûlant. Belfast, qui avait été en quelque sorte le foyer moral de l'insurrection, resta au pouvoir du gouvernement, et cette circonstance fit sur les insurgés du Nord la même impression que l'attaque infructueuse de Dublin avait produite sur les autres. Leur découragement fut accompagné des mêmes symptômes de division : le bruit des cruautés commises par les catholiques contre les protestants des provinces méridionales, répandu d'une manière fausse ou exagérée, alarma les presbytériens qui, se croyant trahis, et pensant que la guerre dégénérait en guerre de religion, acceptèrent une amnistie, après laquelle leurs principaux chefs furent mis à mort [1].

La victoire du gouvernement anglais sur les insurgés de Leinster et d'Ulster détruisit l'union irlandaise et en partie son esprit; les hommes de secte et d'origine différente n'avaient plus guère de commun que leur dégoût de l'état actuel des choses et l'espoir d'une descente des Français. A la nouvelle des derniers soulèvements, le directoire exécutif de France avait enfin cédé aux instances des agents irlandais, et leur avait promis quelques troupes qui débarquèrent dans l'Ouest un mois après que tout était fini au

1. Sir Richard Musgrave's Memoirs, t. II, p. 80 à 100.

Nord, à l'Est et au Sud. C'étaient environ quinze 1798.
cents hommes de l'armée d'Italie et de celle du Rhin, commandés par le général Humber. Ils entrèrent à Killala, petite ville du comté de Mayo, et, après avoir fait prisonniers tous les Anglais de la garnison, ils y arborèrent le drapeau vert des Irlandais-unis. Le général promettait, dans ses proclamations, une constitution républicaine sous la protection de la France, et invitait les habitants, sans distinction de culte, à se joindre à lui. Mais dans ce pays, où s'étaient formées les premières sociétés d'orangistes, les protestants étaient, en général, ennemis fanatiques des papistes et dévoués au gouvernement. Peu d'entre eux se rendirent à l'appel des Français, et la plupart se cachèrent ou prirent la fuite. Les catholiques, au contraire, vinrent en grand nombre, et les prêtres, malgré tout ce qui avait été dit de l'irreligion des Français, excitèrent de tout leur pouvoir leurs paroissiens à prendre les armes. Plusieurs de ces prêtres avaient été chassés de France par suite des persécutions révolutionnaires, et ceux-là n'hésitèrent pas plus que les autres à fraterniser avec les soldats [1]. L'un d'entre eux alla jusqu'à offrir sa chapelle pour y

1. Sir Richard Musgrave's Memoirs, tom. I, pag. 418. — Ibid., tom. II, pag. 143.

1798. établir un corps-de-garde. On composa de nouvelles chansons patriotiques, où les mots français *ça ira, en avant!* étaient mêlés dans des vers anglais à d'anciens refrains irlandais. Les Français et leurs alliés marchèrent vers le Sud, et à leur entrée à Ballina, trouvant sur la place un homme pendu au gibet, pour avoir distribué des proclamations, tous les soldats, l'un après l'autre, donnèrent au cadavre l'accolade républicaine. La première rencontre eut lieu près de *Castlebar*, où les troupes anglaises furent complètement défaites, et, la nuit qui suivit cette bataille, des feux allumés sur toutes les hauteurs donnèrent le signal de l'insurrection aux habitants du pays situé entre Castlebar et la mer. Le plan des Français était de marcher sur Dublin le plus rapidement possible, en ramassant sur leur route les volontaires irlandais; mais la mauvaise intelligence qui régnait entre les protestants et les catholiques de l'Ouest rendit le nombre de ces volontaires beaucoup moindre qu'il n'eût été dans les provinces orientales.

Pendant que les Français avançaient dans le pays sans que l'insurrection s'étendît à mesure, et qu'ainsi leur position devenait de plus en plus difficile, trente mille hommes de troupes anglaises marchaient contre eux de différents

points [1]. Le général Humber manœuvra long- 1798.
temps pour les empêcher de se réunir, mais forcé de livrer à Ballinamuch un combat décisif, il capitula pour lui et pour sa troupe, sans rien obtenir en faveur des insurgés, qui firent seuls leur retraite sur Killala, où ils essayèrent de se défendre. Ils ne purent tenir ce poste; la ville fut prise et pillée par les troupes royales, qui, après avoir massacré un grand nombre d'Irlandais, dispersèrent les autres dans les montagnes et les forêts voisines : quelques-uns s'y maintinrent par bandes, et continuèrent la guerre sous forme de brigandage; d'autres, pour se dérober aux poursuites judiciaires, vécurent dans des cavernes dont ils ne sortaient jamais, et où leurs parents leur apportaient à manger [2]. La plupart de ceux qui ne purent se cacher de la sorte furent fusillés ou pendus.

Dans la désunion des différentes sectes et des 1798 à 1802.
différents partis, la haine qui les animait tous contre le gouvernement anglais continua à se manifester par l'assassinat des agents de l'autorité dans les lieux où l'insurrection avait éclaté, et dans les autres par des révoltes partielles qui

1. Memoirs of the different rebellions in Ireland by sir Richard Musgrave's, tom. I, pag. 5.

2. Sir Richard Musgrave's Memoirs, tom. II, pag. 146.

1798 à 1802 éclatèrent un an plus tard [1]. En général, toutes les classes de la population avaient les yeux fixés sur la France. Les victoires des Français leur causaient de la joie, et celles des Anglais du chagrin. Leur espoir était que la France ne ferait point de paix avec l'Angleterre sans stipuler expressément la liberté de l'Irlande; et quand fut signé le traité d'Amiens, il y eut une tristesse et un abattement universel. Deux mois après la conclusion de cette paix, beaucoup d'hommes refusaient encore d'y croire, et disaient avec impatience : Est-il possible que les Français soient devenus orangistes [2]? Le ministère anglais profita du découragement général pour resserrer le lien politique entre l'Irlande et l'Angleterre, par l'abolition de l'ancien parlement irlandais. Quoique ce parlement n'eût jamais fait beaucoup de bien au pays, les hommes de tous les partis y tenaient comme à un dernier signe d'existence nationale, et le projet d'unir l'Angleterre et l'Irlande, sous une seule législature, déplut à ceux-là même qui avaient aidé le gouvernement contre les insurgés de 1798. Ils joignirent leur mécontentement à celui du peuple, et s'assemblèrent pour faire des remon-

1. Sir Richard Musgrave's Memoirs, tom. II, pag. 524.

2. Ibid., tom. II, pag. 526.

trances, mais leur opposition n'alla pas plus 1802.
loin.

Il n'y a plus aujourd'hui qu'un seul parlement pour les trois royaumes d'Angleterre, d'Écosse et d'Irlande; et c'est de cette assemblée, en immense majorité composée d'Anglais, que les catholiques irlandais attendent encore leur *émancipation*. Ils la sollicitent chaque année, mais l'époque où ils l'obtiendront est dans un avenir fort incertain. Car il suffit que l'un des deux partis qui divisent l'Angleterre appuie leur demande pour que l'autre s'y montre contraire. Si les amis du gouvernement offrent leur assistance aux Irlandais, c'est sous la condition de rompre avec les wighs et les radicaux d'Angleterre, et alors ceux-ci craignent que la reconnaissance du peuple irlandais n'assure au ministère plusieurs millions de partisans dévoués. Si, au contraire, les libéraux élèvent la voix au nom de la philantropie et de la justice, et qu'en même temps, ce qui ne manque presque jamais, quelques troubles se fassent sentir en Irlande, le ministère combat les motions favorables aux catholiques comme des encouragements à la révolte. La population irlandaise, humiliée et tourmentée, conserve son ancien esprit d'irritation et de fanatisme, et se fatigue, presque annuellement, par des rébellions partielles et inutiles. Les familles riches du pays, soit par dégoût de la mauvaise administration qui y règne, soit par crainte des désordres populaires, vont consommer leurs revenus en Angleterre ou sur le continent. Les grandes propriétés dépérissent ainsi faute de soins, et à Dublin, on trouve des hôtels magnifiques dont les appartements sont fermés et les caves seules habitées par de pauvres gens. La misère et les vexations journalières des agents du fisc et des receveurs de dîmes poussent les paysans au brigandage, et font d'une contrée agréable et fertile, et dont la population est naturellement sociable et spirituelle, le lieu le plus inhabitable de l'Europe.

Entre l'Angleterre et l'Irlande, au 60e degré de latitude, se trouve une île de trente milles de long sur douze de large, dont les plus anciens habitants sont d'origine gallique et parlent encore un dialecte de la langue erse. Conquise par les Danois, dans l'intervalle du IXe au XIe siècle, l'île de Man fut gouvernée par des chefs Scandinaves, qui tantôt relevaient des rois de Norwège, tantôt de celui d'Écosse et tantôt du lord des îles Hébrides. Les Normands y descendirent plusieurs fois en passant d'Angleterre en Irlande, et plusieurs d'entre eux s'y établirent. Les rois d'Écosse tentèrent de s'en emparer, mais les habitants leur résistèrent avec le secours des Anglais. Sous la suzeraineté de l'Angleterre les chefs féodaux de l'île de Man, Anglo-normands d'origine, continuèrent à s'intituler rois, à l'exemple de leurs prédécesseurs de race danoise. D'ailleurs ce titre n'avait pas, au moyen âge, une signification aussi absolue qu'aujourd'hui; il n'était ni étrange, ni ridicule qu'un petit pays, ou même une simple province, s'appelât royaume, et ce n'est que graduellement, par la formation des grands états et l'extinction du titre de roi dans les petites principautés, que ce titre a acquis en Europe la valeur et la magnificence attachées en général aux choses rares.

V.

LES ANGLO-NORMANDS ET LES ANGLAIS DE RACE.

1205 à 1215. Après la conquête de l'Anjou et du Poitou par le roi Philippe-Auguste, beaucoup d'hommes de ces deux pays, et même ceux qui avaient conspiré contre la domination anglo-normande, conspirèrent contre les Français, faisant de nouveau alliance avec le roi Jean. Ce roi ne leur fournit aucun secours important; tout ce qu'il put faire pour ceux qui s'étaient exposés aux persécutions du ro ide France, en intriguant ou en prenant les armes ouvertement, ce fut de leur donner asile et de les bien accueillir en Angleterre. Il s'y rendit par nécessité ou par choix un grand nombre de ces émigrés, hommes spirituels, adroits, insinuants, suivant le caractère des Gaulois méridionaux, et plus faits pour plaire à un roi que les Normands d'origine, qui étaient, en général, plus lents d'esprit et d'un naturel moins flexible [1]. Aussi les Poitevins ne tardèrent

1. Cum suis flexibilibus Pictaviensibus. (Math. Paris, pag. 274.)

pas à obtenir la plus grande faveur à la cour d'Angleterre, et à supplanter l'ancienne aristocratie dans les bonnes grâces du roi Jean. Il leur distribua les offices et les fiefs dont il avait la disposition et dépouilla même, sous différents prétextes, plusieurs riches Normands de leurs emplois et de leurs tenures au profit de ces nouveau-venus. Il leur faisait épouser les héritières dont il avait la garde, suivant la loi féodale, et leur adjugeait, à titre de tutelle, les biens des orphelins en bas âge [1].

1205 à 1215.

Cette préférence du roi pour des étrangers, dont l'avidité toujours croissante l'obligeait à commettre plus d'exactions que tous ses prédécesseurs, et à s'arroger sur les biens et sur les personnes un pouvoir inusité, indisposa contre lui les barons anglo-normands. Les nouveaux courtisans, sentant que leur position et leur fortune étaient précaires, se hâtaient d'amasser beaucoup et faisaient demande sur demande. Dans l'exercice de leurs fonctions publiques, ils montraient plus d'âpreté au gain que les fonctionnaires normands, et, par leurs vexations journalières, se rendaient aussi odieux aux bourgeois

1. Fideles suos quos nativus sanguis flecti non permitteret pro aliis ventilatis postponens... (Math. Paris, pag. 267.) — Wardas et relevia et cætera emolumenta terræ præ cæteris omnibus asportabant... (Henric. Knighton.)

et aux serfs saxons qu'ils l'étaient déjà aux nobles de naissance normande. Ils levaient sur les domaines dont le roi les avaient investis plus de subsides que n'en avait exigé l'ancien seigneur, et exerçaient plus durement les droits de péage sur les ponts et les grandes routes, saisissant les chevaux et le bagage des marchands, et ne les payant, dit un ancien historien, qu'en taillages et en moqueries [1]. Ainsi ils troublaient à la fois et presque également les deux races d'hommes qui habitaient l'Angleterre, et qui, depuis leur réunion violente, n'avaient encore éprouvé aucune souffrance, aucune sympathie, aucune aversion commune.

L'aversion contre les Poitevins et les autres favoris étrangers établit donc un premier point de contact entre ces deux nations, jusque-là étrangères l'une à l'autre, du moins en général et abstraction faite de certains rapprochements individuels; et de là date la naissance d'un nouvel esprit national commun à tous les hommes nés en Angleterre. Tous, sans distinction d'origine, sont qualifiés du titre d'indigènes par les historiens de l'époque, qui, répétant les bruits

---

[1]. Hinc mercatorum bigæ, hinc equi, hinc eorum substantiolæ violenter rapiebantur, nec aliud pretium præter talliæ et subsannationes... (Math. Paris, pag. 566.)

populaires, imputent au roi Jean le dessein 1205
formel d'exproprier les habitants de l'Angleterre à
pour donner leurs héritages à des gens de tous 1215.
pays [1]. Ces alarmes exagérées étaient peut-être plus vivement senties par les bourgeois et les fermiers anglais que par les seigneurs et les barons de naissance normande, les seuls vraiment intéressés à détruire l'influence étrangère, et à forcer le roi Jean de revenir à ses anciens amis et aux hommes de sa nation.

Ainsi, dès le commencement de son règne, Jean se trouva dans une situation à peu près semblable à celle du roi saxon Edward, à son retour de Normandie [2] : il menaçait les grands et les riches d'Angleterre, ou du moins leur donnait lieu de se croire menacés d'une sorte de conquête de leurs priviléges, opérée, sans violence apparente, au profit d'étrangers, parlant une langue différente de celle des Normands, et dont la présence blessait leur orgueil national en même temps que leurs intérêts [3].

1. Venit ergo ad hoc omne hominum genus in Angliam cum mulieribus et parvulis ut expulsis indigenis a regno et penitùs exterminatis ipsi jure perpetuo terram possiderent. (Math. Paris, pag. 186.)

2. Voyez livre III, tom. I.

3. Alienigenas in regni perniciem bonis saginari... (Math. Paris, pag. 299.)

1205 à 1215. Ils prirent contre eux et contre le roi, qui les préférait à ses anciens hommes-liges, le même parti que les Anglo-saxons avaient pris contre Édward et ses favoris normands, celui de la révolte et de la guerre. Après avoir signifié à Jean, comme une espèce d'ultimatum, une charte de Henri Ier, qui déterminait d'une manière certaine les limites de la prérogative royale, sur son refus de se renfermer dans les bornes que ses prédécesseurs avaient reconnues, les barons renoncèrent solennellement à leur serment de féauté et d'allégeance, et défièrent le roi; ce qui était alors la manière de déclarer la guerre
1215. à outrance. Ils élurent pour chef Robert, fils de Gauthier, qui prit, en langue normande, le titre de *maréchal de l'armée de Dieu et de la sainte église*, et joua, dans cette insurrection, le même rôle que le saxon Godwin dans celle de 1052 [1].

La crainte de voir s'opérer graduellement au profit de clercs poitevins les destitutions ecclésiastiques dont la conquête normande avait frappé d'un seul coup tout le clergé de race anglaise, et, en même temps, une sorte d'enthousiasme patriotique rallia les évêques et les prêtres anglo-normands au parti des barons

1. Math. Paris, pag. 184. — Voyez livre IV, tom. I.

contre le roi Jean, quoique ce roi fût alors en 1215.
grande amitié avec le pape. Il avait renouvelé, envers le Saint-Siége, la profession publique de vasselage, que Henri II avait faite autrefois pour détacher le pape Alexandre III de la ligue formée contre lui après le meurtre de Thomas Becket; mais ce qui avait obtenu à Henri II l'approbation de tout le clergé et même des barons de son royaume, n'attira à Jean que le mépris public et les reproches du clergé lui-même, qui se sentait atteint dans le plus cher de ses intérêts, la stabilité de ses offices et de ses possessions. Abandonné par tous les hommes d'origine normande, le roi Jean n'eut point, comme Henri Ier, l'art d'intéresser à sa cause les Anglais d'origine, qui, d'ailleurs, ne formaient plus alors un corps de nation capable de servir en masse d'auxiliaire à l'un ou à l'autre parti. Les bourgeois et les serfs, relevant immédiatement des barons, étaient en bien plus grand nombre que ceux du roi, et, quant aux habitants des grandes villes, qui étaient devenus libres en vertu de chartes royales, la sympathie naturelle devait les attirer du côté où se trouvait la majeure partie de leurs compatriotes. La ville de Londres se déclara pour ceux qui levaient bannière contre les courtisans étrangers, et le roi fut presque aussitôt réduit à n'avoir pour soutien, dans sa

1215. cause, que des hommes nés hors de l'Angleterre, des Poitevins commandés par Savary de Mauléon, des Flamands conduits par Gérard de Solinghen, et des Bordelais que lui amena un certain Gauthier Captal de Buch, dans les Landes[1].

Jean, intimidé par l'apparence imposante qu'offrait le parti de ses adversaires composé de tous les hommes ayant intérêt à la défense du pays, soit comme fils des conquérants, soit comme issus des indigènes, se résigna à souscrire aux conditions exigées par les barons en révolte. La conférence eut lieu dans une grande plaine, entre Staines et Windsor, où campèrent les deux armées. Les demandes des révoltés furent débattues, et le roi Jean y fit droit par une charte scellée de son sceau. L'objet spécial de cette charte était de dessaisir le roi de la partie de son pouvoir, au moyen de laquelle il avait élevé et enrichi les hommes de naissance étrangère aux dépens des Anglo-normands. La population de race anglaise ne fut pas entièrement oubliée dans le traité de paix que ses alliés de l'autre race firent avec le roi; mais ce ne furent point, comme dans d'autres temps, les anciennes lois saxonnes, que garantit la charte

1. Savaricum de Malleone, et Girardum de Solingen cum suis volubilibus Flandrensibus, et Walterum cognomento Buch cum suo grege fœtidissimo ad stipendia convocavit.... (Math. Paris, pag. 274.)

du roi normand aux descendants des Saxons; 1215.
car il n'y avait plus, à proprement parler, de nation saxonne : la dispersion et le fractionnement du peuple vaincu étaient arrivés à leur dernier terme, et ce peuple, qui ne formait plus une société distincte de celle de ses maîtres, n'avait plus besoin d'être régi par une loi à part, mais seulement d'être traité avec moins de dureté et de mépris. La charte de Jean modéra les corvées royales et seigneuriales pour la réparation des routes et des ponts, et interdit certaines vexations exercées jusque-là contre les marchands et les vilains. Étendant à cette dernière classe une ancienne disposition de la loi normande qui défendait de saisir pour dettes, chez un homme, les objets sans lesquels il ne pouvait tenir son état, ou exercer sa profession, comme les chevaux d'un comte et l'armure d'un chevalier, elle voulut que, dans ce cas, le serf conservât semblablement ses bœufs de labour et ses instruments de travail, qui étaient son gagne-pain ou son *gagnage*, comme s'exprime la charte elle-même [1].

1. Salvo wainagio suo (magna charta). — Venditis cæteris equus tamen ei reservabitur. — Quod si miles fuerit quem juvat armorum decor, tota sui corporis armatura cum equis sibi necessariis a venditoribus erit liberrima. (Dialogus de Scaccario.)

1215. L'article principal, sinon quant à ses résultats ultérieurs, au moins quant à l'intérêt du moment, fut celui par lequel le roi s'engageait à renvoyer immédiatement du royaume tous les soldats étrangers qui étaient venus avec armes et chevaux. Cet article paraît avoir été reçu avec enthousiasme par tous les habitants de l'Angleterre sans distinction d'origine, et peut-être les Anglais de race eux-mêmes y attachèrent-ils un plus grand prix qu'à tous les autres. L'ancienne passion de haine nationale contre la domination de l'étranger, qui avait inutilement fermenté dans les ames, depuis qu'il n'était plus possible d'anéantir les suites de la conquête, se réunissait tout entière contre le petit nombre de nouveau-venus que le roi avait enrichis et comblés d'honneurs. Du moment que leur expulsion fut légalement prononcée, tout Saxon se mit à prêter main-forte à l'exécution de cet arrêt; on assiégea les plus connus d'entre eux dans leurs maisons, et, après les avoir contraints de s'enfuir, on pilla leurs domaines [1]. Les paysans arrêtaient

1. Deprædationibus ac rapinis super alienigenas misere debacchati sunt... Unde contigit ut multi tam religiosi quam alii nationis extraneæ, exeuntes per clandestinæ fugæ præsidium, mortis supplicium seu dispendiosum captivationis periculum metuentes, fugerunt a regno... (Math. Paris, pag. 383.)

sur les routes tous ceux que le bruit public, 1215.
soit à raison, soit à tort, désignait comme étrangers : ils leur faisaient prononcer des mots anglais ou quelques paroles du langage mixte qui servait aux barons normands dans leurs communications avec leurs serfs et leurs domestiques de l'autre race, et lorsque le suspect était convaincu de ne parler ni saxon ni anglo-normand, ou de prononcer ces deux langues avec l'accent du midi de la Gaule, on le maltraitait, on le dépouillait et on l'emprisonnait sans scrupule, qu'il fût chevalier, religieux ou prêtre [1]. C'était chose triste, dit un auteur du temps, pour les amis des étrangers, que de voir leur confusion et l'ignominie dont on les accablait [2].

Après avoir accordé malgré lui et signé de mauvaise foi sa charte, le roi Jean se retira dans l'île de Wight, pour y attendre en sûreté le moment de recommencer la guerre : il demanda au pape, et obtint de lui une dispense du serment qu'il avait prêté aux barons et l'excommunication de ceux qui resteraient armés pour le contraindre à tenir ce serment. Mais aucun évêque,

1. Nam quicumque anglicum idioma loqui nesciret vilipenderetur a vulgo et despectui haberetur. (Math. Paris, pag. 383.)

2. Tunc erat triste æmulis alienigenarum videre confusionem eorum. (Ibid.)

1215. en Angleterre, ne consentit à promulguer cette sentence qui demeura sans effet. Le roi, avec ce qui lui restait d'argent, se procura une nouvelle recrue de Brabançons qui trouvèrent moyen d'aborder sur la côte du sud, et qui, grâce à leur tactique et à leur discipline militaire eurent d'abord quelque avantage sur l'armée irrégulière des barons et des bourgeois confédérés. Les premiers craignant de perdre tout le fruit de leur victoire, résolurent de se faire appuyer, comme le roi, par des secours venus de l'étranger. Ils s'adressèrent au roi de France, Philippe-Auguste, et offrirent de donner à son fils Louis la couronne d'Angleterre, pourvu qu'il vînt les trouver à la
1216. tête d'une bonne armée. Ce traité fut conclu, et le jeune Louis arriva en Angleterre avec des forces suffisantes pour contre-balancer celles du roi Jean. La complète ressemblance de langage entre les Français et les barons Anglo-normands devait diminuer, pour ces derniers, la défiance et l'éloignement qu'inspirent naturellement un chef étranger; mais il n'en était pas de même pour la masse du peuple, qui n'avait pas plus d'affinité de langage avec les Français qu'avec les Poitevins, et cette dissonnance, jointe à l'esprit de rivalité qui ne tarda pas à éclater entre les Normands et leurs auxiliaires, rendit l'appui du roi de France plus préjudiciable qu'utile au parti

des barons. Ce parti commençait à se désorganiser lorsque le roi Jean mourut chargé de la haine et du mépris universel; d'un mépris qu'aucun roi d'Angleterre n'avait encore encouru, parce qu'il était ressenti également par tous les hommes nés dans le pays, sans distinction de race ni d'état : aussi les historiens de l'époque, qui sont tous des prêtres, ne tiennent-ils aucun compte à Jean de sa bonne intelligence avec le pape. Ils ne lui épargnent, dans le récit de sa vie, aucune épithète injurieuse, et, après avoir raconté sa mort, ils composent ou transcrivent des épitaphes du genre de celles-ci : « Qui est-« ce qui pleure ou pleurera jamais la mort du « roi Jean? — L'enfer, avec toute sa saleté, est « sali par l'ame de Jean[1]. » 1216.

Les Français, qui avaient accompagné le roi Louis en Angleterre, en qualité de soldats, ou de courtisans, ne tardèrent pas à se regarder comme en pays conquis. A mesure qu'il y eut plus de résistance contre leurs oppressions de tout genre, ils devinrent plus durs et plus avides; et l'accusation, si fatale au roi Jean, se renouvela contre le fils de Philippe-Auguste : on disait qu'il avait formé le projet, d'accord avec son père,

1. Quis dolet aut doluit de regis morte Johannis?...
Sordida fœdatur, fœtente Johanne, gehenna.
(Script. rer. Anglic.)

1216. d'exterminer ou de bannir tous les riches de l'Angleterre, et de les remplacer par des Français. Dès lors, tous les partis se réunirent en faveur du jeune Henri, fils du roi Jean, et les Français, demeurés presque seuls, acceptèrent une capitulation qui leur accordait la vie sauve, à condition de s'embarquer sans délai.

La royauté d'Angleterre étant ainsi revenue
1217. aux mains d'un Anglo-normand, la charte de Jean fut confirmée, et une autre, dite des forêts, qui rendait le droit de chasse aux possesseurs de fiefs, fut accordée par Henri III aux hommes de naissance normande. Mais le nouveau roi, fils d'une femme poitevine qui s'était remariée dans son pays, accueillit en Angleterre, après quelques années, ses jeunes frères utérins et beaucoup d'autres, qui vinrent successivement, comme au temps du roi Jean, chercher fortune en Angleterre. Les affections de parenté, et l'humeur agréable et facile des nouveaux émigrés du Poitou, agirent sur Henri III comme sur son prédécesseur. On vit encore les grands offices de la cour, et les dignités civiles, militaires et ecclésiastiques, prodigués à des hommes nés sur le continent [1].

1. Initium habuit dissensio propter quam orta est contentio inter regem et barones suos a retentione alienigenarum

Après son mariage avec Éléonore, fille du comte 1217 à 1258.
de Provence, les Provençaux affluèrent en aussi grand nombre que les Poitevins, et même des Savoyards, des Piémontais et des Italiens, parents éloignés ou protégés de la reine et de ses proches, vinrent après les Provençaux, attirés par l'espérance d'être enrichis et avancés comme eux[1]. La plupart le furent, et l'alarme d'une nouvelle invasion des étrangers se répandit d'une manière aussi vive, et souleva autant de passions que sous le règne précédent. On répétait dans les plaintes publiques les termes employés jadis par les écrivains saxons après la conquête; on disait que pour obtenir de la faveur et de la fortune en Angleterre, il suffisait de n'être pas Anglais[2]. Un Poitevin nommé Pierre Desroches était le ministre favori et le confident du roi; et, lorsqu'on s'adressait à lui pour lui demander l'observation de la charte de Jean et des lois d'Angleterre, « Je « ne suis pas Anglais, répondait-il, pour con-

quos ipse rex longo tempore manu tenuerat et foverat contra commodum regni sui et voluntatem indigenarum. (Math. Paris, pag. 227.)

2. Nunc Provinciales, nunc Romani... (Ibid.)

3. Vix Anglus aliquis aliquod officium aut beneficium possideret, cùm tamen in Anglia tum Itali, tum alii multi externi maximis in utroque genere ditarentur redditibus. (Math. Paris.)

1217 à 1258. naître ces chartes et ces lois [1]. » La confédération des barons et des bourgeois se renouvela dans une assemblée tenue à Londres. Les principaux habitants de la ville y firent serment de vouloir tout ce que voudraient les barons, et d'adhérer fermement à leurs statuts. Peu de temps après, la plupart des évêques, comtes, barons et chevaliers d'Angleterre, ayant tenu conseil à Oxford, se liguèrent ensemble, pour l'exécution des chartes et l'expulsion des étrangers, par un traité solennel qui était rédigé en français, et contenait les passages suivants : « Faisons savoir à toutes « gens que nous avons juré sur saints évangiles, et « sommes tenus ensemble par ce serment, et pro-« mettons en bonne foi que chacun de nous et tous « ensemble nous entraiderons contre toutes gens « droit faisant et rien prenant. Et, si aucun va en-« contre ce, nous le tiendrons à ennemi mortel [2]... »

Une chose bizarre, c'est que cette fois l'armée des Anglo-normands levés contre le parti du roi et de l'influence étrangère, fut commandée par un étranger, Simon de Montfort, Français de naissance et gendre du roi [3]. Son père avait

1. Voyez les Essais de M. Guizot, sur l'Histoire de France et d'Angleterre.

2. Annales monasterii Burtoniensis, pag. 413.

3. Præter Simonem de Monteforti et paucissimos ex alienigenis qui cum illo erant.

acquis une grande réputation militaire et d'immenses richesses à la croisade, contre les Albigeois, et lui-même ne manquait ni de talent ni d'habileté politique. Comme il arrive presque toujours aux hommes qui se jettent dans un parti d'où leur intérêt et leur situation semblaient naturellement les exclure, il déploya plus d'activité et de constance dans la lutte contre Henri III, que n'en avait montré le Normand Robert, fils de Gauthier, dans la première guerre civile. Étranger à l'aristocratie anglo-normande, il paraît avoir eu beaucoup moins de répugnance qu'elle à fraterniser avec les hommes de descendance anglaise, et c'est lui qui, pour la première fois depuis la conquête, appela les bourgeois à délibérer régulièrement sur les affaires publiques avec les évêques et les barons d'Angleterre [1]. 1258.

La guerre commença donc encore une fois entre les hommes d'origine anglo-normande et les étrangers qui possédaient des emplois, des titres et des seigneuries en Angleterre : les Poitevins et les Provençaux furent ceux dont on poursuivit l'expulsion avec le plus d'acharnement. C'était surtout contre les parents du roi et de la reine, comme Guillaume de Valence

1. Voyez les Essais de M. Guizot sur l'Histoire de France et d'Angleterre.

1258 à 1272. et Pierre de Savoie, que se dirigeait la haine de toutes les classes de la population[1]; car les Anglais de race embrassèrent avec une nouvelle ardeur la cause des barons, et un singulier monument de cette alliance subsiste dans une chanson sur la prise de Richard, frère du roi, empereur désigné des Allemands, qui s'était retranché dans un moulin contre l'armée des barons; cette chanson, composée presque par moitié de phrases françaises et anglaises, commence par ces mots :

« *Richard of Allemaigne, mau gré ma léauté...* »

et se continue de la même manière[2]. C'est le premier document historique qui offre le mélange des deux langues; mais ce mélange est une sorte de bigarrure, et non une véritable fusion comme celle qui s'est opérée plus tard, et a donné naissance à l'anglais moderne.

Après plusieurs victoires remportées sur le parti du roi, Simon de Montfort fut tué dans une bataille, et l'ancienne superstition patriotique du peuple anglais se réveilla en sa faveur.

1. In multis opprimebatur Anglia dominatione Pictaviensium et Romanorum et præcipue Aimeri Wintoniensis selecti, Willielmi de Valentia, fratris regis uterini, et Petri de Sabaudia, avunculi reginæ. (Math. Paris, pag. 666.)

2. Warton's history of english poetry. — Chronica abbatiæ de Mailros, pag. 229.

Comme ennemi des étrangers et, selon les paroles d'un contemporain, défenseur des droits de la propriété légitime, il fut honoré du même titre que la reconnaissance populaire avait décerné à ceux qui, au temps de l'invasion normande, s'étaient dévoués pour la défense du pays. On donnait à Simon, comme à eux, le nom de défenseur des indigènes; l'on disait que c'était mensonge de l'appeler traître et rebelle [1], et on le proclamait saint et martyr, aussi bien que Thomas Becket, qui, un siècle auparavant, avait clos la liste des martyrs de race saxonne [2]. Le chef de l'armée des barons contre Henri III fut le dernier homme en faveur duquel se manifesta cette disposition à confondre ensemble les deux enthousiasmes religieux et politique, disposition toute particulière à la nation anglaise, et que ne partageaient point les Normands. Car, bien que Simon de Montfort eût fait beaucoup plus pour eux que pour les bourgeois et les serfs d'Angleterre, ils ne sontinrent pas la réputation de 1272.

1. Et sciendum quod nemo sani capitis debet censere neque appellare Simonem nomine proditoris; non enim fuit proditor, sed regni Anglorum defensor et alienigenarum inimicus et expulsor, quamvis unus esset ex illis. (Math. Paris.)

2. Quòd non minus occubuit Simon pro justa ratione legitimarum possessionum Angliæ, quàm Thomas pro legitima ratione ecclesiarum Angliæ olim occubuerat. (Ibid.)

1272. sainteté que ces derniers essayaient de lui faire, et laissèrent les pauvres gens et les femmes de village visiter seuls le tombeau du nouveau martyr pour en obtenir des miracles [1]. Ces miracles ne manquèrent pas, et il y en a plusieurs légendes; mais le peu d'encouragement donné par l'aristocratie à la superstition populaire les fit bientôt tomber dans l'oubli [2].

1272 à 1381. Malgré l'affection qu'éprouvèrent les Anglais pour Simon de Montfort et la bienveillance qu'il avait eue pour eux durant sa vie, une distance énorme continuait d'exister entre les Normands et les Saxons d'origine. Le chapelain en chef de l'armée des barons, Robert Grosse-tête, évêque de Lincoln, l'un des plus ardents promoteurs de la guerre contre le roi, ne comptait en Angleterre que deux langages, le latin pour les gens lettrés, et le français pour les ignorants; et c'est dans cette langue qu'il écrivit sur ses vieux jours des livres de piété à l'usage de ces derniers, comptant pour rien la langue anglaise et ceux qui la parlaient [3]. Les poëtes de la

1. Propter justissimam causam indigenarum quam susceperat, adire tumulum ejus. (Chron. Mailros, pag. 238.)

2. Sed numquid Deus dereliquit Simonem sine miraculis? Non; idcirco deducamus miracula divinitùs per ipsum facta. (Ibid.)

3. Mémoires de la Société des Antiquaires de Londres, tom. XIII, pag. 248.

même époque, même Anglais de naissance, composaient tous leurs vers en français lorsqu'ils désiraient en tirer quelque honneur ou quelque profit; il n'y avait que les chanteurs de village ou de taverne qui composassent en anglais pur ou dans le langage mêlé de français et d'anglais, qui servait pour les communications habituelles entre les hautes et les basses classes. 1272 à 1381.

Cet idiome intermédiaire, dont la formation graduelle était un résultat forcé de la conquête, eut d'abord cours dans les villes où la population des deux races était plus mêlée et sur un pied d'égalité plus grande. Il y remplaça insensiblement la langue saxonne, qui, n'étant plus parlée que par la partie de la nation la plus grossière et la plus pauvre, tomba autant au-dessous du nouvel idiome anglo-normand, que celui-ci était au-dessous du français, langage de la cour, de l'aristocratie et de quiconque prétendait au bon ton et aux belles manières [1]. Les riches bourgeois des grandes villes et ceux de Londres surtout cherchaient, en francisant leur langage d'une manière plus ou moins adroite, à imiter les nobles ou à se rapprocher d'eux par intérêt ou ambition personnelle; ils prirent ainsi de bonne heure l'habitude de se

1. L'oraison dominicale, sous le règne de Henri III, ne contenait pas encore un seul mot normand.

1272 à 1381. saluer entre eux par le nom de *sire*, et même de s'intituler *barons* comme les châtelains du plat pays. Les bourgeois des principales villes de commerce et notamment de Douvres, Romney, Sandwich, Hithe et Hastings, que les Normands appelaient par excellence les *cinq ports* d'Angleterre[1], s'arrogèrent, à l'imitation de ceux de Londres, le titre de la noblesse normande, le prenant en commun dans leurs actes municipaux, et individuellement dans leurs rapports avec leurs inférieurs ou avec les gens de la campagne. Mais les vrais barons normands trouvaient cette prétention *outre-cuidante* : « C'est à faire vomir, « disaient-ils, que d'entendre un villain se qua« lifier de baron[2]. » Lorsque les fils des bourgeois s'avisaient de faire entre eux une course ou un tournoi à cheval dans quelque prairie hors des faubourgs, les seigneurs envoyaient leurs valets et leurs écuyers les assaillir et leur crier que les expertises d'armes ne convenaient pas à des villains à des *savoniers* et à des *fariniers* comme eux[3].

Malgré cette indignation des fils des conquérants contre le mouvement irrésistible qui ten-

1. On dit encore aujourd'hui en anglais, *the cinque ports.*

2. Rustici Londonienses qui se barones vocant ad nauseam. (Math. Paris.)

3. Rustici furfurarii et saponarii. (Ibid.)

dait à rapprocher d'eux la partie la plus riche 1272
de la population vaincue, ce mouvement se ma- à
nifesta d'une manière sensible durant tout le 1381.
quatorzième siècle, dans les villes auxquelles les chartes royales avaient accordé le droit de remplacer par des magistrats de leur choix les vicomtes, les maires et les baillis normands, et de former ainsi une commune ou une corporation. Le corps entier des citoyens, représentés par ses magistrats, parvint à se faire respecter beaucoup plus que les habitants des petites villes et des hameaux, qui demeurèrent immédiatement soumis à l'autorité royale ou seigneuriale; mais il s'écoula encore long-temps avant que cette autorité eût pour les bourgeois, pris individuellement, la même considération et les mêmes égards que pour le corps dont ils étaient membres. Les autorités municipales de Londres, sous le règne d'Edward III, admises à prendre place dans les festins royaux et les cérémonies publiques, avaient déja part au bénéfice de ce respect pour les choses anciennes et les coutumes établies qui étaient propres à la race anglo-normande; mais le même roi qui avait fait manger à la troisième table, après la sienne, le maire et les aldermans, sans répugnance pour ce titre saxon, traitait en serf saxon tout individu de Londres qui, n'étant ni chevalier, ni écuyer, exerçait un mé-

1272 à 1381. tier quelconque, ou même un art libéral. Si, par exemple, il prenait envie à ce roi d'embellir son hôtel ou de se signaler par la décoration d'une église, au lieu de faire engager les meilleurs peintres de la ville à venir travailler pour un salaire convenu, il adressait à son maître architecte une commission royale dans les termes suivants : « Sachez que nous avons chargé notre « amé Guillaume de Walsingham de prendre « dans notre ville de Londres autant de peintres « qu'il en sera besoin, et de les mettre à l'ou- « vrage à nos gages et de les y faire rester « tant que besoin sera; s'il en trouve quelqu'un « de rebelle, il les arrêtera et tiendra dans nos « prisons pour y demeurer jusqu'à ce qu'il en « soit ordonné autrement[1]. » Quand le même roi voulait se procurer le plaisir d'entendre jouer des instruments et chanter des ballades le matin et le soir après son repas, il chargeait semblablement les huissiers de son hôtel de prendre, tant dans la banlieue de Londres qu'au dehors, tel nombre de jeunes gens de figure agréable, chantant bien et bon ménétriers[2]. Enfin, au

1. Sciatis quod assignavimus.... ad tot pictores in civitate nostrâ Londoniæ... capiendum... et si quos invenerit rebelles... (Rymer. Acta publica, tom. III, pars. II, pag. 79.)

2. Ad quosdam pueros bene cantantes et membris elegantes et in arte ministrali instructos ubicumque invenire poterit capiendum. (Ibid., tom. V.)

moment de partir pour les guerres de France, 1272
lorsqu'il s'agissait de réparer les machines de à
guerre ou d'en construire de nouvelles, le roi 1381.
Edward taxait son maître ingénieur à douze cents boulets de pierre pour ses engins, l'autorisant a prendre, partout où il en trouverait, des tailleurs de pierre et d'autres ouvriers pour les mettre à l'ouvrage dans les carrières, sous peine d'emprisonnement [1].

Telle était encore, à la fin du XIVe siècle, la condition de ceux que les écrivains français du temps appellent les villains de Londres [2], et, quant aux villains de la campagne, que les Normands, francisant d'anciens noms saxons, appellaient bondes, cotiers ou cotagers [3], leurs souffrances individuelles étaient bien plus grandes que celles des bourgeois, et sans aucune compensation; car ils n'avaient point de magistrats de leur caste, et, parmi eux, il ne se trouvait aucun homme auquel on donnât le titre de sire ou de lord [4]. A la différence des habitants

1. Ad quarrarios et omnes alios operarios capiendum et in quarrareis ponendum. (Rymer., Acta publica, tom. V, pag. 156.)

2. Froissard.

3. *Cot*, en anglo-saxon, signifie *cabane*.

4. At Sessions ther was he lord and sire....
(Chaucer's Canterbury tales.)

1272 à 1381. des villes, leur servitude s'était plutôt aggravée, depuis la conquête, par la régularisation de leurs rapports avec les seigneurs des manoirs, auquels ils étaient attachés; car l'ancien droit de conquête s'était subdivisé en une foule de droits moins violents, en apparence, mais qui entouraient d'entraves sans nombre celui qui y était soumis. Les étrangers qui, vers la fin du quatorzième siècle, visitèrent l'Angleterre, s'étonnaient du grand nombre de serfs qu'ils y voyaient, et de l'excessive dureté de la servitude, comparativement à ce qu'elle était sur le continent et même en France [1]. Le mot de *bondage*, en langue normande, exprimait alors tout ce qu'il y avait de plus misérable dans la condition humaine; pourtant ce mot, auquel la conquête avait donné une signification si défavorable, n'était qu'un simple dérivé du mot anglo-danois *bond*, qui, avant l'invasion des Normands, désignait un cultivateur libre, un père de famille vivant à la campagne du produit de ses travaux agricoles, et c'est dans ce sens qu'on le joignait au mot saxon *hus*, pour désigner un chef de maison, *husbond* ou *husband*, selon l'orthographe de l'anglais moderne [2].

Vers l'an 1381, tous les hommes qu'on appe-

1. Froissard, tom. III, cap. LXXIV, pag. 122.
2. Quidam liber homo bondo. (Doomsday Book.)

lait *Bondes* en anglais ou en anglo-normand, c'est-à-dire, tous les cultivateurs, étaient serfs de corps et de biens, obligés de payer de grosses aides pour la petite portion de terre qui leur servait à nourrir leur famille, et n'étant pas libres d'abandonner cette portion de terre, sans l'aveu des seigneurs dont ils étaient obligés de faire gratuitement le labourage, le jardinage et les charrois de toute espèce. Le seigneur pouvait les vendre avec leurs maisons, leurs bœufs et leurs outils de labour, leurs enfants et leur postérité; ce que les actes d'Angleterre exprimaient de la manière suivante : « Sachez que j'ai vendu « un tel, mon *naïf*, et toute sa sequelle née ou « à naître [1].... » Le ressentiment profond du mal causé par l'oppression des familles nobles, joint à un oubli total des évènements d'où provenait l'élévation de ces familles dont les membres ne se qualifiaient plus de Normands, mais de gentilshommes, avait conduit les serfs d'Angleterre à l'idée de l'injustice de la servitude en elle-même, et indépendamment de son origine historique. Dans les provinces du sud, où la population était plus nombreuse, et surtout dans celle de Kent, dont les habitants avaient conservé la tradition vague d'un traité anciennemeut conclu

1381.

1. Nativum meum cum totâ sequelâ suâ procreatâ et procreandâ. (Madox formulare Anglican.)

1381. entre eux et Guillaume-le-Conquérant, pour le maintien de leurs anciennes franchises, de grands symptômes d'agitations populaires parurent au commencement du règne de Richard II. C'était un temps de dépense excessive pour la cour et pour tous les gentilshommes, à cause des guerres de France, où chacun se rendait à ses frais, et cherchait à briller par la magnificence de son train et de ses armes. Les propriétaires de seigneuries et de manoirs accablaient de tailles et d'exactions leurs fermiers et leurs serfs, prétextant à chaque nouvelle demande la nécessité où ils étaient d'aller combattre les Français chez eux, pour les empêcher de descendre en Angleterre. Mais les paysans disaient : « On nous taille, « nous autres, pour aider les chevaliers et les « écuyers du pays à défendre leurs héritages; nous « sommes leurs valets et les bêtes dont ils tondent « la laine; et, à tout considérer, si l'Angleterre se « perdait, nous perdrions bien moins qu'eux [1] ».

A ces propos tenus au retour des champs, lorsque les serfs du même domaine, ou de domaines voisins l'un de l'autre, se rencontraient et cheminaient ensemble, succédèrent des discours plus graves, prononcés dans des espèces de clubs où l'on se réunissait le soir après l'heure

1. Froissard, tom. III, pag. 122 et suivantes.

du travail[1]. Quelques-uns des orateurs de ces réunions étaient prêtres, et ils tiraient de la Bible et des Écritures leurs arguments contre l'ordre social de l'époque : « Bonnes gens, disaient-ils, « les choses ne peuvent aller en Angleterre, « et n'iront pas jusqu'à ce qu'il n'y ait ni vilains, ni gentilshommes, que nous soyons tous « égaux, et que les seigneurs ne soient pas plus « maîtres que nous. Comment l'ont-ils mérité, « et pourquoi nous tiennent-ils en servage, car « nous sommes tous venus des mêmes père et « mère, Adam et Ève ; ils sont vêtus de velours et « de cramoisi, fourrés de vert et de gris ; ils ont « les viandes, les épices et les bons vins ; et nous « avons le rebut de la paille, et de l'eau à boire. « Ils ont le repos et les beaux manoirs, et nous « avons la peine et le travail, la pluie et le vent « aux champs[2]... » Là-dessus toute l'assemblée, en tumulte, s'écriait : « Il ne faut plus qu'il y ait de « serfs ; nous ne voulons plus être traités comme « des bêtes ; et, si nous travaillons pour les seigneurs, il faut que ce soit avec salaire[3] ». 1381.

Ces réunions formées spontanément, dans plusieurs lieux des provinces de Kent et d'Essex, se

1. Congregationes et conventicula illicita. (Rymer., Acta publica, tom. III, pars III, pag. 124.)

2. Froissard, chap. LXXIV à LXXIX.

3. Ibid.

1381. régularisèrent secrètement, et envoyèrent même des députés dans les provinces voisines, pour s'entendre avec les gens de la même classe et de la même opinion[1]. Il se forma ainsi une grande association dans le but de forcer les gentilshommes à renoncer à leurs privilèges. Une chose plus remarquable encore, c'est qu'il circulait dans les villages de petits écrits, sous forme de lettres, où l'on recommandait aux associés la persévérance et la discrétion, en termes mystérieux et proverbiaux. Ces écrits, dont un auteur du temps nous a conservé quelques-uns, sont composés dans un anglais plus pur, c'est-à-dire, moins mélangé de français, que ne le sont d'autres pièces de la même époque, destinés à l'amusement des riches bourgeois des grandes villes. Ces pamphlets du XIVe siècle n'ont d'ailleurs rien de curieux que leur existence même, et le plus significatif de tous, qui est une lettre adressée au peuple des campagnes, par un prêtre nommé John Ball, contient les passages suivants. « John Ball vous salue tous, « et vous fait savoir qu'il a sonné votre cloche : « or donc, sagesse et adresse; bon accord et « grand effort; que Dieu donne hâte aux pares-

1. Et sic miserunt unusquisque ad amicos et cognatos de villa in villam et de patria in patriam petentes consilium eorum et auxilium. (Henrici Knighton, pag. 2633.)

« seux; tenez-vous bravement ensemble, et se- 1381.
« courez-vous fidèlement : si la fin est bonne,
« tout sera bien[1].

Malgré la différence énorme qu'il y avait alors entre la condition des paysans et celle des bourgeois, surtout des bourgeois de Londres, ces derniers entrèrent, à ce qu'il paraît, en relation intime avec les sociétés de serfs de la province d'Essex, et leur promirent même de leur ouvrir les portes de la ville et de les laisser entrer sans aucune opposition, s'ils voulaient venir à Londres faire leur demande au roi Richard[2]. Ce roi était alors dans sa seizième année, et les paysans, dans leur bonne foi, et dans la conviction où ils étaient de la justice de leur cause, espéraient qu'il les affranchirait tous d'un manière légale, et sans qu'ils eussent besoin de recourir à la violence : aussi le mot habituel des serfs dans leurs conversations et leurs conciliabules politiques, était : « Allons au roi, qui est jeune, et re-« montrons-lui notre servitude; allons y ensem-

1. John Ball gretyth you well alle, and doth you understand he hath rungen your bell. Nowe ryght and myght wylle and skylle; God spede every idele. Stande manlyche togedyr in trewth and help you, if the ende be well, then is all well. (Chron. de Henric. Knyghton, tom. II, pag. 2580.)

2. De eorum adventu Londonienses longo ante tempore intellexerant. (Henric. Knyghton, tom. II, pag. 2634.)

1381. « ble, et, quand il nous verra, nous en obtiendrons quelque chose de bonne grâce, ou bien « nous userons d'autre remède [1]. » Telle était la disposition des esprits, et l'association formée autour de Londres s'étendait rapidement, lorsqu'un accident imprévu, en forçant les associés d'agir avant qu'ils eussent acquis une assez grande force, et une organisation assez complète, détruisit les espérances qu'ils avaient conçues, et remit aux progrès de la civilisation européenne l'abolition graduelle de la servitude en Angleterre.

En l'année 1381, les besoins du gouvernement pour la guerre et les dépenses de luxe à l'intérieur lui firent décréter une taxe de douze sols par personne, de quelque condition qu'elle fût, qui aurait passé l'âge de quinze ans. La levée de cet impôt n'ayant pas rendu tout ce qu'on avait espéré, des commissaires furent envoyés pour s'enquérir de la régularité du paiement [2]. Dans leurs recherches auprès des nobles et des riches, ils mirent des égards et de la courtoisie, mais ils furent, pour le bas peuple, d'une dureté et d'une insolence excessive. Dans plusieurs

1. Froissard.

2. Unde quidam Johannes Leg cum tribus aliis sibi associatis impetravit a rege commissionem ad inquirendum de collectoribus hujus taxæ in Cancia. (Henric. Knyghton, pag. 2633.)

villages du comté d'Essex, ils allèrent jusqu'à 1381.
vouloir s'assurer d'une manière indécente de l'âge des jeunes filles [1]. L'indignation causée par ces injures occasiona un soulèvement à la tête duquel fut placé un couvreur en tuiles appelé Walter, et familièrement Wat, qui n'ayant, suivant l'usage du temps, d'autre nom de famille que celui de son état, se nommait Wat le Tuilier, en anglais Wat-Tyler. Ce mouvement en détermina de semblables dans les comtés de Sussex et de Bedford, et dans celui de Kent, dont le prêtre John Ball et un certain Jack Straw ou Jean la Paille, furent nommés chefs ou capitaines [2]. Les trois chefs et leur bande, qui se grossissait en route de tout ce qu'elle rencontrait de laboureurs et d'artisans serfs, se dirigèrent du côté de Londres, pour aller voir le roi, comme disaient les plus simples d'entre les insurgés qui attendaient tout de cette seule entrevue. Ils marchaient armés de bâtons ferrés, de haches et d'épées rouillées, en désordre, mais sans fureur, et chantant des chansons politiques dont deux vers ont été conservés :

« Quand Adam bêchait, quand Ève filait, où « était alors le gentilhomme [3] ? »

1. Henric. Knyghton, p. 2633.

2. Ibid. pag. 2633.

3. Voyez livre VII, tom. II, pag. 267.

1381. Ils ne pillaient point sur leur route, mais, au contraire, payaient scrupuleusement tout ce dont ils avaient besoin[1].

Ceux du comté de Kent allèrent d'abord à Kenterbury pour s'emparer de l'archevêque qui était en même temps chancelier d'Angleterre, et, ne l'y trouvant pas, ils continuèrent leur route, détruisant les maisons des gens de cour et des légistes qui avaient soutenu des procès intentés aux serfs par les nobles. Ils enlevèrent aussi plusieurs personnes qu'ils gardèrent comme ôtages, entre autres un chevalier et ses deux enfants; ils firent halte à quatre milles environ de Londres, dans une grande plaine nommée Blackheath, où ils se retranchèrent comme dans une espèce de camp. Ils proposèrent alors au chevalier qu'ils avaient emmené avec eux, de se rendre en parlementaire auprès du roi, qui, à la nouvelle de l'insurrection, s'était retiré dans la Tour de Londres. Le chevalier n'osa refuser; prenant une barque, il vint à la Tour, et, se mettant à genoux devant le roi: « Très-redouté seigneur, « lui dit-il, veuillez ne pas prendre à déplaisir « le message que je suis obligé de faire; car, cher « sire, c'est par force que je suis venu si avant. « — Dites ce dont vous êtes chargé, répondit le

1. Froissard.

« roi, et je vous tiens pour excusé. — Sire, les 1381.
« gens des communes de votre royaume m'en-
« voient pour vous prier de venir leur parler;
« ils ne désirent voir personne que vous; et
« n'ayez aucune crainte pour votre sûreté, car
« ils ne vous feront aucun mal, et vous tiendront
« toujours pour roi : ils vous montreront, disent-
« ils, plusieurs choses qui vous seront fort né-
« cessaires à entendre, et qu'ils ne m'ont pas
« chargé de vous dire. Mais, cher sire, veuillez
« me donner réponse, afin qu'ils sachent que
« vraiment j'ai été vers vous, car ils ont mes
« enfants en ôtage. » Le roi prit conseil, et répondit que si le lendemain matin les paysans avançaient jusqu'à la Tamise, lui-même irait leur parler. Cette réponse leur causa une grande joie. Ils passèrent la nuit en plein champ du mieux qu'ils purent, car ils étaient près de soixante mille, et une grande partie jeûna faute de vivres[1].

Le lendemain, qui était jour du Saint-Sacrement, le roi entendit la messe dans la Tour; et malgré les discours de l'archevêque de Kenterbury qui lui conseillait de ne point se commettre avec des *ribauds sans chausses*[2], il entra dans

1. Froissard.

2. Cum discalceatis ribaldis. (Henric. Knyghton.) — Thomas Walsingham.

1381. une barque accompagné de quelques chevaliers, et fit ramer vers l'autre bord, où il y avait déja plus de dix mille hommes venus du camp de Blackheath. Quand ils virent approcher la barque, ils commencèrent tous à jeter des cris et à faire des mouvements qui effrayèrent si fort les chevaliers de l'escorte du roi, qu'ils le conjurèrent de ne pas descendre à terre, et firent promener la barque sur la rivière de çà et de là. « Que voulez-vous, dit le roi aux insurgés, me voilà « venu pour vous parler ? — Que tu viennes à « terre, et nous te dirons et montrerons plus « facilement ce qu'il nous faut. » Alors le comte de Salisbury répondant pour le roi, leur cria : « Seigneurs, vous n'êtes point en ordonnance ni « en accoutrement convenable, pour que le roi « vienne à vous. » Et la barque retourna vers la Tour; ceux des insurgés qui étaient venus jusqu'à la Tamise, s'en allèrent alors à Blackheath dire aux autres ce qui était arrivé, et alors il n'y eut parmi eux qu'un seul cri : « Allons à Londres ! « marchons sur Londres ! à Londres ! à Londres [1] ! »

Ils marchèrent en effet vers Londres, détruisant sur leur route plusieurs manoirs, mais ne pillant et n'enlevant rien. Arrivés au pont de

1. Froissard.

Londres, qui était fermé par une porte, ils demandèrent qu'on la leur ouvrît, et qu'on ne les contraignît pas à user de violence. Le maire William Walworth, homme d'origine anglaise, comme son nom semble l'indiquer, voulant se faire valoir auprès du roi et des gentilshommes, songea d'abord à tenir la porte fermée et à poster des gens armés sur le pont pour arrêter les paysans; mais il y eut parmi les bourgeois, surtout parmi ceux de la classe moyenne et inférieure, assez d'opposition à ce projet de résistance, pour que le maire y renonçât. « Pourquoi, disaient-ils, ne laisserait-on pas entrer « ces bonnes gens? ce sont nos gens, et tout ce « qu'ils font c'est pour nous [1]. » La porte fut ouverte, et les insurgés, parcourant la ville, se distribuèrent dans les maisons pour y prendre des rafraîchissements, chacun s'empressant de leur servir à boire et à manger, les uns par amitié, les autres par crainte. 1381.

Les premiers rassasiés se rendirent en foule à un hôtel du duc de Lancastre appelé la Savoie, et y mirent le feu par haine du duc qui avait eu, dans ces derniers temps, une grande part à l'administration des affaires. Ils brûlèrent les meubles les plus précieux sans en rien détour-

1. Froissard.

1381. ner, et même un des leurs, qui fut surpris emportant quelque chose, fut jeté dans le feu par ses compagnons [1]. Excités par le même sentiment de vengeance politique, sans mélange d'aucune autre passion, ils tuèrent, avec un appareil bizarre de formes juridiques, plusieurs des officiers du roi, et, faisant sortir des prisons d'état plusieurs détenus de distinction, les décapitèrent en cérémonie [2]. Ils ne firent aucun mal aux hommes de la classe bourgeoise et marchande, de quelque opinion qu'ils fussent, excepté aux Lombards et aux Flamands, qui faisaient la banque à Londres sous la protection de la cour, et dont plusieurs, en prenant à ferme les taxes, s'étaient rendus complices des vexations exercées contre les pauvres gens. Le soir, ils se réunirent en grand nombre sur la place de Sainte-Catherine, près de la Tour, disant qu'ils ne sortiraient pas de là que le roi ne leur eût accordé ce qu'ils voulaient; ils y passèrent toute la nuit, poussant de temps en temps de grands cris qui effrayaient le roi et les seigneurs enfermés dans la Tour. Ces derniers tinrent conseil avec le maire de Londres sur ce qu'il y avait à faire; le maire, qui s'était signalé

1. Froissard.

2. Henric. Knyghton.

au ressentiment populaire comme ennemi de l'insurrection, proposait des moyens violents; il voulait qu'on attaquât dans la nuit même, avec des forces régulières, ces gens qui couraient en désordre à travers les places et les rues, et dont à peine un seul sur dix était bien armé. Son avis ne prévalut pas, et le roi écouta ceux qui lui disaient : « Si vous pouvez apaiser ces « gens par de belles paroles, ce sera le meilleur « et le plus profitable; car si nous commençons « chose que nous ne puissions achever, il n'y aura « plus moyen de nous en remettre jamais[1]. » 1381.

Quand vint le matin, les gens qui avaient passé la nuit en face de la Tour, commencèrent à s'agiter, et à crier que, si le roi ne venait pas, ils prendraient la Tour d'assaut, et mettraient à mort tous ceux qui étaient dedans; le roi leur fit dire alors qu'ils se transportassent hors de la ville, dans un lieu appelé Miles-end, et que de son côté il s'y rendrait sans faute. Il sortit en effet, accompagné de ses deux frères, des comtes de Salisbury, de Warwick, d'Oxford, et de plusieurs autres barons. Dès qu'ils eurent quitté la Tour, ceux des insurgés qui étaient restés dans la ville y entrèrent de force, et courant de chambre en chambre, saisirent l'archevêque de

1. Froissard.

1381. Canterbury, l'un des trésoriers du roi, ainsi que deux autres personnes qu'ils massacrèrent, et dont ils promenèrent les têtes au bout de leurs piques. Les autres, au nombre de cinquante mille, se trouvaient réunis à Miles-end, quand le roi y arriva. A la vue des paysans armés, ses deux frères et plusieurs barons eurent peur, et l'abandonnèrent, mais lui, tout jeune qu'il était, s'avança avec assurance; et, s'adressant aux paysans en langue anglaise: « Bonnes gens, leur dit-« il, je suis votre roi et votre sire; que vous « faut-il? Que me voulez-vous? » Ceux qui étaient à portée de l'entendre répondirent: « Nous vou-« lons que tu nous affranchisses à tout jamais, « nous, nos enfants et nos biens; et que nous ne « soyons plus appelés serfs, ni tenus en servage. « — Je vous l'accorde, dit le roi, retirez-vous en « vos maisons par villages, comme vous êtes ve-« nus, et laissez seulement après vous deux ou « trois hommes de chaque lieu. Je vais tantôt « faire écrire et sceller de mon sceau des lettres « qu'ils emporteront avec eux, et qui vous assu-« reront franchement tout ce que vous deman-« dez, et je vous pardonne ce que vous avez « fait jusqu'à présent; mais que vous retourniez « chacun dans vos maisons, comme je l'ai dit[1]. »

1. Froissard.

Ces gens simples reçurent avec grande joie les paroles du jeune roi, sans songer aucunement qu'il pût avoir envie de les tromper. Ils promirent de partir séparés, et se séparèrent en effet, sortant de Londres par différentes routes. Ce jour-là même, plus de trente clercs de la chancellerie royale furent occupés à écrire et à sceller des lettres d'affranchissement et de pardon; ils les remettaient aux commissaires des insurgés, qui partaient aussitôt après les avoir reçues. Ces lettres étaient en latin et contenaient les passages suivants : 1381.

« Sachez que, de notre spéciale grâce, nous « avons affranchi tous nos liges et sujets du comté « de Kent et des autres comtés du royaume, et « déchargé et acquitté tous et chacun d'eux de « tout bondage et servage.

« Et qu'en outre, nous avons pardonné à ces « mêmes liges et sujets toutes les offenses qu'ils « ont faites contre nous, en chevauchant et allant « par divers lieux, avec des hommes d'armes, « archers et autres, à force armée, bannières et « pennons déployés [1].... »

Les chefs, et surtout Wat-Tyler et John Ball,

1. Sciatis quòd de gratiâ nostrâ speciali manumisimus universos ligeos et singulos subditos nostros.... et ipsos et eorum quemlibet omni bondagio et servitio exuimus... Et quod perdonavimus iisdem ligeis... (Rymer., Acta publica.)

1381. plus clairvoyants que les autres, n'eurent point la même confiance dans les paroles et les chartes du roi, ils firent ce qu'ils purent pour arrêter le départ et la dispersion des gens qui les avaient suivis, et parvinrent à rallier quelques milliers d'hommes, avec lesquels ils restèrent à Londres, déclarant qu'ils n'en sortiraient point avant d'avoir obtenu des concessions plus expresses, des garanties de ces concessions. La fermeté de leur résolution imposa aux seigneurs de la cour, qui, n'osant encore employer la force, conseillèrent au roi d'avoir avec les chefs de la révolte une entrevue à Smithfield, lieu où se tenait alors le marché aux bestiaux. Les paysans, ayant reçu cette réponse, s'y rendirent pour attendre le roi, qui vint escorté du maire, des aldermen de Londres, et de plusieurs courtisans et chevaliers. Il s'arrêta à une certaine distance, et envoya un officier dire aux insurgés qu'il était là, et que celui de leurs chefs qui devait porter la parole n'avait qu'à s'avancer pour présenter sa requête. « C'est moi, » répondit Wat-Tyler, et, sans songer au péril auquel il s'exposait, il fit signe aux gens de sa troupe de ne pas le suivre, et piqua des deux vers le roi. Il l'aborda librement, faisant avancer son cheval tout près du sien, et lui fit sans formules obséquieuses la demande précise de certains droits qui devaient être la conséquence naturelle de l'affranchissement du peuple : savoir le droit d'acheter et de vendre librement dans les villes et hors des villes, et le droit de chasse en forêts et en plaines, que les hommes de race anglaise avaient perdu à la conquête[1]. Le roi hésitait à répondre d'une manière positive, et pendant ce temps, Wat-Tyler, soit par impatience, soit pour montrer par ses gestes qu'il n'était pas intimidé, jouait avec une épée qu'il tenait à la main, et la faisait tourner en l'air au-dessus de sa tête. Le maire de Londres, William Walworth, se trouvait alors à côté du roi; et, soit qu'il crût voir une menace dans le geste de Wat-Tyler, soit qu'il ne pût résister à un violent accès de colère contre lui, il le frappa sur la tête d'un coup de masse d'armes, et le renversa de cheval : les gens de la suite du roi l'entourèrent pour cacher un moment aux insurgés ce qui se passait, et un écuyer de naissance normande, nommé Philipot, descendant de cheval, enfonça son épée dans la poitrine du couvreur en tuiles, et le tua d'un seul coup. Les insurgés, s'apercevant que leur capitaine n'était plus à cheval, commencèrent à se mettre en mouvement et à crier : « Ils ont tué

1381.

1. Et stagnis piscariis et boscis et forestis feras capere, in campis lepores fugare. (Henric. Knyghton, pag. 2637.)

1381. « notre capitaine ! allons, allons, tuons tout ! » et ceux qui avaient des arcs les bandèrent, pour tirer sur le roi et sur sa compagnie [1].

Alors le roi Richard fit lui-même un acte de courage extraordinaire. Il se sépara de ceux qui l'accompagnaient en leur disant : « Demeurez ; que « personne ne me suive ; » et il alla seul au-devant des insurgés qui se rangeaient en bataille. « Sei- « gneurs, leur dit-il, que vous faut-il? Vous n'avez « d'autre capitaine que moi ; je suis votre roi ; te- « nez-vous en paix, suivez-moi aux champs, et « je vous donnerai ce que vous demandez. » L'étonnement que leur causa cette démarche, et l'impression que produit toujours sur la masse des hommes celui qui possède le souverain pouvoir, firent que le gros de la troupe se mit en marche, et suivit le roi par un instinct machinal. Pendant que le roi s'éloignait en parlant avec eux, le maire courut à Londres, et fit sonner l'alarme et crier dans les rues : « On tue le roi ! on tue le roi ! » Comme il n'y avait plus d'insurgés dans la ville, les nobles anglais et étrangers, et les riches bourgeois qui étaient du parti des gentilshommes, et qui s'étaient tenus armés dans leurs maisons, avec leurs gens, de crainte du pillage, sortirent tous, et se dirigèrent au nombre de dix mille, la

1. Froissard.

plupart à cheval et complètement armés, vers le champ où marchaient les insurgés en désordre, comme des gens qui ne s'attendent point à être attaqués. Dès que le roi vit venir les gens d'armes, il galopa vers eux, se mit dans leurs rangs, et aussitôt ils commencèrent le combat en bon ordre, contre les paysans qui, surpris de cette attaque imprévue, et saisis d'une terreur panique, s'enfuirent de côté et d'autre, la plupart en jetant leurs armes. On en fit un grand carnage, et plusieurs des fuyards, rentrant dans Londres, se cachèrent chez leurs amis [1]. 1381.

Les gens armés qui, sans grand péril, les avaient mis en déroute, revinrent en triomphe, et le jeune roi alla recevoir les félicitations de sa mère, qui lui dit en langue française : « Holà, « beau fils, j'ai eu aujourd'hui grande peine et « angoisse pour vous. — Certes, madame, je le « crois bien, répondit le roi; mais à présent ré« jouissez-vous et louez Dieu, car il est heure de « le louer, puisque j'ai aujourd'hui recouvré mon « héritage, et le royaume d'Angleterre que j'a« vais perdu. » On fit des chevaliers dans cette journée, comme dans les grandes batailles du temps, et des premiers furent le maire Walworth et l'écuyer Philipot, qui avaient assassiné Wat-

1. Froissard.

1381. Tyler. Le jour même un ban fut crié de rue en rue de par le roi, ordonnant que tous ceux qui n'étaient pas natifs de Londres, ou n'y habitaient pas depuis un an, partissent sans délai, et que, si quelqu'un d'entre eux y était vu ou trouvé le lendemain matin, il eût la tête tranchée comme traître au roi et au royaume. Ce qui restait des gens venus avec les insurgés s'en alla par toutes les routes et à la débandade. John Ball et Jack Straw, prévoyant qu'on les guetterait à leur départ, demeurèrent cachés; mais ils furent bientôt découverts, et conduits devant les justiciers royaux, qui les firent décapiter et couper en quartiers. Ces nouvelles, répandues autour de Londres, arrêtèrent dans sa marche un second ban de serfs insurgés qui venait des provinces éloignées et n'avait pu arriver aussi promptement que les autres. Ils n'osèrent aller plus avant, rebroussèrent chemin et se débandèrent [1].

Pendant que ces choses se passaient, toutes les provinces de l'Angleterre étaient en agitation. A l'est, aux environs de Norwich, les seigneurs des terres, les chevaliers et les gentilshommes se cachèrent. Au sud, plusieurs comtes et barons, qui se trouvaient rassemblés daus le port de Plymouth, prêts à s'embarquer pour une expédition en Por-

1. Froissard. — Thomas Walsingham.

tugal, craignant que les paysans du voisinage ne vinssent leur courir sus, montèrent sur leurs vaisseaux, quoique le temps fût mauvais, et se mirent à l'ancre en pleine mer. Dans les comtés du nord, dix mille insurgés se levèrent, et le duc de Lancaster, qui faisait alors la guerre sur la frontière d'Écosse, s'empressa de conclure une trève avec les Écossais, et leur demanda asyle dans leur pays. Mais le bruit des événements de Londres rendit le courage aux gentilshommes; ils se mirent en campagne contre les gens des villages, mal armés et sans moyens de retraite, tandis qu'eux-mêmes avaient leurs châteaux-forts, dont il suffisait de hausser le pont-levis pour être en sûreté. La chancellerie royale écrivit en grande hâte aux chatelains des cités, des villes et des châteaux de garder leurs forteresses et de n'y laisser entrer personne, sur leur tête. En même temps on répandit partout la nouvelle que le roi donnait des lettres d'affranchissement à tout serf qui se tenait paisible, ce qui diminua l'effervescence et l'énergie du peuple et le rendit moins confiant envers ses chefs. Ceux-ci furent saisis en différents lieux sans qu'il y eût beaucoup de résistance et de tumulte pour les sauver; tous étaient des gens de métier, et n'avaient la plupart pour nom de famille que le nom même de leur profession;

1381.

1381. comme Thomas Baker ou le boulanger, Jack Mylner ou le meunier, Jack Carter ou le charretier[1].

Lorsque la conjuration des paysans eût été ainsi complètement dissoute, tant par leurs défaites partielles et l'emprisonnement des chefs que par le relâchement du lien moral qui les avait réunis, une proclamation fut publiée à son de cor dans les villes et dans les villages, en vertu d'une lettre adressée par le roi à tous les scheriffs, maires et baillis du royaume, et ainsi conçue :

« Faites proclamer sans délai dans chaque « cité, bourg et ville marchande, que tous et « chacun des tenanciers, libres et natifs, fassent « sans aucune résistance, difficulté ou retard, les « ouvrages, services, aides et corvées qu'ils « doivent à leurs seigneurs, d'après la coutume « antique, et qu'ils avaient habitude de faire « avant les troubles survenus dans différents com- « tés du royaume.

« Et faites leur défense rigoureuse de retar- « der plus long-temps que par le passé lesdits « services et ouvrages, et d'exiger, revendiquer « ou prétendre quelque liberté ou privilège « dont ils n'auraient pas joui avant lesdits trou- « bles.

1. Henric. Knyghton.

« Et bien qu'à l'instance importune des in- 1381.
« surgés certaines lettres patentes de nous leur « aient été octroyées, portant affranchissement « de tout bondage et servage pour tous nos liges « et sujets, comme aussi le pardon des offenses « commises contre nous par ces mêmes liges et « sujets,

« Pour ce que lesdites lettres ont émané de « notre cour sans mûre délibération et indue- « ment, et considérant que la concession des- « dites lettres tendait manifestement à notre « grand préjudice, à celui de notre couronne, « ainsi qu'à l'expropriation de nous, des prélats, « seigneurs et barons de notre royaume et de « la très-sainte église,

« De l'avis de notre conseil et par la teneur « des présentes, nous avons révoqué, cassé et « annulé lesdites lettres, ordonnant en outre « que ceux qui ont en leur pouvoir nos lettres « d'affranchissement et de pardon les remettent « et les restituent à nous et à notre conseil, sous « la foi et allégeance qu'ils nous doivent et sous « peine de forfaiture de tout ce qu'ils peuvent « forfaire envers nous [1]. »

Aussitôt après cette proclamation, un corps de cavalerie fut rassemblé à Londres, et partit

1. Rymer. tom. III, pars III, pag. 124.

1381. en colonne mobile pour parcourir dans tous les sens les comtés voisins d'où étaient venus les insurgés qui avaient obtenu des chartes. Un juge du ban du roi, nommé Robert Tresilyan, accompagna les soldats et fit avec eux une tournée dans tous les villages, faisant publier sur sa route que tous ceux qui avaient emporté des lettres d'affranchissement et de pardon eussent à les lui remettre sans délai, sous peine d'exécution militaire pour tous les habitants en masse. Toutes les chartes qu'on lui apporta furent lacérées et jetées au feu devant le peuple; mais il ne se contenta pas de ces mesures, et recherchant tous ceux qui avaient été les premiers fauteurs de l'insurrection, il les fit périr par des supplices atroces, faisant pendre les uns quatre fois aux quatre coins des villes, faisant éventrer les autres et jeter leurs entrailles au feu, pendant qu'ils vivaient encore[1]. Ensuite les archevêques, évêques, abbés et barons du royaume, ainsi que deux chevaliers de chaque comté et deux bourgeois de chaque ville marchande[2], furent convoqués en parlement par

1. Alios decapitari, alios suspendi, alios vero trahi per civitates et suspendi per quatuor partes civitatum, alios autem eviscerari. (Henric. Knyghton, pag. 2643.)

2. Duos milites de unoquoque comitatu et duos burgenses de unaquâque villâ mercatoriâ. (Ibid.)

lettres du roi Richard. Celui-ci exposa devant l'assemblée les motifs de la révocation provisoire des chartes d'affranchissement, ajoutant que c'était à elle de décider si les paysans devaient être affranchis ou non. « Dieu nous garde, ré- « pondirent les barons et les chevaliers, de sou- « scrire à de telles chartes, dussions-nous périr « tous en un seul jour : car nous aimerions « mieux perdre la vie que nos héritages. » 1381.

L'acte du parlement, qui ratifiait les mesures déja prises, fut rédigé en langue française, après avoir été probablement discuté dans cette langue[1]. L'on ne sait quelle part les députés des villes prirent à ce débat, ni même s'ils y assistèrent; car, bien qu'ils fussent convoqués dans les mêmes formes que les chevaliers des provinces, ils se réunissaient souvent à part, ou bien ne restaient dans la salle commune que pendant la discussion de l'impôt sur les marchandises et le commerce. Au reste, quel qu'ait été le rôle joué dans le parlement de 1381 par les envoyés des villes, l'affection de la classe bourgeoise pour la cause des insurgés n'est pas douteuse. En beaucoup de lieux elle répéta le propos des habitants de Londres : « Ce sont nos « gens, et tout ce qu'ils font c'est pour nous. » Tous ceux qui, n'étant pas nobles et titrés, blâ-

1. Hallam's Europa in Middle ages.

1381. mèrent l'insurrection furent mal notés dans l'opinion publique, et cette opinion se prononça assez fortement pour qu'un poète de l'époque, nommé Gower, qui s'était enrichi en faisant des vers français pour la cour, ait cru faire un trait de courage en publiant une satire où les insurgés étaient poursuivis par l'odieux et le ridicule[1]. Il déclare que cette cause a des partisans nombreux et considérables dont la haine peut être dangereuse; mais qu'il aime mieux s'y exposer que de ne pas dire la vérité. Ainsi il est probable que, si l'insurrection commencée par des paysans et des *ribauds sans chausses* n'eût pas été si tôt vaincue, des personnes d'une classe plus relevée en auraient pris la conduite, et, avec plus de moyens de succès, l'auraient poussée jusqu'à son dernier terme. Peut-être qu'en peu de temps, pour employer l'expression d'un historien de l'époque, toute noblesse et gentillesse eût disparu d'Angleterre[2].

1381 à 1450. Au lieu de cela les choses restèrent dans l'ordre anciennement établi par la conquête, et les serfs, après leur défaite, continuèrent d'être traités selon les termes des proclamations, qui disaient, en s'adressant à eux-mêmes : « Villains vous

1. Elle était écrite en latin, sous le titre de *Vox clamantis*.

2. Froissard, voyez Turner's history of the anglo-normans, tom. II.

« étiez, et l'êtes encore, et en bondage vous « resterez [1]. » Malgré le mauvais succès de la tentative qu'ils avaient faite pour sortir tous à la fois de servitude, et détruire la distinction d'état qui avait succédé à la distinction de race, le mouvement naturel qui tendait à rendre graduellement cette distinction moins grande ne s'en continua pas moins, et les affranchissements individuels, qui avaient commencé bien avant cette époque, devinrent dès lors plus fréquents. L'idée de l'injustice de la servitude en elle même, et quelle que fût son origine, soit ancienne, soit récente, cette grande idée, qui avait été le lien de la conspiration de 1381, et à laquelle l'instinct de la liberté avait élevé les paysans avant les gentilshommes, gagna ces derniers eux-mêmes. Dans les moments de la vie où la réflexion devient plus calme et plus profonde, où l'intérêt et l'avarice parlent moins haut que la raison, dans les instants de chagrin domestique, de maladie et de péril de mort, les nobles se repentirent de posséder des serfs, comme d'une chose peu agréable à Dieu, qui avait créé tous les hommes à son image. Un grand nombre d'actes d'affranchissement rédigés au XIVe et au XVe siècle, portent le préambule suivant : « Comme ainsi

1381 à 1450.

1. Rustici quidem fuistis et estis, et in bondagio permanebitis. (Thomas Walsingham.)

1381 à 1450. « soit que Dieu, dès le commencement, a « fait tous les hommes libres par nature, et « qu'ensuite le droit des gens a constitué certains d'entre eux sous le joug de servitude, « nous croyons que ce serait chose pieuse et méritoire auprès de Dieu, de délivrer telles personnes à nous sujettes en villenage, et de les « affranchir entièrement de pareils services. Sachez donc que nous avons affranchi et délivré « de tout joug de servitude, tels et tels, nos « naïfs de tel manoir, eux et leurs enfants nés « et à naître [1]. »

Ces sortes d'actes, qui furent très-fréquents durant le XVe siècle, et dont on ne trouve aucun exemple dans les temps antérieurs, indiquent la naissance d'une sorte d'esprit public contraires aux résultats violents de la conquête, et qui paraît s'être développé à la fois chez les fils des Normands, et chez ceux des Anglais, à l'époque où fut effacé, dans l'esprit des uns et des autres, toute tradition claire de l'origine historique de leur situation respective. Ainsi la grande insurrection des villains, en 1381, semble

1. Cum ab initio omnes homines naturâ liberaverit Deus et posteà jus gentium quosdam subjugo servitutis constituit, nos pium, etc. (Rymer.) — Sciatis igitur nos manumisisse... Nativos nostros cum omni sequela sua procreata et procreanda. (Rymer. tom. VI.)

être le dernier terme de la série des révoltes 1381
saxones et le premier d'un nouvel ordre de à
mouvements politiques. Les insurrections de 1450.
paysans qui suivirent, quelques formidables qu'elles aient été, n'eurent plus le même caractère de simplicité dans leurs motifs, et de précision dans leur objet. La conviction de l'injustice absolue de la servitude, et de l'illégitimité de la puissance seigneuriale ne fut plus leur unique mobile; mais des intérêts passagers et des opinions du moment y eurent une part plus ou moins forte. Jack Cade, qui joua, en
1448, le même rôle que Wat-Tyler, en 1381, 1448.
ne se fit pas, comme ce dernier, le représentant des droits du commun peuple contre les gentilshommes, mais rattachant sa cause et la cause populaire aux factions aristocratiques, qui divisaient alors l'Angleterre, il alla jusqu'à se donner pour un membre de la famille royale, injustement exclu de la succession au trône. L'influence qu'eut cette imposture sur l'esprit du peuple dans les provinces du Nord, et, dans cette même province de Kent qui, soixante-dix ans auparavant, avait pris pour capitaines des couvreurs en tuiles, des boulangers et des charretiers, prouve qu'une fusion rapide s'opérait entre les intérêts et les passions politiques des différentes classes d'hommes, et que tel ordre

1381. à 1450. d'idées et de sympathies n'était pas attaché d'une manière fixe et invariable à telle condition sociale.

Vers la même époque, et sous l'empire des mêmes circonstances, le parlement d'Angleterre prit la forme sous laquelle il est devenu célèbre dans nos temps modernes, et se sépara d'une manière fixe en deux assemblées, l'une composée du haut clergé, des comtes et des barons convoqués par lettres spéciales du roi, l'autre des petits feudataires et des chevaliers des comtés, réunis à des bourgeois des villes, élus par leurs pairs, ou convoqués arbitrairement par les sheriffs. Cette nouvelle combinaison politique, en rapprochant les bourgeois de race anglaise des tenanciers féodaux, Normands de naissance, ou présumés tels par la possession de leurs fiefs et par leurs titres militaires, était un grand pas vers la destruction de l'ancienne distinction par race, et l'établissement d'une distinction nouvelle, fondée uniquement sur l'importance politique, et la grande richesse territoriale. Toutefois, malgré l'espèce d'égalité que la réunion des bourgeois et des chevaliers dans une assemblée particulière semblait établir entre ces deux classes d'hommes, celle qui était anciennement inférieure garda quelque temps encore le signe de son infériorité. Elle assistait aux délibérations sur les matières politiques et la guerre, sans y prendre aucune part, ou bien se retirait durant ces discussions, et n'intervenait que pour le vote des taillages et des subsides exigés par le roi, sur la propriété mobilière. 1381 à 1450.

L'assise de ces sortes d'impôts avait été, dans les temps antérieurs, l'unique motif de la convocation des bourgeois de race anglaise auprès des rois. Ceux qu'on savait être riches parmi eux, comme parmi les juifs, étaient plutôt sommés qu'invités à comparoître devant leur seigneur. Ils recevaient l'ordre de se rendre auprès du roi à Londres, et le rencontraient où ils pouvaient, dans son hôtel, en pleine rue, ou hors de la ville, au milieu d'une partie de chasse. Au contraire, les barons et les chevaliers que le roi appelait près de lui, pour le conseiller et traiter conjointement avec lui des affaires qui regardaient la communauté, ou, comme on disait alors en langue normande, la *comminalté* du royaume, étaient accueillis d'une toute autre manière, et avec un cérémonial aussi différent que l'était le motif de leur convocation. Ils trouvaient à la cour tout préparé pour les recevoir; de la courtoisie, des fêtes, l'appareil chevaleresque et les pompes de la royauté. Après les fêtes, ils avaient avec le roi, selon

1381 à 1450, l'expression des anciens historiens, de graves entretiens sur le pays [1]; tandis que le rôle des envoyés de la bourgeoisie se bornait à donner l'adhésion la plus brève possible aux états de subsides que leur présentait un des barons de l'Échiquier.

L'habitude que prirent peu à peu les rois de convoquer les villains de leurs cités et de leurs bourgs, non plus d'une manière irrégulière, selon le besoin du moment, mais à des époques fixes et périodiques, lorsqu'ils tenaient leur cour trois fois l'année, ne changea que faiblement cette ancienne pratique, dont le lecteur a vu plus haut, sous le règne de Henri II, un exemple très-remarquable. Les formes employées à l'égard des bourgeois devinrent, il est vrai, moins acerbes, lorsqu'ils ne furent plus convoqués auprès du roi seul, mais en plein parlement, au milieu des prélats, des barons et des chevaliers. Cependant le motif de leur admission dans cette assemblée dont ils occupaient les derniers rangs, était toujours le même : les impôts, qu'on les forçait de voter, surpassaient toujours, même lorsqu'il s'agissait d'une contribution générale, ceux du clergé et des feudataires. Par exemple, lorsque les chevaliers octroyaient

1. Graves sermones habuerunt de hac terrâ. (Chr. Saxon. Gibson.)

un vingtième ou un quinzième de leurs biens 1381
meubles, l'octroi des bourgeois était d'un dixième à
ou d'un septième. Cette différence s'observait, 1450.
soit que les députés des bourgs fussent assemblés à part, dans la ville où se tenait le parlement, soit qu'on les eût convoqués dans une autre ville, soit enfin que, selon l'usage qui prévalut, on les eût réunis aux chevaliers des comtés élus comme eux collectivement, tandis que les comtes et les hauts barons recevaient personnellement du roi leurs lettres de convocation [1]. Aussi les membres de la bourgeoisie, au XVe siècle, étaient peu jaloux de venir au parlement, comme représentant leurs cités; et les villes elles-mêmes, loin de regarder comme un droit précieux leur faculté électorale, en sollicitaient l'exemption. Le recueil des actes publics d'Angleterre contient plusieurs réclamations de ce genre, ainsi que plusieurs chartes royales en faveur de certains bourgs malicieusement contraints, disent ces chartes, à envoyer des hommes au parlement [2].

Le rôle des chevaliers et des bourgeois, siégeant dans la même enceinte, différait donc en raison de leur origine et de leur condition sociale. Le champ de la discussion politique était

1. Voyez Hallam's Europa in Middle ages.

2. Malitiosè constrictos ad mittendum homines ad parliamenta. (Rymer. Charta Edwardi III.)

1381 à 1450. sans bornes pour les premiers; et pour les seconds, il était limité aux matières d'impôts sur le commerce et les marchandises importées ou exportées. Mais l'extension que prirent, vers le quinzième siècle, les mesures commerciales et financières, augmenta naturellement l'importance parlementaire des bourgeois, sans que leurs attributions primitives fussent changées. Ils acquirent par degrés, en matière de finances, une plus grande participation aux affaires que la portion titrée de la chambre basse, ou même que la chambre haute du parlement. Cette révolution, due aux progrès généraux de l'industrie et du commerce, en amena assez promptement une autre, en bannissant de la chambre basse, qu'on appelait chambre de la communauté ou des communes, la langue française, que les bourgeois n'entendaient et ne parlaient que très-imparfaitement.

Le français était encore en Angleterre, à la fin du XIVe siècle, l'idiome officiel de tous les corps politiques et de tous les hauts personnages dont l'existence se rattachait à la conquête normande. Le roi, les évêques et les juges, les comtes et les barons le parlaient; c'était le langage que leurs enfants apprenaient au sortir du berceau[1]. La position de la minorité aristocratique,

1. Filii nobilium a primis cunabulorum crepundiis in gallicum idioma informantur. (Ranulph. Hygden. Polychron.)

qui conservait cet idiome depuis trois siècles 1381
et demi, au milieu d'un peuple qui en parlait à
un tout différent, avait été peu favorable à ses 1450.
progrès; et, comparé au français de la cour de France, à la même époque, il avait quelque chose d'antique et d'incorrect pour la grammaire et la prononciation. On y employait certaines locutions propres au dialecte provincial de Normandie, et la manière de le prononcer, autant qu'on peut en juger par l'ortographe des anciens actes, était fort ressemblante à ce qu'est aujourd'hui l'accent bas-normand. Cet accent, porté en Angleterre, s'y était en outre empreint à la longue d'une certaine couleur de prononciation saxonne. La manière d'articuler des Normands et des Anglo-normands différait surtout par le son plus marqué que ceux-ci donnaient aux consonnes finales, comme dans le mot *attention*, que les premiers prononçaient *attinchein*, et les seconds *attincheinn*.

Une cause de déclin rapide pour la langue et surtout pour la poésie française, en Angleterre, fut la séparation totale de ce pays et de la Normandie par la conquête de Philippe-Auguste. L'émigration des littérateurs et des poëtes de la *langue d'oui* à la cour des rois anglo-normands devint, depuis cet événement, moins facile et moins fréquente. N'étant plus sou-

1381 à 1450. tenus par l'exemple et l'imitation de ceux qui venaient du continent leur montrer les nouvelles formes du beau langage, les poètes normands, demeurés en Angleterre, perdirent, durant le XIIIe siècle, une partie de leur ancienne grâce et de leur facilité de travail. Les nobles et les courtisans, se plaisant fort à la poésie, mais dédaignant de faire des vers et de composer des livres, les trouvères, qui chantaient pour la cour et les châteaux, ne pouvaient former d'élèves que parmi la classe marchande ou le clergé inférieur, gens d'origine anglaise, et parlant anglais dans leur conversation habituelle. L'effort que ces hommes devaient faire pour exprimer leurs idées et leurs sentiments dans un langage qui n'était pas celui de leur enfance, nuisit à la perfection de leurs ouvrages, et les rendit en même temps moins nombreux. Dès la fin du treizième siècle, la plupart des hommes qui, soit dans les villes, soit dans les cloîtres, se sentaient du goût et du talent pour la littérature, essayèrent de traiter en langue anglaise les sujets historiques ou d'imagination, qui jusque là ne l'avaient été qu'en langue normande pure.

Un grand nombre d'essais de ce genre parurent successivement dans la première moitié du quatorzième siècle. Une partie des poètes de cette époque, ceux principalement qui possé-

daient ou recherchaient la faveur des hautes classes 1381
de la société, faisaient des vers français; d'au- à
tres, se contentant de l'approbation de la classe 1450.
moyenne, travaillaient pour elle dans sa langue; d'autres enfin, associant les deux langues dans la même pièce de vers, en changeaient alternativement à chaque couplet, et quelquefois même à chaque vers[1]. Peu à peu la disette de bons livres français composés en Angleterre devint telle, que la haute société fut obligée de tirer de France les romans ou les contes en vers dont elle se divertissait dans les longues soirées, et les ballades qui égayaient ses festins et ses cours. Mais la guerre de rivalité, qui s'éleva à la même époque entre la France et l'Angleterre, inspirant à la noblesse des deux nations une aversion mutuelle, diminua, pour les Anglo-normands, l'attrait de la littérature importée de France, et contraignit les gentilshommes, délicats sur le point d'honneur national, à se contenter de la lecture des ouvrages indigènes. Ceux qui habitaient Lon-

1. On en trouve un exemple dans le prologue d'un poëme politique écrit sous le règne d'Edward II, et dans lequel les vers français et anglais se suivent et riment ensemble aussi bien que peuvent s'accorder les consonnances des deux langues.

> On peut faire et défaire come fait il trop souvent;
> *'Tis rather well* ne faire *therefore England is kent.*

1381 à 1450. dres, et fréquentaient la cour, trouvaient encore de quoi satisfaire leur goût pour la poésie et la langue de leurs aïeux. Mais les seigneurs et les chevaliers qui vivaient retirés dans leurs châteaux, ou dans les lieux où ne pouvait se former une réunion nombreuse de personnes conversant en français, furent obligés, sous peine d'ennui, de donner accès auprès d'eux aux conteurs d'historiettes, et aux chanteurs de ballades anglaises, jusque là dédaignés, comme n'étant bons qu'à égayer la bourgeoisie et les villains [1].

Ces auteurs bourgeois se distinguaient de ceux qui, à la même époque, écrivaient pour la cour et la haute noblesse, par une grande estime pour la classe des paysans, laboureurs, meuniers ou hôteliers. Les écrivains en langue française traitaient ordinairement les hommes de cette classe avec le dernier mépris; ils ne leur donnaient aucune place dans leurs récits, où tout se passait entre des personnages de la haute classe, nobles barons et nobles dames, gentils écuyers et gentilles damoiselles, tandis que les auteurs anglais prenaient pour sujets de leur *merry tales*, ou contes joyeux, des aventures plébéiennes, telles que celle de Peter Ploughman, ou Pierre

1. Many nobles I have y seighe
That no freynshe couth seye.
(Vers du XIVe siècle.)

le garçon de charrue, et les historiettes du même 1381 à 1450.
genre qui se trouvent en si grand nombre dans les ouvrages de Chaucer. Un autre caractère commun à presque tous ces poëtes, c'est une espèce de haine nationale contre la langue de la conquête : « Il faut entendre l'anglais, dit l'un « d'entre eux, lorsqu'on est natif d'Angleterre, « et ces gentilshommes qui emploient le fran- « çais, pourraient aussi bien parler anglais[1]. » Chaucer, l'un des hommes les plus spirituels de son temps, donne à cette critique de l'idiome, employé spécialement par les personnes de haute naissance, une tournure toute particulière; il oppose à leur dialecte anglo-normand, vieilli dans sa forme et incorrect dans sa prononciation, le français poli et gracieux de la cour de France, et, en faisant le portrait d'une abbesse de haut parage, « elle savait, dit-il, parler français parfai- « tement et gracieusement, comme on l'enseigne « à Stratford-Athbow, car pour le français de « Paris, elle n'en savait rien[2]. »

1. Right is that Engliss english understand
That was born in Engeland
French use this gentilman
And ever engliss can.

2. And french she spake ful fayre and fetisly
After the scole of Stratford-atte-Bowe
For french of Paris, was to hir un-know.
(Prologue to the Canterbury tales.)

1381 à 1450. Tout mauvais qu'il était, le français des nobles d'Angleterre avait au moins l'avantage d'être parlé et prononcé d'une manière uniforme, tandis que la nouvelle langue anglaise, composée de mots et d'idiotismes normands et saxons joints au hasard, variait d'une province et quelquefois d'une ville à l'autre [1]. Cette langue, qui avait commencé à se former en Angleterre dès les premières années de la conquête, sans qu'on puisse fixer aucune règle ni aucune époque précise à son développement graduel, s'était enrichie successivement de tous les barbarismes français proférés par les Anglais, et de tous les barbarismes saxons proférés par les Normands, qui cherchaient à s'entendre les uns les autres. Chaque individu, selon sa fantaisie ou le degré de connaissance qu'il avait de chacune des deux langues, leur empruntait des locutions et joignait ensemble arbitrairement les premiers mots qui lui venaient à la bouche. En général, chacun cherchait à mettre dans sa conversation tout le français qu'il avait pu retenir, afin d'imiter les grands, et de paraître un personnage distingué [2]. Cette ma-

1. Cùm mirandum videtur quomodo propria lingua Anglorum pronuntiatione ipsa sit tam diversa, cùm tamen normannica lingua, quæ adventitia est, univoca maneat penes cunctos. (Ranulph. Hygdin. pol. Chron.)

2. Rurales omnes ut per hoc spectabiliores videantur

nie qui, si l'on en croit un auteur du XIVe siècle, 1381
avait gagné jusqu'aux paysans, rendait l'anglais à
de cette époque difficile à écrire d'une manière 1450.
généralement intelligible. Malgré le mérite de ses poésies, Chaucer paraît avoir craint que la diversité d'idiome ne les empêchât d'être goûtées hors de Londres; et il prie Dieu de faire à son livre la grâce d'être entendu par tous ceux qui voudront le lire [1].

Il y avait déja plusieurs années qu'un statut d'Édouard III avait, non pas ordonné, comme plusieurs historiens l'ont écrit, mais simplement permis de plaider en anglais devant les tribunaux civils. La multiplicité toujours croissante des affaires commerciales, et des procès qui en résultaient, avaient rendu ce changement plus nécessaire sous ce règne que sous les précédents, où les parties, lorsqu'elles n'entendaient pas la langue française, étaient forcées de demeurer étrangères aux débats. Mais, dans les procès intentés à des gentilshommes devant la haute cour du parlement, qui jugeait les crimes de trahison, ou devant les cours de chevalerie, qui décidaient dans les affaires d'honneur, l'ancienne

francigenari satagunt omni nisu. (Ranulph. Hygdin. pol. Chron. 210.)

1. Read where so thou be or elles sung
That thou beest understood God I beseech.

1381 langue officielle continua d'être employée, et
à les arrêts de tous les tribunaux d'être prononcés
1450. et *recordés* en français. En général, c'était l'habitude des gens de loi, de tous les ordres, même, lorsqu'ils parlaient anglais, d'employer à tout propos des paroles et des phrases françaises, comme *Ah! sire, je vous jure; Ha! de par Dieu! A ce j'assente*, et d'autres exclamations dont Chaucer ne manque jamais de bigarrer leur discours, lorsqu'il en met quelqu'un en scène.

C'est durant la première moitié du XVe siècle que l'anglais, prenant par degrés plus de faveur, comme langue littéraire, finit par remplacer entièrement le français, excepté pour les plus grands seigneurs qui, avant d'abandonner tout-à-fait l'ancien idiome de leurs ancêtres, se plurent également aux ouvrages écrits dans les deux langues. Le signe de cette égalité à laquelle venait de s'élever la langue des bourgeois, se retrouve dans les actes publics qui, depuis l'année 1400 ou environ, sont alternativement et indifféremment rédigés en français et en anglais. En l'année 1425, paraît le premier acte en langue anglaise de la chambre basse du parlement. On ne sait si la chambre haute conserva plus long-temps l'idiome de l'aristocratie et de la conquête; mais,
1450. depuis 1450, on ne rencontre plus de pièces françaises dans la collection imprimée des actes

publics d'Angleterre. Cependant quelques lettres 1450 écrites en français par des nobles, et quelques à épitaphes françaises, sont postérieures à cette 1485. époque. Certains passages des historiens prouvent aussi que, sur la fin du XVe siècle, les rois d'Angleterre et les seigneurs de leur cour savaient et parlaient bien le français [1]; mais, depuis lors, cette connaissance ne fut plus qu'un mérite individuel, et non une sorte de nécessité attachée à la naissance; le français ne fut plus la première langue bégayée par les enfants des nobles, mais devint simplement pour eux, comme les langues anciennes et celle du continent, l'objet d'une étude de choix, et le complément d'une éducation distinguée.

C'est ainsi que, quatre siècles après la conquête de l'Angleterre par les Normands, disparut la différence de langage qui, avec l'inégalité de condition sociale, avait marqué la séparation des familles issues de l'une et de l'autre race. Cette fusion complète des deux idiomes primitifs, signe certain du mélange des races, fut peut-être accélérée au XVe siècle par la longue et sanglante guerre civile des maisons d'York et de Lancaster. En ruinant l'existence d'un grand nombre de familles nobles, en créant entre elles

1. Voyez Rymer. Fœdera, conventiones, litteræ, monasticum anglicanum. — Mémoires de Philippe de Commines.

1450 à 1485. des haines politiques et des rivalités héréditaires, en les forçant de faire des alliances de parti avec les gens de condition inférieure, cette guerre contribua puissamment à dissoudre la société aristocratique que la conquête avait fondée. Durant près d'un siècle la mortalité fut immense parmi les hommes qui portaient des noms normands, et les vides qu'ils laissaient furent nécessairement remplis par leurs vassaux, leurs serviteurs et les fils des bourgeois de l'autre race. Les nombreux prétendants à la royauté, et les rois nommés par un parti, et traités d'usurpateurs par l'autre, dans leur empressement à trouver des amis, n'avaient pas le loisir d'être difficiles sur le choix, et de maintenir entre les hommes les vieilles distinctions de naissance et d'état. Les grands domaines territoriaux, fondés par la conquête et perpétués dans les familles normandes, passèrent ainsi en d'autres mains par confiscation ou par achat, tandis que les anciens possesseurs, expropriés et bannis, allaient chercher un refuge et mendier leur pain dans les cours étrangères, en Flandre, en France, en Bourgogne, dans tous les pays d'où leurs ancêtres étaient partis autrefois pour aller à la conquête de l'Angleterre [1].

1. Mémoires de Philippe de Commines, pag. 97.

On peut fixer au règne de Henri VII l'époque où la distinction des rangs cessa de correspondre d'une manière générale à celle des races, et le commencement de la société actuellement existante en Angleterre. Cette société, composée d'éléments nouveaux, a cependant conservé en grande partie les formes de l'ancienne; les titres normands ont subsisté, et ce qui est plus bizarre, les noms propres de plusieurs familles normandes éteintes sont devenus eux-mêmes des titres conférés par lettres-patentes du roi, avec celui de comte ou de baron. Le successeur de Henri VII est le dernier roi qui ait placé en tête de ses ordonnances l'ancienne formule: « Henri, huitième du nom depuis la con-« quête[1]. » Mais, après lui, les rois d'Angleterre ont retenu l'habitude d'employer la vieille langue de la conquête dans leurs actes essentiels de royauté. « Le roy le veult; le roy s'advisera; le « roy mercie ses loyaux subjets. » Ces formules, qui semblent rattacher, après sept cents ans, la royauté d'Angleterre à son origine étrangère, 1485.

1. Anno regni Henrici regis Angliæ et Franciæ octavi a conquestu.... (Madox, Formulare anglican, pag. 235. — Dans les anciens actes français, on datait à la fois de l'ère chrétienne et de l'année de la conquête: L'an d'el incarnacion 1233, del conquest de Engelterre centisme sexante setime.

n'ont cependant paru odieuses à personne depuis le XVIe siècle. Il en est de même des généalogies et des titres qui font remonter l'existence de certaines familles nobles à l'invasion de Guillaume-le-Bâtard, et la grande propriété territoriale au partage fait à cette époque.

Aucune tradition populaire relative à la division des habitants de l'Angleterre en deux peuples ennemis, et à la distinction des deux éléments dont s'est formé le langage actuel, n'existant plus, aucune passion politique ne se rattache à ces faits oubliés. Il n'y a plus de Normands ni de Saxons que dans l'histoire; et, comme ces derniers n'y jouent pas le rôle brillant, la masse des lecteurs anglais, peu versés dans les antiquités nationales, aime à se faire illusion sur son origine, et prend les soixante mille compagnons de Guillaume-le-Conquérant pour les ancêtres communs de tout ce qui porte le nom d'Anglais; ainsi un boutiquier de Londres et un fermier de l'Yorkshire disent nos aïeux normands, comme feraient un Percy, un Darcy, un Bagot ou un Byron. Les noms normands, poitevins ou gascons, ne sont plus exclusivement, comme au XIVe siècle, le signe du rang, de la puissance et de la grande propriété, et il serait déraisonnable d'appliquer au temps présent les anciens vers cités à l'épigraphe de cet ouvrage. Cependant un fait certain et facile à vérifier, c'est que, sur un nombre égal de noms de famille pris d'un côté dans la classe des nobles, et de ceux qu'on appelle en anglais *country squires* et *gentlemen born*, et de l'autre dans celle des marchands, artisans et gens de la campagne, les noms à physionomie française se trouvent parmi les premiers dans une proportion beaucoup plus grande. Voilà tout ce qu'on remarque aujourd'hui de l'ancienne séparation des races, et avec quelle restriction peuvent être reproduites les paroles du vieux chroniqueur de Glocester :

« Des Normands descendent les hauts person-
« nages de ce pays, et les hommes de basse con-
« dition sont fils des Saxons. »

FIN DU TOME III ET DERNIER.

TABLE

CHRONOLOGIQUE ET ANALYTIQUE DU TOME TROISIÈME.

LIVRE X.

DEPUIS L'INVASION DE L'IRLANDE PAR LES NORMANDS ÉTABLIS EN ANGLETERRE, JUSQU'A LA MORT DE HENRI II.

1171 — 1189.

Dates des faits.

Caractère des habitants de l'Irlande. — Tentatives des papes sur l'Irlande. — Leur peu de succès. — Révolution ecclésiastique en Irlande. — Impopularité du pouvoir papal. — Entreprise du roi Henri II et du pape contre l'Irlande. — Bulle du pape Adrien IV....... Pages 1 à 16.

Normands établis dans le pays de Galles. — Alliance d'un roi irlandais avec les Normands de Galles. — Premier établissement des Anglo-Normands en Irlande. — Les Normands d'Irlande se donnent un chef. — Leurs victoires. 16 à 26.

1171 à 1172. Jalousie et crainte du roi Henri II. — Il part pour l'Irlande. — Soumission de plusieurs chefs irlandais. — Lâcheté des évêques..... 26 à 33.

1172 à 1173. Inquiétudes de Henri II. — Lettres des ennemis de Henri II. — Conduite du clergé de Normandie. — Faux récit de la mort de Thomas Becket. — Lettre de Henri II au pape. — Départ du roi pour la Normandie. — Paix entre le roi et la cour de Rome. — Réhabilitation de Thomas Becket. — Scènes d'hypocrisie. — Bulle du pape Alexandre III .... 33 à 53.

1173. État des affaires du roi Henri. — Troubles domestiques dans la famille royale. — Première querelle entre le roi et son fils Henri. — Découverte d'une conspiration. — Henri le fils reconnu roi en France. — Lettre de Henri le fils au pape. — Manifeste de Henri le fils. 53 à 67.

1174. Révolte des trois fils de Henri II. — Geoffroi et Richard se joignent à leur aîné. — Soumission de Henri II envers le pape. — Commencement des hostilités. — Conférence de Henri II avec ses fils. — Reprises des hostilités. — Henri II passe en Angleterre. — Sa pénitence au tombeau de Thomas Becket. — Motifs politiques de cette démarche. — Les Saxons se déclarent pour la cause royale .... 67 à 88.

1174 à 1175. Partisans de Richard en Aquitaine. — Caractère de Bertrand de Born. — Influence politique des troubadours. — Chant de guerre des partisans de Richard. — Malédictions contre les partisans du roi .... 88 à 99.

1175 à 1182. Seconde entrevue du roi et de ses fils. — Réconciliation de la famille royale. — Ligue des Aqui-

tains contre Richard. — Sirventes de Bertrand de Born.......................... 99 à 105.

1182 à 1183. Guerre de Richard contre son frère Henri. — Bruits populaires sur la famille royale. — Geoffroy reste seul contre son père. — Entrevue de Limoges. — Son peu de succès........ 105 à 113.

1183 à 1187. Henri-le-Jeune abandonne les Aquitains. — Sa mort. — Entrevue de Henri II et de Bertrand de Born. — Mort du second fils de Henri II. — Nouvelle révolte de Richard........ 113 à 122.

1187 à 1188. Les rois d'Angleterre et de France prennent la croix. — Chant sur la croisade. — Impôt levé pour la croisade. — Convocation des bourgeois et des Juifs en Angleterre. — Rupture de la paix. — Conférences inutiles............. 122 à 136.

1189. Nouveaux soulèvements des Aquitains et des Bretons. — Proposition de paix. — Position malheureuse de Henri II. — Il accepte la paix. — Ses derniers moments. — Ses funérailles. — Causes de ses malheurs.......... 136 à 149.

LIVRE XI.

DEPUIS L'AVÈNEMENT DU ROI RICHARD I, JUSQU'A L'EXÉCUTION DU SAXON WILLIAM SURNOMMÉ LONGUE-BARBE.

1190 — 1196.

État de l'Irlande sous les Anglo-Normands. — Trois populations en Irlande. — Soulèvement

des Irlandais. — Conquête du royaume d'Ulster. — Invasion de celui de Connaught. — Jean, fils de Henri II, envoyé en Irlande.... 149 à 163.

Nouvelle insurrection. — Hostilité opiniâtre des deux races. — Requête des Irlandais au pape. — Cruautés des Anglo-Irlandais. — Opiniâtreté patriotique des Irlandais......... 163 à 171.

1189 à 1191. Tenacité de la race cambrienne. — Croyances populaires sur le roi Arthur. — Prétendue découverte du tombeau d'Arthur...... 171 à 178.

Avénement de Richard Ier. — Ses premiers actes administratifs. — Il part pour la croisade. — Querelle de Richard avec les Messinois. — Més-intelligence entre les rois d'Angleterre et de France. — Les deux rois se réconcilient. — Prise d'Acre. — Retour du roi de France. 178 à 194.

1191. État des affaires en Angleterre. — Querelle du chancelier Guillaume de Longchamps avec le comte Jean, frère du roi Richard. — Accusation du chancelier. — Convocation des bourgeois de Londres. — Institution de la commune de Londres. — Fuite du chancelier. — Son arrestation..................... 194 à 206.

1192. Le roi de France accuse le roi Richard. — Fausses craintes d'assassinat. — Institution des gardes-du-corps. — Départ du Roi Richard. — Il débarque en Esclavonie. — Sa fuite en Autriche. — Il est emprisonné à Worms.... 206 à 220.

1193. Intrigues du comte Jean. — Le roi Richard s'avoue

vassal de l'empereur. — Alliance du comte Jean avec le roi de France. — Rançon du roi Richard. — Sa délivrance. — Son retour en Angleterre. — Siège de Nottingham .... 220 à 232.

Visite du roi à la forêt de Sherwood. — Robert ou Robin Hood, chef d'outlaws. — Popularité des outlaws. — Ballade populaire sur Robin Hood. — Sa longue célébrité. — Outlaws du Cumberland. — Adam Bel, Clym o 'the Clough et William de Cloudesly. — Le brigandage perd sa couleur patriotique .... 232 à 250.

1194 à 1196. Le roi Richard reprend ses domaines. — Ambition du roi de France. — Prétentions de la couronne de France. — Guerre entre les deux rois. — Hostilités en Saintonge. — Rétablissement de la paix .... 250 à 262.

1196. Politique des méridionaux. — État de l'Auvergne. — Le comte d'Auvergne trompé par Richard. — Sirventes du roi et du comte ...... 262 à 270.

État de l'Angletere. — Familles saxonnes. — Assemblées des bourgeois de Londres. — Caractère de William, surnommé Longue-barbe. — Conspiration des bourgeois de Londres. — William Longue-barbe est cité en justice. — Mesures prises par les Normands. — Siège de l'église de Sainte-Marie de l'Arche. — Supplice de William. — Il passe pour martyr. — Enthousiasme et regrets populaires. — Où doit s'arrêter l'historien de la conquête normande .... 270 à 289.

CONCLUSION.

I.

LES NORMANDS ET LES BRETONS DU CONTINENT, LES ANGEVINS ET LES POPULATIONS DE LA GAULE MÉRIDIONALE.

1187 à 1204. Naissance d'Arthur, duc de Bretagne. — Soulèvement de l'Anjou et du Maine. — Politique du roi de France. — Mort d'Arthur. — Indignation des Bretons. — Invasion de la Normandie. — Prise de Rouen. — Repentir des Bretons. 289 à 302.

1204 à 1216 Les Poitevins résistent au roi de France. — Entière soumission de la Normandie. — Projet d'une nouvelle conquête de l'Angleterre. — Entrée des Anglais en Normandie.......... 302 à 310.

1216 à 1256 L'Aquitaine reste au roi d'Angleterre. — Hérésie des Toulousains et des Albigeois. 310 à 315.

1256 Nouvel agrandissement du royaume de France. — Charles d'Anjou devient comte de Provence. — Mécontentement et regrets des Provençaux. — Soulèvement des villes de Provence. — Fin de la nationalité provençale.......... 315 à 326.

1257 à 1286. Limites du royaume de France. — Caractère de la nation basque. — État politique des Basques. — Politique des comtes de Foix...... 326 à 334.

1286 à 1451. Politique des barons de Gascogne. — Ils passent alternativement d'un roi à l'autre. — Confédération des Armagnacs. — Les Gascons se joignent au roi de France................ 334 à 340.

1451 à 1477. Conquête de la Guyenne par les Français. — Révolte de Bordeaux. — Seconde conquête de la Guyenne. — Entreprises patriotiques des Armagnacs. — La Guyenne et la Gascogne restent françaises........................ 340 à 351.

II.

LES HABITANTS DU PAYS DE GALLES.

1200 à 1356. Guerres des Gallois contre les Anglo-normands. — Entière soumission du pays de Galles. — Persécution des bardes gallois. — Gallois réfugiés en France........................ 351 à 358.

1356 à 1404. Yvain de Galles. — Le chevalier Rufin. — Promesses du roi de France aux Gallois. — Insurrection d'Owen-Glendowr. — Terreurs paniques des soldats anglais..................... 358 à 368.

1404 à 1416. Débarquement des Français dans le pays de Galles. — Marche et retraite des Français. — Fin de l'insurrection des Gallois.......... 368 à 374.

1416 à 1531. Guerres de la succession en Angleterre. — Tentative de Henri Tudor. — Les Gallois sous Henri VII et Henri VIII.......... 374 à 378.

1531 à 1796. Les Gallois sous Élisabeth et sous les Stuarts. — Esprit national et caractère des Gallois. — Différence d'idiômes dans le pays de Galles. — Langue de Cornouailles.............. 378 à 386.

III.

LES ÉCOSSAIS.

1174 à 1315. Prophétie de Merlin. — Neuf prétendants au trône d'Écosse. — Invasion d'Edward Ier. — William Wallace. — Robert Bruce. — Affranchissement de l'Écosse.................... 386 à 397.

1315 à 1548. Caractère des habitants du Border. — État social des Écossais........................ 397 à 400.

1548 à 1645. Établissement de la réforme. — Puritains d'Angleterre. — Covenantaires Écossais. — Alliance des deux nations. — Guerre civile en Angleterre............................ 400 à 411.

1645 à 1660. Les deux nations cessent de s'entendre. — Charles II proclamé roi en Écosse. — Olivier Cromwell entre en Écosse. — Restauration de Charles II.......................... 406 à 416.

1660 à 1688. Persécution des presbytériens. — Soulèvement des presbytériens. — Combat du pont de Bothwell. — Expulsion des Stuarts.......... 416 à 425.

Esprit national des Écossais. — État actuel de la population gallique................ 425 à 429.

IV.

LES IRLANDAIS DE RACE ET LES ANGLO-NORMANDS D'IRLANDE.

1173 à 1317. Effet de la conquête en Irlande. — Dégénération des Anglo-irlandais. — Ténacité des indigènes. Invasion d'Édouard Bruce.......... 429 à 437.

1317 à 1625. Influence des bardes irlandais. — Haine commune contre l'Angleterre. — Catholicisme des Irlandais. — Entier achèvement de la conquête territoriale........................ 437 à 446.

1625 à 1690. Soulèvements religieux et patriotiques. — Alliance des Irlandais avec Charles Ier. — Invasion de Cromwell en Irlande. — Invasion de Guillaume III........................ 446 à 454.

1690 à 1789. Associations politiques des Irlandais. — Enfants blancs. — Cœurs d'acier. — Cœurs de chêne. — Enfants du droit. — Volontaires. — Assemblées provinciales des Volontaires. — Enfants du point du jour. — Défenseurs............ 454 à 462.

1789 à 1798. Société des Irlandais-unis. — Influence de la révolution française. — Organisation des Irlandais-unis. — Premiers symptômes d'insurrection. 462 à 469.

1798. Soulèvement des Irlandais-unis. — République irlandaise. — Soulèvement des presbytériens. — Débarquement des Français. — Défaite des Français. — Fin de l'insurrection....... 469 à 479.

1802. L'Irlande réunie à l'Angleterre. — Population de l'île de Man.................. 479 à 483.

V.

LES ANGLO-NORMANDS ET LES ANGLAIS DE RACE.

1205 à 1217. Courtisans poitevins en Angleterre. — Les Saxons se rapprochent des Normands. — Ligue des Normands contre le roi Jean. — Grande charte du roi Jean. — Expulsion des étrangers. 483 à 490.

1217 à 1272. Louis de France appelé par les barons Normands. — Retraite des Français. — Retour des Poitevins. — Seconde insurrection des barons Normands. — Simon de Montfort. — Sa popularité. 490 à 502.

1272 à 1381. Langage de l'aristocratie anglo-normande. — État des bourgeois d'Angleterre. — Presse d'artistes et d'ouvriers. — État des paysans bondes ou cotagers. — Grande fermentation parmi les paysans........................ 495 à 511.

1381. Pamphlets politiques circulant dans les campagnes. — Insurrection des paysans. — Les paysans insurgés marchent sur Londres. — Leur première demande. — Leur conduite dans Londres. — Leur entrevue avec le roi Richard II. — Wat-Tyler et John Ball. — Meurtre de Wat-Tyler. — Le roi trompe les insurgés. — Ils se dispersent. — Proclamation de Richard II. — Fin de l'insurrection des paysans. — Les choses restent dans leur ancien état . . . . 511 à 538.

1381 à 1450. Séparation du parlement en deux assemblées. — Rôle des bourgeois dans le parlement. — Le français, langue de la cour et de la noblesse. — Littérature française en Angleterre. — Renaissance de la poésie anglaise. — Caractère de la nouvelle langue anglaise. . . . . . . 543 à 550.

1450 à 1500. L'idiome normand s'éteint en Angleterre. — Dissolution de la société normande. — Ce qui reste de la distinction des deux races. . . 550 à 556.

FIN DE LA TABLE.

CARTE
des trois Royaumes
D'ANGLETERRE
D'ECOSSE ET D'IRLANDE.
Ross
Dumfries
Cumberland
Durham
Westmorland
YORK-SHIRE
York
Lancaster
Chester
Derby
Lincoln
Norfolk
Suffolk
Rutland
Oxford
Berks
Wilts
Hamps
Surrey
Kent
Sussex
ESSEX
LONDRE
Somerset
Dorset
Devon
Exeter
Cornwall
C. Cornwall
Brecnock
Glamorgan
Cardigan
Glocester
Worcester
Shrop
Stafford
ULSTER
Antrym
Londonderry
Belfast
Down
Armagh
CONNAUGHT
Mayo
Trim
Dublin
Wicklow
LEINSTER
MUNSTER
Cork
Waterford
Cashel
Limerick
Glasgow
Edimbourg
BORDER
Selkirk

CARTE
DE L'ANGLETERRE
avec les Divisions
SAXONNES.
BIBLIOTHEQUE ROYALE
NORTHUMBERLAND
CUMBERLAND
DURHAM
WESTMORELAND
RIDING
YORK
WEST RIDING
LANCASTER
LINCOLN
CHESTER
DERBY
NOTTINGHAM
FLINT
DENBIGH
CAERNARVON
MERIONETH
MONTGOMERY
SHROP
STAFFORD
LEICESTER
MERKNE-RIKE
NORFOLK
EST-ANGLIE
SUFFOLK
HUNTINGDON
CAMBRIDGE
NORTHAMPTON
WARWICK
WORCESTER
HEREFORD
CARDIGAN
BRECKNOCK
PEMBROKE
CAERMARTHEN
GLAMORGAN
MONMOUTH
GLOCESTER
OXFORD
BUCKINGHAM
BEDFORD
HERTFORD
EST-SAXNE
MIDDLESEX
BERKS
SURREY
KENT
WARE-RIKE
SUTH-SAXNE
HAMPS
WEST-SAXNE
SOMERSET
DORSET
DEVON
CORNWALL
Annan
Armagh
Lincoln
Chester
Shrewsbury
Stafford
Derby
Nottingham
Montgomery
Warwick
Northampton
Worcester
Cambridge
Colchester
Glocester
Oxford
Londres
Cardiff
Guildford
Winchester
Salisbury
Exeter
Dorchester
Southampton
Norwich

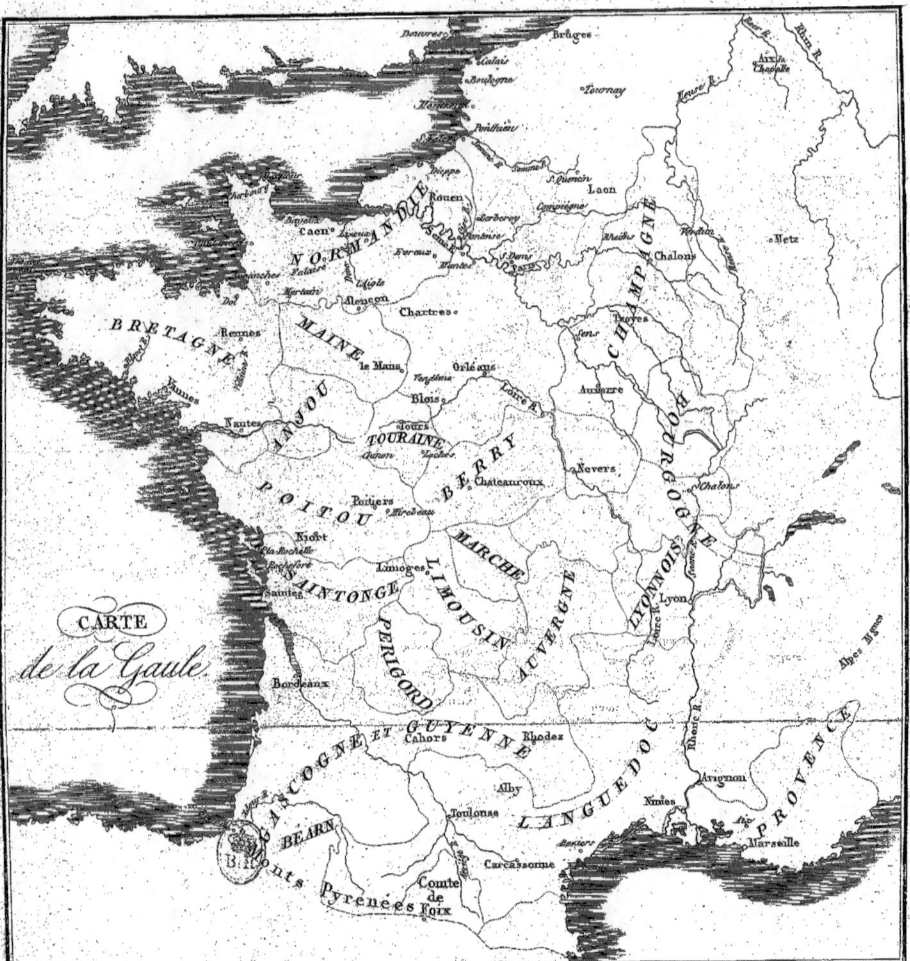
CARTE
de la Gaule
NORMANDIE
BRETAGNE
MAINE
ANJOU
TOURAINE
BERRY
POITOU
MARCHE
SAINTONGE
LIMOUSIN
AUVERGNE
PERIGORD
CHAMPAGNE
BOURGOGNE
LYONNOIS
GASCOGNE ET GUYENNE
BEARN
LANGUEDOC
PROVENCE
Monts Pyrenées
Comte de Foix
Alpes Mgnes
Bruges
Calais
Boulogne
Laon
Rouen
Caen
Chartres
Rennes
Vannes
Nantes
le Mans
Orléans
Blois
Tours
Chateauroux
Poitiers
Niort
Limoges
Bordeaux
Cahors
Rhodez
Alby
Toulouse
Carcassonne
Nevers
Troyes
Auxerre
Chalons
Metz
Lyon
Avignon
Nimes
Marseille

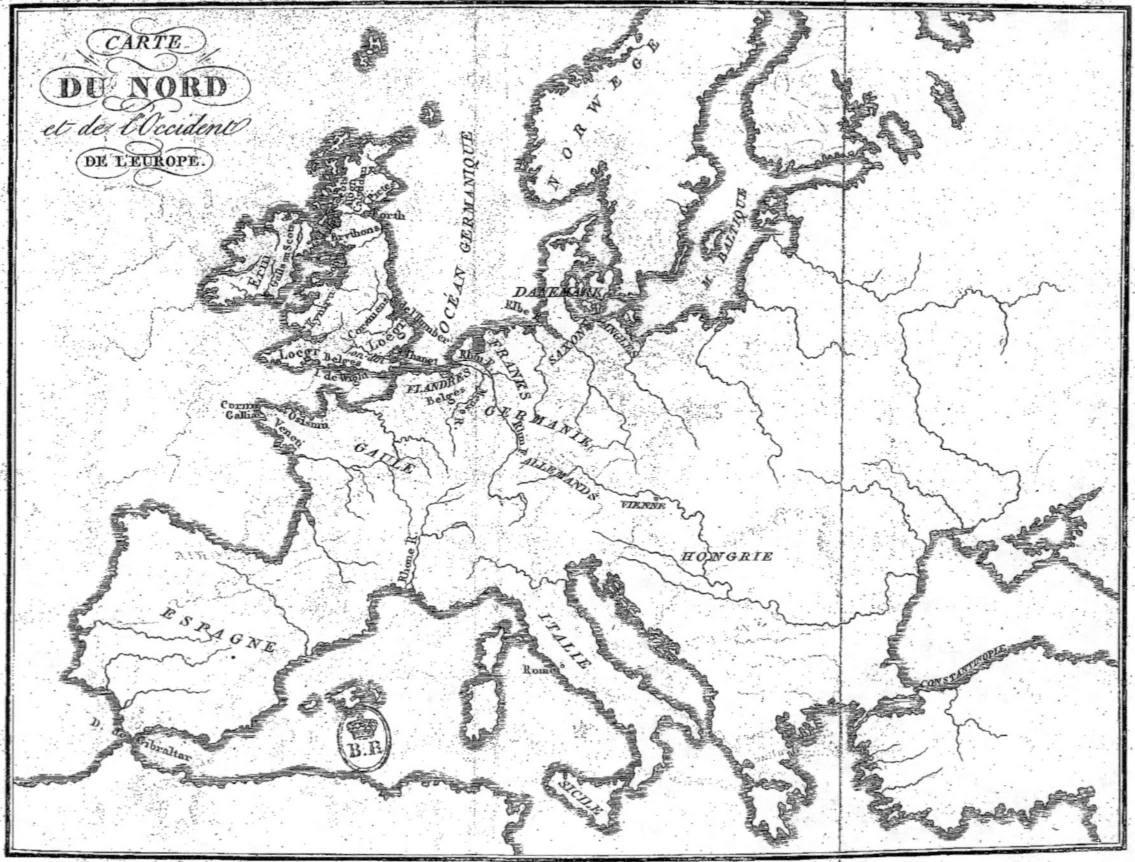
CARTE
DU NORD
et de l'Occident
DE L'EUROPE.
NORWEGE
M. BALTIQUE
OCÉAN GERMANIQUE
DANEMARK
Elbe R.
SAXONS
ANGLES
FRANKS
GERMANIE
Rhin R.
FLANDRES
Belges
ALLEMANDS
VIENNE
HONGRIE
Erin
Brithons
Loegr
I. de Wight
Thanet
Cornu
Gallia
Veneti
GAULE
Rhone R.
ESPAGNE
Gibraltar
ITALIE
Rome
SICILE
CONSTANTINOPLE
B.R.

www.ingramcontent.com/pod-product-compliance
Lightning Source LLC
Chambersburg PA
CBHW060502230426
43665CB00013B/1356
9782011854872